OLDENBOURG
GRUNDRISS DER
GESCHICHTE

D1672139

OLDENBOURG
GRUNDRISS DER
GESCHICHTE

HERAUSGEGEBEN
VON
LOTHAR GALL
KARL-JOACHIM HÖLKESKAMP
HERMANN JAKOBS

———————

BAND 14

EUROPA
AUF DEM WEG
IN DIE MODERNE
1850–1890

VON

LOTHAR GALL

5. Auflage

R. OLDENBOURG VERLAG
MÜNCHEN 2009

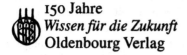

150 Jahre
Wissen für die Zukunft
Oldenbourg Verlag

Bibliographische Information der Deutschen Bibliothek

Die Deutsche Bibliothek verzeichnet diese Publikation in der Deutschen Nationalbibliographie; detaillierte bibliographische Daten sind im Internet über <http://dnb.d-nb.de> abrufbar

© 2009 Oldenbourg Wissenschaftsverlag GmbH, München
Rosenheimer Straße 145, D-81671 München
Internet: oldenbourg.de

Umschlaggestaltung: Dieter Vollendorf, München
Gedruckt auf säure- und chlorfreiem, alterungsbeständigem Papier
Satz: primustype Robert Hurler GmbH, Notzingen
Druck: MB Verlagsdruck Ballas, Schrobenhausen
Bindung: Thomas Buchbinderei, Augsburg

ISBN 978-3-486-58718-0

VORWORT DER HERAUSGEBER

Die Reihe verfolgt mehrere Ziele, unter ihnen auch solche, die von vergleichbaren Unternehmungen in Deutschland bislang nicht angestrebt wurden. Einmal will sie – und dies teilt sie mit manchen anderen Reihen – eine gut lesbare Darstellung des historischen Geschehens liefern, die, von qualifizierten Fachgelehrten geschrieben, gleichzeitig eine Summe des heutigen Forschungsstandes bietet. Die Reihe umfaßt die alte, mittlere und neuere Geschichte und behandelt durchgängig nicht nur die deutsche Geschichte, obwohl sie sinngemäß in manchem Band im Vordergrund steht, schließt vielmehr den europäischen und, in den späteren Bänden, den weltpolitischen Vergleich immer ein. In einer Reihe von Zusatzbänden wird die Geschichte einiger außereuropäischer Länder behandelt. Weitere Zusatzbände erweitern die Geschichte Europas und des Nahen Ostens um Byzanz und die Islamische Welt und die ältere Geschichte, die in der Grundreihe nur die griechischrömische Zeit umfaßt, um den Alten Orient und die Europäische Bronzezeit. Unsere Reihe hebt sich von anderen jedoch vor allem dadurch ab, daß sie in gesonderten Abschnitten, die in der Regel ein Drittel des Gesamtumfangs ausmachen, den Forschungsstand ausführlich bespricht. Die Herausgeber gingen davon aus, daß dem nacharbeitenden Historiker, insbesondere dem Studenten und Lehrer, ein Hilfsmittel fehlt, das ihn unmittelbar an die Forschungsprobleme heranführt. Diesem Mangel kann in einem zusammenfassenden Werk, das sich an einen breiten Leserkreis wendet, weder durch erläuternde Anmerkungen noch durch eine kommentierende Bibliographie abgeholfen werden, sondern nur durch eine Darstellung und Erörterung der Forschungslage. Es versteht sich, daß dabei – schon um der wünschenswerten Vertiefung willen – jeweils nur die wichtigsten Probleme vorgestellt werden können, weniger bedeutsame Fragen hintangestellt werden müssen. Schließlich erschien es den Herausgebern sinnvoll und erforderlich, dem Leser ein nicht zu knapp bemessenes Literaturverzeichnis an die Hand zu geben, durch das er, von dem Forschungsteil geleitet, tiefer in die Materie eindringen kann.

Mit ihrem Ziel, sowohl Wissen zu vermitteln als auch zu selbständigen Studien und zu eigenen Arbeiten anzuleiten, wendet sich die Reihe in erster Linie an Studenten und Lehrer der Geschichte. Die Autoren der Bände haben sich darüber hinaus bemüht, ihre Darstellung so zu gestalten, daß auch der Nichtfachmann, etwa der Germanist, Jurist oder Wirtschaftswissenschaftler, sie mit Gewinn benutzen kann.

Die Herausgeber beabsichtigen, die Reihe stets auf dem laufenden Forschungsstand zu halten und so die Brauchbarkeit als Arbeitsinstrument über eine längere Zeit zu sichern. Deshalb sollen die einzelnen Bände von ihrem Autor oder einem anderen Fachgelehrten in gewissen Abständen überarbeitet werden. Der Zeitpunkt der Überarbeitung hängt davon ab, in welchem Ausmaß sich die allgemeine Situation der Forschung gewandelt hat.

Lothar Gall   Karl-Joachim Hölkeskamp   Hermann Jakobs

INHALT

VORWORT ZUR ERSTEN AUFLAGE

Rund ein halbes Jahrhundert europäischer Geschichte in einer so entscheidenden Zeit des Umbruchs auch nur in großen Zügen nachzuzeichnen und gleichzeitig auf dem gegebenen knappen Raum die weitverzweigte, um unterschiedlichste Schwerpunkte konzentrierte Forschungsgeschichte zu diesem Zeitabschnitt zu skizzieren, erforderte vor allem eines: Auswahl, Konzentration und damit zugleich vielfältigen Verzicht. Die Kriterien, die hierbei zugrundegelegt wurden, ergeben sich im wesentlichen aus der Gliederung und der Darstellung selber. Ausgangspunkt war die Überzeugung, daß sich die Geschichte Europas in jener Zeit, unbeschadet aller tiefgreifenden Unterschiede zwischen den einzelnen Ländern und Regionen, von der spezifischen inneren Dynamik der Epoche her als eine Einheit fassen und darstellen läßt. Demgemäß stehen Antriebskräfte, Verlauf und – oft noch sehr ambivalente – Ergebnisse des von jener inneren Dynamik bestimmten Prozesses eines säkularen Wandels auf praktisch allen Lebensgebieten, der den Weg Europas in die Moderne charakterisiert, im Zentrum und bilden das eigentlich einheitsstiftende Element der Darstellung. Gegen eine solche Grundkonzeption sowie die darauf basierende Schwerpunktbildung, Beispiel- und Stoffauswahl – bei der allerdings, mit Blick auf das Vorwissen der überwiegenden Mehrheit der künftigen Benutzer, auch ganz pragmatische Gründe eine Rolle spielten – läßt sich sicher manches ins Feld führen. Ohne eine derartige Grundkonzeption aber kommt keine Darstellung, auch kein Handbuch aus. Der Verfasser hofft jedoch, daß es auch für den noch Ungeschulten nicht schwer sein wird, diesen Interpretationsansatz in Aufbau und Darstellung als solchen zu identifizieren und ihn jeweils von der Information und der Präsentation des historischen Stoffs abzuheben.

Frankfurt am Main, September 1983   Lothar Gall

VORWORT ZUR DRITTEN AUFLAGE

Die Fülle der neuen Forschungsansätze und Forschungsergebnisse zu nahezu allen seinerzeit in diesem Band behandelten Bereichen verlangte nach einer grundlegenden Überarbeitung insbesondere des zweiten, des Forschungsteils. Darüber hinaus mußten Gebiete berücksichtigt werden, die erst im Verlauf des letzten Jahrzehnts wachsende Aufmerksamkeit gefunden haben. Das galt vor allem für das sich immer mehr differenzierende Feld der sogenannten Alltagsgeschichte. Hier waren sowohl im Darstellungs- als auch im Forschungsteil ganz neue Kapitel einzufügen. So ist in Teilen ein recht grundlegend verändertes Buch entstanden.

Sehr zu danken habe ich den Mitarbeiterinnen und Mitarbeitern meines Frankfurter Forschungsprojektes zur Geschichte des mitteleuropäischen Bürgertums, das sich seinerseits in den vergangenen Jahren immer mehr ausgeweitet hat: Herrn Privatdozent Dr. Dieter Hein, Frau Dr. Susanne Kill, Herrn Thorsten Maentel, M. A., Frau Dr. Karin Schambach, Herrn Dr. Andreas Schulz, Herrn Dr. Thomas Weichel, Frau Barbara Wolbring, M. A. und Herrn Dr. Ralf Zerback. Sie haben zu dieser überarbeiteten Fassung eine große Zahl von Ergänzungen, zusätzlichen Informationen und Hinweisen auf neue Ansätze und neue Literatur beigetragen. Um die bibliographisch genaue Erfassung dieser Literatur haben sich Herr Jörg von Bilavsky und Herr Christoph Blumenthal in speziellem Maße verdient gemacht.

Frankfurt am Main, im September 1996   Lothar Gall

I. Darstellung

A. ZUM CHARAKTER DER EPOCHE

Kaum ein Zeitabschnitt der neueren Geschichte ist in den letzten Jahrzehnten ei-   Neudeutung des
nem so starken Wandel in Darstellung und Bewertung unterworfen gewesen wie   Zeitalters
die zweite Hälfte des 19. Jahrhunderts. Zu den Neueinschätzungen vom Ausgang
her, dem inneren und äußeren Zusammenbruch aller bisherigen Ordnung, kam,
eng damit zusammenhängend, ein vielfältiger Perspektivenwechsel. Von der jeweils eigenen Nation, den nationalgeschichtlichen Bezugspunkten, richtete sich
der Blick zunehmend auf die Gemeinsamkeiten der europäischen, vor allem der
west- und mitteleuropäischen Entwicklung. Die Konzentration auf den Staat und
die Staatengeschichte wurde mehr und mehr wenn nicht abgelöst, so doch ergänzt
durch ein gesteigertes Interesse an den ökonomischen und sozialen Prozessen, an
den Organisations-und Erscheinungsformen des gesellschaftlichen Lebens und
den ihnen zugrundeliegenden Tendenzen. Der Gesamtbereich des kulturellen Lebens erschien von daher in einem ganz neuen Beziehungsgeflecht, und die Frage
nach der Signatur, nach dem spezifischen Charakter der Epoche stellte sich, auch
wenn man – etwa im Hinblick auf den Imperialismus – vielfach auf ältere Deu-
tungsmodelle zurückgriff, in grundlegend anderer Weise.

Gegenüber früheren Versuchen, mit Begriffen wie „Zeitalter des Bürgertums"
oder „Zeitalter der Nationalstaaten" eine gewisse Einheit und Geschlossenheit der
Epoche herauszuarbeiten, erscheint diese heute in ihrem Charakter gerade dadurch bestimmt, daß es ihr an solcher Einheit und Geschlossenheit fast völlig
fehlte. Als ein „Übergangs- und Durchgangszeitalter" (TH. SCHIEDER), als eine   Epoche des
„Umwälzungsära" (H.-U. WEHLER) vereinigte sie im Bereich von Wirtschaft und   Übergangs
Gesellschaft, Staat und Kultur jeweils hochmoderne mit althergebrachten Bauformen und Strukturelementen, die, je nach Mischungsverhältnis, das Gesamtbild
ganz unterschiedlich erscheinen ließen und es mit ihren Wandlungen wie in einem
Kaleidoskop ständig veränderten. Von daher kann man davon sprechen, daß das
eigentlich Charakteristische des Zeitalters ein über alle bisherige historische Erfahrung beschleunigter Wandel der überkommenen Lebensverhältnisse und Lebensformen war, der zugleich zu einer tiefen Verunsicherung, zu einer vielgestalti-
gen Identitätskrise führte. Allerdings ist unübersehbar, daß der einer solchen Deutung zugrunde liegende Begriff der Moderne, auf die alle historische Entwicklung
unwiderstehlich zustrebe, selber in vielerlei Hinsicht eine Konstruktion ist.

Immerhin bietet sich von hier aus ein allgemeiner Interpretationsrahmen des Zeitabschnitts, der den Vorteil hat, daß er die Antinomien und Disparitäten, die tiefen Widersprüche der Epoche und ihrer Erscheinungsformen als solche bestehen läßt und zum Thema macht und sie nicht gewaltsam einem allzu starren Deutungsschema unterwirft. In diesem Sinne hat die Forschung sich jenes Rahmens bei von Land zu Land und Gebiet zu Gebiet recht unterschiedlicher Akzentsetzung in zunehmendem Maße bedient, wobei die Möglichkeit zu systematisch angelegten Vergleichen, die sich von dort aus eröffnete, stark stimulierend wirkte. Auch wenn manche der dabei erzielten Ergebnisse dann wieder in Frage gestellt wurden, hat gerade die vergleichende Perspektive die wissenschaftliche Untersuchung des Zeitabschnittes außerordentlich belebt und vorangetrieben. Sie hat wesentlich dazu beigetragen, daß man seit geraumer Zeit von einer förmlichen Neuentdeckung des „langen" 19. Jahrhunderts reden kann, gipfelnd in vielbändigen großen Gesamtdarstellungen.

Vergleichende Perspektive

Eine solche Neuentdeckung schließt zunehmend auch jene Bereiche ein, die von dem grundlegenden Veränderungsprozeß zunächst nur zögernd erfaßt wurden, wie überhaupt eine wachsende Tendenz zu beobachten ist, den Elementen der Beharrung und der Beständigkeit in Mentalität und Struktur verstärkte Aufmerksamkeit zu widmen. Die Neigung, in ihnen nur „Überreste der alten Gewalten" (A. DE TOCQUEVILLE) zu sehen, läßt spürbar nach, und es wird immer deutlicher, wie stark sie noch die Lebenswelt in vielen Bereichen bestimmten. Je plastischer allerdings dieses konservative, der Überlieferung und Tradition verhaftete und verpflichtete 19. Jahrhundert hervortritt, das gerade auch im Bereich der Lebenswelt und der Lebensformen in jüngerer Zeit besondert intensiv erforscht worden ist (vgl. dazu unten B.4. und II.7.), desto spürbarer werden zugleich die tiefen Spannungen und Konflikte, die die Epoche durchzogen und jeden irgend dauerhaften Ausgleich und Kompromiß verhinderten. Die Wortführer eines solchen Ausgleichs wurden nicht nur von weiter vorandrängenden Kräften überholt, sondern sahen sich nach wie vor auch von jenen bedrängt, denen der Kompromiß zu einseitig auf ihre Kosten, auf die Kosten des Bestehenden zu gehen schien.

Spannung zwischen Tradition und Moderne

Hatte Hegel zu Beginn des Jahrhunderts noch von einer gewissen Linearität des dialektisch verlaufenden Fortschrittsprozesses gesprochen, so vermehrten und erweiterten sich die Spannungsfelder der an diesem Prozeß beteiligten Kräfte im Verlauf des Jahrhunderts in außerordentlichem Maße und ließen Ziel und Ausgang immer ungewisser erscheinen. Schließlich standen fortschreitende stürmische Veränderungen in allen Lebensbereichen und ein wachsender Fortschrittspessimismus gerade auch in den neuen, den bürgerlichen Führungsschichten unvermittelt nebeneinander, ein Tatbestand, der das Aufkommen irrationaler, zum Teil ausgeprägt antimodernistischer Strömungen nachhaltig begünstigt hat. Das ging in Intensität und Breitenwirkung über das, was man Fin-de-siècle-Stimmung genannt hat, weit hinaus und verwies bereits auf die tiefgreifenden politischen und gesellschaftlichen Krisen des 20. Jahrhunderts.

Fortschrittserwartungen und Fortschrittspessimismus

Der Schatten, den diese Krisen auf das 19. Jahrhundert, vor allem auf seine letzten Jahrzehnte, geworfen haben, erscheint freilich gelegentlich, in perspektivischer Verzerrung, zu lang und zu dunkel. Wohl war der Weg Europas in die Moderne höchst spannungsreich und verschlungen, weit spannungsreicher und verschlungener als diejenigen ahnten, die ihn voller Fortschrittsoptimismus als erste betraten. Aber niemand wird sagen können, daß er dauerhaft in Krise und Chaos geführt habe und daß er sich von seinen Ergebnissen her endgültig als ein Irrweg erwiesen hätte. Neben den Gefährdungen und Abgründen, denen sich zu Recht die Aufmerksamkeit verstärkt zugewandt hat, bleibt die schöpferische Kraft des Jahrhunderts gerade auch im Hinblick auf unsere unmittelbare Gegenwart unübersehbar. In der materiellen Zivilisation wie in der Organisation von Gesellschaft und Staat, in den Strukturen des wirtschaftlichen Lebens wie in den Kategorien und Bestimmungsgründen von Kultur und Wissenschaft, in Weltansicht und Lebensgefühl stehen wir überall, nach 1989 stärker als je zuvor, auf den Grundlagen des 19. Jahrhunderts. Was Europa und seine Bewohner an Gemeinsamkeiten verbindet und über Europa hinaus das Fundament einer Weltzivilisation ausmacht, geht, bei aller Fortentwicklung und Differenzierung, sehr wesentlich auf jene Epoche zurück. Daraus resultiert zugleich, so fern dieser Zeitabschnitt uns in vielerlei Hinsicht gerückt ist, seine ungebrochene Aktualität. Sie erzeugt auch in der Geschichtswissenschaft bis heute jenes Spannungsverhältnis zwischen Distanz und innerer Beteiligung, von dem die Forschung lebt, will sie nicht im bloß Antiquarischen versinken.

Die schöpferische Kraft des Jahrhunderts

B. EUROPA NACH 1850:
STRUKTUREN UND ENTWICKLUNGSTENDENZEN

1. Gesellschaft und Wirtschaft

Gegen die Mitte des 19. Jahrhunderts zählte Europa einschließlich der europäischen Gebiete des russischen Reiches etwa 266 Millionen Einwohner, rund 80 Millionen oder 42,3% mehr als um die Jahrhundertwende beziehungsweise 126 Millionen oder 90% mehr als hundert Jahre zuvor, um das Jahr 1750. Nach wie vor lebte der überwiegende Teil dieser weiterhin in stürmischem Tempo anwachsenden Bevölkerung auf dem Land oder in kleinen Städten; die Zahl der Großstädte über 100 000 Einwohner betrug in ganz Europa 40, davon allein ein Viertel in Großbritannien, fast drei Viertel in Westeuropa und Italien. Städte mit über 500 000 Einwohnern gab es überhaupt nur zwei, die beiden Millionenstädte London und Paris. Und das Land war auch im größten Teil Europas noch der Hauptwirtschaftsfaktor: über 70% seiner Menschen lebten von der Landwirtschaft – eine Quote, die heute als eines der Hauptmerkmale eines „unterentwickelten" Landes angesehen wird.

Bevölkerungs-explosion

Zwar sank der Anteil des agrarischen Sektors am Nationaleinkommen ständig. In den deutschen Staaten Mitteleuropas, die etwa die Mitte einnahmen zwischen den schon weiter entwickelten Gebieten des Westens und den noch ganz überwiegend agrarischen des Ostens, betrug er um 1850 47% gegenüber nur noch 21% in England und – nach ganz groben Schätzungen – etwa 80% in Rußland. Aber die Verschiebung der Anteile zwischen dem agrarischen und dem nichtagrarischen Bereich der Wirtschaft resultierte zunächst noch vornehmlich – wieder mit der großen Ausnahme Englands – aus dem Aufschwung traditioneller, zumeist kleingewerblich organisierter Wirtschaftszweige.

Gesellschafts-struktur um 1850

Dementsprechend hielt sich der Wandel in der sozialen Zusammensetzung der Gesellschaft Europas zunächst noch in vergleichsweise engen Grenzen. Es war eine Gesellschaft von Bauern und Landarbeitern unterschiedlichster sozialer und rechtlicher Stellung auf der einen, von kleinen Handwerkern und Händlern auf der anderen Seite mit einer sehr dünnen, vorwiegend agrarisch fundierten Oberschicht und einer ebenfalls sehr kleinen Gruppe von Trägern staatlicher und gesellschaftlich übergreifender Funktionen an der Spitze. Die in der modernen Industriegesellschaft dominierenden sozialen Gruppen, die städtische Arbeiterschaft, die Angestellten und der bürgerliche Mittelstand, spielten demgegenüber, wieder von Großbritannien abgesehen, zahlenmäßig noch kaum eine Rolle. Zur Industriearbeiterschaft im engeren Sinne zählten auf dem Kontinent etwa 4–5% der erwerbstätigen Bevölkerung, der Beruf des Angestellten im heutigen Sinne war praktisch noch unbekannt.

Das entscheidende soziale Problem dieser noch ganz traditionell strukturierten, sich in den herkömmlichen Bahnen wirtschaftlicher Tätigkeit bewegenden

Gesellschaft war dementsprechend das Mißverhältnis zwischen der ständig steigenden Bevölkerungszahl und den Erträgen der Wirtschaft, sprich insbesondere
der Landwirtschaft, die trotz eines unübersehbaren Produktivitätszuwachses in
nahezu allen Bereichen hinter dem realen Bedarf zurückblieben. Der „Pauperis- Der „Pauperis-
mus", die Massenarmut, und die Perspektive der weiteren Verelendung breiter mus"
Schichten markierten auch noch um die Jahrhundertmitte die zentrale Frage einer
Gesellschaft, die angesichts ihres Wachstums immer mehr an die Grenzen ihrer
wirtschaftlichen Möglichkeiten zu stoßen schien. Daß die Industriewirtschaft
nach englischem Vorbild eine gleichsam automatische Lösung jener Probleme
bringen werde, glaubte zunächst nur eine kleine Minderheit.

Die Erwartungen der Mehrheit galten nach wie vor der Steigerung der Ertrags-
fähigkeit der Landwirtschaft und den Möglichkeiten, ihr entgegenstehende Hindernisse zu überwinden. Nicht zuletzt unter dem Druck der Revolution von
1848/49, die im agrarischen Bereich einen ihrer Schwerpunkte hatte, war nach langen, mit unterschiedlichen Fronten sehr uneinheitlich verlaufenden Kämpfen
eine säkulare Entscheidung endgültig gefallen. Mit Ausnahme Rußlands, das jedoch ein Jahrzehnt später ebenfalls nachfolgte, war die Befreiung des Grund und
Bodens nun definitiv vollzogen. An die Stelle der überlieferten grund- bzw. guts-
herrlichen Agrarverfassung war die freie Verfügung des jeweiligen Eigentümers
über den Boden und seine Erträge getreten. Mit der Verbesserung der Anbautech-
niken, den Fortschritten der Bodenchemie, der Einführung mechanischer Hilfsmittel, der ständigen Erweiterung der Märkte und der Erleichterung des Zugangs
zu ihnen führte dies, begünstigt durch einen fast überall zu beobachtenden Anstieg der Reallöhne, zu einem starken Aufschwung der Landwirtschaft. Der Er- Aufschwung der
trag pro Kopf eines männlichen Arbeiters in der Landwirtschaft stieg, bei starken Landwirtschaft
regionalen Unterschieden, allein zwischen 1850 und 1870 um durchschnittlich
20–30%. Die französischen Bauern produzierten am Ende dieses Zeitraums rund
20% mehr Weizen als zu seinem Beginn, die Landwirte auf dem Gebiet des späteren Deutschen Reiches sogar rund 40%. Die Produktion von Schweinefleisch
nahm hier in diesem Zeitraum um nicht weniger als 50% zu. Da es sich dabei um
Zuwachsraten von einem bereits relativ hohen Niveau aus handelte, kann man,
bei sinkender Zahl der in der Landwirtschaft Beschäftigten, von einer außerordentlichen Produktionsausweitung sprechen. Sie ließ, auch hier natürlich mit
großen regionalen und vom jeweiligen Betrieb abhängigen Unterschieden, die
Gewinne stark ansteigen und bewirkte in Verbindung mit der Entstehung eines
internationalen Agrarmarktes, daß Ernährungskrisen fortan in weiten Gebieten
Europas der Vergangenheit angehörten.

Kaum etwas hat stärker zu dem dann auch breitere Schichten zunehmend erfassenden Fortschrittsoptimismus der Epoche beigetragen als diese konkrete, unmittelbar erfahrbare Verbesserung der materiellen Lebensbedingungen. Sie bil- Verbesserung der
dete den Höhepunkt einer seit dem späten 17. Jahrhundert zu beobachtenden re- Lebensbedingun-
volutionären Veränderung der gesamten Markt- und Verkehrssituation, die ent- gen
scheidende Voraussetzungen schuf für einen tiefgreifenden Wandel der Produk-

tionsverhältnisse und der Struktur der gewerblichen Wirtschaft. Steigerten die Bevölkerungsvermehrung und die verbesserten Lebensbedingungen auf breiter Front das Angebot an Arbeitskräften und die Konsumkraft, so vermehrten die Gewinne in der Landwirtschaft zugleich in starkem Maße das anlagesuchende Kapital. Im Zeichen erhöhter Zukunftserwartungen waren seine Besitzer mehr als früher bereit, es auch außerhalb der klassischen Anlagegebiete, Landwirtschaft und Staatspapiere, zu investieren.

Der Schub, der von hier, in freilich unterschiedlicher Stärke, ausging – in Frankreich blieb die agrarische Produktivität nach 1789, auf der Basis der neuen Eigentumsverhältnisse und der neuen Agrarverfassung zunächst eher zurück –, hat sich in jenen Gebieten des westlichen und mittleren Kontinentaleuropa, die von der Verkehrs-, Markt- und Rohstoffsituation wie von den politischen Rah-

„Industrielle Revolution" menbedingungen besonders begünstigt waren, schon bald zur sogenannten Industriellen Revolution beschleunigt mit gewaltigen Steigerungen der Fertigungskapazitäten und des Warenvolumens. Über diesem besonders ins Auge springenden dramatischen Vorgang darf man freilich nicht übersehen, daß es sich dabei nur um die Spitze, um die zunächst durchaus nicht allgemein charakteristische spezifische Ausprägung einer Entwicklung handelte, die viel breiter fundiert war und in diesem Sinne viel tiefer ging. Nicht der auf wenige Produkte ausgelegte, mechanisierte Großbetrieb war, so sehr er dann über die Leitsektoren der Textilindustrie und des Eisenbahnbaus als Motor wirkte, das eigentlich Entscheidende des nun rasch voranschreitenden wirtschaftlichen Veränderungsprozesses, sondern die sich ständig erweiternde Palette oft stürmisch expandierender mittlerer und klei-

Bedeutung der mittleren und kleineren Betriebe nerer Unternehmen vielfach noch handwerklichen Zuschnitts. Sie waren es, die in erster Linie jene außerordentlichen und dann über Jahre zur Regel werdenden Zuwachsraten des Sozialprodukts im Bereich der gewerblichen Wirtschaft bewirkten, an denen sich der Übergang von der traditionellen zur modernen Wirtschaft messen läßt, ein Übergang, für den sich der Begriff „Industrielle Revolution" eingebürgert hat: zusammenfassende Statistiken vermitteln hier oft ein irreführendes Bild. Und jene mittleren und kleineren Unternehmen waren es auch, die den Prozeß der sozialen Veränderungen vor allem vorantrieben, der die westlichen und mittleren Teile Kontinentaleuropas seit dem Beginn der fünfziger Jahre in zunehmendem Maße erfaßte.

Dieser Veränderungsprozeß wird zunächst einmal zahlenmäßig deutlich an der kontinuierlichen Verschiebung des Verhältnisses zwischen den im landwirtschaftlichen Bereich Tätigen und denjenigen, die in der gewerblichen Wirtschaft und auf dem Gebiet der Dienstleistungen ihr Brot fanden. In den von der sogenannten Industriellen Revolution erfaßten Gebieten des westlichen und mittleren Kontinentaleuropa sank die Zahl der in der Landwirtschaft Beschäftigten von der Mitte bis zum Ende des Jahrhunderts von über der Hälfte bis zum Teil erheblich

Übergang zur industriellen Gesellschaft unter 40%, während sie in den beiden anderen Bereichen, zunächst im gewerblich-industriellen, dann auch in dem der Dienstleistungen, entsprechend anstieg. Das hieß bei weiter stark anwachsender Bevölkerung, daß, nach ganz grober

Schätzung, in diesen Gebieten am Ende des Jahrhunderts außerhalb der Landwirtschaft etwa 12–13 Millionen mehr Menschen tätig waren als um die Mitte des
Jahrhunderts – England nahm hier auch am Ende des Jahrhunderts mit rund 14,8
Millionen (= 91%) in nichtlandwirtschaftlichen Berufen Beschäftigten noch immer eine absolute Sonderstellung ein; bereits zur Jahrhundertmitte waren es 78%
gewesen, eine Zahl, die in Mitteleuropa erst mehr als hundert Jahre später erreicht
wurde.

Mit dem steilen Anstieg des außerhalb der Landwirtschaft tätigen Teils der Bevölkerung, der sich in den nun rasch wachsenden Städten konzentrierte, verbanden sich soziale Umstrukturierungen und Umschichtungen bisher unbekannten
Ausmaßes. Die Gruppe der ungelernten bzw. kurzfristig angelernten Arbeiter, Soziale Umstruk-
die um die Jahrhundertmitte außerhalb der Landwirtschaft noch eine eher margi- Umschichtungen
nale Rolle spielte, wuchs kontinuierlich an und entwickelte sich auch außerhalb
Großbritanniens – die Zahlen sind freilich im einzelnen sehr unsicher – zum Mil-
lionenheer. Neben sie trat im Zuge des Ausbaus der staatlichen Verwaltung und
der Verkehrsbetriebe eine gleichfalls außerordentlich starke, wenngleich natürlich nicht im selben Ausmaß anwachsende Zahl von unteren Beamten und, auf
etwa der gleichen Ebene im nichtstaatlichen Bereich, von Angestellten. Vor allem
hier gewann der bürgerliche Mittelstand nun in weiten Teilen Europas sowohl
zahlenmäßig als auch im Hinblick auf seine wirtschaftliche Stärke und seinen sozialen Einfluß enorm an Gewicht. Das in den vergangenen Jahrzehnten so oft be-
schworene „bürgerliche Zeitalter" schien nun von den wirtschaftlichen und gesellschaftlichen Voraussetzungen her in weiten Gebieten des westlichen und mittleren Kontinentaleuropa konkrete Realität zu werden.

Vor allem die breite Auffächerung des Bürgertums, die starke Zunahme der
Zahl selbständiger Existenzen, die Fülle der Beispiele wirtschaftlichen und sozialen Aufstiegs aus eigener Kraft beeindruckten die Zeitgenossen und begünstigten
jenes Klima gesteigerter Zukunftserwartungen, in dem sich die Dynamik und der Gesteigerte Zu-
Fortschrittsoptimismus des Zeitalters entfalteten. Störungen der wirtschaftlichen kunftserwartungen
Aufwärtsentwicklung wie der konjunkturelle Einbruch der Jahre 1857/58 wurden
von hier aus weithin als ganz situationsbedingte, von besonderen Umständen abhängige Erscheinungen abgetan. Die Zukunft, so die verbreitete Meinung, gehörte weiterhin denen, die auf Expansion und Bewegung, auf die Kräfte des
Marktes und des gesellschaftlichen Aufstiegs setzten.

In diesem sozialen Optimismus erschienen die konkreten Konflikte und Gegensätze innerhalb der Gesellschaft vor allem aus der Sicht des Bürgertums und
seiner Vertreter und damit in weiten Teilen der öffentlichen Meinung in einem zunehmend milderen Licht. Zwar war man sich über ihre aktuelle, in vielen Berei- Relativierung der
chen sogar noch wachsende Brisanz und Schärfe vielerorts durchaus im klaren. sätze
Aber man neigte mehr und mehr dazu, sie als eine bloße Übergangserscheinung
anzusehen, sie als Anpassungsschwierigkeiten an grundlegend veränderte wirtschaftliche und gesellschaftliche Konstellationen zu verstehen, die sich im Zuge
wachsenden Wohlstandes und allgemein wahrgenommener Aufstiegschancen in

absehbarer Zeit von selbst erledigen würden. Wie weit eine solche Einschätzung vor dem großen wirtschaftlichen Einbruch der siebziger Jahre, ungeachtet der kämpferischen Parolen ihrer Vertreter, auch bei den unmittelbar Betroffenen, in der Masse der handarbeitenden Bevölkerung verbreitet war, läßt sich bei der gegebenen Quellenlage nur schwer sagen. Immerhin gibt es eine ganze Zahl von Hinweisen, daß der wirtschaftliche und gesellschaftliche Fortschrittsoptimismus auch hier weit verbreitet war. Dazu paßt, daß die Grundtendenz des sozialpolitischen Konzepts eines Ferdinand Lassalle, die auf eine Verbürgerlichung der Arbeiterschaft mit Hilfe des Staates hinauslief, zunächst ein sehr viel stärkeres Echo fand als die Parole revolutionärer Selbsthilfe und des Klassenkampfes. Ähnliches gilt für das von linksliberaler und demokratischer Seite schon während der Revolution von 1848/49 entwickelte Programm eines politisch zu vermittelnden „Ausgleichs zwischen Kapital und Arbeit".

Beschleunigung des Wirtschaftswachstums

Grundvoraussetzung war dabei stets, daß der wirtschaftliche Aufschwung anhielt und der Gesamtertrag der einzelnen Volkswirtschaften auch auf dem erhöhten Niveau ständig weiter wuchs. Dies war zunächst in der Tat in bisher unbekanntem Ausmaß der Fall. Wohin man blickte prosperierte die Wirtschaft, und Klagen bezogen sich vielfach nur auf ein prozentuales Zurückbleiben gegenüber anderen, noch erfolgreicheren Sektoren, selten auf einen realen Rückgang von Umsatz und Gewinn. Selbst im Handwerk, wo die Sorge vor dem wirtschaftlichen Strukturwandel anfangs besonders groß war und man gern von einer tödlichen Existenzbedrohung ganzer Zweige sprach, kam es über die weithin erfolgreiche Anpassung an die neuen Bedingungen hinaus in vielen Bereichen zu einer kräftigen Steigerung der Erträge, die etwa in der Metallverarbeitung oder im Gaststättengewerbe zeitweise geradezu boomartigen Charakter annahmen. Auch wenn die Zahlen gerade im Hinblick auf die kleinbetrieblich organisierten Erwerbszweige im einzelnen oft unsicher sind, scheint vieles sogar auf einen „überproportionalen Anteil des Kleingewerbes am Wachstumsprozeß" [523: W. FISCHER, 1972, 348] hinzudeuten.

Dieser Wachstumsprozeß erreichte nach 1850 in Mitteleuropa, bezogen auf das Nettoinlandsprodukt (in Preisen von 1913), einen Durchschnitt von 2,6% [49: W. G. HOFFMANN, 1965, 13], 0,2% weniger als er in England während des ganzen 19. Jahrhunderts betrug. Im Hinblick auf die weiterhin rasch wachsende Bevölkerung entsprach das einer durchschnittlichen Wachstumsrate pro Kopf der Bevölkerung von 1,5% – eine in aller bisherigen Wirtschaftsgeschichte über längere Zeiträume ganz unbekannte Zahl. Insgesamt, so lautet eine globale Schätzung, stieg in dem Jahrhundert nach 1850 die gesellschaftliche Produktion je Einwohner rund zehnmal so schnell wie in der Zeit vor der sogenannten Industriellen Revolution [484: S. KUZNETS, 1973, 248].

Regionale und sektorale Unterschiede

Dahinter stehen von Land zu Land, von Region zu Region, von Sektor zu Sektor ganz unterschiedliche Daten und Zahlen, mit denen jeweils die unterschiedlichsten Probleme verbunden waren. So verlief etwa die Kurve im nachrevolutionären Frankreich ganz anders als in einem bürokratisch-absolutistisch bestimmten Staat wie Preußen, in Ländern mit ausgeprägten Traditionen staatlicher Gewerbeförderung anders als in Gebieten, in denen sich der Staat in jener Beziehung eher zurückhielt – von der von Fall zu Fall höchst verschiedenartigen Rohstoff-, Energie- und Arbeitsmarktsituation ganz zu schweigen. Tatsache bleibt jedoch, daß von der Mitte des 19. Jahrhunderts an „Wachstum" zum Signum und zur entscheidenden Kategorie der Zeit wurde – nicht nur in wirtschaftlicher und, mit Blick auf die einschneidenden und fortdauernden Konsequenzen, auch in sozialer Hinsicht, sondern für das politische Leben insgesamt. Die damit verbundene materielle Dynamisierung eines ursprünglich geistig und moralisch konzipierten Fortschrittsgedankens ist in ihrer Bedeutung für Lebensgefühl und Zukunftserwartungen kaum zu überschätzen. Sie setzte alle politisch Handelnden unter Zugzwänge, denen sie sich auch dann kaum je entziehen konnten, wenn ihnen – was zunächst selten der Fall war – die politischen, die gesellschaftlichen wie auch die geistig-kulturellen „Kosten" des damit ausgelösten und vorangetriebenen Prozesses zu hoch erschienen. {.column-margin}Wachstum als Signum der Zeit

In diesem Sinne wurde nach 1850 die Freisetzung der dynamischen wirtschaftlichen Kräfte und ihre gezielte Begünstigung Schritt um Schritt zur Devise praktisch aller europäischen Regierungen – unabhängig davon, ob sie ansonsten mehr dem konservativen oder mehr dem liberalen Lager zuneigten: der wirtschaftliche und soziale Konservativismus befand sich auch da, wo der politische Konservativismus wie in Preußen, in Österreich und mit Einschränkungen auch in Frankreich unter Napoleon III. dominierte, auf breiter Front auf dem Rückzug. In gleicher Weise kam es nach dem weltweiten wirtschaftlichen Einbruch in den Jahren nach 1873 zwar in vielen Ländern zu einer Abkehr von den Prinzipien des Freihandels und des wirtschaftlichen Internationalismus, die nach 1873 auch in den Jahren ihres Siegeszuges nach 1860 vielerorts nicht unumstritten geblieben waren. Von einer grundsätzlichen wirtschaftspolitischen Kehrtwendung im Inneren der einzelnen Staaten konnte jedoch keine Rede sein. Kaum jemand in verantwortlicher politischer Position dachte ernsthaft daran, von der in den fünfziger und sechziger Jahren endgültig etablierten, auf Gewerbe- und Handelsfreiheit im weitesten Sinne gegründeten Wirtschaftsverfassung wieder abzugehen. {.column-margin}Wirtschaftskrise nach 1873

Das markiert zugleich die Grenzen des in den letzten Jahrzehnten viel diskutierten und oft scharf betonten Einschnitts der Jahre nach 1873, der Zeit der sogenannten „Großen Depression". Sozialpsychologisch war dieser steile Konjunktureinbruch nach zwei Jahrzehnten fast ständiger Hochkonjunktur mit enormen Gründungs- und Wachstumschancen fraglos von erheblicher Bedeutung, vor allem im Hinblick auf das bisher besonders begünstigte mittelständische Bürgertum. Auch die Folgen für das politische Verhalten sind unübersehbar – fast in allen europäischen Ländern kam es in der zweiten Hälfte der siebziger Jahre zu einem innenpolitischen Kurswechsel im Sinne der konservativeren Kräfte. Das wirtschaftliche Wachstum und der dadurch vorangetriebene soziale Wandel blieben jedoch von den politischen Veränderungen in Ausmaß und Tendenz fast unberührt. Ja, man kann im Gegenteil davon sprechen, daß die durch den Einbruch {.column-margin}„Große Depression"?

begünstigte „Mengenkonjunktur bei sinkenden Preisen" (H. Rosenberg) Grundcharakter und Hauptmerkmale des wirtschaftlich-sozialen Veränderungsprozesses immer klarer und beherrschender hervortreten ließ. Das Fabriksystem wurde nun zur vorherrschenden wirtschaftlichen Organisationsform, die freie Lohnarbeit zur Haupteinnahmequelle der Bevölkerung. Innovationen auf dem Gebiet der Produktions-und der Kommunikationstechniken bestimmten wie die immer ausgedehntere Erschließung und Nutzung neuer Rohstoffe auch weiterhin das Bild der wirtschaftlichen Entwicklung. So wichtig die Differenzierung in einzelne Phasen und die sorgfältige Unterscheidung des Entwicklungsstandes in den einzelnen Gebieten sind, so kann man doch mit Knut Borchardt den Prozeß der Industrialisierung in seinen Grundtendenzen und Hauptentwicklungslinien „als einen einheitlichen Vorgang" begreifen, der in England seit den ersten Jahrzehnten, in Kontinentaleuropa seit der Mitte des Jahrhunderts das Bild der Epoche in wirtschaftlicher und sozialer Hinsicht prägte [K. Borchardt, Wirtschaftliches Wachstum und Wechsellagen 1800–1914, in: 207, 1976, 198 f.].

Innerhalb dieses übergreifenden Vorgangs, der in mancher Beziehung und in manchen Gebieten bis heute noch nicht abgeschlossen ist, stellte die Zeit zwischen 1850 und 1890 für weite Teile Europas die entscheidende Durchbruchsphase dar. Insofern kann man durchaus von einer Epoche sprechen, zumal die nachfolgenden Jahrzehnte mit der Entwicklung und dem Ausbau ganz neuer, technisch hochdifferenzierter Industrien wie der Elektro- und der chemischen Industrie, später dann der Automobilindustrie einen sehr starken, mit zusätzlichen wirtschaftlichen und gesellschaftlichen Veränderungen verbundenen Entwicklungsschub brachten. Vor allem aber wird wirtschafts- wie allgemeinhistorisch der Epochencharakter dadurch markiert, daß vor 1890, unbeschadet aller tiefgreifenden Veränderungen, in vielen Ländern Europas die Kräfte der Tradition, der überlieferten Ordnung in Wirtschaft und Gesellschaft noch das Übergewicht besaßen. Erst nach 1890 senkte sich die Waage endgültig zugunsten der Kräfte des Neuen, der Industriewirtschaft und allem, was damit zusammenhing, insbesondere ihrer Hauptträger, des Bürgertums und der Arbeiterschaft. Die spezifischen Formen des Übergangs, des stets prekären und augenblicksgebundenen Macht- und Interessenausgleichs, die für die vorangegangene Epoche charakteristisch gewesen waren, lösten sich nun zunehmend auf und machten jenen Platz, die in der modernen Industriegesellschaft dominieren sollten. Das war, wie stets in der Geschichte, ein langwieriger Prozeß, der vor allem in den Jahrzehnten vor dem Ersten Weltkrieg vielerorts nur zögernd vorankam und immer wieder auf sehr starke Hindernisse stieß. Aber der kritische Punkt war doch im größeren Teil Europas um 1890 eindeutig überschritten, eine Rückkehr zu den überlieferten wirtschaftlichen, gesellschaftlichen und politisch-staatlichen Lebensformen endgültig nicht mehr möglich.

1890 als Epochenwende

2. STAAT UND STAATENSYSTEM

Ungeachtet ihres Scheiterns hatte die Revolution von 1848/49 die Situation auf der staatlich-politischen Ebene grundlegend verändert. Eine Rückkehr zu den Verhältnissen vor 1848 erwies sich schon rasch, wenn sie überhaupt versucht wurde, sowohl im innerstaatlichen als auch im zwischenstaatlichen Bereich als unmöglich. Hier wie dort mußte man bei aller schroffen Repressionspolitik im einzelnen, also vor allem gegenüber den unmittelbaren Trägern der Revolution, den Bestrebungen und Interessen der hinter ihnen stehenden Kräfte Rechnung tragen, wollte man von seiten der äußerlich siegreichen Gegenrevolution nicht binnen kurzem eine neue politische Explosion provozieren. Das hat, je nach Ausgangslage und gegebenem Kräfteverhältnis, von Land zu Land zu sehr unterschiedlichen Maßnahmen und Ergebnissen geführt. In der Grundrichtung lassen sich jedoch deutliche Gemeinsamkeiten feststellen. Sie prägten binnen kurzem im Innern der Staaten wie auf außenpolitischem Gebiet die Verhältnisse in weiten Teilen Europas entscheidend und setzten ganz neue Entwicklungen in Gang. *(Randnotiz: Bedeutung der Revolution von 1848/49)*

Seinen unmittelbarsten Niederschlag fand dieser Strukturwandel auf dem verfassungspolitischen Gebiet im engeren Sinne. Vor 1848 war das absolutistische System in Mittel- und Osteuropa noch weithin die Regel gewesen. Zwar hatte nach 1830, nach der Julirevolution in Frankreich, auf dem Gebiet des Deutschen Bundes eine ganze Reihe von Mittel- und Kleinstaaten zusätzlich Verfassungen erhalten. Aber die beiden Vormächte des Bundes, Österreich und Preußen, hatten ebenso auf dem System des konstitutionell nicht beschränkten monarchisch-bürokratischen Anstaltsstaats beharrt wie das zaristische Rußland als die Vormacht des östlichen Europa. Nach 1849 aber, nach dem militärischen Sieg über die Revolution, gingen sowohl Preußen als auch Österreich aus freien Stücken zum konstitutionellen System über. Wenn sich Wien schon kurze Zeit danach wieder davon abkehrte und erst zehn Jahre später, mit dem Oktoberdiplom von 1860 bzw. dem Februarpatent von 1861, endgültig in jene Bahn zurücklenkte, so zeigten doch gerade das Scheitern des neoabsolutistischen Systems in den fünfziger Jahren und die Rückschläge, mit denen die Monarchie dafür auch auf nationalpolitischem Gebiet bezahlen mußte, daß die Zeit für ein solches System endgültig abgelaufen war. Selbst in Rußland, dem Bollwerk der europäischen Gegenrevolution in den Jahren 1848–1850, wurden seit dem Tode Nikolaus' I. und der Thronbesteigung Alexanders II. 1855 und der im folgenden Jahr besiegelten Niederlage im Krimkrieg auch im engeren Führungskreis um den Monarchen Pläne zu einer Änderung des bisherigen autokratisch-bürokratischen Herrschaftssystems, wenn auch zunächst nur auf der lokalen und regionalen Ebene, immer lebhafter diskutiert. *(Randnotiz: Vordringen des konstitutionellen Systems)*

Stets freilich blieb, bei allem formellen Entgegenkommen gegenüber den Forderungen der konstitutionellen Bewegung und ihrer Anhängerschaft, die machtpolitische Vorrangstellung der monarchischen Exekutive und ihrer Hauptinstrumente, Bürokratie und Armee, erhalten. So lag die Vermutung von vornherein

nahe, es handle sich in Wahrheit nur um eine pseudokonstitutionelle Abschirmung und Absicherung des bisherigen Herrschaftssystems, um eine den Zeitgeist
ansprechende und ihn formal befriedigende Verbrämung des nach wie vor prinzipiell uneingeschränkten Herrschaftsanspruchs des jeweiligen Monarchen und der
ihn tragenden Kräfte vor allem aus dem Lager der grundbesitzenden Aristokratie,
aber auch aus der sich immer mehr ausweitenden Bürokratie zumeist bürgerlicher
Herkunft. Schon viele Zeitgenossen zogen dabei eine direkte Verbindungslinie zu
dem nach 1850 in Frankreich durch Napoleon III. etablierten Herrschaftssystem.

Auch hier dienten ihrer Meinung nach die äußeren Formen des Verfassungsstaa-

Neue Formen
der Herrschaft
tes nur dazu, den unbedingten Herrschaftsanspruch des neuen Monarchen und
seiner Exekutive zu verschleiern. Und auch hier suchte man auf diesem Wege dem
Regime zugleich neue Kräfte vor allem aus dem aufstrebenden Bürgertum zuzu-
führen, ohne in Abhängigkeit von ihnen zu geraten.

Hinter diesen in der Tat ins Auge springenden Gemeinsamkeiten, die die Perspektive auf einen neuen Typus direkt oder indirekt plebiszitär abgesicherter und
gestützter autoritärer Herrschaft eröffneten, sind in der rückblickenden Betrachtung die Unterschiede zeitweise sehr zurückgetreten: von einer bonapartistischen
Herrschaftsform war mit Blick auf ganz verschiedenartige Systeme die Rede.
Diese Unterschiede bestehen insbesondere in der jeweils ganz verschiedenartigen
Legitimation des Herrschaftsanspruchs, hier durch das Prinzip der Volkssouveränität und dort durch das monarchische Prinzip, sowie in der sehr unterschiedlichen sozialen Basis beider Systeme. Sie gründete in Frankreich auf den tief einschneidenden wirtschaftlich-gesellschaftlichen wie auch politischen Veränderungen seit der Revolution von 1789, während sie beispielsweise in Preußen noch
starke Stützpfeiler in den vorrevolutionären Verhältnissen hatte. Selbst wenn man
sich dieser Unterschiede bewußt bleibt, ist allerdings nicht zu übersehen, daß sich
nach 1850 in weiten Teilen Europas eine Zwischenform zwischen dem überliefer-

Zwischen monar-
chischem und
parlamentarischem
System
ten System des alle politische Macht monopolisierenden monarchisch-bürokratischen Anstaltsstaats und dem System parlamentarisch-demokratisch legitimierter
und gesteuerter Herrschaft etablierte, wie es in Orientierung an England, das sich
in den fünfziger und sechziger Jahren in wirtschaftlicher wie in politischer Hinsicht immer mehr zum liberalen Musterland für den Kontinent entwickelte, die li-
beral-konstitutionelle Bewegung auf ihre Fahnen geschrieben hatte. Diese Zwischenform – mochte man sie nun „Bonapartismus“, „deutschen Konstitutionalismus“ oder dann das „System Bismarck“ beziehungsweise im Anschluß an Max
Weber ein System „charismatischer Herrschaft“ nennen – verband das Prinzip
autoritärer, auf den Vorrang der Exekutive gegründeter Herrschaft mit Formen
parlamentarischer und demokratischer Willensbildung und suchte über sie die
Vorstellung des Konsenses und eines permanenten gesellschaftlichen Interessenausgleichs zu erreichen und zu vermitteln.

Allerdings darf man über den mehr oder weniger ausgeprägten und klar formu-

Die politische
Praxis
lierten Zielen der Schöpfer und Träger jenes Systems die politische Praxis und die
realen Ergebnisse, zu denen diese Praxis führte, nicht aus dem Auge verlieren.

Hier nämlich zeigten sich, im Preußen der Ära Manteuffel, im napoleonischen Frankreich der fünfziger Jahre, in den deutschen Mittelstaaten, in den habsburgischen Sekundogenituren in Italien, dann auch in Österreich selber, sehr rasch die Grenzen der Manipulationsmöglichkeiten. Zugleich schufen Wahlrecht und parlamentarische Körperschaften sowie die damit zwangsläufig gewährten Möglichkeiten zur Organisation und Meinungsbildung trotz aller Beschränkungen jenen eine Plattform, die als Exponenten starker gesellschaftlicher Kräfte und Interessen und aufgrund ihres eigenen Machtanspruchs das System von den Grundlagen her in Frage stellten – mochten sie sich auch zeitweilig noch so kooperations- und kompromißbereit geben. Ungewollt wurde so der autoritäre Konstitutionalismus zum Förderer der politischen Selbstorganisation der Gesellschaft und damit einer Entwicklung, die seine Exponenten über kurz oder lang beiseite drückte. Am ausgeprägtesten trat diese Entwicklung in Frankreich in der zweiten Hälfte der sechziger Jahre zutage. Hier mußte sich das Regime, durch außenpolitische Mißerfolge geschwächt, schließlich, im Übergang zum sogenannten Empire libéral, zu weitgehenden Zugeständnissen an die sich verstärkt organisierenden gesellschaftlichen Kräfte vor allem aus dem Bürgertum bereitfinden.

Die politische Selbstorganisation der Gesellschaft vollzog sich, den politischen Rahmenbedingungen entsprechend, zunächst einmal in Parlamentsparteien mit der jeweiligen Fraktion als Zentrum und Führungsspitze. Dominiert von lokalen und regionalen Honoratioren, die aufgrund ihrer wirtschaftlichen Lage und sozialen Stellung politisch abkömmlich waren, dienten den Parteien als Hauptinstrumente zum einen die auf sie festgelegten Presseorgane, zum anderen die sogenannten Wahlvereine für den lokalen wie für den gesamtstaatlichen Bereich. Auf dieser Basis entstanden auch die ersten großen Massenorganisationen der fünfziger und sechziger Jahre, die Società nazionale in Italien, der Nationalverein und der Reformverein und, sie beide übergreifend, die sogenannte Schleswig-Holstein-Bewegung in Deutschland. Sie waren, bei aller zeitweiligen Eigendynamik, Hilfsorganisationen der Parlamentsparteien, wie das auch bei den verschiedenen Wahlrechtsreformbewegungen in England, vom Chartismus der dreißiger und vierziger bis zur National Reform Union und der National Reform League der sechziger Jahre, der Fall war. Das gleiche gilt für die meisten der über den reinen Wahlverein hinausgehenden politischen Vereinsbildungen, auch wenn hier mancherlei zusätzliche Wurzeln und daraus resultierende Zielsetzungen im bürgerlichen Vereinswesen allgemein zu finden sind. Allerdings ist dann im weiteren der Verein auch zum Ausgangspunkt und zur ursprünglichen Organisationsform neuer politischer Parteien und Bewegungen geworden; prominenteste Beispiele sind hier im deutschen Raum der 1863 von Ferdinand Lassalle gegründete Allgemeine Deutsche Arbeiterverein und der im März 1848 ins Leben gerufene katholische Piusverein und die Fülle der daran anknüpfenden lokalen und regionalen Vereinsbildungen als organisatorische Vorstufen der Sozialdemokratischen Partei bzw. – hier entwickelte allerdings die katholische Fraktion im Preußischen Abgeordnetenhaus zumindest im Norden und Westen eine ähnlich vorstrukturierende

Politische Selbstorganisation

Massenorganisationen

Neue Parteiformen

Bedeutung – der Zentrumspartei. Damit war, in Kombination mit anderen Faktoren, von Anfang an eine stärkere Breitenwirkung, ein größerer Einfluß der Basis gegeben als bei den liberalen Parteien und damit der Weg betreten zur mitgliederstarken Massenpartei. Auch hier spielten dann freilich die Fraktion und die Gremien, die die Organisation der Wahlen übernahmen, eine ständig zunehmende Rolle. Sowohl die Arbeiterparteien als auch die katholischen Parteien näherten sich damit, bei allen Unterschieden in der Mitgliederstruktur, in den Rekrutierungsmechanismen und im Selbstverständnis, dem Typus der Parlamentspartei an, der, wie in England schon seit längerem, nun auch auf dem Kontinent eindeutig vorherrschte.

Interessen-organisationen

Diese Vorrangstellung gilt nicht nur für den parteipolitischen Bereich im engeren Sinne, sondern auch hinsichtlich der speziellen Interessenorganisationen innerhalb der Gesellschaft, die seit den sechziger Jahren, anknüpfend an sehr verschiedenartige Vorläufer und Vorstufen, auf breiter Front entstanden. Der autoritäre Konstitutionalismus hatte von Anfang an wie der Absolutismus auf das Prinzip der partikularen Interessenvertretung gesetzt. Mit seiner Hilfe hoffte man die politischen Ansprüche der einzelnen gesellschaftlichen Gruppen wie vor allem der Parteien als Wortführer eines je verschieden interpretierten gesamtgesellschaftlichen Interesses in Schranken halten zu können. Diese Rechnung ging jedoch nur sehr begrenzt auf, und wenn, dann jeweils nur für kurze Zeit. Die Parteien erwiesen sich hier, so komplizierte Probleme das immer wieder aufwarf, die von Fall zu Fall und von Partei zu Partei auf sehr verschiedenartige Weise angegangen und gelöst wurden, als außerordentlich flexibel und integrationsfähig. Sie wirkten auf diese Weise zunehmend als Katalysatoren unterschiedlicher Interessen und untermauerten damit ihren Anspruch, im Rahmen der von ihnen vertretenen politischen Zielvorstellungen einen Interessenausgleich vermitteln zu können, der zugleich als Basis für einen mehrheitsfähigen gesamtgesellschaftlichen Interessenausgleich zu dienen in der Lage sei – ein Vorgang, der mit der Formel vom Übergang von der Weltanschauungs- zur Interessenpartei nur sehr begrenzt erfaßt wird.

Stellung der Parteien im Verfassungssystem

Sicher sind an diesem Befund von Land zu Land und von Zeitabschnitt zu Zeitabschnitt erhebliche Differenzierungen anzubringen. Die Führungsrolle der Parlamentsparteien bei der Neuorganisation einer Gesellschaft, die mehr und mehr aus den Bindungen und Lebensformen der überlieferten sozialen und wirtschaftlichen Ordnung heraustrat, war in England ungleich ausgeprägter als etwa in der Habsburger Monarchie oder auch in Preußen und dann im Deutschen Reich. Aber man kann doch, bei aller notwendigen Differenzierung, von einer gemeinsamen Grundtendenz sprechen, und diese Grundtendenz hielt über die folgenden Jahrzehnte hindurch an. Dabei spielte das jeweilige Wahlrecht wohl eine wichtige und dynamisierende, jedoch nicht die schlechthin entscheidende Rolle. Bedeutsamer war, welche Stellung die Parteien im bestehenden Verfassungssystem besaßen oder erlangten und in welchem Maße sie dementsprechend die Erwartungen auch über den Kreis der direkten Wähler hinaus auf sich konzentrierten. So standen in

England trotz der zunächst erheblichen Wahlrechtsbeschränkungen, die erst mit den Reformgesetzen von 1867 und dann von 1884/85 entscheidend gelockert wurden, die beiden großen Parteien als alternative Träger der Regierungsverantwortung schon früh ganz im Zentrum des politischen Lebens. Das gleiche galt zunächst, nach Begründung des italienischen Nationalstaats zu Beginn der sechziger Jahre, für Italien, wo die Zahl der aktiv Wahlberechtigten vor der Reform von 1882 nur wenige Prozent, insgesamt kaum mehr als 600 000 Personen umfaßte. In den beiden Staaten hingegen, die als erste das allgemeine Wahlrecht dauerhaft einführten, in Frankreich nach 1848 und im Norddeutschen Bund bzw. im Deutschen Reich nach 1867/71, war die Stellung der Parteien gegenüber der dominierenden monarchischen Exekutive deutlich schwächer.

Der Distanz zum Zentrum der Macht entsprach zudem eine stärkere Parteien-zersplitterung. Sie erschwerte den Prozeß einer vereinheitlichenden politischen Willensbildung aus der Gesellschaft heraus. Daraus resultierte in Frankreich auch nach 1876, nach der endgültigen Durchsetzung des Prinzips der Parlamentssouveränität, die in dieser Form in Europa ohne Beispiel war, eine der Schwächen des französischen Parlamentarismus, die später im deutschen Parlamentarismus der Weimarer Republik ihr Pendant fand. Besonders schwierig gestaltete sich das den französischen und später den deutschen Parlamentarismus so belastende Problem des Verhältnisses zwischen meinungs- und interessenspezifischer Repräsentation und vereinheitlichender, mehrheitsstiftender politischer Willensbildung in einem Vielvölkerstaat wie der Habsburger Monarchie. Hier blieben die Parteien zusätzlich an die verschiedenen Nationalitäten gebunden, und die Demokratisierung des Wahlrechts – das allgemeine Wahlrecht wurde erst 1907 und auch dann nur in der cisleithanischen Reichshälfte eingeführt – führte zu einer immer weitergehenden Zersplitterung der Parteien. Beides ließ eine Parlamentarisierung nach westeuropäischem Vorbild auch vielen von jenen als ein mit den Lebensinteressen der Monarchie kaum vereinbares Risiko erscheinen, die ein solches politisches System im Prinzip durchaus bejahten.

Am Beispiel Österreich-Ungarn wird zugleich besonders deutlich, welch enger Zusammenhang nach wie vor zwischen dem konstitutionellen und dem nationalen Gedanken bestand. Dieser Zusammenhang schien nach 1848 wenn nicht gelöst, so doch gegenüber der Situation vor der Revolution weitgehend verändert zu sein. Der Erfolg der Systeme des autoritären Konstitutionalismus, zunächst in Frankreich, dann in Preußen und im Deutschen Reich, beruhte nicht zuletzt darauf, daß sich ihre Wortführer mit dem nationalen Gedanken verbanden und als eigentliche Repräsentanten des nationalen Interesses auftraten. Auch hier jedoch erwies sich dieser Erfolg, so eindrucksvoll er sich zunächst darstellte, als durchaus zeitgebunden. Die parlamentarischen Vertretungskörperschaften und die Parteien gelangten auch in dieser Hinsicht Schritt für Schritt in die Vorhand und setzten ihren Anspruch mehr und mehr durch, die eigentlichen Sprecher der Nation zu sein. Der Prozeß der politischen Willens- und Meinungsbildung über Wahlen einerseits, über die Presse andererseits ließ sich, so zeigte sich, auf Dauer nicht

Parteien-
zersplitterung

Konstitutionalis-
mus und nationale
Bewegung

kontrollieren und steuern, sondern begünstigte mit fortschreitender Mobilisierung immer weiterer Bevölkerungskreise jene, die sich mit ihm identifizierten und ihn vom Grundsatz her bejahten. Gegenüber der autoritären Integration der Nation in einem auf die Exekutive konzentrierten quasikonstitutionellen System mit stark plebiszitären Elementen erwies sich die parlamentarisch-demokratische Integration auf parteipolitischer Grundlage auf längere Sicht als die sehr viel wirksamere.

Im Inneren der meisten europäischen Staaten führte dies nach dem tiefen Einschnitt des Jahres 1870 mit dem Sturz Napoleons III. und seines Regimes bis 1914 meist nur zu einem stillen, in seinem Ausmaß und in seinen Konsequenzen von Fall zu Fall zudem oft nur schwer einzuschätzenden Verfassungswandel. Für das Verhältnis der europäischen Staaten zueinander und für das gesamte außenpolitische System hatte jene Entwicklung jedoch unmittelbar einschneidende Konsequenzen. Sie dynamisierte und radikalisierte Tendenzen, die das historisch gewachsene System der internationalen Beziehungen im europäischen Raum von den Grundlagen her zu zerstören drohten.

Auch in dieser Beziehung wirkte der autoritäre Konstitutionalismus der Jahre nach 1850 als unmittelbarer Vorläufer und Wegbereiter. Bis dahin hatte, unbeschadet aller Konflikte und ständigen machtpolitischen Verschiebungen, das Prinzip gegolten, daß Grundlage und Beziehungselement des europäischen Systems das jeweilige einzelstaatliche Interesse, vor allem das Interesse der großen Mächte sei. Hier von berechenbaren Voraussetzungen aus jeweils ein Gleichgewicht zu schaffen, war seit Generationen das übergreifende, systemstiftende Bestreben der Vertreter der europäischen Diplomatie gewesen. Die grundsätzliche Herausforderung des Systems in der Zeit der Französischen Revolution und dann vor allem Napoleons I. war mit dem Sieg über den Korsen in der sogenannten Ordnung von 1815, der Ordnung des Wiener Kongresses, noch einmal abgewehrt worden. Nun aber, nach 1848, fand das damals proklamierte Gegenprinzip, das Prinzip der nationalstaatlichen Organisation Europas und des nationalen Interesses, immer stärkeren Widerhall und wachsende Unterstützung auch auf der staatlichen Ebene. Friedrich Wilhelm IV. von Preußen und sein Berater Radowitz sprachen von der „deutschen Mission" Preußens, Viktor Emanuel von Piemont-Sardinien und sein Ministerpräsident Cavour verkündeten das gleiche im Hinblick auf Italien, und der neue französische Kaiser, der Neffe Napoleons I., erklärte das Nationalstaatsprinzip grundsätzlich zum Ordnungsprinzip des neuen Europa. Aus dieser Verbindung der Machtinteressen eines Einzelstaates und der Kräfte der jeweiligen nationalen Bewegung gingen zunächst der italienische, dann der deutsche Nationalstaat hervor, wobei in beiden Fällen der die Entwicklung vorantreibende Einzelstaat die innere Struktur des neuen, des nationalen Staates sehr stark bestimmte. Allerdings waren sowohl Cavour als auch der Begründer des deutschen Nationalstaates Bismarck und letztlich auch Napoleon III. im Kern Männer des alten Systems, die zwar von der Verbindung mit den nationalen Kräften profitierten, das nationale Prinzip aber nicht wirklich zum neuen system-

Bedeutung für das
Mächtesystem

stiftenden Prinzip werden lassen wollten. Alle drei dachten gar nicht daran, die Durchsetzung jenes Prinzips aktiv zu fördern, wo es den Interessen des eigenen Staates widersprach oder ihnen auch nur nicht günstig schien; das gilt im preußischen Fall für die polnische und die dänische Nationalbewegung ebenso wie im italienischen für die deutsche oder die serbische oder im französischen für die deutsche. Das Bestreben ging im Gegenteil dahin, sich nach den sehr weitreichenden machtpolitischen Veränderungen zu eigenen Gunsten wieder in das traditionelle machtstaatliche System einzufügen und in ihm Sicherheit für die eigenen Erwerbungen und die neugewonnene Stellung zu suchen. In den nach 1871 ständig wiederholten Erklärungen Bismarcks etwa, das Reich sei „saturiert" und deutsche Volksgruppen außerhalb seiner Grenzen könnten ebensowenig auf seine Unterstützung rechnen wie fremde Nationalbewegungen, die gegen die jetzt bestehende staatliche Ordnung aufbegehrten, tritt das sehr deutlich zutage.

Die Parallele mit der inneren Politik liegt dabei auf der Hand. Wie man hier die Stellung der monarchischen Exekutive durch ein genau kalkuliertes und begrenztes Entgegenkommen gegenüber den Kräften der konstitutionellen und liberalen Bewegung nicht nur sichern, sondern noch verstärken wollte, so sollte dort das Bündnis mit der nationalen Bewegung zur Stärkung und Erweiterung der Macht des eigenen Staates beitragen, ohne daß man dabei die bisherigen Fundamente und vor allem auch das System preisgab, auf denen diese Macht im internationalen Zusammenhang beruhte: die Isolierung, die dem Systemzerstörer drohte, glaubte sich keiner von ihnen leisten zu können. Auch hier freilich gelang die Instrumentalisierung nur für eine vergleichsweise kurze Frist. Gerade der Erfolg einer an herkömmlichen machtstaatlichen Interessen orientierten nationalen Politik, wie sie vor allem Preußen in den sechziger Jahren vorführte, stärkte in Verbindung mit der zunehmenden politischen Mobilisierung immer breiterer Schichten und der wachsenden wirtschaftlichen Konkurrenzsituation überall in Europa den nationalen Gedanken und die Vorstellung, nur im nationalen Machtstaat finde eine Nation zu sich selber, er sei gleichsam das Ziel aller Geschichte. Wie bei den historisch gegebenen Verhältnissen und Problemen der nationalen Gemengelage zumal in Mittel- und Osteuropa und den vielfältigen Verschränkungen zwischen wirtschaftlichen, sozialen und nationalen Beziehungen dieser Gedanke in reiner Form je ohne tödliche Konflikte, ohne die schließliche Selbstvernichtung der europäischen Nationen durchgesetzt werden könne, trat mehr und mehr zurück gegenüber dem sozialdarwinistisch überhöhten und verbrämten Glauben an die Mission und bevorzugte Stellung der eigenen Nation. Dabei gab es, wie sich nicht erst 1914, sondern schon bei den verschiedensten Gelegenheiten in den Jahrzehnten davor zeigte, kaum eine soziale Gruppe, die nicht von diesen Tendenzen erfaßt wurde: die Versuche, sie speziell im bürgerlichen Mittelstand oder in den traditionellen Führungsschichten zu verorten, verkennen vielfach die Tiefe und Breitenwirkung der Strömung, die gerade kritischen Zeitgenossen durchaus bewußt war.

Es war dies die andere Seite der „Nationalisierung" des politischen Lebens, der

Nationalisierung der europäischen Politik

Entstehung eines „politischen Massenmarkts" (H. Rosenberg), die die Jahrzehnte nach 1850 in ganz Europa zunehmend bestimmte und seine Träger und
Repräsentanten, die Parteien, politisch immer mehr in die Vorhand brachte. Die
meisten von ihnen präsentierten sich denn auch in jener Weise als Parteien des
„nationalen Interesses", und selbst wo man die konkrete Bestimmung und Formulierung dieses Interesses in der jeweiligen offiziellen Außenpolitik kritisierte,
tat man dies bis tief hinein in die Reihen der Arbeiterbewegung in den gleichen
Kategorien, beschwor auch seinerseits das „nationale Interesse" als eine feste
Größe.

Zunächst einmal freilich hatte der Prozeß der fortschreitenden „Nationalisierung" der europäischen Außenpolitik, sowohl was die Zielsetzungen als auch was
die Breite der daran beteiligten Kräfte und Interessen angeht, keine tiefer gehenden Auswirkungen auf die europäische Landkarte und das europäische Staatensystem. Nach den beiden großen Nationalstaatsgründungen in den sechziger
bzw. zu Beginn der siebziger Jahre richteten sich die Aufmerksamkeit und die Interessen der großen europäischen Staaten und Völker zunehmend auf die außer-
europäische Welt. Der nationale Machtstaatsgedanke wurde zu einer der wesentlichen Antriebskräfte der Politik kolonialer Expansion und einer zielbewußten
Kolonialreichsbildung im Interesse nicht zuletzt der weltweiten Fundierung der
eigenen Machtstellung. Dieser neue „Imperialismus" der europäischen Großmächte wirkte damit, mochte er auch außerhalb Europas ständig neue Konfliktherde erzeugen, auf der europäischen Ebene erst einmal entlastend. Er sicherte
hier den Status quo und verhinderte, daß sich die nationale Dynamik voll entfaltete. Die verschiedenen nationalen Irredentismen – die italienische Forderung
nach der Brennergrenze, das französische Streben nach Rückgewinnung von Elsaß und Lothringen, die dänischen Ansprüche auf Nordschleswig usw. – blieben
vorerst zwar gefährliche, aber bloß schwelende Probleme. Das gleiche galt für die
Aktivitäten der verschiedenen nationalen Bewegungen in Ost- und Südosteuropa. Das Nationalstaatsprinzip kam hier in den Jahrzehnten nach 1871 kaum
voran. Wo es, wie auf dem Balkan, äußerlich betrachtet, Fortschritte machte,
wurde es bis 1914 recht eindeutig dominiert von den Interessen der europäischen
Großmächte: die Nationalstaatsbildungen in diesem Raum (Rumänien, Serbien,
Bulgarien, Albanien) gelangten über den Status eines Satelliten der jeweiligen
„Schutzmacht" höchstens zeitweise hinaus.

Diese Entlastungsfunktion des Imperialismus haben konservative Außenpolitiker wie Bismarck, Disraeli oder Salisbury durchaus gesehen, wobei die britischen Staatsmänner zugleich an langjährige Traditionen englischer Europapolitik
anknüpfen konnten. Für Bismarck lagen in diesem Sinne die Probleme auf dem
Balkan auf der gleichen Linie wie die Streitfragen um Afrika: beides schien geeignet, die durch den Nationalismus enorm gesteigerten Spannungen im Herzen Europas an die Peripherie abzuleiten und damit den drohenden großen europäischen Konflikt zumindest in unmittelbarer Zukunft zu verhindern. Aber auch im
Lager der Kritiker des Imperialismus hat man diese Ableitungs- und Entlastungs-

(Marginalien:)
Übergang zum
Imperialismus

Imperialismus
und europäischer
Status quo

funktion des Imperialismus im Interesse der Erhaltung des Status quo sehr klar erkannt. Von Clemenceau, dem Führer der französischen Linksliberalen, stammt das Wort, der französische Ministerpräsident Jules Ferry, sein Gegenspieler auf der liberalen Rechten, der sich in Verfolgung französischer Interessen in Afrika zeitweise außenpolitisch dem Reich annäherte, wolle „das Volk mit Kolonialpolitik bestechen". Das meinte einerseits die damit angeblich verbundene Ablenkung von der eigentlichen, der „heiligen Aufgabe" der französischen Politik, der Wiedergewinnung der verlorenen Provinzen im Osten. Es meinte andererseits aber auch die Lähmung der fortschrittlichen, dynamischen Kräfte im Innern, die nach Meinung Clemenceaus und vieler seiner Gesinnungsfreunde auf der europäischen Linken aus der Forcierung imperialistischer Großmachtideen bei weiten Teilen der Bevölkerung resultierte.

Dem hat eine große Zahl von Vertretern gerade auch des Linksliberalismus – in Deutschland etwa Max Weber oder Friedrich Naumann – entgegengehalten, daß der Zusammenhang ein durchaus anderer sei. Eine Dynamisierung der Außenpolitik über weitausgreifende große weltpolitische Ziele werde auch eine Dynamisierung der Innenpolitik nach sich ziehen, auch hier auf Dauer einschneidende Veränderungen begünstigen. Die Debatte, die diese These auslöste, hält bis heute an, wobei allerdings die meisten, die sich an ihr beteiligten und beteiligen, doch zu der Ansicht neigen, daß neben dynamisierenden Wirkungen in Teilbereichen des politischen und gesellschaftlichen Lebens und sicher auch auf wirtschaftlichem Gebiet der Imperialismus insgesamt eher den Kräften des Beharrens und der Bewahrung des Status quo zugute gekommen sei.

Der „liberale Imperialismus"

Für das europäische Staatensystem gilt das sicher insoweit, als es nach 1871 bis zum Ausbruch des Ersten Weltkrieges in Europa selber zu keinen größeren territorialen Veränderungen und darauf gegründeten machtpolitischen Verschiebungen kam; die territoriale Revolutionierung Ost- und Südosteuropas im Sinne des Nationalstaatsprinzips war erst eine Folge dieses Krieges und eines seiner zentralen Ergebnisse. Auf der anderen Seite ist unübersehbar, daß sich im Zuge der kolonialen Expansion und des Versuchs der zielgerichteten außereuropäischen Reichsbildungen nicht nur das europäische System unter Einschluß der USA und dann auch Japans zu einem Weltstaatensystem erweiterte, sondern daß in diesem System die Gewichte zunehmend anders verteilt waren als auf der europäischen Ebene. Die Rückwirkungen, die das hatte, und die Reaktionen, die es auslöste, führten dann unmittelbar in den großen Konflikt und damit zu einer weitgehenden, an den neuen Machtrealitäten orientierten Umgestaltung des europäischen Systems. Insofern erwies sich die Dynamik des Imperialismus und der von ihm freigesetzten Kräfte schließlich – wenngleich in einem sehr anderen Sinne als es seinen Wortführern wie seinen Gegnern in der Zeit selber vorschwebte – doch als stärker als die in ihm enthaltenen Elemente der Beharrung. Entscheidend dafür war, daß sich der machtstaatlich orientierte Nationalismus unter seinen Antriebskräften, nicht zuletzt was die Breitenwirkung anging, mehr und mehr als die eigentlich dominierende erwies.

Bildung eines Weltstaatensystems

Die einschneidenden Veränderungen des europäischen Staatensystems in den sechziger Jahren, sein weltweiter Siegeszug seit dem Beginn der achtziger Jahre und seine tiefgreifende Erschütterung und schrittweise Auflösung seit dem zweiten Jahrzehnt des 20. Jahrhunderts hatten hier ihre gemeinsame Wurzel. So wird man bei allen jeweils zeitspezifischen Unterschieden und allen darauf gegründeten Einschränkungen im nationalen Gedanken und im Nationalstaatsprinzip letztlich das entscheidende, epochenübergreifende Phänomen sehen müssen, auf das alle Wandlungen in den zwischenstaatlichen Verhältnissen und Beziehungen seit der Mitte des 19. Jahrhunderts im Kern zurückzuführen sind. Es war dies die außenpolitische Seite und Konsequenz des sich gleichzeitig auch innenpolitisch immer stärker artikulierenden Souveränitätsanspruchs der jeweiligen Staatsgesellschaft. Daß die innerstaatlichen Regulative dabei auf der zwischenstaatlichen Ebene praktisch kaum eine Entsprechung fanden, war eine der im nachhinein vielbeklagten Tatsachen, die den Weg in die Katastrophen des 20. Jahrhunderts noch zusätzlich begünstigten. Es ergab sich jedoch mit letztlich zwingender innerer Logik daraus, daß der oberste Bezugspunkt allen außenpolitischen Denkens und Handelns, entgegen den Erwartungen und Hoffnungen der politischen Philosophie der Aufklärung des 18. Jahrhunderts, nicht die Menschheit, sondern, parallel zur Innenpolitik, Staat und Nation waren und blieben. Der August 1914 zerstörte hier die letzten Illusionen.

Der Nationalstaat als zentrale Kategorie

3. Kultur und Religion

Nationalisierung des politischen Lebens, politische Mobilisierung breiter Volks-schichten, Entstehung eines „politischen Massenmarktes" – all das setzte ein Mi-nimum an überlokaler Information und Kommunikation voraus. Basis dafür war, neben den begrenzten Möglichkeiten des Bildes und des gesprochenen Wortes, in erster Linie die Schrift. Sie war zum Hauptträger nicht nur der geistig-literari-schen, sondern ebenso auch der politischen Kultur im weitesten Sinne geworden. Dazu stand ihre Verbreitung, der Grad der sogenannten Alphabetisierung, in weiten Teilen Europas um die Mitte des 19. Jahrhunderts noch immer in krassem Widerspruch. In großem Abstand zu Preußen und Schottland, die mit nur noch 20% Analphabeten der Entwicklung weit voraus waren, bildeten Frankreich und das cisleithanische Österreich mit 40–45% sozusagen die „Normalfälle" der west- und mitteleuropäischen Situation – in Großbritannien insgesamt konnte etwa ein Drittel nicht lesen und schreiben. Für Rußland belaufen sich die Schät-zungen auf 90–95%. Von denjenigen, welche überhaupt für längere Zeit eine Schule besuchten, gelangten dabei im Durchschnitt der west- und mitteleuropäi-schen Staaten nur rund 1,5% auf höhere, weiterführende Bildungsanstalten: Heute sind es bei vollständig durchgeführter allgemeiner Schulpflicht in den glei-chen Gebieten je nach Land und Konfession zwischen 70 und 80%.

> Analphabetentum und Alphabetisie-rung

Sicher wird man sich hüten müssen, aus dem Grad der Alphabetisierung und der Verbreitung höherer Bildung zu weitreichende Schlüsse zu ziehen: Berufs- und Lebenswelt gründeten noch weithin auf der unmittelbaren Erfahrung sowie der mündlichen Überlieferung und Übermittlung von Einsichten, Fertigkeiten und Kenntnissen. Man hat zu Recht darauf hingewiesen, daß die englische Indu-strie zunächst sehr wesentlich von Leuten aufgebaut worden ist, die nur über ein Minimum an systematischer Ausbildung und Bildung im modernen Sinne ver-fügten; auch die ältesten Meister bei Krupp, einem der ersten deutschen Indu-striebetriebe, waren vielfach noch Analphabeten. Auf der anderen Seite aber ist doch unübersehbar, daß mit der Erweiterung und gleichzeitigen Komplizierung aller Lebenszusammenhänge und der fortschreitenden Differenzierung auch der Berufswelt eine solche systematische und kontinuierliche, in Fixierung und Ver-mittlung an die Schrift gebundene Ausbildung zunehmend unerläßlich wurde – im Interesse des materiellen Fortschritts wie im Interesse einer auf Selbstbestim-mung gegründeten politischen Kultur.

Darüber bestand zwischen den meisten Zeitgenossen Einigkeit, so verschieden man, gerade was das Politische anging, die Akzente setzte. Höchst leidenschaftli-che Formen nahm jedoch schon bald in vielen Ländern Europas der Streit um die Frage an, auf welchen Grundlagen diese Ausbildung jenseits der praktischen Wissensvermittlung in einem technisch-pragmatischen Sinne beruhen müsse, also welches „Weltbild" und welche Werte sie vermitteln solle. Die Aufklärung des 18. Jahrhunderts in allen ihren Spielarten und dann der in Deutschland, aber auch in England besonders stark ausgeprägte Neuhumanismus hatten das souve-

> Ringen um Bildungsziele

räne, geistig mündige und ganz im Diesseitigen verhaftete Individuum ins Zentrum aller ihrer Überlegungen gerückt und es gleichzeitig zum höchsten Erziehungsziel erklärt. „Der wahre Zweck des Menschen [...], welchen die ewig unveränderliche Vernunft ihm vorschreibt", so hatte der Reformer des preußischen Unterrichtswesens WILHELM VON HUMBOLDT es formuliert, „ist die höchste und proportionierlichste Bildung seiner Kräfte zu einem Ganzen". Das setzte neben der geistigen auch eine weitgehende sittlich-moralische Autonomie des einzelnen voraus und gründete auf einem radikal säkularisierten Weltbild, dem Gott und Religion in der „ewig unveränderlichen Vernunft", im Begriff der Weltvernunft aufgingen.

Nebeneinander zweier Kulturen

Die Triumphe, die der geistige und künstlerische Individualismus parallel zum wirtschaftlichen und gesellschaftlichen Individualismus im 18. Jahrhundert und in den ersten Jahrzehnten des 19. Jahrhunderts feierte, haben diesem Ideal in den europäischen Bildungsschichten zur fast unumschränkten Vorherrschaft verholfen, mochte es sich in seiner Konkretisierung auch von Land zu Land und von Zeitabschnitt zu Zeitabschnitt sehr stark unterscheiden. Unterhalb dieser zahlenmäßig eng begrenzten Bildungsschichten aber sah die Situation ganz anders aus. Hier beherrschte das durch die Kirchen geformte und überlieferte traditionelle geistige und religiöse Welt- und Menschenbild noch sehr weitgehend das Feld. Es prägte auch um die Mitte des 19. Jahrhunderts noch in einem heute nur mehr schwer nachzuvollziehenden Ausmaß die Lebenswelt breitester Schichten. Von daher kann man, auch wenn natürlich die Kirchen selber von den modernen geistigen und künstlerischen Strömungen nicht unbeeinflußt blieben, jenseits aller Unterschiede des Niveaus und des individuellen Bildungsstandes durchaus von zwei geistigen und insbesondere auch lebensweltlichen Kulturen sprechen, die sich zu jenem Zeitpunkt gegenüberstanden.

Kampf um die Schule

Von dieser Basis aus begann seit den fünfziger Jahren in vielen europäischen Ländern eine kulturpolitische Auseinandersetzung größten Ausmaßes, mit Schwerpunkt anfangs in der Habsburger Monarchie, den süddeutschen Staaten und Italien, dann in Preußen, in Frankreich und in England. Es ging dabei zunächst vor allem um die Frage, wer den bestimmenden Einfluß auf die Bildungsanstalten haben sollte. Diese befanden sich, zumal auf der entscheidenden Ebene der Elementarschulen, auch dort, wo das staatliche Unterrichtsmonopol im Prinzip bereits etabliert war, noch weithin unter dem Einfluß der Kirchen. Zumeist geborenes Mitglied der Aufsichtsinstanzen, wenn nicht deren Verkörperung, überragte die Autorität des Ortspfarrers die des Lehrers bei weitem. Dabei kam noch hinzu, daß der Lehrer vielfach in direkter wirtschaftlicher Abhängigkeit von der Kirche lebte, sei es im Hauptamt, sei es im für ihn aus materiellen Gründen unentbehrlichen Nebenamt als Küster und dergleichen. Das Bildungswesen auch in diesem für die Volksbildung fraglos wichtigsten Bereich dem dominierenden Einfluß der Kirchen zu entziehen – in den anderen Bereichen stellte er bereits die Ausnahme dar, so bedeutungsvoll solche Ausnahmen wie im Fall der beiden englischen Universitäten, Oxford und Cambridge, sein konnten –, war das gemein-

same Ziel der gesamten europäischen Linken. Es war dies, wie der Berliner Patho-
loge Rudolf Virchow, einer der Hauptwortführer der 1861 gegründeten Deutschen Fortschrittspartei, es mit vielen anderen formuliert hat, ein Kampf um die
moderne Kultur, ein „Kulturkampf".

In ihm ging es, unabhängig von den fast überall damit untrennbar verknüpften
macht- und parteipolitischen Auseinandersetzungen zwischen konservativen und
liberalen Kräften, im Kern darum, ob der moderne Individualismus, die säkulari-
sierte Welt- und Lebensanschauung der neuen, bürgerlichen Kultur zur Erzie-
hungs- und Bildungsnorm schlechthin werden solle. Auch Teile der protestantischen Kirchen, vor allem aber die katholische Kirche fühlten sich dadurch von
den Grundlagen her, in dem, was ihr eigenes Welt- und Menschenbild und ihren
daraus abgeleiteten irdischen Auftrag ausmachte, tödlich bedroht. In dem sogenannten Syllabus errorum von 1864, dem Verzeichnis aller „Irrtümer" der Gegenwart und der modernen Welt, schleuderte Pius IX. dem ein Verdikt entgegen,
das, der Abgrenzung und Verteidigung dienend, von der Gegenseite als Formulierung eines päpstlichen Weltherrschaftsanspruchs im geistig-sittlichen und damit letztlich auch im politisch-weltlichen Bereich interpretiert wurde. Formell   Ergebnisse des
endete die große Auseinandersetzung nach Jahren, oft Jahrzehnten erbitterter   „Kulturkampfs"
Konflikte praktisch überall mit dem Sieg des staatlichen Monopolanspruchs und
der Durchsetzung eines staatlichen Kontroll- und Aufsichtsrechts. Die Trennung
von Kirche und Bildungsanstalten wurde seit Ausgang der sechziger Jahre
(Österreich 1868/69, England 1870, Preußen 1872) auf breiter Front vollzogen,
die Bildungsinhalte wurden weitgehend säkularisiert. In Frankreich kam es
schließlich, nach der Jahrhundertwende, dem Vorbild der Vereinigten Staaten von
Amerika entsprechend sogar zur vollständigen Trennung von Kirche und Staat,
nachdem die leidenschaftlich umkämpfte Schulgesetzgebung Jules Ferrys bereits
seit Beginn der achtziger Jahre die Kirche weitgehend aus der Schule verdrängt
hatte. Im Inhaltlichen hingegen blieb der Sieg des Staates und seiner Parteigänger
eher zweifelhaft. Zum einen gelang den Kirchen und hier wieder in erster Linie
der katholischen Kirche die weitgehende Abschirmung des kirchlichen Bereichs
im engeren Sinne gegenüber staatlichen Mitwirkungs- und Mitgestaltungsan-
sprüchen, das allgemeine „Kulturexamen" beispielsweise, das Priesterkandidaten
in Preußen seit 1873 auferlegt wurde, blieb mehr oder weniger eine Farce. Zum
anderen führte der Kulturkampf in den verschiedenen europäischen Ländern mit
seiner politischen und geistigen Mobilisierung breiter Schichten zu einer erheblichen Stärkung der geistig-weltanschaulichen Position der Kirchen. Man kann
hier von einem Prozeß der förmlichen Revitalisierung sprechen, der zeigte, auf
wie festen und breiten Grundlagen Religion und kirchliche Tradition nach wie
vor beruhten.

Hinzu kam, diese Entwicklung zusätzlich stützend und verstärkend, etwas anderes. Hinter der Fassade eines scheinbar ungebrochenen Fortschrittsglaubens
auch auf geistig-kulturellem Gebiet und vielfach auftrumpfender nationaler Kul-
turpropaganda begann der Glaube an die Zukunft und an einen über die Vermeh-

rung des Wissens und die Fortentwicklung der materiellen Zivilisation hinausgehenden geistigen und moralischen Fortschritt immer mehr zu bröckeln. Der zunehmenden Erschließung des Kosmos der Menschheitsgeschichte in allen seinen

Krise des Fort- Bereichen und der enormen Steigerung des geistigen, des künstlerischen, des litera-
schrittglaubens rischen Wissens, die damit einherging, stand ein wachsendes Gefühl der Beliebig-
keit, der Relativität und extremen Zeitgebundenheit allen Menschenwerks und der
gesamten menschlichen Existenz gegenüber – der Eindruck, „daß Dasein nur ein
ununterbrochenes Gewesensein ist, ein Ding, das davon lebt, sich selbst zu verneinen

Nietzsche nen und zu verzehren, sich selbst zu widersprechen", wie FRIEDRICH NIETZSCHE
es 1874 formulierte [Unzeitgemäße Betrachtungen. Zweites Stück: Vom Nutzen
und Nachteil der Historie für das Leben: Kritische Gesamtausgabe, hrsg. v. G.
COLLI u. M. MONTINARI, III, 1, 245]. Der Flucht in den Positivismus einerseits, in
den Historismus und Relativismus andererseits setzte NIETZSCHE bereits die Forderung nach einer „Umwertung aller Werte", nach einem radikalen Neubeginn
entgegen, der den europäischen Menschen aus der „Tortur", einer ständig wachsenden „Spannung" befreien sollte, mit der sich die „ganze europäische Kultur"
„seit langem schon" „wie auf eine Katastrophe" losbewege [Nachgelassene Frag-
mente, Nov. 1887–März 1888: Kritische Gesamtausgabe, VIII, 2, 431].

Mit derartigen Postulaten blieb NIETZSCHE zunächst noch weitgehend allein.
Ein ähnliches, alle überlieferten Fundamente in Frage stellendes Krisenbewußt-
sein erfaßte größere Teile der europäischen Intelligenz erst Jahre später, vor allem
seit der Jahrhundertwende. Aber die Zweifel mehrten sich doch ständig, ob die
Geschichts- und Kulturphilosophie der Aufklärung, in der der Fortschrittsglaube
und die Idee der Einheit der kulturellen Entwicklung des neueren Europa wur-
zelten, nicht eine einzige große Illusion sei. Diese Zweifel waren so alt wie die
Aufklärung selber, und sie hatten bereits in der Romantik und in der Philosophie
des deutschen Idealismus, mochte diese in vielem auch an die Aufklärung anknüpfen, eine erste übergreifende Antwort gefunden. Aber wenn mit der Idee der
Dialektik des historischen Prozesses insgesamt und der nationalen Bedingtheit
auch und gerade der kulturellen Entwicklung schon eine starke Relativierung der
allzu linearen Fortschritts- und Entwicklungsvorstellungen der Aufklärung erfolgt war, so blieb doch zunächst der Gedanke des übergreifenden Charakters aller europäischen Kulturentwicklung ebenso erhalten wie die Idee eines alle ihre
Zweige umfassenden und stets neu vereinigenden Fortschritts: Wir alle sind „Vol-
tairianer", unterstrich der Berliner Physiologe Emil Du Bois Reymond über alle
aktuellen politischen Gräben hinweg im August 1870 in einer Rektoratsrede noch
einmal mit Nachdruck.

Der moderne Von dieser Basis aus entfalteten sich nicht nur Vorstellung und Begriff der „mo-
Kulturbegriff dernen Kultur", die dann in den kulturpolitischen Auseinandersetzungen der
zweiten Jahrhunderthälfte eine so große Rolle spielten. Von dieser Basis entwik-
kelten insbesondere die Erfahrungswissenschaften ihre spezielle, über den jeweiligen Erkenntniszusammenhang weit hinausgreifende Dynamik. Empirie und
Realismus eröffneten, so die grundlegende Prämisse, in einem überpositivisti-

schen Sinne den Zugang zu einem geordneten Kosmos, in dem der Mensch einst, mit wachsender Einsicht in die Bedingungen seiner Existenz, sein verlorenes Gleichgewicht wiederfinden werde.

In solcher Überzeugung schienen die fortschreitende Differenzierung und Spezialisierung der Wissenschaft, die verwirrende Vielfalt der künstlerischen Richtungen, der offenkundige Verlust eines einheitlichen, normierbaren Stils zunächst als nichts Beunruhigendes. Es ging um die Erschließung eines Mosaiks, das sich zwar als viel weitläufiger, vielfarbiger und vielgestaltiger erwies, als man zunächst angenommen hatte, aber das schließlich doch das große, alle Einzelheiten in sich aufnehmende und erhellende Bild ergeben würde. Den Naturwissenschaften kam dabei nicht nur praktisch, im Hinblick auf ihre bis dahin ungeahnten, die Lebenswelt revolutionierenden konkreten Anwendungsmöglichkeiten, sondern auch theoretisch eine führende Rolle zu. Sie waren es, die immer wieder von der Empirie zur Erkenntnis der dahinter wirkenden Gesetzmäßigkeiten vordrangen, die ständig den Beweis erbrachten, daß hinter der Fülle der Erscheinungen, aber eben nur durch sie erfaßbar, eine klare Ordnung stand. Ob der Aufbau der natürlichen Welt rein materialistisch erklärt werden könne oder ob dahinter im letzten noch andere Kräfte wirkten, war dabei eine auch zwischen Naturwissenschaftlern in einem noch stark vom Geist des Idealismus wie vor allem auch religiös geprägten Zeitalter leidenschaftlich umstrittene, aber doch nicht die zentrale Frage. Weit bedeutungsvoller war der endgültige Sieg des Gedankens, daß hinter allen Erscheinungen ein schließlich in einem Ordnungssystem erfaßbarer gesetzmäßiger Zusammenhang bestehe. Er verlieh den Naturwissenschaften, ungeachtet der Frage ihrer weltanschaulichen Neutralität – die von vielen ihrer führenden Vertreter wie etwa Justus Liebig durchaus positiv beantwortet wurde – eine Autorität, die über den jeweiligen Erkenntniszusammenhang weit hinausreichte.

Vor diesem Hintergrund wird die ungeheure Wirkung des Werkes von CHARLES DARWIN „Über die Entstehung der Arten" von 1859 erst richtig verständlich. Daß Kampf, Konkurrenz ein Naturgesetz allen Lebens sei, war so neu nicht, und die Vorstellung von der „Höherwertigkeit" des Siegers entsprach nicht minder einer schon immer weitverbreiteten Auffassung. Was Darwin in dieser Hinsicht empirisch darlegte und – wenngleich unter ganz anderen Kategorien und mit ganz anderen Erkenntnisinteressen – in einen systematischen Zusammenhang brachte, mochte zwar als eine zusätzliche Bestätigung und schließlich auch Rechtfertigung einer solchen Auffassung dienen: Der sogenannte Sozialdarwinismus ist sicher nicht zu unterschätzen. Aber ungleich gewichtiger war doch die Tatsache, daß sich die Naturwissenschaft hier nun der Schöpfungsgeschichte endgültig auch in ihrem zentralen Punkt bemächtigte und den Menschen auch in seiner Entstehungsgeschichte in den natürlichen, naturgesetzlich erfaßbaren Kosmos einfügte. Wenn Rudolf Virchow in der gleichen Zeit das Denken und die seelischen Empfindungen auf ihre gehirnphysiologischen Wurzeln und Grundlagen hin analysierte, wenn Hermann Helmholtz sich mit außerordentlichen Erfolgen der Physiologie der Sinneswahrnehmungen widmete und Emil Du Bois Rey-

Führende Rolle der Naturwissenschaften

Charles Darwin

mond das Zusammenspiel von Muskeln und Nerven in ein bio-elektrisches System faßte, so lag das ganz auf derselben Linie und wurde von den Zeitgenossen auch so verstanden.

Mensch und Natur   Der Mensch als ein integraler Bestandteil der Natur und ihrer klaren Gesetzen unterworfenen Ordnung konnte sich dieser Ordnung nur noch um den Preis des Verzichts auf jeden Erkenntnisfortschritt und damit auf Weiter- und Höherentwicklung überhaupt entziehen. Daß auch die Seele des Menschen naturwissenschaftlich erfaßbaren Gesetzmäßigkeiten unterworfen sei, war hier bereits angelegt, von Darwin und Virchow zu Sigmund Freud nur noch ein Schritt. Daß freilich der Kulturfortschritt und der Fortschritt der Naturwissenschaften schlechthin identisch geworden seien, daran wurden bis zu Freud die Zweifel immer lauter, und Freud selber sollte schließlich von einer polaren Spannung, von einem letztlich unüberwindbaren Gegensatz zwischen Natur und Kultur sprechen.

Natur- und Kulturwissenschaften   Solche wachsenden Zweifel spiegelten sich unmittelbar in dem Verhältnis zwischen den Naturwissenschaften auf der einen und den Kulturwissenschaften und deren Entwicklung auf der anderen Seite. Zunächst schien auf der neuen Grundlage von Empirie und Realismus und dem, was ihr erkenntnistheoretisches Fundament war, ein weitgehender Gleichklang erreicht zu sein – nicht nur im Methodischen, sondern, in den Grenzen der unterschiedlichen Gegenstandsbereiche, auch in den Erkenntniszielen. Ebenso war man in den Kulturwissenschaften, die sich zunehmend in erster Linie als historische Wissenschaften verstanden – auch die Philosophie wurde als wissenschaftliches Fach nun wesentlich zur Philosophiegeschichte –, bestrebt, über die Empirie und empirisch genährte und gesättigte Hypothesenbildung zu verbindlichen Sätzen zu gelangen. Allerdings gingen nur wenige im Anschluß an Auguste Comte so weit, solchen Sätzen allgemeine Gültigkeit und vor allem universelle Reichweite zuzuschreiben. Oberster Bezugspunkt wurde hier mehr und mehr das jeweilige Volk, die – meist eigene – Nation und der Staat bzw. die Staatenwelt, die sie umschlossen. Aber daß auch die geschichtliche Welt in der Vielfalt ihrer Erscheinungen übergreifenden Ordnungsprinzipien unterworfen sei und diese sich schließlich in einen immer konziseren Zusammenhang bringen lassen würden, war doch verbreitete Überzeugung. Sie ließ jeden einzelnen Erkenntnisfortschritt unabhängig von der Problematik förmlicher Struktur- und Entwicklungsgesetze, die seit den Anfängen einer im strengeren Sinne wissenschaftlichen Beschäftigung mit der geschichtlichen Welt immer wieder diskutiert worden war, als einen Baustein erscheinen, der sich schließlich in ein wohlgeordnetes Ganzes werde einfügen lassen. Diese Vermutung drängte zugleich zu vorausgreifenden Synthesen, wobei allerdings jene, die von Karl Marx bis zu Max Weber einer solchen Tendenz am stärksten nachgaben, charakteristischerweise immer zumindest an dem Anschein strenger Empirie festhielten und sich von vornherein gegen den nunmehr auch in einer breiteren Öffentlichkeit tödlich wirkenden Vorwurf „bloßer" Geschichtsphilosophie absichern suchten.

Derartige Versuche, parallel zu den Naturwissenschaften und ihren Systemen die Einheit der geschichtlichen Welt und ihre strukturellen Bestimmungsgründe und Gesetzmäßigkeiten gleichsam im Vorgriff analysierend zu erfassen, waren zunächst vielfach das Werk von Außenseitern. Von seiten der Fachdizilinen traf sie, gleich ob sich deren Vertreter, wie in Westeuropa, schon mehrheitlich zum Positivismus bekannten, oder, wie in Mittel- und Osteuropa, noch stärker an den Traditionen des Idealismus festhielten, zumeist der Vorwurf subjektivistischer Willkür. Außerhalb der Fachwissenschaften jedoch gewannen sie in dem Maße zunehmend an Bedeutung, in dem deren Anspruch immer brüchiger wurde, über die empirisch-rationale Erfassung der „Wirklichkeit" deren „Sinn" normativ zu erhellen und damit die Lebenspraxis auch jenseits des Materiellen auf solide, auch hier einen stetigen Fortschritt garantierende Grundlagen zu stellen. `Die Einheit der geschichtlichen Welt`

Dieser Vorgang war zugleich verbunden mit einer neuerlichen grundlegenden Veränderung der Stellung und Bedeutung der Kunst und der Literatur – man kann, in der Sprache der Nationalökonomie, von einem förmlichen Wechsel der Leitsektoren des geistigen und kulturellen Lebens in Europa sprechen. In unmittelbarem Zusammenhang mit dem Siegeszug von Empirie und Historismus in den Wissenschaften und ihrem Anspruch auf realistisch-rationale Welterklärung waren Kunst und Literatur auf breiter Front zunächst in eine vergleichbare Richtung eingeschwenkt. Historismus und Realismus dominierten nicht nur in der Themenauswahl und Gestaltung bis hin zu vergleichsweise abstrakten Kunstarten wie der Musik. Die Beherrschung des Formenkanons und des Formenvokabulars der Vergangenheit erhielt gleichzeitig einen ganz anderen Stellenwert als bisher, wurde von der Substanz her zum tragenden Element und gestaltenden Faktor in Kunst und Literatur. Das läßt sich mit dem Schlagwort von dem weithin epigonalen Charakter der europäischen Kunst nach 1850 nur teilweise erfassen. Entscheidend war vielmehr die Überzeugung, daß in den Formen der Vergangenheit in einer geschichtlich konstituierten und nur geschichtlich zu verstehenden Welt die Elemente der Gegenwart und der Zukunft gleichsam „aufgehoben" seien, daß der Mensch sich und seine Lebenswelt, die Gesellschaft, durch sie und in ihnen finden könne. `Historismus und Realismus in Kunst und Literatur`

Vor allem in der bildenden Kunst traten dabei Form und Inhalt in einen unmittelbaren Zusammenhang. Neben dem Genre und der Landschaftsmalerei, an denen sich die Wendung vom Idealismus klassizistischer und romantischer Provenienz zum Realismus und Historismus ebenfalls sehr deutlich beobachten läßt, wurde die sogenannte Historienmalerei in vielen europäischen Ländern zu einem ausgeprägten thematischen Schwerpunkt. In den entsprechenden Werken der Düsseldorfer und der Münchener Malerschule, in den Bildern des Italieners Fattori oder des Franzosen Couture ist dabei das Bestreben unübersehbar, einer bestimmten historisch-politischen Tendenz Ausdruck zu verleihen und sich in ihren Dienst zu stellen. Der enorme Erfolg von Werken wie Carl von Pilotys „Seni an der Leiche Wallensteins" beruhte nicht zuletzt darauf, daß das Publikum hier seine eigenen historischen Auffassungen und Perspektiven gespiegelt und ins Allgemeine überhöht fand. „Geschichte müssen wir malen, Geschichte ist die Reli- `Historienmalerei` gion unserer Zeit, Geschichte allein ist zeitgemäß", lautete damals eine viel zitierte Devise aus Kreisen Münchener Künstler [Zeitschrift für bildende Kunst 11/ 1876, 264].

    Im Sinne solcher historischen und das hieß zugleich nationalen Selbstvergewisserung sahen nicht nur Maler und Bildhauer, sondern ebenso auch Architekten und Komponisten und nicht zuletzt die Schriftsteller ihr Werk in übergreifenden

Kunst und natio-
nale Gesellschaft nationalkulturellen und nationalpolitischen Bezügen oder doch jedenfalls durch Publikum und Kritik in solche gestellt. Bei Guiseppe Verdi und Richard Wagner ist das jeweils mit Händen zu greifen. Es gilt jedoch ebenso für Architekten wie Semper in Dresden und dann in Zürich oder Garnier, den Baumeister der Großen Oper, in Paris und für die akademische Ausrichtung ganzer Bauschulen. Und es gilt in besonderem Maße für die Literatur, in der nun in praktisch allen europäischen Ländern der große Gesellschaftsroman in der Tradition so unterschiedlicher Autoren wie Scott und Dickens in England, Stendhal und Balzac in Frankreich, Immermann, Laube und Gutzkow in Deutschland oder Lermontow und Gogol in Rußland dominierte. In Thackerays „Jahrmarkt der Eitelkeiten", in Flauberts „Madame Bovary", in Freytags „Soll und Haben", in Fontanes „Stechlin" oder „Frau Jenny Treibel", in Gontscharows „Oblomow" – stets handelte es sich neben dem Individuellen um das Typische, um das soziale und kulturelle Milieu vor dem Hintergrund nationaler Identität, in der die Eigenart von Individuen wie der sozialen Gruppen ihre letzte Begründung fand. Zwar gingen nur wenige so weit wie Emile Zola, der in der exakten Dokumentation auf der Basis eines wissenschaftlich begründeten sozialen Weltbildes, zumindest in der Theorie, die kardinale Voraussetzung und das entscheidende Qualitätskriterium jedes künftigen Romans sah und einmal meinte: „Wenn der Romancier seine Dokumentation beisammen hat, wird sich sein Roman von selbst schreiben. Der Schriftsteller muß nur die Tatsachen logisch anordnen" [M. RYCHNER, Der Roman im 19. Jahrhundert, in: Propyläen Weltgeschichte 8/1960, 362]. Aber das Wirklichkeitsverständnis, das solchen Äußerungen zugrunde lag, war doch weit verbreitet. Von daher sah man das eigene Werk in unmittelbarem Zusammenhang und Gleichklang mit den empirischen Wissenschaften, wie auf der anderen Seite deren Vertreter ihre eigenen Vorstellungen und Überzeugungen in der zeitgenössischen Kunst und Literatur dieser Richtung unmittelbar widergespiegelt fanden: Von dem Historiker Heinrich von Treitschke wird berichtet, Carl Friedrich Lessings seinerzeit berühmtes Bild „Huß vor dem Konzil" habe in ihm spontan den Wunsch geweckt, Geschichte so zu schreiben, wie sie hier gemalt wurde [W. BUSSMANN, Treitschke. Sein Welt- und Geschichtsbild, 1952, 69].

    Gerade in der Malerei erfolgte dann allerdings schon früh der Bruch mit dem vorherrschenden Welt- und Wirklichkeitsverständnis, ein Bruch, der die leidenschaftlichsten, bis tief in unser Jahrhundert hinein anhaltenden Auseinandersetzungen auslöste. Schon die Schule der sogenannten Präraffaeliten in England um Rossetti, Hunt und Millais beharrte gegenüber den dominierenden Tendenzen der Zeit bereits nachdrücklich auf der Autonomie der Kunst wie vor allem auch

der individuellen Sehweise der einzelnen Künstlerpersönlichkeit. Sie neigte dabei
freilich noch einem eher rückwärtsgewandten romantischen Eskapismus in der
Tradition der Nazarener zu. Mit Manet, Renoir, Monet und Cézanne aber begann
seit den sechziger Jahren eine Bewegung, die den unter dem Zweiten Kaiserreich
bei aller Bandbreite sehr eindeutig formulierten Normen ein auch in der Theorie
klar fixiertes eigenes Programm entgegensetzte, das sich von dem linearen, auf die
Gesellschaft und ihre Entwicklung zielenden Fortschrittsgedanken deutlich abhob. Diese Künstlergruppe, die zunächst in dem Salon des Refusés eine gleichsam
von außen, durch die gemeinsame Ablehnung gesetzte Einheit fand – ein anschauliches Beispiel für das Auseinanderfallen von „offizieller und oppositionel-
ler Kunst" [K. LANKHEIT, Malerei und Plastik im 19. Jh., in: RGG 4, 683], das für
den Durchbruch der Moderne charakteristisch war –, war sich durchaus bewußt,
daß sie mit der Verteidigung des unbedingten Vorrangs der individuellen, zusätz-   Gegenbewegung
lich an einen spezifischen Ort und an eine spezifische Zeit gebundenen „impres-   des Impressionis-
sionistischen" Sehweise mehr proklamierte als die Autonomie und Souveränität   mus
der einzelnen Künstlerpersönlichkeit. Was damit zugleich in Frage gestellt wurde,
war der herrschende Realitätsbegriff als solcher mit seinen geistig-kulturellen wie
auch seinen politischen und gesellschaftlichen Implikationen. Diese Realität erschien als eine gesetzte, die das Individuum, seine schöpferische Kraft und seine
ganze eigenständige Existenz zu zerdrücken drohte. Ihr stellte man eine Indivi-   Das neue Bild des
dualitätsvorstellung gegenüber, die den Zusammenhang von Individuum und Ge-   Individuums
sellschaft zwar nicht leugnete, das Eigentliche und Zentrale, die konstitutiven und
lebensbestimmenden Elemente der Einzelpersönlichkeit aber jenseits dieser
Sphäre ansiedelte und von daher die tiefen und letztlich unversöhnlichen Spannungen zwischen ihr und der Gesellschaft betonte.

Darin unterschied sich dieser neue Individualitätsbegriff zugleich grundlegend
von dem klassischen, mochte man in mancher Hinsicht auch formal an ihn anknüpfen. Das Anarchische und potentiell Zerstörerische in jenem neuen Begriff,
das nur noch durch die Form gebannt werden konnte – was der Kunst zusätzlich
einen existentiellen, lebensbewahrenden und lebensermöglichenden Charakter
verlieh und ihr eine quasireligiöse Bedeutung gab – war unübersehbar. Wie rasch
die sich darin ausdrückende, mit wachsender Skepsis gegenüber jedem Fortschrittsgedanken und einem wissenschaftlich begründeten Weltbild verbundene
Welt- und Lebensanschauung zu einer immer mächtigeren Strömung im europäi-   Veränderte Welt-
schen Geistesleben wurde, zeigt die Tatsache, daß ähnliche Tendenzen nach der   und Lebensan-
bildenden Kunst schon bald und in ständig stärker werdendem Maße auch die   schauung
Musik, die Literatur und die Philosophie in einer neuen Mittlerstellung zwischen
Kunst und Wissenschaft erfaßten. In Wagners „Tristan" etwa kamen sie fast unvermittelt, die überlieferte musikalische Formensprache endgültig sprengend
zum Durchbruch, und mit Dostojewskijs „Schuld und Sühne", den „Dämonen"
und den „Brüdern Karamasow" gewann die Idee der Brüchigkeit aller menschlichen Existenz und der Irrationalität allen Fortschrittsglaubens, wie sie wohl am
frühesten der Däne Sören Kierkegaard formuliert hatte, noch auf dem Höhe-

punkt der an jenen Fortschrittsglauben geknüpften Erwartungen beklemmenden
Ausdruck. NIETZSCHE, dessen Denken wie das kaum eines anderen Zeitgenossen
um jene Neubestimmung der Stellung des Menschen zur Welt und um ein neues
Welt- und Menschenbild kreiste, nannte Dostojewskij denn auch den „einzigen
Psychologen", „von dem ich Etwas zu lernen hatte", einen der „schönsten
Glücksfälle meines Lebens" [Götzen-Dämmerung: Kritische Gesamtausgabe,
VI, 3, 143]. Daß die Moderne·in Kunst und Musik, in Literatur und Philosophie

Die zwei Gesich-
ter der Moderne

sich schließlich immer deutlicher nicht als Geschwisterkind, sondern als Anti-
pode jener Kräfte entpuppte, die die Moderne in Naturwissenschaft und Technik,
im staatlichen, wirtschaftlichen und gesellschaftlichen Leben heraufführten, verstärkte hier wie dort das Gefühl eines tiefen Bruchs in der Entwicklung. Es löste
über den wechselseitigen Eindruck der Bedrohung durch die jeweils andere Moderne, die technisch-wirtschaftlich-gesellschaftliche hier, die geistig-kulturelle
dort, eine geistige wie lebensweltliche Identitätskrise aus, die den Untergrund der
Konvulsionen und Katastrophen des 20. Jahrhunderts bildete.

Eine der Grundlagen dafür war die Tatsache, daß sich unterhalb der Welt der
Institutionen und Organisationen, der Verfassungen und der Gesetze, der großen
politischen Ereignisse und Entwicklungen, auf der Ebene der sogenannten Lebenswelt und der Lebensformen des Alltags der großen Mehrheit der Bevölke-

Tiefgreifender
Wandel der
Lebenswelt

rung, in jenen Jahrzehnten tiefgreifende Wandlungen vollzogen. Vielleicht mehr
als durch irgend etwas anderes wurden dadurch im Bewußtsein der Zeitgenossen
Vergangenheit und Zukunft auseinandergerückt, versank jene rascher als je zuvor
und erschien diese als das schlechthin Neue, Andersartige, als eine Epoche ganz
eigener Prägung, die den Bruch mit allem Bekannten und aller lebensweltlichen
und historischen Erfahrung signalisierte.

4. Lebensformen im Wandel

Gerade auch auf der Ebene des täglichen Lebens, der Grundformen und -weisen menschlicher Existenz stellte die zweite Hälfte des 19. Jahrhunderts in Europa eine Zeit dramatischer Veränderungen dar. Die spezifische Dramatik dieser Veränderungen trat vor allem in dem zutage, was man in generalisierender Form mit den Stichworten Industrialisierung und Urbanisierung umschreibt. Damit ist zugleich gesagt, daß sich jener Veränderungsprozeß auf bestimmte Gebiete Europas, auf den Westen und die Mitte des Kontinents konzentrierte und auch hier zunächst regional begrenzt blieb, allerdings mit immer stärkerem Einfluß auf die jeweils benachbarte ländlich-dörfliche Welt.

Welche Dynamik der Prozeß der Verstädterung und Urbanisierung entfaltete, kommt schon in den nackten Zahlen zum Ausdruck. So lebten in Deutschland 1871 noch zwei Drittel (64%) der Bevölkerung in Gemeinden mit weniger als 2000 Einwohnern, um 1910 waren es nur noch 40%. Acht Städten mit über 100 000 Einwohnern im Jahre 1871, in denen knapp 5% der Bevölkerung lebten, standen 1910 bereits 48 Großstädte mit einer Einwohnerschaft von 21% der deutschen Gesamtbevölkerung gegenüber. Dieses Wachstum, das sich in erster Linie auf die Industrieregionen und -städte konzentrierte, wurde als permanente Fern- und Nahwanderung auch von den ortsfesten, immobilen Bevölkerungsgruppen erlebt. „Bewegung" und Veränderung in allen Lebensbereichen, das war eine der zentralen Erfahrungen der Industrialisierungsepoche: Veränderung der Zeiterfahrung, der Arbeits- und Wohnverhältnisse, der Familienbeziehungen, der individuellen Lebensführung, der Ernährung und des Konsumverhaltens.

(Randnotiz: Beschleunigte Verstädterung und Urbanisierung)

Eine der Grundtatsachen der Geschichte des 19. Jahrhunderts, die eng mit der Industrialisierung vor allem des Agrarsektors zusammenhängt, ist die Verbesserung der Ernährungssituation. Epidemische Hungersnöte in Europa – die letzte mit katastrophalen Auswirkungen datiert auf die Jahre 1846/47 – gehörten von nun an einer vorindustriellen Vergangenheit an. Die Grundversorgung mit Nahrungsmitteln verbesserte sich ungeachtet aller schichtenspezifischen und regionalen Unterschiede stetig. So bewegte sich der Kalorienverbrauch in Deutschland seit den 1890er Jahren „beim Durchschnitt der Bevölkerung über dem physiologischen Soll" [254: TH. NIPPERDEY, Bd. 1, 1990, 125], und der Verzehr von Nährstoffen verschob sich allmählich von den Kohlehydraten zu Fett und Eiweiß. Vor allem der Fleischkonsum stieg auch in den Unterschichten stark an: lag der Pro-Kopf-Verbrauch in Deutschland 1850 bei 22 kg, so waren es 1870 bereits 27,6 kg und 1913 44,9 kg im Jahr. Der relative Anteil der Ausgaben für Nahrungsmittel an den Gesamtaufwendungen eines Haushaltes nahm gleichzeitig aufgrund der Einkommensverbesserung, aber vor allem auch wegen der Verbilligung des Transports von Lebensmitteln zu den Verbrauchermärkten stetig ab.

(Randnotiz: Das Ende der Hungersnöte in Europa)

Das Aufkommen einer Nahrungs- und Genußmittelindustrie und der Beginn von Produktwerbung im Nahrungssektor signalisieren bereits einen tiefgehenden Wandel der Eß- und Trinkgewohnheiten. Mit der industriellen Herstellung und

Wandel der
Ernährungs-
gewohnheiten

Konservierung von Lebensmitteln sowie der Erzeugung von Surrogaten änderten sich Zusammenstellung, Aussehen und Beschaffenheit der täglichen Nahrung: Fleisch- und Fischkonserven oder Suppenextrakte drangen in immer mehr Küchen vor. Sie verbilligten, verkürzten und vereinfachten die Zubereitung der Mahlzeiten. Kühl- und Konservierungssysteme ermöglichten den Transport leicht verderblicher Produkte, zum Beispiel von Seefisch, über weite Entfernungen. Durch diese technischen Innovationen änderten sich auch die Nahrungsgewohnheiten: Die Mahlzeiten wurden variabler und reichhaltiger, regionale Küchenpräferenzen gingen zumindest in den Städten zurück. Konstant blieb zunächst noch die Bevorzugung schwerer, kalorienreicher Kost gegenüber einer gesundheitsorientierten, qualitativen Ernährung, die jetzt zunehmend von den Ernährungsphysiologen propagiert wurde. Ein neues, erst durch die Industrialisie-

Aufkommen des
Massenkonsums

rung aufkommendes Phänomen war der Massenkonsum von Genußmitteln, von Alkohol, Kaffee und Tabak, allen voran der Zigarette, die im Gegensatz zur Zigarre oder Pfeife selbst am industriellen Arbeitsplatz konsumiert werden konnte. Nach dem Urteil eines Experten der internationalen Ernährungsforschung änderten sich die Nahrungsgewohnheiten in der Phase etwa zwischen 1880 und 1930, beim ersten „Eintritt in die Epoche des Massenkonsums", „so schnell und radikal wie nie zuvor in der Geschichte" [H. J. TEUTEBERG, in: 1966: T. KUTSCH, 1993, 191].

Vereinheitlichung
des Konsum-
verhaltens

Ein hervorstechender Grundzug des Zeitalters der industriellen Massenfabrikation war die zunehmende Vereinheitlichung des Konsumverhaltens. Dies läßt sich bei der Ernährung ebenso beobachten wie bei der Einrichtung von Wohnungen oder den Bekleidungsgewohnheiten. Kleidungsstile folgten immer rascher aufeinander, und gleichzeitig universalisierten sich diese Moden. Lokaltrachten verschwanden weitgehend, während die Herstellung billiger Konfektionsware

Kleidung

und deren Vertrieb über Kleidermagazine, die Erfindung der Nähmaschine und das Nähen nach Schnittmustern die Verbreitung neuer Moden bis in die unteren Volksschichten ermöglichten.

Eine vergleichbare Entwicklung vollzog sich im Bereich des Wohnens. Einerseits führte die Urbanisierung in den Städten zwar zur Ausformung segregierter, d. h. voneinander deutlich abgegrenzter Wohnviertel mit einer je nach ökonomischer Lage und sozialem Status relativ homogenen Einwohnerschaft. Die Probleme der Urbanisierung erzeugten aber auch einen Zwang zur Vereinheitlichung

Wohnung

der Lebensverhältnisse. So wurden im Rahmen der Planungen des Wohnungsbaus für einkommensschwache Schichten Mindeststandards hinsichtlich Wohnungsgröße und -grundriß und der Ausstattung mit sanitären Anlagen verwirklicht. Bis auf England, wo das Einfamilienhaus auch in der Arbeiterklasse zur Norm wurde, setzte sich in West- und Mitteleuropa nach der Wohnungsreformdiskussion der 1850er und 1860er Jahre zunächst die geschlossene Einzelwohnung für jede Familie, die Mietwohnung in den später abfällig als „Mietskasernen" bezeichneten Mehrfamilien-Wohnhäusern als moderne Wohnform durch. Die Abmessungen der modernen Etagenwohnungen und die staatlich festgesetzten Normgrößen schwankten zwar beträchtlich, Grundriß und Grundausstattung aber glichen sich zunehmend an.

Parallel zum wachsenden Wohlstand und vermehrten Möbelangebot – das durch serielle Fertigung zudem verbilligt wurde – erhöhte sich der Aufwand für Wohnung und Ausstattung. Die Zentralisierung der Handwerkerausbildung an staatlichen oder städtischen Schulen, die Verbreitung lithographierter Musterzeichnungen durch die Gewerbevereine und polytechnischen Schulen und dann die industrielle Möbelfabrikation beschleunigten den Prozeß der Vereinheitlichung der Wohnkultur. Bei der Verzierung von Möbeln mit historisierenden Stilelementen wurden seit der Mitte der 1840er Jahre die ersten englischen und französischen Holzschnitzmaschinen eingesetzt. Auf diese Weise konnten Möbelmagazine individuellen Geschmacksvorstellungen durch vorgefertigte Ornamente Rechnung tragen und gleichzeitig einen stets wachsenden Massenbedarf befriedigen. Die Tendenz ging in Richtung einer Differenzierung im Detail bei weiterschreitender Vereinfachung der Grundformen. Je mehr die Fertigungsprozesse rationalisiert und standardisiert wurden, desto mehr wurden auch „Einfachheit" und „Nüchternheit" als Qualitätskriterien akzeptiert: Das Einladungsschreiben zu einer Gewerbe- und Industrieausstellung in Herford 1870 forderte die regionalen Produzenten auf, keine kunstvollen „Schaustücke", sondern Gegenstände für den täglichen Gebrauch einzusenden, die „zweckmäßig, solid und preiswürdig" sein sollten.

Bei aller unverkennbaren Verbesserung der materiellen Lebensumstände (steigende Reallöhne vor allem in den 1870er und 1880er Jahren) und einer zunehmenden Sicherung des Grundbedarfs bewirkte der beschleunigte Wandel zunächst große „Unsicherheit über das ›Morgen‹" [2032: A. LÜDTKE, 1991, 84]. Nicht zuletzt die spürbaren Veränderungen in der Arbeitswelt hatten an dieser Verunsicherung Anteil.

Eine neue und zentrale Lebenserfahrung für viele Menschen bedeutete die durch die arbeitsteilige Organisation der industriellen Produktion bedingte Konstituierung einer eigenen „Arbeitswelt" als eines zeitlich wie räumlich abgegrenzten Lebensbereiches. Die Auseinanderentwicklung von Wohnort und Arbeitsstätte hatte bereits zu Beginn des Jahrhunderts eingesetzt, betraf aber erst in der zweiten Jahrhunderthälfte den größeren Teil der Erwerbsbevölkerung in den von der Industrialisierung schon stärker erfaßten Gebieten West- und Mitteleuropas. Der neue, „künstliche" Zeit- und Arbeitsrhythmus des Berufsalltags bestimmte in viel stärkerem Maße als jemals zuvor die Lebensführung, indem der Tagesablauf insgesamt dem Zwang einer zweckrationalen Einteilung in Zeitabschnitte und funktionale Verrichtungen unterworfen wurde.

Sichtbaren Ausdruck fand diese Entwicklung in der Zusammenfassung großer Menschenmassen in zentralisierten, von der Umgebung oftmals durch Außenmauern und Werkstore abgegrenzten Großbetrieben. Die Großfabrik mit einigen hundert oder tausend Beschäftigten wird nicht nur in den industriellen Ballungsräumen in den 1880er und 1890er Jahren zu einer vertrauten Erscheinung. Es ist

Wohnkultur

Trennung von
Wohnung und
Arbeitswelt

Der industrielle Arbeitsalltag

aber die Frage, ob das in ihr verwirklichte Ordnungsprinzip einer hierarchischen, arbeitsteiligen und rationalisierten Produktionsweise allein auf arbeitstechnische, produktionsbedingte Gründe zurückzuführen ist. Schon früh traten, etwa bei der Errichtung von Nationalwerkstätten im Verlauf der Französischen Revolution und dann wieder der Revolution von 1848 oder auch in den Konzeptionen Saint-Simons und seiner Anhänger, ordnungspolitische Motive im Hinblick auf eine anzustrebende neue Wirtschafts- und Gesellschaftsordnung hinzu.

Sowohl die in Großbetrieben zentralisierte Produktion als auch die fortschreitende Verdinglichung und Messung der menschlichen Arbeitskraft wurden letztlich allgemein als unausweichliche, dem Fortschrittsprozeß inhärente Erscheinungen akzeptiert: „The institutions of the factory are grasped as human creations" [1990: R. BIERNACKI, 1995, 486]. Es verwundert zunächst, daß dieser Prozeß der fortschreitenden Arbeitsteilung, den Marx als „Entfremdung" des Menschen vom Ergebnis seiner Arbeit deutete, kaum auf Opposition traf. Nicht der Warencharakter, den die menschliche Arbeitskraft in der kapitalistischen Wirtschaftsordnung annahm, nicht die eiserne Fabrikdisziplin erregten den Widerstand der Arbeiterschaft und der Angestellten, sondern schlechte Arbeitsbedingungen und geringe Löhne, vor allem aber die Verweigerung politischer Partizipation. Nicht die durch die Industrialisierung geschaffenen Arbeitsformen waren Gegenstand von Streikforderungen, sondern die Arbeitsbedingungen sollten verändert werden.

Die Ausbildung einer eigenen Gesetzen unterliegenden industriellen Arbeitswelt hatte beträchtliche Auswirkungen auf den zweiten zentralen Mittelpunkt des Alltags: das Familienleben. Die Familienbeziehungen veränderten sich tiefgreifend, indem sich die einheitliche Lebens- und Produktionsform des „Ganzen Hauses" zunehmend auflöste. Die Familie war nun weniger eine Arbeitsgemeinschaft als ein privater Rückzugsraum, und ihre patriarchalische Struktur wurde dadurch noch verstärkt, weil die Haushaltsführung und die Bedürfnisse der einzelnen Mitglieder den Erfordernissen der Erwerbsarbeit des (männlichen) Haushaltsvorstandes untergeordnet wurden. Aufgrund der geschlechtsspezifisch verlaufenden Sozialisation waren Frauen bei der Heirat in der Regel jünger als ihre Ehepartner. Auch wenn sie dem Bürgertum entstammten, führte sie die Ehe zumeist in die Hausfrauen-Existenz: „die Dienerschaft leiten, die Gesprächspartnerin des Mannes und die Erzieherin der Kinder sein" [A. MARTIN-FUGIER, Bürgerlichkeit, in: 1844, 1992, 242]. Vom Bürgertum ausgehend und dann in breitere soziale Schichten ausstrahlend, zählte neben der als Mittel gesellschaftlicher Konversation erwünschten allgemeinen Bildung und gewissen, als spezifisch „weiblich" apostrophierten musischen Talenten vor allem die theoretische und praktische Ausbildung in der Hausarbeit: Kochen, Gesundheitspflege und -hygiene, Kindererziehung zu den als typisch weiblichen Aufgaben. Die Ausbildung in diesen „Fächern" geschah von Kindesbeinen an durch die Mutter oder in der Hauswirtschaftsschule (École des Mères). Die geschlechtsspezifische gesellschaftliche Rolle der Frau wurde als notwendige kompensatorische Ergänzung zur Einsei-

Auflösung des „Ganzen Hauses"

Geschlechtsspezifische Aufgabenbereiche

tigkeit des Mannes stilisiert. „Das Heim ist der Ruhepunkt des Mannes, dessen Leben in den Auseinandersetzungen mit und in der Welt abläuft, und es ist der Ort der Bildung der künftigen Generationen" [254: TH. NIPPERDEY, Bd. 1, 1990, 49].

Die Familien- und Geschlechterbeziehungen allein als ein patriarchalisches Unterwerfungsverhältnis zu interpretieren, greift allerdings zu kurz. Die fortschreitende Individualisierung der Lebensführung war eine geschlechtsneutrale Entwicklung, und der Wille des männlichen Haushaltsvorstandes war nicht sakrosankt. Eheverträge beispielsweise regelten die Modalitäten der Vermögensverteilung in der bürgerlichen Lebensgemeinschaft und sicherten die finanzielle Unabhängigkeit des weiblichen Partners. Üblich waren Gütergemeinschaften, die sich nur auf den Zuerwerb beschränkten, der Ehefrau also die Mitgift reservierten. Beim „régime dotal" verwaltete die Ehefrau die Hälfte ihres Vermögens selbst. Insgesamt nahmen durch solche vertraglichen Regelungen die Partnerschaftselemente in der Ehe zwischen 1870 und 1910 deutlich zu.

In wachsendem Maße bot der Industrialisierungsprozeß zudem unverheirateten Frauen die Chance zu Erwerbsarbeit und Gründung eines eigenen Hausstandes. Typische Frauenberufe wie Verkäuferin, Sekretärin, Kontoristin und Telefonistin entstanden. Das niedrige Durchschnittsalter zeigt jedoch, daß diese Tätigkeiten meist nur Durchgangsstationen für Frauen waren, die nach der Eheschließung aus dem Berufsleben wieder ausschieden. Quer durch alle Sozialgruppen blieb das Modell „bürgerlicher Häuslichkeit", in der die Frau in Muße eine sorgenfreie Existenz führt, das Leitbild, nicht zuletzt auch als „symbolischer Ausdruck des Vermögens und der Stellung der Männer" [M. PERROT, Privates Leben, in: 1844, 1992, 149]. Das Entstehen von Frauenberufen

Nicht die Auflösung, sondern die Festigung der Ehegemeinschaft und der Familie als zentrale soziale Lebensform kennzeichnete insgesamt die Entwicklung. Die Familie erfüllte eine wichtige Stabilisierungsfunktion inmitten des industriellen Wandels. Sie wurde von Männern und Frauen zunehmend als „Fluchtburg" vor den Anforderungen des Arbeitsalltags empfunden. Sie bildete eine ideelle „Gegenstruktur", insofern ihr Innenleben idealisiert und emotionalisiert vorgestellt und deutlich von den nüchternen Marktbeziehungen der Arbeitswelt abgegrenzt wurde. Der als Gegenwelt zum Berufsalltag empfundene und erstrebte Privatbereich der „bürgerlichen Familie" mündete in einen „sentimentalisierten Familienkult", steigerte sich in eine Ideologie der Lebensform „bürgerliche Familie" [2044: H. ROSENBAUM, 1987, 373 ff.]. Familie als „Fluchtburg"

Natürlich stießen sich solche Ideal-Vorstellungen an der sozialen Realität der proletarischen Lebensverhältnisse. In der Arbeiterfamilie waren alle Kräfte auf die materielle Überlebenssicherung konzentriert, blieb kaum Zeit und Energie für die Pflege persönlicher Beziehungen. Angesichts beengter Wohnverhältnisse und der Notwendigkeit, sogenannte Schlafgänger aufzunehmen, ließ sich eine Privatsphäre des einzelnen wie der ganzen Familie kaum verwirklichen. Familienphotos und Wohnungseinrichtungen zeigen jedoch, in welchem Ausmaß in Die Arbeiterfamilie den Kreisen der bessergestellten Arbeiter, der „Arbeiteraristokratie", das Leitbild der bürgerlichen Familie nachzuahmen versucht wurde. Über alle Sozialschichten hinweg erfüllte offenbar die Familie eine stabilisierende Funktion.

Gerade in den ersten Arbeiterfamilien, deren Mitglieder aus dem ländlichen oder kleingewerblichen Milieu stammten, verließ man sich als Neuankömmling in einer fremden städtisch-industriellen Welt zudem in starkem Maße auf das stützende Netz der Verwandtschaftsbeziehungen. Die Familie organisierte den Zuzug, die Wohnungsbeschaffung und nicht zuletzt die Arbeitsvermittlung, vielleicht auch den Ehepartner am neuen Ort. Alfred Krupp wußte um die stabilisierende Wirkung geregelter Familienbeziehungen, die sich auch für die Rekrutierung eines ortsfesten Stammes von Arbeitskräften dauerhaft nutzen ließ: „Genießet, was Euch beschieden ist. Nach getaner Arbeit verbleibt im Kreise der Eurigen, bei den Eltern, bei der Frau und den Kindern und sinnt über Haushalt und Erziehung." [1877 in einem „Wort an seine Angehörigen" (!), zit. n. 2044: H. RO-SENBAUM, 1987, 484].

Die dörflich-tradi-
tionale Familie
    Im Gegensatz zur bürgerlichen und proletarischen Kernfamilie in den Städten war die dörflich-traditionale Familie noch stärker Arbeits- und Produktionsgemeinschaft. Die soziale Kontrolle über einzelne Personen war ausgeprägter, wie bei der Partnerwahl, so spielte auch bei der Strukturierung der Eltern-Kinder- und der Verwandtschaftsbeziehungen das Denken in besitzhierarchischen Systemen noch eine entscheidende Rolle.

„Demographischer
Übergang"
    Jenseits dieser sehr deutlich ausgeprägten Unterschiede zwischen städtischen und ländlichen Familienstrukturen in der Phase der Industrialisierung und Urbanisierung immer weiterer Teile Europas vollzog sich ein fundamentaler Wandel des Bevölkerungsverhaltens. Die Jahre zwischen 1870 und 1900 gelten als Periode des „demographischen Übergangs", weil erstmals ein spürbarer Rückgang der Geburtenziffern und der Sterblichkeit zu verzeichnen ist. Bei allen Unterschieden im einzelnen – höhere Kinderzahl bei Katholiken als bei Protestanten, bei Bauern als bei Städtern usw. – ist die allgemeine Tendenz zur „malthusianischen" Zwei-Kinder-Familie unverkennbar. Welche Faktoren diesen Verhaltenswandel, der den Bevölkerungsaufbau in ganz Europa verändern sollte, letztlich herbeiführten, ist in der Forschung umstritten. Der Zusammenhang zwischen Hochindustrialisierung und rationaler, individueller Lebensplanung ist jedoch evident. Anders als in früheren Zeiten, in denen Geburtenbeschränkungen der Sicherung der materiellen Lebensverhältnisse dienten, scheint nun die Aussicht auf Verwirklichung individueller Lebenschancen durch Erwerbsarbeit und gesteigerten Konsum den entscheidenden Anstoß gegeben zu haben.

Die Reaktion auf
den Geburten-
rückgang
    Nahezu zeitgleich setzten in Europa Diskussionen über die Folgen des demographischen Wandels ein, zunächst vor allem in Frankreich, wo der Geburtenrückgang früher und intensiver spürbar wurde. Die zeitgenössische Angst vor „Depopulation" und nationalem Abstieg mag paradox anmuten, da ja zunächst aufgrund des gleichzeitigen Rückgangs der Sterblichkeit überall in Europa die Bevölkerung noch stark zunahm. Die Wahrnehmung des Geburtenrückgangs

und die Diskussion darüber – die 1865 in Deutschland geborenen Frauen brachten durchschnittlich 5 Kinder, die 1900 geborenen Frauen aber nur noch 2 Kinder zur Welt [2033: P. MARSCHALCK, 1984, 54] – eilten also der tatsächlichen „Krise" des Bevölkerungsrückgangs weit voraus. In der Debatte äußerten sich kulturkritisch-konservative Ängste vor der Moderne, die oft umstandslos mit Industrialisierung und Verstädterung identifiziert wurde. Ihre vermeintlich unausweichlichen Begleiterscheinungen, ihre „Sünden", seien Wohnungsnot, Auflösung der Familien, Alkoholismus, Geschlechtskrankheiten.

Solche Reaktionen machen deutlich, welch fundamentaler Wandlungsprozeß der Lebensweise der europäischen Bevölkerung eingesetzt hatte: eine Rationalisierung des Fortpflanzungsverhaltens, die bis heute anhält und sich noch dramatisch verschärft hat.

Auch die gesunkene Sterblichkeitsrate und die damit verbundene höhere Lebenserwartung berührten die individuelle Lebensplanung. Noch um die Mitte des 19. Jahrhunderts war die Aussicht, ein hohes Alter zu erreichen, eng begrenzt, und die Chancen in dieser Hinsicht waren zudem sozial ungleich verteilt. Binnen weniger Jahrzehnte ging dann aber die Sterblichkeit dank der verbesserten Ernährungslage und des erfolgreichen Kampfes der Medizin gegen die Infektionskrankheiten dramatisch zurück (1865 Entdeckung der bakteriologischen Ursachen der Infektionskrankheiten durch Louis Pasteur; 1867 begründet Joseph Lister aseptische Wundbehandlung; 1874 obligatorische Pockenschutzimpfung im Deutschen Reich; 1882 Entdeckung des Tuberkelbazillus, 1883 des Cholera-Erregers durch Robert Koch): die mittlere Lebenserwartung verdoppelte sich bis 1980, in England beispielsweise erhöhte sie sich zwischen 1891 und 1951 im statistischen Durchschnitt um 4 Jahre pro Jahrzehnt. Der Anteil der „Alten" (über sechzig Jahre) unter der Bevölkerung hielt sich in West- und Mitteleuropa über Jahrhunderte hinweg bis 1900 konstant bei 7–10%, um sich dann in der ersten Hälfte des 20. Jahrhunderts zu verdoppeln. Im Jahr 1880 lag die einem sechzigjährigen Europäer verbliebene durchschnittliche Lebensspanne bereits bei 12–13 Jahren. *Anstieg der Lebenserwartung*

Diese zunehmende Lebenserwartung bedeutete zunächst nur einen „Gewinn" an Lebensjahren, brachte dagegen keine Verbesserung der Lebensperspektive. Vor allem in den Unterschichten wurde das Alter als eine gefährdete Lebensphase wahrgenommen bzw. erwartet. Schon ab dem vierzigsten Lebensjahr galten Menschen, die körperlich arbeiten mußten, als unproduktiv, liefen sie Gefahr, ihren Arbeitsplatz zu verlieren. Selbst der vom tatsächlichen Lebensalter unabhängige, äußerlich sichtbare Alterungsprozeß, graues Haar und nachlassende Sehschärfe, war ein Makel: „In den meisten Werkstätten ist es in dem Moment aus mit einem Mann, in dem er die Brille aufsetzt", berichtet ein Londoner Arbeiter 1849. Die Mehrzahl der nicht in der Industrie beschäftigten Menschen jedoch arbeitete das *Alterserfahrung* gesamte Leben lang, denn Arbeitsunfähigkeit im Alter bedeutete häufig Armut, ja, Existenzbedrohung. Das Alter wurde zunehmend als ein „Risiko" betrachtet, gegen das man sich versichern mußte. Erst die betrieblichen und dann vor allem die staatlich garantierten Pensions- und Rentensysteme brachten hier eine Wende, indem sie Alter als eine versorgungsberechtigte Lebensphase institutionalisierten. Mit dem „Pensionsalter" erhielt die Chronologie eines Menschenalters eine neue, als Ruhestand erlebte dritte Phase. Vorreiter dieser Entwicklung waren in Europa zu Beginn des Jahrhunderts Österreich und die Rheinbundstaaten, die ihren dienstunfähigen Beamten und Soldaten Pensionen zahlten, und auf der Ebene der neuen Industriebetriebe die Firma Krupp, die 1858 eine zunächst an die Arbeitsunfähigkeit geknüpfte Altersversorgung einführte.

Das Alter und seine sozialen Folgen wurde im letzten Viertel des Jahrhunderts Gegenstand politischer Diskussionen in Europa, es wurde zur neuen sozialen Frage erklärt. Medizin und Gesundheitspolizei definierten Alter jetzt als eine eigenständige, abgrenzbare Lebensphase. Der berühmte französische Neurologe Jean Martin Charcot führte in den 1860er Jahren an der Pariser Salpêtrière systematische Studien über Alterskrankheiten durch. Alter wurde als Schwäche, als Krankheit definiert, war gleichbedeutend mit einem „pathologischen Zustand, Arbeitsunfähigkeit und Verlust an sozialer Autonomie" [1867: J. EHMER, 1990, 75]. Es scheint so, als ob das Berufs- und Leistungsethos der bürgerlichen Gesellschaft zwei sich widersprechende Tendenzen freisetzte: zum einen den unbestreitbaren Gewinn an materieller Sicherheit im Alter, zugleich aber auch eine gesellschaftliche Geringschätzung des Alters.

Überblickt man die Epoche der Industrialisierung unter dem Blickwinkel des „Wandels der Lebensformen" insgesamt, so war dieser vor allem gekennzeichnet durch eine wachsende Rationalisierung der Lebensführung. Eng damit verbunden war ein immanenter „Zwang" zur Angleichung der Lebensverhältnisse, zur Universalierung Vereinheitlichung der Lebensformen. Besonders deutlich wird dies an der Uni-
städtischer versalisierung bürgerlich-städtischer Lebensformen. Mit einem gewissen „cultu-
Lebensformen ral lag" folgte auch die ländlich-bäuerliche Welt den mit der Urbanisierung verbundenen Trends. Der städtische Mensch lebte individualistisch und diesseitig-konsumorientiert, der säkulare Umbruch des Reproduktionsverhaltens unterstreicht dies. Beharrende Gegenkräfte entfalteten sich insbesondere innerhalb der bürgerlichen Familie, die einen sozial stabilisierenden Faktor und eine – idealisierte – Gegenwelt zum Erwerbsleben darstellte, den beschleunigten Wandel gewissermaßen bändigte.

C. VOM MÄCHTEEUROPA ZUM EUROPA DER NATIONALSTAATEN (1850–1871)

1. Zwischen Reaktion und Neuorientierung: Das Jahrzehnt nach der Revolution

Mit der endgültigen Niederschlagung der Revolution von 1848/49 in Mittel-, Ost- und Südeuropa und ihrer „Überwindung" in Frankreich durch Napoleon III. begann in ganz Europa eine Phase der verschärften Reaktion, des Kampfes gegen alle jene Kräfte, die man verdächtigte, die Revolution heraufgeführt oder auch nur begünstigt zu haben. Im Zuge dieses Kampfes wurden vielerorts die schon vorhandenen Garantien für die individuelle Freiheit und Rechtssicherheit wieder abgebaut, die Pressefreiheit beseitigt, die freien gesellschaftlichen Vereinigungen und Organisationen verboten, jede Kritik gewaltsam unterdrückt. Mit Todesurteilen und hohen Gefängnisstrafen suchte man in weiten Teilen Europas jede politische Bewegung zu ersticken. Ein Heer von politischen Flüchtlingen strömte in die Schweiz und nach England, zu den beiden letzten Inseln der Freiheit in Europa, oder schloß sich dem erneut anwachsenden Strom der Auswanderer nach Übersee, vor allem in die Vereinigten Staaten, an. Zeit der Reaktion

Anders als nach 1815, nach dem Sieg der alten Mächte über die Französische Revolution und ihren Erben Napoleon, blieb es jedoch nach 1850 weithin bei der bloßen Reaktion. Von einem Versuch der Restauration, der konsequenten und systematischen Wiederherstellung der vorrevolutionären Ordnung, konnte keine Rede sein. Im Gegenteil: Im Bewußtsein der inneren Schwäche der eigenen Position angesichts der wirtschaftlichen und gesellschaftlichen Strukturwandlungen suchten fast alle europäischen Monarchen und Regierungen und die sie stützenden Kräfte Kontakt zu jenen, die durch diese Wandlungen so sichtbar begünstigt wurden, also vor allem zu den Vertretern des aufstrebenden Bürgertums. Dabei wurde sehr rasch deutlich, wo die Interessen beider Seiten konvergierten und wo sich daher über alle politischen Gegensätze eine Zusammenarbeit anbahnen ließ. Es war dies auf der einen Seite das Feld der Wirtschaftspolitik und auf der anderen dasjenige der Außenpolitik. Von diesen beiden Bereichen ging denn auch in den nächsten Jahren, hinter dem äußeren Bild fortdauernder Repression und anhaltenden politischen Stillstands, die eigentliche Bewegung und Dynamik aus.

Beides ließ sich auf der staatlichen Ebene zusammenfassen in einer Neudefinition des Begriffs des „staatlichen Interesses". Dieser Vorgang wurde in vielerlei Hinsicht und aus vielerlei Gründen ideologisch verschleiert. Aber die Konsequenzen wurden doch sehr rasch sichtbar. Sie zerstörten binnen kurzem die vielbeschworene Kontinuität zu den vorrevolutionären Verhältnissen sowohl auf der jeweiligen nationalen als auch und vor allem auf der internationalen Ebene und schufen hier wie dort eine ganz neue Situation. Neudefinition des „staatlichen Interesses"

Die Neudefinition des „staatlichen Interesses" im Bereich der Wirtschaftspolitik, über die nach 1850 schon bald in der Mehrzahl der europäischen Staaten ein stillschweigendes Einverständnis erzielt wurde, besagte vor allem, daß man zwischen Wirtschafts-und Gesellschaftspolitik trennen müsse und gesellschaftliche Zielvorstellungen fortan die Wirtschaftspolitik, wenn überhaupt, so nur noch sehr begrenzt bestimmen dürften. Konkret hieß das, daß sich nach England und Frankreich nun auch die meisten Staaten Mittel- und Südeuropas entschlossen, alle noch bestehenden Hindernisse für die Entfaltung des Handels und der gewerblichen Wirtschaft auf rechtlichem, finanz- und handelspolitischem Gebiet mehr und mehr abzubauen und sich künftig auch in ordnungspolitischer Hinsicht ganz auf den Markt und die Initiative des einzelnen zu verlassen.

Siegeszug des Wirtschafts-liberalismus   So begann, unmittelbar nachdem der politische Liberalismus in den meisten der größeren Staaten Europas mit Ausnahme Englands eine vernichtende Niederlage erlitten hatte, der Siegeszug des Wirtschaftsliberalismus und in seinem Gefolge dann schon bald eine grundlegende Veränderung der gesellschaftlichen Verhältnisse. Entscheidende Voraussetzung dafür war, daß das wirtschaftliche System über den Außenhandel wie über die wachsende innerstaatliche Nachfrage zunächst auch die materiellen Interessen jener förderte und begünstigte, deren soziale Stellung und politischen Einfluß es langfristig bedrohte, indem es beides von den Grundlagen her unterminierte. In Mitteleuropa waren es bezeichnenderweise nicht zuletzt die Vertreter des grundbesitzenden Adels, die in den fünfziger Jahren auf breiter Front den Weg zu Freihandel, Handels- und Gewerbefreiheit öffneten und die entsprechenden Reformprojekte und Vertragswerke trugen. Der neue preußische Gesandte beim wiederhergestellten Bundestag in Frankfurt am Main, Otto von Bismarck, handelte durchaus im Sinne einer großen Zahl seiner Standesgenossen nicht nur in Preußen, wenn er in den Auseinandersetzungen mit Österreich als Herold einer liberalen Außenhandelspolitik und damit zugleich, da die Dinge ja untrennbar zusammenhingen, einer liberalen Wirtschaftspolitik insgesamt auftrat.

Übergang zum Freihandel   Von daher wird verständlich, warum bei der Handelsvertragspolitik der fünfziger Jahre die politische Couleur der daran beteiligten Regierungen kaum eine Rolle spielte, obwohl die Folgen dieser Politik für die wirtschaftlichen Verhältnisse und damit für die soziale Struktur der einzelnen Länder von größter Bedeutung waren. Das hochkonservative Preußen, das liberale England und das napoleonische Frankreich fanden hier mehr und mehr zu einer gemeinsamen Linie. Sie führte schließlich über den sogenannten Cobden-Vertrag von 1860 zwischen England und Frankreich und den preußisch-französischen Handelsvertrag von 1862, der zugleich den Zollverein mit einbezog, zur Bildung einer weite Teile West- und Mitteleuropas umfassenden Freihandelszone.

Es waren dies zugleich diejenigen Gebiete, in denen seit Beginn der fünfziger Jahre der wirtschaftliche Aufschwung am stürmischsten vorankam, der Aufschwung der gewerblichen, aber, in Frankreich und vor allem in Preußen, auch der agrarischen Wirtschaft. Und es waren die Gebiete, in denen der Staat die noch bestehenden rechtlichen und institutionellen Hemmnisse am konsequentesten beseitigte. Überall wurde nun zunehmend die Möglichkeit geschaffen, Aktiengesellschaften zu bilden – eine Unternehmensform, der die Regierungen, zumal die konservativen, lange Zeit mit großem Mißtrauen gegenüber gestanden hatten. Die bislang zahlreichen Restriktionen unterworfenen Banken erfreuten sich jetzt vielfältiger staatlicher Förderung. Es kam zu einer ganzen Serie von Neugründungen, angeführt von dem 1852 ins Leben tretenden, auf Anhieb höchst erfolgreichen Crédit mobilier der Brüder Péreire in Paris mit seinen Tochtergründungen in Spanien (1855), Italien (1862) und der Türkei (1862), zu denen in gewisser Weise, was die Kapitalbeteiligungen und das Programm anging, auch die 1853 durch den Kölner Bankier Oppenheim und den Industriellen Mevissen gegründete Darmstädter Bank zählte. Sie konkurrierte ihrerseits vor allem mit der 1856 gegründeten Berliner Diskonto-Gesellschaft als der größten von rund einem Dutzend Neugründungen in Mitteleuropa in den fünfziger Jahren. *(margin: Begünstigung von Aktiengesellschaften und Banken)*

Welchen Umfang die Geschäfte der Neugründungen sogleich annahmen, welche Gewinne sie einbrachten und welche Erwartungen sich demgemäß an sie knüpften, zeigt die Tatsache, daß der Crédit mobilier bereits drei Jahre nach seiner Gründung, 1855, eine Dividende von 40% zahlte und eine 500 Francs-Aktie des Unternehmens an der Börse zu diesem Zeitpunkt mit 1982 Francs notierte. Solche Gewinne stellten noch die gleichfalls nicht unerheblichen Erträge aus dem Eisenbahnbau in den Schatten, der von der direkten Nachfrage her wie durch die Revolutionierung des Verkehrswesens und die Erschließung immer neuer Märkte eine ganz zentrale Rolle bei dem lebhaften wirtschaftlichen Aufschwung der fünfziger und sechziger Jahre spielte. Auch hier übernahm der Staat, teils direkt, teils indirekt, einen höchst aktiven Part und verband sich dabei, unabhängig von der politischen Grundrichtung seiner jeweiligen Regierung, immer enger mit dem sich nun voll ausbildenden liberal-kapitalistischen Wirtschaftssystem und seinen immanenten Tendenzen. *(margin: Förderung des Eisenbahnbaus)*

Wer freilich mit den Theoretikern dieses Wirtschaftssystems im 18. und in der ersten Hälfte des 19. Jahrhunderts, von Adam Smith bis Benjamin Constant und Sismondi, gemeint hatte, die Durchsetzung und immer weitere Ausbreitung dieses Systems werde binnen kurzem über eine Art internationaler Arbeitsteilung zu einem internationalen Ausgleich in einer ganz neuen Ordnung der friedlichen Konkurrenz und der Gemeinsamkeit der Grundinteressen führen, der sah sich schon bald eines besseren belehrt. Ungeachtet aller Liberalisierung, trotz Freihandel und Handelsfreiheit markierten die Staatsgrenzen auch weiterhin, ja, sogar in wachsendem Maße den eigentlichen Bezugsrahmen auch des wirtschaftlichen Lebens. Von einem sich entfaltenden System einer europäischen Wirtschaft konnte trotz des immer dichter werdenden Netzes der wechselseitigen Beziehungen nur ganz begrenzt die Rede sein; das Schicksal des Crédit mobilier der Brüder Péreire, die in gewisser Weise auf eine solche Europäisierung der Wirtschaft gesetzt hatten und die 1867 praktisch Konkurs anmelden mußten, ist dafür ein symbolträchtiges Beispiel. Sie mußten mit manchem anderen erfahren, daß die Neudefinition der Kategorie des staatlichen Interesses im Bereich der Wirtschaftspoli- *(margin: Staat und Wirtschaft)* tik, so sehr sie in der Sache dem Wirtschaftsliberalismus entgegenkam, keine Unterwerfung unter diesen bedeutete. Im Gegenteil: Diese Neudefinition verschmolz ihrerseits die wirtschaftlichen Interessen immer stärker mit den nationalen bzw. staatlichen, die gleichzeitig ganz neue Dimensionen annahmen und andere Akzente erhielten.

Bündnis mit der nationalen Bewegung
An der Spitze stand hier die Tendenz, sich mehr oder weniger offen mit der jeweiligen nationalen Bewegung zu verbinden, die man eben noch als Träger der Revolution und eines Prinzips bekämpft hatte, das mit der überlieferten, historisch gewachsenen Staatenwelt schlechterdings unvereinbar sei. In Italien setzte die einzige eingeborene Dynastie, das Königshaus von Savoyen-Sardinien-Piemont, immer stärker auf die nationalen Kräfte. In Mitteleuropa machte sich Preußen, unmittelbar nachdem der preußische König im April 1849 das Angebot der Kaiserkrone in einem kleindeutschen Nationalstaat durch das Paulskirchenparlament abgelehnt hatte, dessen nationalpolitisches Konzept zu eigen und suchte es auf dem Wege über ein Bündnis der deutschen Fürsten mit dem Radowitzschen Unionsplan durchzusetzen. Österreich, an dessen entschiedenem Widerstand der Plan schließlich endgültig scheiterte – im Vertrag von Olmütz vom November 1850 unterwarf sich Preußen praktisch dem österreichischen Diktat –, beschwor seinerseits unter Schwarzenberg das großdeutsche Konzept eines Siebzig-Millionen-Reiches mit dem Kaiserstaat an der Spitze und Wien als politischem Zentrum. Gleichzeitig proklamierte Frankreich unter dem neuen Napoleon immer unverhohlener ein Europa der Nationalstaaten, das die völkerfeindliche Ordnung von 1815 ablösen sollte. Es traf sich dabei, unbeschadet aller inneren Gegensätze, in vielerlei Hinsicht mit England, das unter Palmerston und Russell auch international mehr und mehr für den Grundsatz des Selbstbestimmungsrechts der Völker eintrat. Selbst in Rußland gewannen im Lager der sogenannten Westler Tendenzen an Boden, die für ein Entgegenkommen gegenüber den nationalen Bestrebungen plädierten und darauf verwiesen, welche Vorteile es dem Zarenreich bringen könne, wenn es als Führungsmacht der slawischen Völker aufträte.

Gegenkräfte
All dies blieb in vieler Beziehung zunächst noch Ansatz und Tendenz, und die gegenläufigen Bestrebungen schienen vorerst noch deutlich die Oberhand zu besitzen. In der dänischen Frage beispielsweise einigten sich die Großmächte 1852 definitiv darauf, das historische Recht auch in territorialer Hinsicht gemeinsam zu verteidigen, eine Einigung, die wesentlich auf dem wechselseitigen Verzicht der beiden mitteleuropäischen Vormächte Österreich und Preußen beruhte, künftig die nationale Karte zu spielen. Es schien sich damit das System Metternichs, das System der Ordnung von 1815 wieder einzuspielen mit seiner zugleich antidemokratischen und antiliberalen wie antinationalen Stoßrichtung.

Schon wenig später aber wurde deutlich, daß selbst die sogenannten konservativen Ostmächte, Rußland, Österreich und Preußen, nicht mehr in einer gemeinsamen Front standen und auch bei ihnen das einzelstaatliche, zunehmend mit nationalen Zielsetzungen aufgeladene Interesse immer stärker dominierte. Als sich der Zar und seine Berater 1853 entschlossen, einen neuen in der Serie der militärischen

Vorstöße gegenüber dem Osmanischen Reich zu unternehmen, wie sie seit den siebziger Jahren des 18. Jahrhunderts beinahe in jedem Jahrzehnt zur Regel geworden waren, da setzten sie fraglos auf eine solche gemeinsame Front und vor allem auf die Dankbarkeit Österreichs, dem Rußland gerade eben zweimal, bei der Niederschlagung des ungarischen Aufstands 1849 und bei der Auseinandersetzung mit Preußen 1849/50, entscheidend zur Seite gestanden hatte. Österreich jedoch, das seine eigenen Interessen auf dem Balkan bedroht sah, verharrte in einer Neutralität, die man nicht einmal als eine wohlwollende bezeichnen konnte und verbündete sich faktisch schließlich gar mit den Westmächten England und Frankreich. Und da auch Preußen, sich auf die eben wiederhergestellte Vormachtstellung Österreichs in Mitteleuropa berufend, neutral blieb, sah sich das Zarenreich allein der von vornherein in Rechnung gestellten Gegnerschaft Englands und Frankreichs gegenüber, die Konstantinopel mit einem Expeditionskorps zu Hilfe eilten. Nach einem langen und blutigen Stellungskrieg auf der Krim mußte Petersburg schließlich einsehen, daß der Vorstoß gescheitert war. Nach dem Thronwechsel in Rußland im Frühjahr 1855 und dem Fall der Festung Sewastopol am 8. September desselben Jahres entschloß sich der Nachfolger Nikolaus' I., Alexander II., den Krieg, der trotz aller leidenschaftlichen Erregung und Beteiligung der öffentlichen Meinung in beiden Lagern und der darin eingeschlossenen Tendenz zur Ausweitung auf immer weitere Bereiche letztlich doch ein klassischer Kabinettskrieg mit scharf bezeichneten Grenzen geblieben war, auf dem Verhandlungswege zu beenden.

Auf einem Kongreß der Großmächte, der von Ende Februar bis Ende März 1856 in Paris tagte, wurde als Ergebnis der militärischen und machtpolitischen Pattsituation der Status quo ante wiederhergestellt. Der Pariser Frieden vom 30. März 1856 bestätigte erneut den Grundsatz der Unverletzlichkeit und Integrität des Osmanischen Reiches und entschied von hier aus die strittigen Territorialfragen: Rußland verzichtete auf die Donaufürstentümer Moldau und Walachei, die unter internationale Kontrolle gestellt wurden, und gab das eben erst eroberte Kars, das „Bollwerk Kleinasiens", an die Türkei zurück. Darüber hinaus – und hier ging man zugunsten der Türkei hinter den Status quo ante zurück – räumte das Zarenreich das 1829 besetzte Donaudelta einschließlich eines kleinen Stücks des bereits 1812 erworbenen Bessarabiens und erklärte sich mit einer Neutralisierung des Schwarzen Meeres einverstanden. Dafür erhielt es die gesamte Krim zurück und wurde mit Selbstverständlichkeit an der neugeschaffenen internationalen Kommission für die freie Donauschiffahrt beteiligt.

Aber mochten auch der Status quo ante und seine künftige Sicherung Leitlinie aller praktischen Beschlüsse und Regelungen sein – in Wahrheit markierte der Pariser Kongreß eine grundlegende Veränderung des bisherigen internationalen Systems. Jenseits aller konkreten Handels- und Machtinteressen in Südosteuropa und im östlichen Mittelmeer hatten England und Frankreich mit dem Krimkrieg das Ziel verfolgt, die seit 1849 immer bedrohlicher werdende kontinentaleuropäische Vormachtstellung des Zarenreichs zu brechen. Darin trafen sie sich, auch wenn das niemals offen ausgesprochen wurde, insgeheim mit Österreich, dessen

Krimkrieg

Friede von Paris

Veränderung des internationalen Systems

Regierung sich in wachsender Abhängigkeit von St. Petersburg sah. Und auch in Preußen gab es in fast allen politischen Lagern bis hin zu den scheinbar so dezidiert rußlandorientierten Hochkonservativen, den „Spreekosaken", zahlreiche Kräfte, die befürchteten, ein Engagement zugunsten Rußlands werde den außenpolitischen Spielraum Preußens, der schmal genug geworden war, endgültig zunichte machen. In seinem Ergebnis ging daher der Pariser Kongreß, so sehr er im Faktischen die Stellung Rußlands schonte, über dieses ursprüngliche Ziel, die Sicherung des Gleichgewichts gegenüber einer drohenden russischen Hegemonie, **Frankreich als** weit hinaus. Mit der Eindämmung Rußlands und den mit ihm verbundenen kon-**neue Vormacht** servativen Kräften beschleunigte er einen Prozeß der Machtverlagerung, der neben dem stark außerhalb Europas engagierten England in erster Linie Frankreich zugute kam; man spricht mit guten Gründen von einer „Krimkriegskonstellation", die für die nächsten Jahrzehnte von entscheidender Bedeutung war.

Der Staat Napoleons III. repräsentierte dabei das Bündnis mit den nationalen Bewegungen ebenso wie das Entgegenkommen gegenüber den neuen wirtschaftlichen und sozialen Kräften und erhob beides mehr und mehr zum Prinzip. Begünstigt durch den mit Beginn der fünfziger Jahre einsetzenden enormen wirtschaftlichen Aufschwung in West und Mitteleuropa, zugleich Zentrum der Freihandelsbestrebungen und -erwartungen, machten die Erneuerung des napoleonischen Waffenruhms und die geschickte Diplomatie Napoleons III. während des Krimkriegs Frankreich wenn nicht zum Schiedsrichter, so doch zur neuen Zentralfigur der europäischen Politik. Während die Regierung des neuen Bonaparte die übrigen Mächte zu beruhigen suchte, ließ der virtuos gesteuerte napoleonische Propagandaapparat die Interessierten nicht darüber im Zweifel, daß nach Meinung des Kaisers an die Stelle des traditionellen Mächteeuropas, an die Stelle der Ordnung von 1815, das auf friedliche Konkurrenz und freien Austausch begründete Europa der Nationen treten müsse. Mit der Weltausstellung von 1855 und dem Kongreß von 1856 erhielt der Kaiser kurz nacheinander eine hell erleuchtete Bühne, auf der er sich einerseits als der Mann des Neuen und der Zukunft und andererseits als der große Bewahrer und Vermittler präsentieren und sogar den Eindruck erwecken konnte, es werde sich ein Weg finden lassen, das Alte und das Neue organisch miteinander zu verbinden.

Das Programm Vier entscheidende Antriebskräfte, so die im Kern völlig richtige Prognose des **Napoleons III.** Kaisers und seiner Berater, mußten dabei zusammenfinden: der Staat, die vorherrschenden wirtschaftlichen Interessen der jeweiligen Gesellschaft, die in Bewegung geratenen „Massen" – von diesem neuen Element aller Politik war bei Napoleon III. immer wieder die Rede – und schließlich der nationale Gedanke als die Staat und Gesellschaft übergreifende und in neuer Form miteinander verklammernde Idee. In der Praxis stellte dieses Rezept freilich eine hochexplosive Mischung dar, deren Zündung die europäische Ordnung bis in die Grundfesten erschüttern konnte. Das wußte Napoleon III. ebenso wie diejenigen, die sich insgeheim – wie der preußische Bundestagsgesandte Otto von Bismarck – oder auch offen – wie der piemontesische Regierungschef Graf Camillo Cavour – zu diesem

Rezept bekannten. Wenn sie trotzdem mehr und mehr darauf setzten, so in der auch in der öffentlichen Meinung ständig an Boden gewinnenden Überzeugung, daß das Interesse des eigenen Staates und der in ihm vereinigten Gesellschaft oberster Bezugspunkt aller Politik sei, hinter dem alle anderen Loyalitäten zurückzustehen hätten.

„Sympathien und Antipathien in Betreff auswärtiger Mächte und Personen vermag ich vor meinem Pflichtgefühl im auswärtigen Dienst meines Landes nicht zu rechtfertigen, weder an mir noch an anderen", so hat es Bismarck in einem Brief an seinen noch in den älteren Traditionen des europäischen Konservativismus verankerten politischen Mentor Leopold von Gerlach formuliert: „Es ist darin der Embryo der Untreue gegen den Herrn oder das Land, dem man dient." An die Stelle der klaren Scheidung der politischen Fronten in ein konservatives und in ein liberal-demokratisches Lager, die in den Jahrzehnten davor die Konstellation über die einzelstaatlichen und nationalen Grenzen hinweg bestimmt hatte, trat damit mehr und mehr das Prinzip der einzelstaatlichen bzw. nationalen Solidarität – weitgehend unabhängig von der politischen Couleur der jeweiligen Regierung oder der herrschenden Mehrheit. Diese fortschreitende Nationalisierung des politischen Lebens verlieh einerseits den Staaten – vor allem denen, die sich in den Dienst nationaler Bestrebungen stellten – ein außerordentliches Maß an zusätzlicher Stärke, steigerte die Loyalität und Opferbereitschaft der Untertanen in bisher unbekannter Weise. Andererseits vermehrte sie nicht nur die Konfliktherde, sondern brachte ein Element der Unberechenbarkeit in die internationalen Beziehungen, das die Vertreter der älteren Diplomatie mit größter Sorge erfüllte. Vor allem von der Apenninenhalbinsel, aber auch von Mitteleuropa her drohte im Zuge dieser Entwicklung der Zusammenbruch der eben noch einmal, zumindest äußerlich, wiederhergestellten europäischen Ordnung.

Nationalisierung des politischen Lebens

2. Die Einigung Italiens

Unter den Mächten, die sich in den russisch-türkischen Konflikt einschalteten und dann an dem blutigen Stellungskrieg auf der Krim beteiligten, befanden sich zwar nicht die beiden mitteleuropäischen Großmächte Österreich und Preußen, wohl aber ein Staat, von dem man schwerlich sagen konnte, daß für ihn hier unmittelbare Interessen auf dem Spiel standen: das Königreich Piemont-Sardinien. Seine Teilnahme an dem Krieg mit einem Truppenkontingent von rund 15 000 Mann, einer vergleichsweise hohen Zahl, war zunächst auf Drängen der Westmächte zustande gekommen: Graf Cavour, der leitende piemontesische Staatsmann seit November 1852, hatte den Kriegseintritt an der Seite Englands und Frankreichs 1855 gegen anfangs erheblichen Widerstand durchgesetzt. Dann aber erkannte ein wachsender Teil der piemontesischen Öffentlichkeit und der politisch Verantwortlichen rasch, welche Chancen sich hier möglicherweise für eine baldige Lösung der seit 1815 ständig gärenden, 1848 voll aufgebrochenen italienischen Frage eröffneten. Eine Schwächung Rußlands als einer der Hauptgarantiemächte der nach 1849 auch auf der Apenninenhalbinsel wiederhergestellten Ordnung von 1815 und eine Isolierung Österreichs, das sich der konservativen Vormacht im Osten entfremdete, ohne auf ein dauerhaftes Bündnis mit den liberalen Westmächten hoffen zu können, würden vielleicht mit einem Schlag die Fundamente zum Einsturz bringen, auf denen die Aufteilung Italiens unter die Herrschaft meist fremder Dynastien – der Bourbonen im Süden, österreichischer Sekundogenituren und direkter habsburgischer Macht im Norden – beruhte. In diesem Sinne suchte Cavour den Krimkrieg und dann vor allem den Pariser Kongreß, bei dem der Vertreter Piemont-Sardiniens als Repräsentant einer kriegführenden Macht neben den Vertretern der europäischen Großmächte Platz nahm, zu benutzen, um die italienische Frage auf die Tagesordnung der europäischen Diplomatie zu bringen.

Ein unmittelbar greifbares Ergebnis hatte das zwar nicht: Cavours großer Auftritt am Ende des Kongresses, als über die Ursachen des Erfolges der revolutionären Propaganda in weiten Gebieten Europas gesprochen wurde und der piemontesische Regierungschef die fremden Herrscher in Italien und ihre verfehlte Politik auf die Anklagebank setzte, beeindruckte wohl die Öffentlichkeit innerhalb und außerhalb Italiens, führte jedoch nicht zu der erhofften Konfrontation zwischen Österreich und den beiden Westmächten. Aber wenn der unmittelbare Erfolg auch ausblieb, so gelang es Cavour von dieser Basis aus doch, die italienische Nationalbewegung in ihrer großen Mehrheit hinter Piemont-Sardinien und seiner derzeitigen Regierung zu einigen: die 1857 gegründete Società nazionale unter Führung des Marchese Giorgio Pallavicino war im Kern eine Art Fünfte Kolonne der piemontesischen Regierung, ihr einflußreicher, organisatorisch und taktisch außerordentlich geschickter Sekretär La Farina ganz ein Mann Cavours. Die in der Società vereinigte Koalition eines beträchtlichen Teils des einheimischen Adels mit dem großen und mittleren Bürgertum setzte fortan auf Piemont und auf eine Lösung der italienischen Frage durch eine „Revolution von oben", d. h.

Piemont-Sardinien im Krimkrieg

Gründung der Società-nazionale

auf den Einsatz diplomatischer und militärischer Mittel durch die einzige einhei-
mische Dynastie, ergänzt durch sorgfältig geplante und dosierte populäre De-
monstrationen und Aktionen. Und dies wiederum verstärkte, während die englische Diplomatie weiterhin zwischen der überwiegend proitalienischen englischen
öffentlichen Meinung und dem Wunsch hin und her schwankte, als Gegenge-
wicht zu Rußland ein möglichst starkes Österreich zu erhalten, die Neigung Napoleons III., sich zugunsten Piemonts und der italienischen Nationalbewegung
zu engagieren – was dann wiederum die Haltung des englischen Konkurrenten
bestimmte.

Zwei Jahre nach Abschluß des Pariser Kongresses, im Juli 1858, hatte Cavour
ein erstes großes Ziel erreicht. Bei einem Geheimtreffen mit Napoleon III. in dem
Badeort Plombières in den Vogesen verständigte er sich mit dem französischen   Plombières
Kaiser über ein Programm zur Lösung der italienischen Frage. Nach einem durch
Piemont provozierten österreichischen Angriff auf das Königreich sollte danach
Frankreich seinem Schützling mit seiner ganzen militärischen Macht zu Hilfe ei-
len und nach dem erwarteten Sieg gemeinsam mit Piemont eine territoriale und
politische Neuordnung der Apenninenhalbinsel vornehmen. Im Zuge dieser
Neuordnung würde dann, so der Plan, neben dem bisherigen Königreich Neapel
aus der Toskana und den übrigen Teilen des Kirchenstaates ein mittelitalienisches
Königreich geschaffen werden. Beide sollten schließlich mit dem um Lombardo-
Venetien und die habsburgischen Sekundogenituren erweiterten Staat Viktor
Emanuels II. einen Bund unter dem Vorsitz des künftig auf Rom beschränkten
Papstes bilden. Für seine militärische und diplomatische Unterstützung sicherte
Cavour dem französischen Kaiser die Abtretung Nizzas und des piemontesi-
schen Stammlandes Savoyen zu und versprach, sich für die Heirat einer Tochter
Viktor Emanuels mit Jérôme, einem Vetter Napoleons III., einzusetzen – dieser
sollte, dem Muster der Italienpolitik Napoleons I. folgend, an die Spitze des mit-
telitalienischen Königreichs treten.

Ob sich Cavour je an diesen Neuordnungsplan zu halten gedachte, der mit sei-   Haltung Cavours
· nem Glauben an die weitgehende Kanalisierbarkeit der italienischen Einheitsbewegung wohl von vornherein auf illusionären Grundlagen beruhte, ist sehr frag-
lich. Er sicherte dem piemontesischen Ministerpräsidenten jedoch die volle militärische und politische Rückendeckung Frankreichs in der nun sofort mit allen
Mitteln betriebenen Konfrontation mit Österreich. Als Cavour sich dabei nicht
scheute, über den Kreis der Società nazionale hinaus an die entschieden demokratischen und sozialreformerischen Kräfte der nationalen Bewegung um Garibaldi
und Giuseppe Mazzini zu appellieren, zuckte Napoleon III. noch einmal zurück:
Er ließ seine Bereitschaft erkennen, auf den englischen Vorschlag einzugehen, die
ganze Frage auf einem neuen Kongreß der Großmächte zu diskutieren. Daraufhin
setzte der piemontesische Regierungschef alles auf eine Karte. Er ermutigte
Garibaldi, Aufstände in den Herzogtümern zu inszenieren und drohte sogar mit
der Veröffentlichung des Geheimvertrags von Plombières. Ungeachtet dessen
stand die Sache auf des Messers Schneide, bis Österreich Ende April 1859 Pie-

Österreichisches
Ultimatum mont ungewollt mit einem harten, auf drei Tage befristeten Ultimatum zu Hilfe
kam. In ihm forderte Wien das Königreich zur Verringerung seines Heeres und
zur Entlassung der Freiwilligen auf. Da Napoleon seinen Bundesgenossen in dieser Situation unmöglich fallen lassen konnte, ohne sich zwischen alle Stühle zu
setzen, kam der in Plombières vereinbarte, im Dezember 1858 in einem gleichfalls
geheimen Bündnisvertrag noch einmal bekräftigte Aktionsplan doch noch zum
Zuge: In Erneuerung des militärischen Ruhms des ersten Kaiserreichs schlug das
von Napoleon III. persönlich kommandierte französisch-piemontesische Heer
Magenta und
Solferino die Österreicher in zwei blutigen Schlachten bei Magenta (4. Juni 1859) und bei
Solferino-S. Martino (24. Juni 1859).

Dann freilich entschloß sich der französische Kaiser zum Entsetzen der italie-
nischen Nationalbewegung, deren Vertreter überall in Ober- und Mittelitalien die
Weichen für die nationalstaatliche Einigung zu stellen versuchten, dem Konflikt
in einer direkten Vereinbarung mit Österreich ein Ende zu machen – über den
Kopf seines Verbündeten hinweg und unter Verzicht auf das Instrument eines
Friedenskongresses. Im Vorfrieden von Villafranca vom 11. Juli 1859 verzichtete
Vorfriede von
Villafranca Wien auf die bereits verlorene und militärisch geräumte Lombardei, behielt je-
doch Venetien und erhielt darüber hinaus die Zusicherung, daß Frankreich für die
Wiedereinsetzung der vertriebenen österreichischen Herrscher in der Toskana
und in Modena eintreten werde.

Das war von seiten Napoleons ein klarer Bruch der Vereinbarungen von Plombières, über den auch die Tatsache nicht hinwegtäuschen konnte, daß sich Wien
mit der Gründung eines italienischen Staatenbundes unter dem Ehrenpräsidium
des Papstes einverstanden erklärte: Daß auch der österreichische Kaiser für Venetien dem geplanten Staatenbund angehören sollte, gab dem Ganzen eine völlig andere Tendenz.

Über die Motive, die den französischen Kaiser nach zwei militärischen Siegen
zu dieser Kehrtwendung veranlaßt haben, die im Frieden von Zürich im November 1859 endgültig bestätigt wurde, ist viel gerätselt worden. Es verbanden sich
dabei wohl die Sorge vor einem Eingreifen Preußens und der Druck der ultra-
montanen Partei im eigenen Land mit der Befürchtung, die italienische Nationalbewegung werde, von Cavour heimlich begünstigt, bei einer Fortführung des
Krieges binnen kurzem alle in Plombières gezogenen Grenzen sprengen und mit
der Errichtung eines italienischen Einheitsstaates die geheimen Pläne Frankreichs, die auf einen vorherrschenden Einfluß auf der Apenninenhalbinsel zielten,
durchkreuzen.

Vorandrängen der
Nationalbewegung Es zeigte sich jedoch sehr rasch, daß die Flutwelle der nationalen Bewegung,
einmal in Bewegung geraten, nicht mehr aufzuhalten war. Die Società nazionale,
die bereits unmittelbar nach Kriegsausbruch überall in Ober- und Mittelitalien
den Anschluß an Piemont proklamiert hatte, hielt an dieser Linie unbeirrt fest
und ging schließlich, die Beschlüsse von Villafranca und Zürich negierend, zu einer Politik der vollendeten Tatsachen über, indem sie Volksabstimmungen in den
betreffenden Gebieten organisierte und so den Anschluß praktisch vollzog. Sie

suchte und fand dabei die Unterstützung eines erheblichen Teils der demokratischen Nationalbewegung, zu der sie bisher aus taktischen, aber auch aus prinzipiell-programmatischen Gründen Distanz gehalten hatte. Unterschiede in den verfassungspolitischen wie vor allem auch in den sozialen Zielsetzungen und Interessen traten jetzt zurück, und der nun stürmisch voranschreitende Prozeß der nationalen Einigung erhielt einen weit stärker demokratischen und nationalrevolutionären Charakter, als es Cavour und dem Kreis seiner engsten Gesinnungsfreunde in der Società ursprünglich vorgeschwebt hatte.

Der piemontesische Ministerpräsident war unmittelbar nach Villafranca zurückgetreten und hatte damit nicht nur demonstriert, daß er mit den dortigen Beschlüssen nichts zu tun habe, sondern sich auf diese Weise zugleich auch seinerseits von den Vereinbarungen von Plombières losgesagt. Als er sechs Monate später, im Januar 1860, auf dem Höhepunkt der Anschlußbewegung sein Amt wieder übernahm, da tat er dies mit der erklärten Absicht, die Zahlung des Preises von Plombières, die Abtretung von Nizza und Savoyen, zu verhindern. Dies gelang angesichts der Schlüsselrolle, die Frankreich nach wie vor besaß, dann doch nicht. Aber Cavour vermochte dem tief verunsicherten und in seiner Zielrichtung ständig schwankenden französischen Kaiser mit der erneuten vertraglichen Garantie der Abtretung Nizzas und Savoyens im März 1860 über die stillschweigende Duldung der Anschlußbewegung hinaus im weiteren die Bereitschaft abzuringen, einem aktiven Ausgreifen der Nationalbewegung nach Süditalien zuzusehen, ja, es auf der europäischen Ebene diplomatisch abzusichern. {.margin Rücktritt Cavours}

Dieser vorerst letzte Akt der italienischen Nationalstaatsbildung verband sich mit dem Namen eines der schärfsten Kritiker der Cavourschen Abtretungspolitik, dem aus Nizza stammenden ehemaligen piemontesischen Marineoffizier Giuseppe Garibaldi. 1853 aus dem amerikanischen Exil zurückgekehrt, unternahm er im Mai 1860, von Genua übersetzend, den „Zug der Tausend" zur Befreiung Siziliens, die Ende Mai mit der Eroberung Palermos einen ersten Höhepunkt fand. Cavour hatte das ganze Unternehmen zunächst mißbilligt, und er und viele seiner politischen Freunde verfolgten das, was an sozialrevolutionären Parolen im weiteren Verlauf in dem nach Wirtschaftsverfassung und Sozialstruktur noch halb mittelalterlichen Land laut wurde, mit größtem Mißtrauen. Auf der anderen Seite konnten und wollten jedoch auch sie die Augen nicht davor verschließen, daß Garibaldis Freischaren mit ihren militärischen Erfolgen und ihrer Begeisterung der nationalen Bewegung eine zusätzliche Dynamik verliehen und diese den europäischen Mächten immer unwiderstehlicher erscheinen ließ. So ergab sich, bei allen inneren Gegensätzen, schon bald ein heimliches Zusammenspiel zwischen Garibaldi und der von Cavour geführten piemontesischen Regierung. Unter ständigem Hinweis auf den entschieden nationaldemokratischen und sozialrevolutionären Charakter der Garibaldischen Bewegung erreichte Cavour die Unterstützung Napoleons für einen piemontesischen Feldzug nach Mittelitalien in Antwort auf Garibaldis Übergang auf das süditalienische Festland und seinen Einzug in Neapel Anfang September 1860. Ein vollständiger Triumph der na- {.margin „Zug der Tausend"} {.margin Ausgreifen Piemonts nach Mittelitalien} tionalrevolutionären Kräfte, so Cavour, sollte auf diese Weise verhindert und der nicht mehr aufzuhaltende gesamtitalienische Nationalstaat in monarchisch-konstitutionellen Bahnen gehalten werden.

Von einem bloß taktischen Argument wird man dabei nicht sprechen können. Die piemontesische Armee, die in breiter Front durch Mittelitalien vorrückte und entgegen einer Napoleon gemachten Zusage auch in den engeren Kirchenstaat unter dem Vorwand eindrang, dort Aufstände verhindern zu wollen, hatte den erklärten Auftrag, den Anschluß an Piemont und an das dort herrschende politische

Anschluß statt innerer Neuordnung und wirtschaftlich-gesellschaftliche System zu sichern – von einer inneren Neukonstituierung des künftigen Gesamtstaates, wie sie viele der Anhänger Garibaldis forderten, sollte ebensowenig die Rede sein wie von Formen regionaler Selbstbestimmung. Das gleiche galt für die Frage von Struktur- und Anpassungsreformen insbesondere auf dem Gebiet der Agrarverfassung: Hier drohte mit der uneingeschränkten Übernahme des liberal-konstitutionellen Prinzips der Ablehnung jeden Staatseingriffs in die bestehenden Eigentumsverhältnisse eine Zementierung der noch weitgehend feudal bestimmten Ordnung im Süden Italiens. Cavour und die piemontesische Regierung appellierten offen an die Interessen der bisherigen Oberschicht, der das gleichfalls von Piemont zu übernehmende eng begrenzte Zensuswahlrecht entscheidenden politischen Einfluß in dem neuen Staat versprach. „Es muß sich alles ändern, damit alles so bleibt, wie es ist", läßt Lampedusa seinen „Gattopardo" in dem gleichnamigen, im Sizilien dieser Zeit spielenden Roman sagen.

So war der große militärische Sieg, den Garibaldi Anfang Oktober 1860 am Volturno über die zahlenmäßig weit überlegenen bourbonischen Truppen erfocht, von den demokratischen und sozialreformerischen Zielen seiner Anhängerschaft her gesehen eher ein Pyrrhussieg. Die Früchte ernteten jene, die noch im Oktober über Plebiszite den Anschluß an Piemont praktisch vollzogen und damit den italienischen Nationalstaat politisch wie in seiner wirtschaftlichen und sozialen Grundstruktur auf die Basis stellten, die die Koalition zwischen einheimischem Adel und besitzendem Bürgertum in Piemont und weiten Teilen Ober-

Resignation Garibaldis italiens trug. Garibaldi resignierte und zog sich auf sein Gut Capreraz auf einer kleinen Insel vor der Nordspitze Sardiniens zurück.

Was Garibaldi und seine Anhänger vermißten, die innere Einigung und die geistige wie politisch-soziale Neukonstituierung der Nation, wurde allerdings zunächst einmal überdeckt von der Begeisterung über die endlich errungene staatliche Einheit und nicht zuletzt über die Tatsache, daß der Anteil des Volkes auf dem Schlachtfeld wie auf den verschiedenen Foren der öffentlichen Meinungs- und Willensbildung, trotz allem sehr hoch gewesen war. Die Italiener, so die weitverbreitete und nur zu gern akzeptierte Auffassung, hatten sich ihren nationalen Staat im wesentlichen selbst geschaffen, ihn aus eigener Kraft errungen. Die De-

Ergebnisse und Perspektiven der Nationalstaatsgründung vise des „Italia fara da se" war eingelöst worden, und viele sahen es ungeachtet mancher augenblicklichen Enttäuschung nicht als ein leeres Versprechen an, daß nach der äußeren nun auch die innere Einigung und Reform Schritt für Schritt vorankommen werde. Zwar wurde, wie angekündigt, die Verfassung Piemonts einfach auf den neuen Staat übertragen, es wurde also keine verfassunggebende Nationalversammlung berufen. Aber man erklärte bei dieser Gelegenheit von seiten der Regierung und der sie tragenden Kräfte immer wieder, daß diese Verfassung bloß die Basis darstelle, das liberale Staatsrecht, dem sie entstamme, gerade den Wandel, die zeitgemäßen Veränderungen begünstige. Dabei war auch das Parlament, das sich im Februar 1861 in Turin als der vorläufigen Hauptstadt des neuen Königreichs konstituiert hatte und bei dem alle Reformen künftig lagen, nur von knapp zwei Prozent der Bevölkerung gewählt worden, da nur sie die Bedingungen des Steuerzensus des piemontesischen Wahlrechts erfüllten. Aber man konnte doch mit einiger Überzeugungskraft darauf hinweisen, daß schon bald, wenn der erwartete wirtschaftliche Aufschwung auf der Basis eines einheitlichen Wirtschaftsraumes immer breiteren Volksschichten zugute kommen und eine durchgreifende Reform des Bildungswesens den Massen der Bevölkerung ganz neue Lebenschancen eröffnen werde, auch die Zahl der Wähler steil ansteigen werde – Wähler, die in ihrer Wahlentscheidung dann nicht mehr, wie jetzt zu befürchten, vom sozialen Ressentiment, sondern vom Geist der Selbstverantwortung geleitet sein würden.

Hinzu kam, daß die nationale Einigung ja noch nicht abgeschlossen war. Mit Venetien befand sich ein beträchtlicher Teil Oberitaliens noch in österreichischer Hand, und Rom, also das, was vom Kirchenstaat noch geblieben war, wurde von französischen Truppen verteidigt. Hier schien, wollte man nicht das monarchische Europa, das den neuen Staat nur sehr zögernd anerkannte, gegen sich aufbringen und eine antiitalienische Koalition heraufbeschwören, ein behutsames Vorgehen sehr angebracht. Daß Viktor Emanuel II. in dieser Situation nicht, wie die Linke es forderte, den nationalrevolutionär und demokratisch akzentuierten Titel „König der Italiener" annahm, sondern sich „König von Italien" nannte, schien verständlich. Die Kompromißformel „durch Gottes Gnade und durch den Willen des Volkes" entsprach dem bisherigen Gang der Entwicklung und der Verteilung der Kräfte ebenso, wie sie das Weitere offen ließ.

Die Formel lag ganz auf der Linie des Programms des eigentlichen Staatsgründers, des Grafen Cavour: Das Neue mußte den bestehenden Verhältnissen abgewonnen und wieder in diese eingefügt werden. Das galt für die Lösung der nationalen Frage. Es galt aber auch für die innere Ordnung, wo Cavour in der vorläufigen Bewahrung dessen, was nun einmal historisch gewachsen war, auch wenn es sich nur schwer zusammenfügte, eine unerläßliche Voraussetzung für die so nötige Stabilität und den inneren Zusammenhalt des neuen Staates sah.

Im Unterschied zu vielen seiner politischen Freunde wie seiner Kritiker war sich Cavour stets bewußt, wie schwer die Lösung der unmittelbar anstehenden Aufgaben auch so noch sein würde – zumal vor dem Hintergrund der venetischen und der römischen Frage, die von Gegnern der Regierung jederzeit mit dem Vorwurf der Untätigkeit auch innenpolitisch auf die Tagesordnung gebracht werden konnten. Es war das erste Mal in der europäischen Geschichte, daß solche Aufga-

Die Römische und Venetische Frage

ben von einer Regierung bewältigt werden mußten, die auf parlamentarische
Mehrheiten und zwar gerade in diesem Fall auf Mehrheiten aus sehr unterschiedlichen Interessenlagern angewiesen war. Bisher waren alle vergleichbaren Fälle einer Staatsneu- bzw. -umgründung von streng monarchischen Regierungen auf
bürokratisch-anstaltsstaatlicher Grundlage in Angriff genommen worden, sieht
man von jener Staatsgründung durch Separation einmal ab, wie sie die belgische
von 1830 darstellte. Diesen Regierungen war ein sehr viel entschiedeneres und
konsequenteres Vorgehen möglich gewesen, das ihnen im weiteren dann oft den
Beifall der am stärksten zukunfts- und fortschrittsorientierten Kräfte in der jeweiligen Gesellschaft einbrachte; man denke nur an die große Umbruchperiode
in Mitteleuropa in der Zeit der Französischen Revolution und Napoleons. In dem
neugeschaffenen italienischen Nationalstaat aber bedurfte es, wollte man auf dem
bisherigen Wege fortschreiten und nicht eine abrupte Kehrtwendung vollziehen –
was möglicherweise die eben errungene Einheit schon bald wieder von innen heraus aufgelöst hätte –, der ständigen Rückbindung an die vorherrschenden Interessen und einer überaus mühevollen, mit langen Fristen rechnenden Kompromiß-
politik.

Ob Cavour, gestützt auf das Prestige des Staatsgründers, auf diesem Wege erfolgreich vorangekommen wäre, sei dahingestellt. Sein plötzlicher Tod am 6. Juni
1861 stellte jedenfalls für den jungen Staat eine schwere zusätzliche Belastung dar.
Er verlor damit seine zentrale politische Integrationsfigur, den Mann, der wie
kein anderer den inneren und äußeren Einigungswillen der Nation verkörperte.
Seine Partei, die „Historische Rechte" (Destra storica), jenes Bündnis zwischen
großen Teilen des oberitalienischen Adels und dem Bürgertum auf der Basis libe-
ral-konstitutioneller Grundvorstellungen und gemeinsamer wirtschaftlicher Interessen, vermochte sich zwar noch fünfzehn Jahre an der Macht zu behaupten.
Aber die Probleme, mit denen sie sich konfrontiert sah, und die immer deutlicher
zutage tretende Unfähigkeit ihrer Führer, auf sie aus der engen Perspektive der eigenen Interessen und der eigenen politisch-sozialen Ideenwelt angemessene und
zukunftsweisende Antworten zu geben, drohten das Land zunehmend tiefer zu
spalten.

Da war einmal das Problem des Südens, des Mezzogiorno. Statt der erhofften
Landreform sicherte die auf ganz andere Verhältnisse zielende Eigentumsgarantie
die alte quasifeudale Agrarverfassung und die auf ihr beruhende rücksichtslose
Ausbeutung des Bodens und der kleinen Bauern und Landarbeiter. Gleichzeitig
kam auf die Bevölkerung des Südens eine enorm gesteigerte Steuerlast zu, ohne
daß ihr die Segnungen des damit zu finanzierenden modernen Staatsapparats unmittelbar einleuchtend wurden – von den Kosten für das Militär ganz zu schweigen, das schon bald als Büttel des Nordens auftrat und mit der Wehrpflicht statt
neuer Freiheit neuen Zwang brachte. Schließlich zerstörte das sogleich auf den
Süden ausgedehnte System der Handels- und Gewerbefreiheit sehr rasch fast alle
Alternativen auf dem heimischen Arbeitsmarkt: Binnen weniger Jahre wurde der
Süden im Bereich der gewerblichen Wirtschaft zu einem reinen Absatzmarkt des

weit höher entwickelten, teilweise schon industrialisierten Nordens, eine Art Kolonie im eigenen Lande, wie Kritiker es nannten. Was Wunder, daß es schon bald zu Erhebungen kam, deren blutige Unterdrückung die Gegensätze dann noch weiter verschärfte und die Basis für einen die innere Einheit tödlich bedrohenden jahrelangen Partisanenkrieg schuf.

Neben das Mezzogiorno-Problem trat, nicht weniger lastend und folgenreich, das Problem des Verhältnisses zur katholischen Kirche, das zunächst zugleich ein territoriales Problem in sich schloß, die Frage der Herrschaft über Rom und über den sogenannten Kirchenstaat. Cavour hatte eine Regelung dieses Verhältnisses unter der Devise der „freien Kirche im freien Staat" angestrebt". Mit der Kirche insgesamt sollte auf diese Weise auch dem Papsttum völlige Unabhängigkeit gesichert und so der Kirchenstaat überflüssig gemacht werden. Er war mit seinen Plänen jedoch auf seiten der Kurie auf wenig Gegenliebe gestoßen. Die Besetzung weiter Teile des Kirchenstaates durch piemontesische Truppen und die anhaltenden Auseinandersetzungen um das päpstliche Territorium erweiterten die Kluft dann immer mehr. Die schroffe Kampfansage des Papstes an Liberalismus und Nationalismus, sprich an die tragenden Elemente und Kräfte des neuen italienischen Staates, im Syllabus errorum von 1864 und die Einnahme Roms und seine Erhebung zur italienischen Hauptstadt 1870/71 rückten schließlich nicht nur jeden Kompromiß in weite Ferne, sondern schufen einen verhängnisvollen Gegensatz zwischen Staats- und Kirchentreue. Papsttreue Katholiken empfanden sich als politisch heimatlos, verstanden sich, von der Kirche nachhaltig darin bestärkt, als bloße Untertanen und verzichteten vielfach – wenn sie sie aufgrund des Zensus bereits besaßen – auf die Wahrnehmung ihrer aktiven politischen Bürgerrechte.

Verhältnis zur katholischen Kirche

Fast unvermeidlicherweise verbanden sich diese weltanschaulichen und religiösen Gegensätze je länger, je mehr mit den Gegensätzen wirtschaftlicher und sozialer Art, die nicht nur im Verhältnis zwischen den einzelnen Gebieten und Landschaften des neuen Staates, sondern im Zuge der wirtschaftlichen Entwicklung auch zwischen den verschiedenen gesellschaftlichen Gruppen verstärkt aufbrachen. Da die Regierungen der „Historischen Rechten" in Gesetzgebung und praktischem Handeln auf dem Grundsatz des „freien Spiels der Kräfte" beharrten, ja, diesen Grundsatz in immer weiteren Bereichen zum Siege zu führen suchten, erschienen sie mehr und mehr als diejenigen, die, unbekümmert um die Not und das Elend breiter Volksschichten, allein der Macht des Stärkeren dienten. Dementsprechend verengte sich innenpolitisch ihre Basis noch über die starken Beschränkungen des Zensuswahlrechts hinaus in zunehmendem Maße: Der Vorwurf der bloßen Klassenherrschaft wurde schließlich immer lauter.

Wirtschaftliche und soziale Gegensätze

Wenn sich die Nachfolger Cavours ungeachtet dessen so lange behaupten konnten, so verdankten sie das neben dem Wahlrecht und dem Fehlen einer personellen und sachlichen Alternative von der Basis des bestehenden politischen Systems aus in erster Linie der Außenpolitik, genauer: den noch offenen nationalen Fragen. Sie schienen der Mehrheit nur in der Tradition der Politik Cavours lösbar, unter Führung einer starken Regierung und mit den Mitteln der Diplomatie und der regulären Kriegsführung. Mehrfach wiederholten die Regierungen in Turin nach 1861 dabei den Versuch, durch populären Druck von unten bis hin zur heimlichen Unterstützung neuer Freiwilligenarmeen und durch geschickte diplomatische Schachzüge das Gesetz des Handelns an sich zu bringen und Venetien sowie den Kirchenstaat zu gewinnen. Alle diese Versuche jedoch scheiterten an dem entschlossenen Widerstand Österreichs und an der Weigerung Napoleons III., sich erneut auf eine Konfrontationspolitik gegenüber Wien einzulassen – von einer Bereitschaft des französischen Kaisers, von seiner Garantie für die verbliebenen Teile des Kirchenstaats abzurücken, konnte angesichts der eindeutigen Haltung der katholischen Partei im eigenen Lande in dieser Frage schon gar keine Rede sein. Erst als fünf Jahre nach Cavours Tod mit der militärischen Konfrontation zwischen Österreich und Preußen die zweite der beiden großen nationalen Fragen Kontinentaleuropas, die deutsche, in ihr Entscheidungsstadium trat, gelang der Turiner Regierung im Kielwasser des zunächst gegen Österreich, dann

Abschluß der nationalen Einigung | gegen Frankreich siegreichen Preußen binnen weniger Jahre der Abschluß der nationalstaatlichen Einigung der italienischen Halbinsel.

Bündnis mit Preußen | Auf die preußische Karte hatte man in Turin schon früh, nach den ersten großen diplomatischen und militärischen Erfolgen Preußens in der schleswig-holsteinischen Frage und der Auseinandersetzung mit Dänemark zu setzen begonnen. Berlin jedoch war, um sich nicht unter Zugzwang bringen zu lassen, allen festen Bindungen und Vereinbarungen zunächst ausgewichen. Erst im unmittelbaren Vorfeld des Krieges mit Österreich, als der Beschluß, die Entscheidung in einem militärischen Waffengang zu suchen, von preußischer Seite bereits definitiv gefaßt worden war, kam es am 8. April 1866 zu einem auf drei Monate befristeten Offensivbündnis zwischen Preußen und Italien. In ihm verpflichtete sich die italienische Seite, Österreich von Süden her anzugreifen, sobald Preußen den Krieg gegen den Kaiserstaat eröffnet hatte. Dafür sollte Italien dann, nach einem gemeinsam errungenen Sieg, Venetien erhalten – die weiterreichende Forderung der italienischen Regierung nach dem Trentino lehnte Berlin ab.

Ein solches Offensivbündnis mit Italien war, was man in der italienischen Hauptstadt aber natürlich nicht wußte, die einzige Forderung gewesen, die der preußische Generalstabschef von Moltke in der entscheidenden Sitzung des preußischen Kronrats Ende Februar 1866 gestellt hatte: Eine zweite Front im Süden werde, wie immer sich der Kriegsverlauf dort gestalte, soviel Entlastung bringen, daß die preußische Armee ihrem zahlenmäßig überlegenen Gegner im Norden gewachsen sein werde. Dieses Kalkül ging, was die preußische Seite anlangte, glänzend auf. Italien jedoch bescherte es bei Custozza (24. 6. 1866) und in der Seeschlacht bei Lissa (20. 7. 1866) zwei blutige Niederlagen. Und auch auf dem

Erwerb Venetiens | Siegespreis Venetien, den man dank dem preußischen Erfolg im Herbst 1866 in Besitz nehmen konnte, lag insgeheim ein dunkler Schatten: In einem Geheimvertrag hatte Napoleon III. sich am 12. Juni 1866 von Wien für die Zusicherung der französischen Neutralität in dem bevorstehenden Krieg mit Preußen unter anderem die Abtretung Venetiens auch für den Fall eines österreichischen Sieges garantieren lassen.

Italien war also offenkundig nur ein Spielball gewesen, ein Bauer auf dem Schachbrett der großen Politik. Der Ärger und die Verbitterung darüber richteten sich zunächst einmal gegen den Bündnispartner Preußen, auf dessen Druck hin man den bereits halb eroberten Trentino wieder räumen mußte und von dessen Seite man immer wieder abfällige Bemerkungen über den italienischen Anteil an dem gemeinsamen Sieg hörte oder zu hören meinte. Sie verhinderten dann aber auch, daß sich Italien zu dem von Napoleon III. angestrebten französisch-österreichisch-italienischen Bündnis mit dem Ziel der Revision der neuen „Ordnung von 1866" bereitfand, zumal der französische Kaiser in der „römischen Frage" nach wie vor nicht gewillt war, auf die italienische Linie einzuschwenken. Damit aber wurde man, ohne sich zu beteiligen, in einer durchaus nicht zielgerichteten, sondern auf Enttäuschung und Erbitterung beruhenden Abseitshaltung zum Nutznießer des nächsten großen internationalen Konflikts, des preußisch-französischen Krieges von 1870/71. Fast ohne Schwertstreich fiel der von der napoleonischen Garnison geräumte Rest des Kirchenstaats, fiel die Stadt Rom dem Eroberung Roms italienischen Nationalstaat zu. Im Sommer 1871 wurde Rom definitiv zur Hauptstadt des Königreichs Italien erklärt, sein Monarch, Viktor Emanuel, bezog die bisherige päpstliche Sommerresidenz, den Quirinal.

Zwar erhoben sich manche Stimmen, die mit Mazzini erklärten, der Prozeß der nationalstaatlichen Einigung sei auch in territorialer Hinsicht noch lange nicht abgeschlossen: Es gebe im Norden noch immer „unerlöste Gebiete", Irredenta, und erst wenn die italienische Fahne auf dem Kamm des Brenners wehe, habe die italienische Nation das ihr von der Natur zugewiesene Gebiet voll in Besitz genommen. Aber die überwiegende Mehrheit der nationalen Bewegung sah sich doch mit der Erwerbung Venetiens und des Kirchenstaats, die wie bisher durch Volksabstimmungen in den betreffenden Gebieten sanktioniert und bekräftigt wurde, im wesentlichen am Ziel. Unvollendet war der italienische Natio- Der unvollendete nalstaat nicht so sehr nach außen als vielmehr im Innern. Hier war die erwartete Nationalstaat und propagierte administrative und rechtliche, finanzielle und wirtschaftliche Einheit des Landes vielfach noch Programm, von der vielbeschworenen neuen Form der gesellschaftlichen und der geistig-kulturellen Einheit ganz zu schweigen. Hier blieb unter Bedingungen, die durch die einschneidenden Veränderungen und die enormen finanziellen Belastungen der letzten anderthalb Jahrzehnte außerordentlich erschwert waren, das meiste noch zu tun, und das in einem Gebiet, das auch für damalige Verhältnisse in weiten Teilen in wirtschaftlicher und sozialer Beziehung als unterentwickelt gelten mußte. Nicht nur in den Augen seiner Gegner warf der italienische Nationalstaat schon bald weit mehr Probleme auf, als er mit seiner Gründung löste. Die politische und soziale Krise, in die er in den folgenden Jahrzehnten immer tiefer geriet, konnte eigentlich niemand verwundern. Trotzdem galt er noch lange Zeit als das Muster einer erfolgreichen Nationalstaatsbildung in Erhebung und Wiedergeburt der Nation aus eigener

Kraft – gerade auch im Vergleich mit der Bildung des deutschen Nationalstaats, bei der traditionelle und autoritär-obrigkeitsstaatliche Elemente eine so große Rolle spielten und die innere und äußere Form des neuen Staates, zunächst jedenfalls, sehr stark bestimmten.

3. Die Umgestaltung Mitteleuropas

Das Scheitern des Versuchs von 1848/49, die deutsche Frage von „unten", auf parlamentarisch-demokratischem Wege zu lösen, hatte im Lager der die Revolution tragenden liberalen und nationalen Kräfte einen Prozeß der kritischen Selbstbesinnung ausgelöst, der bei einem Teil schließlich zu bedeutsamen Akzentverlagerungen führte. Nur unter nüchternster Berücksichtigung der gegebenen Macht- **Wendung zur** verhältnisse und der etablierten Interessen werde man, das war die neue Parole, **„Realpolitik"** zu dem Kernziel, der Errichtung eines Nationalstaates in Mitteleuropa, gelangen. Nicht weniger, sondern mehr, freilich stets nur taktische Kompromisse seien nötig. Man müsse künftig, statt allein auf die Unaufhaltsamkeit des Fortschritts und die Siegeskraft der Idee zu vertrauen und alles von vornherein auf ein möglichst optimales Ergebnis abzustellen, „Realpolitik" betreiben – so das 1853 von dem Parlamentsstenographen der Nationalversammlung und Publizisten August Ludwig von Rochau geprägte, rasch verbreitete Schlagwort.

Durch die Entwicklung in Italien, durch die hier schließlich so erfolgreiche Verbindung von traditioneller Machtpolitik und organisiertem Volkswillen, fühlte sich dieser Teil der deutschen Nationalbewegung, der sich insbesondere aus Vertretern des besitzenden und gebildeten Bürgertums rekrutierte, außerordentlich ermutigt und bestärkt. Der im Juli 1859 nach dem direkten Vorbild der **Gründung des** Società nazionale begründete und organisierte „Deutsche Nationalverein" war **Nationalvereins** vor allem eine Vereinigung jener Kräfte. Sie wirkten dann allerdings über den Verein, der auf seinem Höhepunkt mehr als 30 000 Mitglieder zählte, stark in die Breite und vereinigten wie die Nationalbewegung des Vormärz sehr unterschiedliche soziale Gruppen und Kräfte hinter sich. Auf der Linie des Frankfurter Kompromisses von 1849 nannte das im August 1859 verabschiedete Programm als Ziel den kleindeutschen Nationalstaat auf parlamentarischer Grundlage. Es bekannte sich, auch hier ganz dem italienischen Beispiel folgend, zur nachhaltigen und tatkräftigen Unterstützung Preußens, wenn dieses als „deutsches Piemont" die einst von Radowitz begonnene „deutsche Politik" wiederaufnehmen würde.

Grundlage dafür war der eben eingeleitete, wie es schien sehr grundsätzliche Kurswechsel in Berlin. Die Sätze, mit denen der Bruder des regierungsunfähig gewordenen Friedrich Wilhelm IV. als Prinzregent im November 1858 das neu berufene, allgemein als liberal geltende Ministerium begrüßt hatte, schienen auch in nationaler Hinsicht zu großen Hoffnungen zu berechtigen – in der deutschen Öf- **„Neue Ära" in** fentlichkeit war sogleich von dem Beginn einer Neuen Ära" nicht nur in Preußen **Preußen** selber, sondern auch in der deutschen Politik die Rede. Zwar blieben gewisse Vorbehalte des preußischen Monarchen unüberhörbar, so wenn er vor der „stereotypen Phrase" warnte, „daß die Regierung sich fort und fort treiben lassen müsse, liberale Ideen zu entwickeln, weil sie sich sonst von selbst Bahn brächen". Aber dem stand doch die immer wieder zitierte Absichtserklärung zur Seite: „In Deutschland muß Preußen moralische Eroberungen machen durch eine weise Gesetzgebung bei sich, durch Hebung aller sittlichen Elemente und durch Ergreifung von Einigungselementen, wie der Zollverband es ist." So mochte man alles andere, auch die ausgeprägte Zurückhaltung im Hinblick auf konkrete außenpolitische Fragen wie etwa gerade die italienische, als kluge Vorsicht deuten, ja, geradezu als Hinweis darauf, daß man in Berlin wie in Turin zunächst einmal auf populäre Aktivitäten warte, um dann mit den Mitteln der Diplomatie und eines Tages vielleicht sogar mit den Mitteln des Krieges – das schloß ein großer Teil der kleindeutschen Liberalen nicht aus – die Dinge voranzutreiben und zu einer Lösung zu bringen. Schon die Begründung des Nationalvereins basierte wesentlich auf solchen Vorstellungen. Und die dann an vielen Orten Deutschlands im November 1859 mit sehr starkem öffentlichen Echo als eine Art Nationalfest begangenen Feiern zu Schillers hundertstem Geburtstag, die vielfach von den gleichen Männern organisiert wurden, stellten eine einzige große Demonstration für den Gedanken dar, daß die Regierungen jetzt auch in Mitteleuropa die nationale Frage an die erste Stelle der politischen Tagesordnung rücken müßten, wolle man von seiten der Mächte des Bestehenden nicht einen neuerlichen revolutionären Aufbruch heraufbeschwören.

In Preußen selber dominierte angesichts der Tatsache, daß die Stellung der Regierung durchaus noch ungefestigt war und der Thronfolger sein Amt bisher formell nur als Stellvertreter ausübte, im Lager der Liberalen zunächst die Devise:

Ernüchterung und erste Konflikte

„Nur nicht drängeln". Schon bald aber begann die erwartungsfrohe und vertrauensvolle Stimmung, auf der jene Devise beruhte, umzuschlagen. Zum einen wurde immer unübersehbarer, daß sich die vom Prinzregenten eingeleitete Reform der Heeresverfassung – die die Liberalen im Prinzip, im Sinne der Steigerung der außenpolitischen Macht Preußens, durchaus bejahten – zunehmend mit antiparlamentarischen, ja, verfassungsfeindlichen Tendenzen verband. Und zum anderen ließ sich je länger je weniger verkennen, daß von entschiedenen Initiativen Preußens in der nationalen Frage auch weiterhin keine Rede war. Angesichts dessen setzten sich im Kreise der liberalen und nationalen Bewegung jene Kräfte mehr und mehr durch, die dafür plädierten, den Regenten und die Regierung unter Druck zu setzen. Im Programm der von ihnen Anfang Juni 1861 gegründeten

Gründung der „Deutschen Fortschrittspartei"

„Deutschen Fortschrittspartei" wurde in scharfer Zuspitzung eine nationaldeutsche Politik Preußens zu einer Existenzfrage für das Land erklärt: „Die Existenz und die Größe Preußens" hänge von „einer festen Einigung Deutschlands" ab, die ihrerseits „ohne eine starke Zentralgewalt in den Händen Preußens und ohne gemeinsame deutsche Volksvertretung nicht gedacht werden" könne. Die Gefolgschaft der Nation aber werde Preußen für eine solche über seine eigene Zukunft entscheidende nationale Politik nur finden, so ließ man mit der eigenen Anhängerschaft auch den preußischen Monarchen wissen, wenn es im Innern die „konsequente Verwirklichung des verfassungsmäßigen Rechtsstaates" und eine Wirtschaftspolitik auf seine Fahnen schreibe, die „die wirtschaftlichen Kräfte des Landes gleichzeitig" entfessele.

Dieses Programm hatte, wie sich dann zeigte, nicht nur die Mehrheit der Wähler in Preußen und mit dem Nationalverein die größte über den Einzelstaat hinausreichende populäre Organisation in Mitteleuropa hinter sich. Es fand auch die Unterstützung der sogenannten liberalen Fürstengruppe im außerpreußischen Deutschland, die, unter Führung des Großherzogs von Baden in der jüngeren Generation der Vertreter der mitteleuropäischen Dynastien immer mehr Anhang gewann. Da auf der anderen Seite auch Österreich nach der Niederlage in Italien mit dem Oktoberdiplom von 1860 bzw. dem Februarpatent von 1861 in konstitutionelle Bahnen eingeschwenkt war, liberale Reformen ankündigte und mit beidem zugleich außenpolitisch, im Sinne des großdeutschen Programms warb, schien in der Tat eine Politik der ängstlichen Zurückhaltung in Sorge vor einer entscheidenden Veränderung des innenpolitischen Status quo zu einer Existenzfrage zumindest für die Machtstellung Preußens zu werden, die seit Olmütz im Kreis der europäischen Mächte angeschlagen genug zu sein schien. Verfassungsreform in Österreich

Olmütz und der Niedergang der preußischen Macht – das waren auch für den bisherigen Prinzregenten, der nach dem Tode Friedrich Wilhelms IV. Anfang Januar 1861 als Wilhelm I. endgültig den Thron bestieg, neuralgische Punkte. So sehr er innenpolitisch ein Mann der Ordnung, der Verhältnisse der Jahrzehnte nach 1815 war, so wenig wollte er seinen Namen verbunden wissen mit einem weiteren Verfall des preußischen Einflusses und der preußischen Macht in Deutschland und Europa. Hier war die Stelle, an der alle diejenigen ansetzen konnten, die ihn von der Notwendigkeit eines festen und langfristigen Bündnisses mit den Kräften der liberalen und nationalen Bewegung zu überzeugen suchten: der Kronprinz, seine Frau, die Königin Augusta aus dem Hause Sachsen-Weimar, sein Schwiegersohn, der badische Großherzog. Die seit Beginn der „Neuen Ära" immer mehr in die Defensive geratenen Konservativen hatten dem zunächst nur die Warnung entgegenzusetzen, der Preis für einen möglichen Machtgewinn Preußens auf diesem Wege werde der Niedergang seiner Monarchie, der schrittweise Verlust ihrer traditionellen innenpolitischen Stellung sein. Nur einer von ihnen, der langjährige preußische Bundestagsgesandte Otto von Bismarck, behauptete das Gegenteil: Indem man der Fortschrittspartei außenpolitisch entgegenkomme, werde man ihrer innenpolitisch, zumindest auf längere Frist, Herr werden. Eine entschiedene Politik Preußens in der deutschen Frage, die auch vor der Propagierung eines deutschen Nationalparlaments nicht zurückscheuen dürfe, werde „mit einiger Sicherheit dahin führen, daß der bedauerlichen Tendenz der meisten deutschen Landtage, sich vorwiegend kleinlichen Reibungen mit der eigenen Regierung zu widmen, eine heilsame Ableitung auf breitere und gemeinnützigere Bahnen gegeben würde, und die subalternen Streitigkeiten der Ständesäle einer mehr staatsmännischen Behandlung deutscher Gesamtinteressen Platz machten". Haltung Wilhelms I. Position und Programm Bismarcks

Was hier in Konkurrenz zu den kleindeutschen Reformplänen der liberalen Fürstengruppe und ihres Hauptwortführers, des badischen Außenministers Franz von Roggenbach, im Sommer 1861 formuliert wurde, fand zunächst nicht das Ohr des preußischen Monarchen. Zu deutlich war die machiavellistische Grundtendenz des Ganzen, die Aufforderung, sich der Kräfte der liberalen und nationalen Bewegung bloß zu bedienen, um schließlich deren innenpolitische Forderungen um so erfolgreicher abwehren zu können. Das stand in tiefem Widerspruch zu dem gradlinigen, auf Aufrichtigkeit auch in den politischen Beziehungen pochenden Charakter des neuen Königs. Nach dem sensationellen Wahlsieg der Fortschrittspartei im Dezember 1861 – die Konservativen gerieten mit nur noch vierzehn Sitzen parlamentarisch an den Rand der politischen Bedeutungslosigkeit – spitzte sich die Situation dann freilich immer mehr zu. Gestützt auf eine überwältigende Parlamentsmehrheit, der fast zwei Drittel der Abgeordneten zuzurechnen waren, lehnten die entschiedenen Liberalen jeden weitergehenden Kompromiß in der Heeresreformfrage ab und verweigerten den entsprechenden Teilen des Budgets ihre Zustimmung. Der König und ein Teil seiner Minister unter Führung des Kriegsministers von Roon sahen darin einen Angriff auf die traditionellen Rechte der Krone und den Versuch, an die Stelle des „monarchischen Prinzips" das Prinzip der Volkssouveränität zu setzen. Mit einer Politik der vollendeten Tatsachen gerieten sie dabei mehr und mehr in Gegensatz zum geltenden Verfassungsrecht, vor allem zum Budgetrecht der Volksvertretung. Der Heereskonflikt weitete sich dadurch Schritt für Schritt zum Verfassungskonflikt aus, zum Machtkampf zwischen Krone und Parlament, in dem beide Seiten einander beschuldigten, die Verfassung zu brechen. In dieser Lage entschloß sich Wilhelm I. nach langem Zögern und nachdem er zuletzt ernsthaft an Abdankung gedacht hatte, schließlich Bismarck als den starken Mann der Rechten nicht nur zum leitenden Minister, sondern zugleich zum Außenminister zu berufen.

Vom Heeres- zum Verfassungskonflikt

Berufung Bismarcks

Darauf hatte Bismarck, jetzt Gesandter in Paris, mit Nachdruck bestanden. Und es konnte nach aller Vorgeschichte keinen Zweifel daran geben, daß er neben dem von ihm erwarteten scharfen und kompromißlosen Kampf gegen die innenpolitische Opposition in der Heeres- und Verfassungsfrage so bald wie möglich versuchen werde, sein außenpolitisches Programm in die Tat umzusetzen – nicht zuletzt eben mit Blick auf die Innenpolitik, in der mit Konfliktverschärfung und bloßen Repressionsmaßnahmen kein Boden zu gewinnen war.

In den Methoden zeigte sich dabei schon bald sehr viel Ähnlichkeit mit dem Vorgehen Cavours. Auch Bismarck verband klassische Kabinetts- und Geheimdiplomatie mit der Mobilisierung der öffentlichen Meinung und der nationalen Leidenschaften. Auch er beschwor den nationalen und innenpolitischen Radikalismus der Linken, um vor diesem Hintergrund seine eigene Politik als Eindämmungspolitik, als höchst zurückhaltend dosiertes Entgegenkommen im Interesse der Bewahrung der Grundlagen und Hauptpfeiler der bestehenden Ordnung erscheinen zu lassen. Und auch er griff schließlich zur Durchsetzung seiner Ziele zum Mittel des Krieges, erzwang die nationale Einigung auf dem Schlachtfeld. Hier wie dort entstand so der nationale Staat mit den Mitteln traditioneller Machtpolitik, durch eine vielfach geradezu revolutionär wirkende Veränderung der bestehenden Verhältnisse „von oben", durch die stärkste der bisherigen partikularen Staatsgewalten, die ihre Stärke nicht zuletzt aus der Verbindung mit den nationalen Kräften gewann. Aber in den Zielsetzungen und Ergebnissen unter-

Bismarck und Cavour

schieden sich die beiden „Revolutionen von oben" im Sinne der Nationalstaats-
bewegung doch grundlegend.

Im italienischen Fall war das Ziel die parlamentarische Monarchie auf bürger-
lich-liberaler Grundlage, also das, was auch die liberale Fürstengruppe in
Deutschland unter Hinweis auf das englische Vorbild erstrebte. Dieses Ziel ist in
Italien äußerlich durchaus erreicht worden; daß es nicht gelang, die äußerst
schmale Basis, auf der das Gebäude ruhte, rechtzeitig zu erweitern, sich das
Ganze vielmehr schon bald zu einem oligarchischen System entwickelte, steht dabei auf einem anderen Blatt. Im deutschen Fall konnte demgegenüber von einer
solchen Zielsetzung zunächst gar keine Rede sein. Im Gegenteil. Die Erfolge der
nationalen Einigungspolitik sollten mit der Stärkung der Stellung der Führungsmacht – die keineswegs, wie in Italien, im nationalen Staat aufging – der bestehenden, monarchisch-autoritären Ordnung in ihrem Inneren zugute kommen. Daß
die Realität dann schließlich etwas anders aussah, beruhte vor allem auf der Tatsache, daß das wirtschaftliche und gesellschaftliche Fundament der bürgerlich-liberalen Bewegung hier sehr viel stärker war als in Italien und sich im Zuge des großen Aufschwungs der gewerblichen Wirtschaft laufend befestigte und erweiterte,
eine Tatsache, der Bismarck mit Blick auf seine eigene künftige Machtstellung als
Mittler zwischen den führenden gesellschaftlichen Gruppen dann durchaus
Rechnung trug.

Das innenpolitische Hauptergebnis der nationalen Einigung unter preußischer
Führung, das diese von der italienischen Nationalstaatsgründung zentral unterschied, blieb davon jedoch unberührt: die Sicherung der politischen Vormachtstellung der monarchischen Exekutive gegenüber den parlamentarischen und demokratischen Kräften. Die Erwartung der Vertreter des rechten Flügels des deutschen Liberalismus, der späteren Nationalliberalen, daß die nationale Einigung,
die damit verbundene Änderung des bisherigen Machtgefüges, unfehlbar binnen
kurzem zu einem inneren System- und Strukturwandel auf allen Ebenen des nationalen Staates führen werde, erfüllte sich nicht. Der politische und militärische
Erfolg der von Preußen verkörperten Kräfte der alten Ordnung kam im Gegenteil diesen Kräften zunächst auch dort zugute, wo sie in der Vergangenheit bereits
entscheidend in die Defensive gedrängt worden waren.

Allerdings blieb, in längerer historischer Perspektive betrachtet, jener Erfolg,
so eindrucksvoll er sich zunächst darstellte und so sehr er die nachfolgende Entwicklung erst einmal bestimmt hat, doch nicht von Dauer. Weder politisch noch
sozial hat er letzten Endes den Wandel aufhalten oder auch nur entscheidend ver-
zögern können, der die staatlichen Institutionen und das gesellschaftliche Gefüge
des westlichen und mittleren Europa seit dem späten 18. Jahrhundert erfaßt hatte
und sie von Grund auf umgestaltete. Wohl vollzog sich dieser Wandel in Mitteleuropa in einer spezifischen Form, die zugleich in mancherlei Hinsicht den besonderen historischen Traditionen und Bedingungen der Länder dieser Region
entsprach. Aber das gilt in gleicher Weise auch für alle anderen Länder, und wie
man generell nicht von einem „normalen" und normierbaren Weg des wirtschaft-

Entscheidende Unterschiede

„Deutscher Sonderweg"?

lichen, gesellschaftlichen und politischen Wandels sprechen kann, so führt auch die These von einem „Deutschen Sonderweg" in die Moderne, zumindest in verallgemeinernder Form, eher in die Irre.

Daß die „deutsche Frage" angesichts der Konkurrenz zweier Großmächte in diesem Raum letztlich nur mit den Mitteln traditioneller Machtpolitik, wahrscheinlich sogar nur unter Einsatz militärischer Mittel, gelöst werden könne, hat, wie schon gesagt, nach den Erfahrungen der Revolution von 1848 auch ein erheblicher Teil der Vertreter der liberalen und nationalen Bewegung, wenngleich vielfach mit innerem Widerstreben, anerkannt. Und wenn man zurückblickt, erscheint die Chance doch recht gering, daß diejenigen, die über diese Mittel verfügten und sie einzusetzen verstanden, bereit gewesen wären, sie unter Einbuße oder jedenfalls erheblicher Minderung ihrer bisherigen Macht und Stellung zugunsten der Ziele der nationalen und liberalen Bewegung ins Feld zu führen. Das Dilemma steckte also bereits im Ansatz und ließ eine Gestalt wie Bismarck, obgleich zunächst alles gegen ihn zu stehen schien, zum Mann der Stunde werden.

Im September 1862 mit dem erklärten Ziel berufen, den Konflikt zwischen Monarch und Abgeordnetenhaus um die Reform des Heeres und um den Haushalt mit allen, notfalls auch mit außerkonstitutionellen Mitteln zugunsten der Krone zu entscheiden, hat Bismarck seine Energie sogleich auf das Gebiet der Außenpolitik konzentriert: Hier und nicht in den Grabenkämpfen der Innenpolitik würden nach seiner Überzeugung in der gegebenen Situation die zentralen, zukunftsbestimmenden Entscheidungen fallen. Mit Hilfe des politisch zu aktivierenden Zollvereins und auf den Wegen traditioneller, von allen innenpolitischen Rücksichten abstrahierender Bündnis- und Machtpolitik suchte er Preußen zunächst vor allem die Vorrangstellung in Mitteleuropa zu verschaffen und die bisherige Vormacht des Deutschen Bundes, die Habsburger Monarchie, machtpolitisch in die zweite Reihe zu drängen. Von dieser Basis aus würde dann, so sein Kalkül, alles weitere freistehen: ein Arrangement mit Österreich auf der Grundlage gemeinsamer konservativer, antiliberaler Grundsätze in der Innenpolitik oder – angesichts der Kräfteverhältnisse und Entwicklungstendenzen von vornherein wahrscheinlicher – ein Bündnis mit den kompromißbereiten Kräften der nationalen und liberalen Bewegung und ein innenpolitischer Ausgleich mit diesen.

An dieser Zielsetzung hat Bismarck in den Jahren nach 1862 unbeirrt festgehalten, unbeirrt zunächst durch den Widerstand des größten Teils der deutschen Öffentlichkeit, dann der wachsenden, sich schließlich zur Kriegsbereitschaft steigernden Gegnerschaft Österreichs. Daß er seine Ziele in einem wahrscheinlich ihm selber unerwarteten Ausmaß erreichte, war in erster Linie ein Ergebnis seiner Politik in der schleswig-holsteinischen Frage. Sie bildete, was strategische Planung, Augenmaß, Behandlung der Partner, Fähigkeit zur Bündelung unterschiedlichster Kräfte und Interessen und zum geduldigen Abwarten angeht, den Höhepunkt seiner an Erfolgen nicht eben armen politischen Karriere und rückte ihn mit einem Schlag in die vorderste Reihe der Politiker seiner Zeit.

Bismarcks
außenpolitische
Strategie

Dabei schien der Vorstoß der dänischen Regierung und des dänischen Parlaments vom Herbst 1863 mit dem Ziel, das bisher nur in Personalunion mit der dänischen Krone verbundene Herzogtum Schleswig endgültig und vollständig in den dänischen Staatsverband einzubeziehen, dem Ministerium Bismarck erst einmal innen- wie außenpolitisch jede Basis zu entziehen. Die sich in der sogenannten Schleswig-Holstein-Bewegung organisierende Gegenbewegung der nationalen Kräfte in Deutschland, der sich ein großer Teil der deutschen Fürsten und ihrer Regierungen anschloß, stellte den preußischen König scheinbar nur noch vor die Alternative, sich dieser Bewegung unter Opferung seiner gegenwärtigen Regierung anzuschließen oder von ihr binnen kurzem in der einen oder anderen Form beiseitegedrückt zu werden. Bismarck jedoch vermochte den anfangs in der Tat stark schwankenden Monarchen nach zähem Ringen und unter ständigem Hinweis auf die innenpolitischen Folgen einer anderen Haltung schließlich dazu zu bringen, sich auf eine Politik des Festhaltens am Status quo ante festzulegen und gemeinsam mit Österreich mit den Forderungen der dänischen Nationalpartei auch die in die entgegengesetzte Richtung zielenden der deutschen Nationalbewegung abzuweisen. Die schleswig-holsteinische Frage

Mit diesem scheinbaren Festhalten am internationalen Recht veranlaßte Preußen Österreich, sich weit außerhalb seiner eigentlichen Interessensphäre zu engagieren. Gleichzeitig blockierte es ein engeres Zusammengehen zwischen Wien und jenen populären Kräften, die bisher schon auf den Kaiserstaat gesetzt hatten und die sich in der Schleswig-Holstein-Bewegung in für Preußen durchaus bedenklicher Weise mit den bisherigen „Kleindeutschen" zu einer Aktionsgemeinschaft zusammenfanden. Gleichzeitig hielt es sich selbst alle Wege offen. Denn es war mit einiger Sicherheit zu erwarten, daß sich Dänemark nicht einfach beugen werde. Ein militärischer Konflikt aber und die sich nach einem Sieg erhebende Frage, was mit den unmittelbar an Preußen angrenzenden Herzogtümern geschehen solle, mußte Berlin in jeder Hinsicht in die Vorhand bringen. Triumphierend konstatierte der preußische Ministerpräsident bereits am 24. Dezember 1863 in einem Schreiben an einen seiner schärfsten Kritiker und Konkurrenten im eigenen Lager, den preußischen Botschafter in Paris, Graf Robert von der Goltz: „Es ist noch nicht dagewesen, daß die Wiener Politik in diesem Maß en gros und en detail von Berlin aus geleitet wurde." Zusammengehen Preußens mit Österreich

Wien hat sich aus der Sackgasse, in die es das Zusammengehen mit Preußen in der Tat geführt hatte, trotz mancherlei Bemühungen nicht mehr befreien können – auch und gerade weil dieses Zusammengehen im Frühjahr 1864 von einem militärischen Sieg über Dänemark und daran anschließend von einem Friedensschluß gekrönt wurde, in dem der dänische König die Herzogtümer an den preußischen und den österreichischen Monarchen abtrat. Der Vorwurf antinationaler, ganz an den Maßstäben der Vergangenheit orientierter Macht- und Kabinettspolitik, den das gemeinsame Vorgehen der beiden deutschen Führungsmächte auslöste, traf in zunehmendem Maße vor allem den Kaiserstaat. Demgegenüber begann die preußische Haltung manchem nun bereits in einem wesentlich anderen Licht zu er- Krieg gegen Dänemark

Beginnender
Stimmungs-
wechsel in der
Öffentlichkeit

scheinen: Sie hatte eben wohl doch, wenngleich auf verschlungenen und zunächst unverständlichen Wegen, dem nationalen Interesse gedient, die Herzogtümer für Deutschland gewonnen. Vielleicht mußte man die Dinge noch nüchterner, noch „realpolitischer" betrachten. Es stehe jetzt „mit Flammenschrift geschrieben", erklärte der Althistoriker Theodor Mommsen, eines der führenden Mitglieder der Deutschen Fortschrittspartei, Ende September 1865, „daß unsere Wahl liegt zwischen Unterordnung unter den deutschen Großstaat oder Untergang der Nation".

Ein solcher Appell zur Bildung einer nationalen Einheitsfront im preußisch-kleindeutschen Sinne über alle innenpolitischen Fronten und Gegensätze hinweg war zwar zu diesem Zeitpunkt auf seiten der Liberalen und der Nationalbewegung noch die Ausnahme. Aber die Frage stellte sich immerhin, ob die verwirrenden Schachzüge der Berliner Politik unter den spezifischen preußischen und mitteleuropäischen Verhältnissen nicht letztlich doch auf der Linie des italienischen und piemontesischen Vorbilds lägen.

Der Krieg von
1866

Zum Tragen gekommen ist dies bis 1866 nicht, so sehr sich Bismarck bis hin zu dem Bundesreformplan vom Frühjahr 1866, der die Errichtung eines nach dem allgemeinen Wahlrecht gewählten Bundesparlaments vorsah, bemühte, solchen Überlegungen Nahrung zu geben. Die militärische Entscheidung über die Vormachtstellung in Mitteleuropa, die schließlich beide Seiten, Wien wie Berlin, nach einer Reihe von doch eher dilatorischen Kompromissen suchten – diese gipfelten in den Vereinbarungen über eine formelle Herrschaftsteilung in den Herzogtümern im Sommer 1865 in Gastein –, vollzog sich in den Formen und unter den Bedingungen eines klassischen Kabinettskrieges. Im Unterschied zu Italien standen die nationalen Kräfte dabei weitgehend abseits: Von einem „Einigungskrieg" konnte erst im nachhinein, in der offiziellen Propaganda und in der Geschichtsschreibung, die Rede sein. Ihren Erfolg verdankten Preußen und sein Regierungschef allein dem virtuosen Einsatz traditioneller Mittel: der Isolierung des Konflikts auf der internationalen Ebene, dem Bündnis mit Italien, der Schlagkraft der Armee und nicht zuletzt dem strategischen Ingenium deren Führers, des Generalstabschefs von Moltke. Zwar hatte Bismarck durchaus weiteres ins Auge gefaßt, insbesondere den Appell an die verschiedenen nationalen Gruppen des Habsburger Vielvölkerstaats bis hin zur Mobilisierung von Freiwilligenlegionen. Aber all dessen bedurfte es nicht. In einer einzigen großen Entscheidungs-

Königgrätz

schlacht, am 3. Juli 1866 bei Königgrätz/Sadowa, gelang ein fast vollständiger militärischer Sieg. Er bildete die Basis für die internationale Durchsetzung der eigentlichen preußischen Kriegsziele in den nächsten Wochen: der Auflösung des 1815 begründeten Deutschen Bundes und der Anerkennung der unbedingten Vormachtstellung Preußens im nord- und mitteldeutschen Raum einschließlich der Annexion der schleswig-holsteinischen Herzogtümer, Hannovers, Kurhessens, Nassaus sowie der Freien Stadt Frankfurt durch den neuen Hegemon.

Dabei spielte die von Bismarck gegen seinen König und viele Militärs durchgesetzte Bereitschaft eine zentrale Rolle, den unterlegenen Gegner, die Habsburger

Monarchie, in ihrem territorialen Bestand wie auch in finanzieller Hinsicht, wei-
testgehend zu schonen. Auf diese Weise konnte die drohende Intervention des
napoleonischen Frankreich – und in ihrem Gefolge dann vielleicht auch Rußlands
– verhindert und in den gegebenen Grenzen ein wirklicher Verständigungsfrieden
erreicht werden. Daß die im Vorfrieden von Nikolsburg Ende Juli 1866 verein-   *Vorfriede von*
barte künftige Stellung der vier süddeutschen Staaten Bayern, Württemberg, Ba-   *Nikolsburg*
den und Hessen-Darmstadt, die sich auf österreichischer Seite am Krieg beteiligt
hatten, nicht mehr als ein Provisorium darstellte – sie wurden für völlig souverän
erklärt mit der Möglichkeit, einen eigenen, einen süddeutschen Bund zu bilden –,
war eigentlich aller Welt klar: hier war das Feld künftiger Auseinandersetzungen,
von Revisionsversuchen auf der einen und weiteren preußischen Expansionsbe-
strebungen auf der anderen Seite, bereits abgesteckt.

Mochte der preußisch-österreichische Krieg von 1866 aber auch als ein klassischer Kabinettskrieg geführt und beendet worden sein – in seinen Konsequenzen
und Ergebnissen war er etwas ganz anderes. Er war, wie der Historiker Heinrich
von Treitschke es schon wenige Monate später formulierte, eine nationale Revo-   *Bedeutung des*
lution von oben, „die deutsche Revolution in Kriegsform, geleitet von oben statt   *Krieges*
von unten", nach den Worten des in Heidelberg lehrenden Schweizer Staatsrecht-
lers Johann Caspar Bluntschli. Im Unterschied zu vielen anderen aus dem Kreis
der preußischen Sieger in Armee, Verwaltung und konservativer Partei mit dem
König an der Spitze hat Bismarck, der „königlich-preußische Revolutionär", wie
Marx ihn nannte, nicht nur klar erkannt, was in dem Krieg und seinem Ausgang
für Folgen steckten. Er hat sich vielmehr sogleich an die Spitze der damit verbundenen Entwicklung gestellt, sie im Sinne des eigenen Machtinteresses voranzutreiben und zu benutzen versucht.

Mit Blick hierauf suchte der preußische Ministerpräsident zunächst einen
Schlußstrich unter den Verfassungskonflikt und die innenpolitischen Auseinan-   *Beilegung des*
dersetzungen der letzten fünf Jahre zu ziehen. Er stellte im Abgeordnetenhaus   *Verfassungs-*
den Antrag, der eigenmächtigen Haushaltspolitik der Regierung nachträglich die   *konflikts*
Zustimmung zu erteilen, ihr „Indemnität", eine Art Generalpardon, zu gewäh-
ren. Das enthielt zugleich das Angebot, sich gleichsam im nachhinein an den unübersehbaren Erfolgen der Regierung zu beteiligen und sich mit der Bereitschaft
zu künftiger Partnerschaft zugleich zu einer Art, wenngleich künstlich gestifte-
ten, gemeinsamen Vergangenheit zu bekennen.

Daran sind die beiden großen politischen Lager der Zeit vor 1866, die Konservativen und die Liberalen, auseinandergebrochen. Sie sollten ihre bisherigen
Grundsätze und Zielvorstellungen im Interesse einer Zukunft über Bord werfen
oder doch entscheidend modifizieren, die zwar ihren materiellen Interessen und
einem Teil ihrer Erwartungen, bei den Liberalen vor allem in nationalpolitischer
Hinsicht, entsprach, aber insgesamt doch durchaus nicht dem, was ihnen jeweils
als die anzustrebende politische und gesellschaftliche Ordnung vorgeschwebt
hatte. Gleichzeitig sollten sie sich politisch mit der Rolle des Juniorpartners zu-
frieden geben und auch in Zukunft auf entscheidende politische Gestaltungs-

rechte zugunsten einer auf Dauer über den Parteien und über den gesellschaftlichen Kräften zu etablierenden monarchischen Exekutive verzichten.

Haltung der Konservativen

Für die angeblichen Sieger von 1866, die preußischen Konservativen, die dem Berliner Ministerpräsidenten in den letzten Jahren fast bedingungslos gefolgt waren und die bei den Landtagswahlen vom 3. Juli 1866, dem Tag von Königgrätz, einen großen Wahlsieg errungen hatten, war das womöglich noch problematischer als für die Liberalen. Diese erhielten jetzt immerhin, nach einer langen Zeit der offenkundig immer aussichtsloser werdenden Opposition, ein gewisses Mitspracherecht in Sachfragen und sahen sich in ihren Zielen in vielfältiger Weise begünstigt – nicht nur auf dem nationalen Feld, sondern vor allem auch in wirtschaftlicher und gesellschaftlicher Beziehung. Die Konservativen hingegen wurden aufgefordert, sich in Nibelungentreue hinter eine Politik zu stellen, die ganz deutlich nicht mehr die Wiederherstellung und Bewahrung vorrevolutionärer Verhältnisse in Staat, Wirtschaft und Gesellschaft zum Ziele hatte, sondern in allen diesen Bereichen den Kräften der „Revolution" inhaltlich sehr weit entgegenkam. Der nach dem demokratischen Wahlrecht von 1848/49 zusammengesetzte Reichstag des neugeschaffenen Norddeutschen Bundes, die offensichtliche Begünstigung von Handel und Gewerbe in der Finanz- und Wirtschaftsgesetzgebung, der Rückzug des Staates als konservative Ordnungsmacht aus der immer mehr von den Mächten des Neuen beherrschten Gesellschaft, der Appell an einen stark voluntaristisch eingefärbten Nationsbegriff – all das markierte für die Konservativen, unbeschadet des verbalen Bekenntnisses zu ihren Grundsätzen, eine Revolution in veränderter Gestalt. Nur ein kleinerer, mehrheitlich von hohen Beamten und Diplomaten repräsentierter Teil der konservativen Partei, die sogenannten Freikonservativen, waren bereit, diesen Weg ohne weiteres mitzugehen, der von den anderen hinter vorgehaltener Hand immer häufiger als Verrat an der gemeinsamen Sache apostrophiert wurde; die Anhänger dieser Richtung wurden dann auch oft die „Partei Bismarcks sans phrase" genannt.

Spaltung der Liberalen

Von Verrat war auch auf der anderen Seite, auf seiten der Liberalen, schon bald die Rede, hier gegenüber den sich dann in der nationalliberalen Fraktion zusammenschließenden Mitgliedern der Fortschrittspartei, die sich im Interesse der eigenen nationalpolitischen, aber auch wirtschafts- und gesellschaftspolitischen Ziele zu begrenzter Zusammenarbeit mit dem preußischen Ministerpräsidenten und Bundeskanzler des neuen Norddeutschen Bundes bereit fanden. Mit der faktischen Koalition von Freikonservativen und Nationalliberalen unter der unbestrittenen Führung Bismarcks erhielten Preußen und der Norddeutsche Bund in sachlicher wie personeller Hinsicht ein ganz neues politisches Fundament, auf das sich dann auch das Reich von 1871 in seinem ersten Jahrzehnt gründen sollte. Dieses Fundament beruhte seinerseits auf dem nun auch in Mitteleuropa eingeleiteten, von Bismarck sehr bewußt angestrebten Ausgleich zwischen einem erhebli-

Ausgleich zwischen Adel und Bürgertum

chen Teil des Adels und weiten Kreisen des gebildeten und besitzenden Bürgertums, wie er für Italien, aber vor allem für die beiden großen westeuropäischen Nationalstaaten, England und Frankreich, so unterschiedlich sich die Verhältnisse hier wie dort im einzelnen gestalteten, als Grundtendenz charakteristisch war.

Von der Grundstruktur, von den wirtschaftlichen und gesellschaftlichen Verhältnissen her, die in den politischen Partei- und Koalitionsbildungen ihren Niederschlag fanden, unterschieden sich die Verhältnisse in Mitteleuropa also jetzt, in den Jahren nach 1866, nicht mehr in dem Ausmaß wie bisher von denen in Westeuropa. Der hier eingeleitete Prozeß der Annäherung kam im Zeichen der fortschreitenden Industrialisierung und der Revolutionierung der traditionellen Formen des Wirtschaftslebens auch in den folgenden Jahren weiter voran. Allerdings darf man dabei die trennenden Elemente nicht übersehen, die sich mittelfristig eher noch verstärkten. Der entscheidende Unterschied blieb, historisch in vielfältiger Weise vorgegeben und vorgeprägt und durch die Entscheidung von 1866 mitsamt ihrer innen- wie außenpolitischen Vorgeschichte nachdrücklich akzentuiert, die dominierende Stellung der monarchischen Exekutive und des gesamten anstaltsstaatlichen Staatsapparats einschließlich der gerade eben wieder so erfolgreichen Armee. Während in Westeuropa die Parlamentarisierung aller Bereiche des öffentlichen Lebens in der Folgezeit immer weiter voranschritt, machten in Preußen-Deutschland die Reformen im liberalen oder gar demokratischen Sinne vor diesem Bereich halt. Die Machtstellung von monarchischer Exekutive, Bürokratie und Armee wurde im Gegenteil auch nach 1866 zielbewußt ausgeweitet und verstärkt und jeder direkte Zugriff des Parlaments auf sie abgewehrt. Mit dem Akt der eigentlichen Reichsgründung von der inzwischen aufgebauten Basis des Norddeutschen Bundes aus wurde schließlich das Ganze gewissermaßen festgeschrieben und zugleich in symbolkräftigen Formen und Erinnerungsbildern – mit der Szene im Spiegelsaal von Versailles am 18. Januar 1871 an der Spitze – verankert.

Stärkung der monarchischen Exekutive

Einmal mehr gelang es der preußischen Politik unter Bismarcks Führung im Vorfeld jener Entwicklung, die 1870/71 über einen weiteren militärischen Konflikt, diesmal mit der neuen kontinentaleuropäischen Führungsmacht Frankreich, zum Abschluß der Umgestaltung Mitteleuropas und zur Bildung des kleindeutschen Nationalstaates führte, den ganzen Prozeß weitgehend zu isolieren und ihn, zumindest in der ersten Phase, auf der Ebene einer mit diplomatischen und militärischen Mitteln auszufechtenden rein machtpolitischen Auseinandersetzung zwischen zwei Staaten zu halten. Jede Einmischung und Initiative der vorandrängenden deutschen Nationalbewegung hat der preußische Regierungschef, auch aus innenpolitischen Gründen, zunächst schroff abgewiesen und sich bemüht, die schließlich für unvermeidlich erachtete militärische Entscheidung nicht von vornherein zu einem Volkskrieg werden zu lassen – so virtuos er dann die nationalen Leidenschaften zu mobilisieren und militärisch wie politisch einzusetzen verstand. Es sollte ein wie von den beteiligten Staaten so auch von den miteinbezogenen Kräften und Tendenzen her begrenzter und damit kontrollierter und stets kontrollierbarer Krieg bleiben, bei dem die ständig drohende Gefahr einer zerstörerischen Eigendynamik wenn nicht ausgeschaltet, so doch auf ein Minimum begrenzt bleiben würde.

Bismarcks Strategie nach 1866

Nicht zufällig bildete denn auch den äußeren Anlaß des militärischen Zusammenstoßes vor dem eigentlichen Hintergrund der machtpolitischen Rivalität und der gegensätzlichen Auffassungen über die Gestaltung der Verhältnisse in Mitteleuropa eine der deutschen Öffentlichkeit zunächst recht fernliegende dynastische

Die spanische Thronfolgefrage
Frage: das Problem der Wiederbesetzung des durch die Vertreibung der Königin Isabella II. aus dem Hause Bourbon im September 1868 vakant gewordenen spanischen Throns. Für ihn wurde schließlich nach einem bis in die letzten Einzelheiten bis heute nicht endgültig aufgehellten Meinungs- und Entscheidungsbildungsprozeß von den herrschenden Militärs ein Prinz aus dem Hause Hohenzollern vorgeschlagen.

Daß Bismarck darin schon früh eine Möglichkeit unter anderen sah, Napoleon III. und seine Regierung diplomatisch in die Enge zu treiben und unter Zugzwang zu setzen, steht ebenso außer Frage wie die Tatsache, daß man in Paris, nicht zuletzt aus innenpolitischen Gründen, auf eine Gelegenheit wartete, dem immer mächtiger werdenden Preußen eine diplomatische, notfalls auch eine mili-

Der Weg zum Krieg
tärische Niederlage beizubringen. So ist die französische Kriegserklärung vom 19. Juli 1870 und damit der entscheidende militärische Konflikt über eine Reihe von Zwischenstationen, von denen aus wohl jeweils ein Ausgleich möglich gewesen wäre, durch den Zusammenstoß zweier politischer Offensiven ausgelöst worden, die in der scharf gegensätzlichen innen- und außenpolitischen Interessenlage beider Seiten ihren Ursprung und Grund hatten. Die öffentliche Meinung beider Seiten trat erst in der letzten Phase in nennenswertem Umfang in Erscheinung. Sie blieb dabei zunächst ganz an die Kriegsziele der jeweiligen Regierung gebunden, fungierte auf beiden Seiten als ein willkommenes Hilfsorgan zur Mobilisierung des militärischen Kriegswillens und zur Demonstration, daß jede Einmischung Dritter zu gefährlichen Weiterungen führen werde. Erst nachdem das napoleonische Regime nach einer Serie von militärischen Niederlagen, gipfelnd in der Kapitulation eines großen Teils der französischen Armee nach der Schlacht

Sedan
bei Sedan und der Gefangennahme des Kaisers am 2. September 1870, zusammengebrochen war, veränderte der Krieg seinen Charakter. Auf die deutsche Forderung nach Abtretung des Elsaß und eines Teils von Lothringen reagierten die zunächst friedensbereite französische Öffentlichkeit und die provisorische „Regierung der nationalen Verteidigung" unter General Trochu mit dem Aufruf zum entschiedenen Widerstand und schließlich zum Volkskrieg. Er wurde unter Führung von Leon Gambetta in Anknüpfung an die Tradition der Großen Revolution in einer neuen „levee en masse" organisiert.

Mit der Konzentration auf die von französischer Seite erbittert verteidigte Festung Paris und dem konsequenten Bestreben, den Krieg politisch wie militärisch einzugrenzen und unter Kontrolle zu halten, gelang es der preußisch-deutschen Seite schließlich Ende Januar 1871, mit den verhandlungsbereiten Kräften um Ju-

Waffenstillstand und Frieden
les Favre und Adolphe Thiers einen Waffenstillstand und einen Monat später einen vorläufigen Friedensvertrag zu schließen. Von der zunächst in Bordeaux tagenden konstituierenden Nationalversammlung und dann von dem neugewähl-

ten deutschen Parlament, dem ersten Deutschen Reichstag akzeptiert, fand der Vertrag im Frankfurter Frieden seine endgültige Form, der am 10. Mai 1871 in der alten Reichs- und Kaiserstadt unterzeichnet wurde.

Mit dem Friedensschluß erreichte die preußisch-deutsche Seite alle Ziele, die sich die Berliner Regierung gesetzt hatte – einschließlich der in den ersten Augusttagen des Jahres 1870 aus geostrategischen und gleichgewichtspolitischen Überlegungen festgelegten Forderung nach Abtretung des Elsaß und eines Teils von Lothringen, die so entscheidend zur Verlängerung des Krieges beigetragen hatte. Diese Forderung stand für Bismarck, aber auch für die deutsche National-bewegung in engstem Zusammenhang mit dem eigentlichen Hauptziel des Krieges: der Durchsetzung und diplomatisch-militärischen Sicherung der kleindeutschen Nationalstaatsbildung. Sie erfolgte, in der Form von Anschlußverhandlungen der einzelnen süddeutschen Staaten an den Norddeutschen Bund, auf dem Höhepunkt der zweiten Phase des Krieges, im Oktober und November 1870, im preußisch-deutschen Hauptquartier in Versailles.

Nachdem die süddeutschen Landtage und der Reichstag des Norddeutschen Bundes die entsprechenden Verträge gebilligt hatten, die vor allem Bayern und Württemberg nicht unbedeutende Sonderrechte einräumten, war am 18. Januar 1871 noch vor dem Waffenstillstand, das neue Reich ausgerufen und der preußi-sche König, formell auf Antrag des nicht anwesenden bayerischen Königs, zum deutschen Kaiser proklamiert worden. Die Anerkennung der neuen Staatsbildung und damit der endgültigen territorialen Neugestaltung Mitteleuropas ging also unmittelbar und praktisch diskussionslos in den Waffenstillstands- und Friedensvertrag mit dem Hauptgegner dieser Neugestaltung in den letzten Jahren, mit Frankreich ein: an der Spitze der vertragschließenden Parteien auf preußisch-deutscher Seite erschien einfach als neues Völkerrechtssubjekt das Deutsche Reich. Anders als in den im Prager Frieden bestätigten Nikolsburger Vereinbarungen vom Juli 1866 war im Versailler Präliminarfrieden wie dann im Frankfurter Frieden von dem eigentlichen Konfliktpunkt, dem Streit um die „deutsche Frage", mit keinem Wort mehr die Rede. Sie war der internationalen Diskussion, die sie über Jahrzehnte beschäftigt hatte, mit einem Schlag entzogen, und dies hat, über 1918 hinaus, bis 1945 Gültigkeit gehabt. Der Friedensvertrag regelte im wesentlichen die Abtretung der beiden Provinzen und die schließlich auf fünf Milliarden Goldfranken festgesetzte „Kriegsentschädigung", von deren Zahlung die schrittweise Räumung der besetzten Gebiete abhängig gemacht wurde. Das Eigentliche, das politisch Bedeutsame, das, was der englische Oppositionsführer Benjamin Disraeli Anfang Februar 1871 im britischen Unterhaus die alle bisherige Ordnung umstürzende „deutsche Revolution" nannte, enthielt er nicht. Wer den Frankfurter Frieden revidieren wollte, brauchte nicht notwendigerweise Hand an die Wurzel der neuen Ordnung in Europa zu legen, wie das beispielsweise im Hinblick auf das Friedenswerk des Wiener Kongresses von 1815 stets der Fall gewesen war.

Hieran zeigt sich das herausragende politische und diplomatische Geschick,

Kaiserproklama-tion in Versailles

von dem die preußisch-deutsche Politik, so sehr man über Einzelheiten wie die Weisheit des Annexionsentschlusses, Bismarcks Drängen, Paris sturmreif zu schießen, und die Proklamation des Reiches im Spiegelsaal von Versailles streiten kann, in dieser entscheidenden Phase der deutschen Nationalstaatsbildung bis zuletzt geleitet war. Indem, von außen gesehen, während des Krieges gleichsam das handelnde Subjekt auf der einen Seite wechselte, verschwamm die außerordentliche und unter anderen Umständen von den übrigen Großmächten wohl niemals

Reaktion der europäischen Öffentlichkeit geduldete Machterweiterung, die Preußen als im Unterschied zu Piemont längst zum Kreis der Großmächte zählende Macht erzielte. Statt dessen trat immer mehr die Überlegung in den Vordergrund, daß mit der Bildung des kleindeutschen Reiches eine mit den bestehenden Verhältnissen und der bisherigen Ordnung vereinbare Lösung der gefährlich gärenden deutschen Frage gefunden worden sei: Frankreich habe, so die jede Intervention bis zum Schluß verhindernde Überzeugung in der europäischen Öffentlichkeit, kein Recht, dem durch anhaltenden Widerstand entgegenzuwirken – auch wenn dieser Widerstand im Hinblick auf die preußisch-deutsche Annexionsforderung verständlich schien. Nicht nur die Macht, sondern auch und vor allem die politische Vernunft, diesen Eindruck vermochte die preußisch-deutsche Politik unter Bismarcks Führung der internationalen Öffentlichkeit zu vermitteln, sprachen für den Sieger.

Die Reichsgründung Ähnliches galt auch für das, was durch Bismarcks Geschick fast ausschließlich zu einem Problem der „Innenpolitik" geworden war: für die eigentliche Reichsgründung. Mit dem Argument, daß man die Gunst der Stunde nutzen müsse und Grundsatzdiskussionen – das Beispiel von 1848/49 lag, so anders die Konstellation damals gewesen war, nahe – alles gefährden könnten, gelang es ihm, die Konstituierung des deutschen Nationalstaates auf dem Wege des bloßen Anschlusses an den Norddeutschen Bund und seine Verfassungsordnung zu vollziehen.

Wenn bei dessen Begründung 1866/67 viel von der Rücksicht auf die süddeutschen Staaten, die internationale Konstellation und die bestehenden Verhältnisse die Rede gewesen war und Bismarck immer wieder von der Entwicklungs- und Ausbaufähigkeit des Ganzen gesprochen hatte, so traten solche Hinweise auf den Provisoriumscharakter der neuen Ordnung jetzt weitgehend zurück. Mit den wohlklingenden Formeln von Kaiser und Reich und dem, was sie an historischen Traditionen beschworen, wurde im Gegenteil der Eindruck erweckt, nun sei auch innen- und verfassungspolitisch das Ziel erreicht, den Wünschen der großen Mehrheit der Nation Genüge getan. So blieb der Widerstand im Lager der politi-

Haltung der Parteien schen Parteien überraschend gering. Unter dem Eindruck der nationalen Aufbruchsstimmung und Begeisterung, nicht zuletzt aber auch durch die virtuose Art, mit der Bismarck sie politisch an sich heranzog und dann wieder unter Druck setzte, haben vor allem die Nationalliberalen, denen der größte Teil der süddeutschen Liberalen jetzt zuneigte, die Politik des bloßen Anschlusses mitgetragen. Das verhalf dieser Politik, da die Freikonservativen mit Selbstverständlichkeit mitzogen, überall zur parlamentarischen Mehrheit, zuletzt, nach heftigen Auseinandersetzungen, auch im bayerischen Landtag.

Mochte daher bei der Proklamation von Kaiser und Reich am 18. Januar 1871 die Reichstagsdelegation ganz im Hintergrund bleiben und das monarchisch-militärische Element, in nachmals oft beschworener symbolischer Form, eindeutig dominieren – die Politik, die zu diesem 18. Januar 1871 geführt hatte, verfügte auch parlamentarisch über eine klare Mehrheit. Und hinter dieser Mehrheit stand, wie die ersten Reichstagswahlen Anfang März 1871 deutlich machten, die klare Mehrheit der Nation. Von daher konnte für das übrige Europa kein Zweifel daran bestehen, daß die Ergebnisse der Bismarckschen Politik den vollen Beifall der Deutschen hatten und somit auch nur gegen deren erbitterten Widerstand würden in Frage gestellt werden können. In einem Zeitalter, das vorwiegend den libe- **Perspektiven** ralen Kräften zu gehören schien, war man zudem weithin – auch im Lager der deutschen Nationalliberalen – überzeugt, daß von dieser neuen Basis aus die im Augenblick noch so starken autoritären, obrigkeitsstaatlichen Elemente des neuen Staates schon bald verdrängt werden würden. Mit dem Sieg des national-staatlichen Prinzips nun auch in Mitteleuropa sei, so die Meinung eines großen Teils der Zeitgenossen, der endgültige Siegeszug der liberalen Idee in Staat, Wirtschaft und Gesellschaft eingeleitet. Daß es anders gekommen ist, war auch in Mitteleuropa weniger ein Ergebnis der Entscheidungen von 1870/71 auf innen- und verfassungspolitischem Gebiet als vielmehr der Entwicklung des folgenden Jahrzehnts. Sie führte das liberale System real wie insbesondere im Hinblick auf die Erwartungen, die sich daran knüpften, in fast allgemein überraschender Weise schon bald in eine tiefe Krise.

D. ZWISCHEN LIBERALISMUS UND IMPERIALISMUS
(1871–1890)

1. SIEGESZUG UND KRISE DES LIBERALEN SYSTEMS

Mit dem Einzug Viktor Emanuels in Rom und der feierlichen Begrüßung der heimkehrenden Truppen in den verschiedenen deutschen Hauptstädten war ein Jahrzehnt zum Abschluß gekommen, in dem sich die Zukunft mit den Mitteln der Vergangenheit Bahn gebrochen hatte. Armeen, Diplomaten, eine starke monarchische Regierung hatten das durchgesetzt, was über so viele Jahre das vergeblich angestrebte Ziel einer Bewegung wesentlich bürgerlichen Charakters mit vielerorts demokratischen und populistischen Zügen gewesen war: den nationalen Staat, die Vereinigung zweier großer Nationen in einem einheitlichen Gemeinwesen mit gemeinsamer politischer Führung nach westeuropäischem Vorbild. Nun war die bürgerlich-liberale Bewegung ihrerseits wieder am Zuge, um das zu verwirklichen, was sich an politischen, wirtschaftlichen, sozialen und geistig-kulturellen Erwartungen an den nationalen Staat geknüpft hatte. Und in der Tat erhielt sie dafür praktisch in ganz West- und Mitteleuropa von den Wählern ein klares politisches Mandat. Fast überall, in den neugeschaffenen wie in den alten National-

Dominanz der liberalen Parteien   nalstaaten, besaßen oder erlangten die liberalen Parteien zu Beginn der siebziger Jahre des 19. Jahrhunderts die Mehrheit in den Parlamenten. Sie sahen sich damit aufgefordert, die Versprechen ihrer Programme konkret einzulösen.

Die entscheidende Basis dafür war die weitere Steigerung des materiellen Fortschritts. Hier waren die Erwartungen nach fast zwei Jahrzehnten praktisch ununterbrochen anhaltender Konjunktur und fortlaufender Produktions- und Produktivitätsausweitung außerordentlich hoch. Vor allem Mitteleuropa wurde, vor dem Hintergrund einer allgemeinen Euphorie nach dem Sieg über Frankreich, in dieser Hinsicht geradezu von einem Fieber überfallen, das durch den plötzlichen Reichtum der öffentlichen Hand aufgrund der Milliarden französischer „Kriegsentschädigung" und ihre dadurch erheblich gesteigerte Investitionsbereitschaft noch zusätzlich stimuliert wurde.

Jetzt, nach der Lösung der Europa in den vergangenen Jahren hauptsächlich belastenden politischen Probleme, nach dem endgültigen Sieg des Freihandelsprinzips und der Grundsätze der liberalen Wirtschaftslehre im jeweiligen nationalen Rahmen würde sich, so die verbreitete Meinung, das System der freien Weltwirtschaft mit all seinen so oft erörterten und dargelegten Segnungen voll entfalten. Die Möglichkeiten des Marktes schienen unerschöpflich, die wachsenden Bedürfnisse und die zunehmende Konsumkraft der breiten Massen Perspektiven fast ohne Horizontbegrenzung zu eröffnen. In der Atmosphäre rasch und allgemein ansteigenden Wohlstands würden, so hoffte man in den Kreisen des liberalen Bürgertums, die Gegensätze und Konflikte in der jeweiligen nationalen Gesellschaft schon bald zurücktreten und ein Klima entstehen, in dem eine breit angelegte nationale Reformgesetzgebung im Sinne der liberalen Prinzipien auch bei denjenigen, die davon in ihrer bisherigen Rechtsstellung wie insgesamt in ihrem wirtschaftlichen und gesellschaftlichen Status unmittelbar betroffen sein würden, kaum noch Widerstand auslösen werde.

Eine solche nationale Reformgesetzgebung wurde im Zeichen der Vorherrschaft der bürgerlich-liberalen Parteien nach 1871 in fast allen Ländern West- und Mitteleuropas auf breiter Front eingeleitet. Sie umfaßte und erfaßte praktisch alle zentralen Bereiche des Lebens der jeweiligen Gemeinschaft, von der Staats- und Heeresverfassung über das gesamte Rechtswesen und die entscheidenden Rahmenbedingungen und Grundnormen der wirtschaftlichen und gesellschaftlichen Ordnung mit Einschluß des Steuer- und Finanzsystems bis hin zu den Kernfragen einer nationalen Kultur- und Bildungspolitik mit dem darin einbegriffenen gravierenden Problem des künftigen Verhältnisses zwischen Staat und Kirche, aber auch der Beziehungen zu religiösen Minderheiten wie den Juden. Ein besonders eindrucksvolles Beispiel für den Willen zu umfassender Reform liefern die großen Reformwerke der „Ära Gladstone" in England, mit der Heeresreform Cardwells, der Erziehungs- und Bildungsreform Forsters und den Rechtsreformen an der Spitze – Reformen, die dann außerhalb Englands in vielfältiger Weise als Antrieb und Vorbild wirkten.

Ein gewaltiger Schub der Veränderung, der Modernisierung auf dem Wege der Gesetzgebung ging in diesen Jahren durch Europa. Er provozierte freilich schon sehr bald wachsenden Widerstand, führte an den neuralgischen Punkten, etwa im kulturpolitischen Bereich, zu erbitterten Konflikten. Hinter ihnen verbargen bzw. formierten sich zugleich wirtschaftliche und gesellschaftliche Gegensätze. Zudem geriet das Ganze sehr rasch, nach 1873/74, in den Schatten einer, wie sich dann zeigte, länger anhaltenden wirtschaftlichen Depression, die die Rahmenbedingungen für die Reformen grundlegend veränderte und neue Konfliktpotentiale schuf.

Unbeschadet dessen war der sachliche Ertrag dieses großen Reformanlaufs seit Ausgang der sechziger Jahre außerordentlich, so umstritten und konflikttächtig vieles im einzelnen auch sein mochte. Er hat die innere Ordnung der europäischen Staaten in vieler Hinsicht bis auf den heutigen Tag bestimmt. Das gilt vor allem für den gesamten Bereich des Rechtswesens und der Rechtsverfassung sowie für die Grundlinien der wirtschaftlichen Ordnung. Die endgültige Durchsetzung und institutionelle Verankerung des Rechtsstaates auch dort, wo die politischen Rechte der Bürgerschaft oder doch eines Teils von ihr noch eng begrenzt waren, gehört zu den größten Leistungen der Epoche. Von den Reichsjustizgesetzen, die die preußisch-norddeutschen Reformen der Jahre nach 1867 aufnahmen und vollendeten, über die parallelen Gesetzgebungswerke des neuen italienischen Nationalstaates und die österreichischen Justizgesetze der ersten Hälfte der siebziger Jahre bis hin zu dem Judikaturgesetz von 1873 in England, das mit der Neuordnung des Instanzenwegs zugleich „Common Law" und „Equity Law" zu einem gemeinsamen Rechtssystem verband – überall wurden mit Rationalisierung und Vereinheitlichung zugleich das rechtsstaatliche Verfahren und der Grundsatz der Rechtsgleichheit zur Norm erhoben.

Liberale Reform-
gesetzgebung

Die Rechts-
reformen

Von dieser Basis aus, auf der Grundlage des Prinzips der Berechenbarkeit aller Rechtsordnung, vermochte sich im wirtschaftlichen Bereich die Idee der weitgehenden Freiheit der wirtschaftlichen Verhältnisse erst voll zu entfalten: Nie ist

Rechtsstaat und Wirtschaftsfreiheit

dieser Zusammenhang von Rechtsstaat und Wirtschaftsfreiheit so deutlich geworden wie hier, nicht nur in dem Sinne rationaler und sicherer Kalkulationsgrundlagen wirtschaftlichen Handelns, sondern auch in dem Sinne der Begrenzung der Willkür in diesem Bereich – so viele Probleme dabei auch zunächst noch offen blieben. Es war eben nicht nur die Hoffnung auf raschen wirtschaftlichen Fortschritt und persönlichen Gewinn im Zeichen einer andauernden Aufschwungphase, die die vollständige Liberalisierung des wirtschaftlichen Lebens in weiten Teilen Europas zu Beginn des letzten Drittels des 19. Jahrhunderts durch entsprechende Gesetze begünstigte. Es war auch die Zuversicht, daß die völlige wirtschaftliche Freiheit nicht mit dem Verlust aller Sicherheit verbunden sein, daß im Gegenteil das zur obersten Norm erhobene Prinzip der Rechtsgleichheit verhindern werde, daß der einzelne je völlig schutzlos dastehen werde – von dem gesteigerten Vertrauen in die eigene Kraft und in die Fähigkeit zur Selbsthilfe einmal abgesehen.

Kritik der sozia- listischen Linken

Freilich haben die Kritiker des wirtschaftlichen und gesellschaftlichen Laissez-faire-Prinzips vor allem im Lager der neuen, der sozialistischen Linken schon früh ihren Hohn über diesen angeblichen Wunderglauben ausgegossen und den liberalen Rechtsstaatsgedanken eine bloße Bemäntelung des Rechts der Stärkeren und der Unterdrückung der sozial Schwachen genannt. Rechtsgleichheit bei materieller Ungleichheit sei nichts weiter als eine Verschleierung der wahren Verhältnisse, ja, ihre Verewigung mit Hilfe für allgemein gültig erklärter, in Wahrheit ganz interessenabhängiger Rechtsnormen. Nicht der angebliche „Rechtsstaat" müsse das Ziel sein, sondern der das Recht parteilich zugunsten der Benachteiligten und Schwachen handhabende Staat.

Das Echo, das sie damit in einem weithin von den liberalen Ideen beherrschten Zeitalter in Parlament und Öffentlichkeit fanden, blieb zunächst gering. Daß jedoch insgeheim die aus den alten Ordnungen gerissenen, schutzlos dem freien Spiel der Kräfte preisgegebenen Massen nicht anders dachten, dafür schien ihnen dann vor allem der sogenannte Kommuneaufstand in Paris im Frühjahr 1871 einen eindeutigen Beweis zu liefern. Einer der Wortführer der neuen Linken, der junge Reichstagsabgeordnete der „Sozialdemokratischen Arbeiterpartei" August Bebel, nannte das Ganze „ein kleines Vorpostengefecht" in dem Kampf der Benachteiligten und Unterdrückten gegen die bestehende gesellschaftliche und wirtschaftliche Ordnung in Europa. „Die Hauptsache", prophezeite er, „steht uns noch bevor".

In der Tat paßten die Ereignisse in Paris in keiner Weise in den fast ungehemmten Fortschrittsoptimismus und die enorme Erwartungshaltung der Zeit. Sie warfen ein grelles Licht auf die dunkle Kehrseite der Entwicklung. Und wenn die meisten Zeitgenossen sie zunächst als bloße Episode abzutun suchten – wenige Jahre später, unter dem Eindruck eines sich rasch verdüsternden wirtschaftlichen

Horizonts, waren viele im Lager des liberalen Bürgertums mit dem deutschen Reichskanzler Otto von Bismarck geneigt, in der Berufung der sozialistischen Linken auf die Kommune den „Lichtstrahl" zu sehen, der „in die Sache fiel", sprich das Signal der Bedrohung aller, auch und gerade der neuen, der bürgerlichen Ordnung durch einen revolutionären Umsturz.

Dabei hatte der sogenannte Kommuneaufstand, in dem im März 1871 eine aus sehr unterschiedlichen Quellen gespeiste und aus sehr verschiedenartigen Kräften zusammengesetzte Protestbewegung gipfelte, die sich gegen den angeblichen Defätismus der provisorischen Regierung gegenüber Preußen-Deutschland und gegen deren rigide Wirtschaftspolitik vor allem auf dem Wohnungs- und Anleihemarkt richtete, durchaus auch Ziele verfolgt, die auf der Linie der bürgerlich-liberalen Reformpolitik lagen. Insbesondere in der Ablehnung einer sich ständig ausdehnenden und immer weitere Bereiche des sozialen Lebens kontrollierenden und reglementierenden Staatsmacht und ihrer krebsartig wachsenden Bürokratie war man sich im Prinzip ganz einig. Das gleiche galt für die Tendenz zur Uniformierung und Disziplinierung des Lebens der Gemeinschaft nach dem Vorbild der an Zahl laufend anwachsenden Armeen, für die Tendenz zum, wie der Basler Historiker Jacob Burckhardt es nannte, „Militärstaat", der dann auch „Großfabrikant" werden müsse: „Ein bestimmtes und überwachtes Maß von Misere mit Avancement und in Uniform, täglich unter Trommelwirbel begonnen und beschlossen, das ist's, was logisch kommen müßte", prophezeite Burckhardt elf Monate nach der blutigen Niederschlagung des Kommuneaufstands durch reguläre Truppen Ende Mai 1871. Und schließlich verfolgten die Liberalen auch in der Kultur- und Kirchenpolitik ein Programm, das dem der Wortführer der Kommunebewegung und des Ende März gewählten revolutionären Kommunalrats in manchen Punkten sehr ähnlich war.

Gerade hier schlug das gemeinsame Erbe der Aufklärung, das die europäische Linke einschließlich der Liberalen immer noch verband, besonders stark durch. Gerade hier gerieten dann allerdings der europäische Liberalismus und das liberale Bürgertum schon bald, als sich die sozialen Gegensätze im Zeichen der Wirtschaftskrise verschärften, zwischen die Fronten.

Was die Kommune mit der Streichung aller Ausgaben für den kirchlichen Bereich, mit der radikalen Eindämmung des kirchlichen Einflusses auf den Staat und das öffentliche Leben und der vollständigen Laisierung des Schul- und Bildungswesens anstrebte, war nicht mehr als eine Radikalisierung dessen, was sich entschiedene Vertreter der bürgerlich-liberalen Bewegung seit den sechziger Jahren zum Fernziel gesetzt hatten. Neben dem voltairinischen Erbe spielte dabei das immer enger werdende Bündnis eine zentrale Rolle, das die Kirche in Italien, in Österreich, in Süddeutschland, in Spanien, in einem anderen Rahmen auch in Frankreich und in England mit den Kräften des Bestehenden, ja, der politischen und sozialen Reaktion eingegangen war; in den lutherischen Ländern dominierte sowieso das staatskirchliche Element mit den entsprechenden Konsequenzen bei Vorherrschaft konservativer Ordnungsprinzipien wie in Preußen.

Der Aufstand der Pariser Kommune

Die Auseinandersetzung mit der Kirche

Überall ging der Kampf um politische und soziale Liberalisierung damit zugleich einher mit einem mehr oder weniger heftigen, zumeist kulturpolitisch akzentuierten Konflikt mit der jeweiligen Kirche: in Italien, in Österreich, in Spanien, im süddeutschen Raum, im weiteren, in den siebziger Jahren, dann auch in Frankreich, in England, in Preußen und mit ihm im Deutschen Reich insgesamt. Dieser schon in den sechziger Jahren in Süddeutschland als Kampf um die moderne Kultur, als „Kulturkampf" apostrophierte Konflikt des liberalen Bürgertums mit den Kirchen hat die eigentlichen Streitpunkte – Unterordnung der Kirche unter den Staat in allen weltlichen Fragen, Verstaatlichung des Schul- und Bildungswesens, schließlich Begünstigung der fortschrittlichen Richtungen und Kräfte innerhalb der Kirchen selbst – schon bald überschritten und sich vielfach zu einem Konflikt über die Grundlagen und Grundprinzipien der staatlichen und gesellschaftlichen Ordnung insgesamt ausgeweitet. Dabei fanden sich, organisatorisch zusammengeführt und zusammengehalten durch das gegebene Netz der Kirchenorganisation – angefangen von der Landgemeinde und dem Ortspfarrer bis zur Ebene der meist den politischen Grenzen folgenden Bistümer und

Formierung katholischer Parteien

Erzbistümer –, starke populäre Kräfte zur Unterstützung insbesondere der katholischen Kirche zusammen. Sie bildeten neben den traditionellen, seit 1848 parteipolitisch organisierten Konservativen eine zweite Front gegenüber Liberalismus und liberalem Bürgertum und wurden in vielen Ländern rasch ein starker und eigenständiger politischer Faktor. Im Deutschen Reichstag stellten sie mit dem Zentrum 1874, wenige Jahre nach dessen Gründung, ein gutes Fünftel der Abgeordneten auf der Basis von mehr als einem Viertel aller Wähler, in Frankreich erlangten sie als gewichtiges Element innerhalb der beiden monarchistischen Gruppierungen, vor allem im Lager der bourbonischen Legitimisten um den Grafen Chambord, in der ersten Hälfte der siebziger Jahre mit dieser zeitweise die parlamentarische Mehrheit. In Österreich, wo der Kultur- und Kirchenkampf unter dem „Bürgerministerium" schon seit 1867 mit großer Heftigkeit tobte, wurden sie mit annähernd einem Drittel der Wähler und Mandate und durch ihre Bündnisbereitschaft mit den politischen Vertretern der nichtdeutschen Nationalitäten zum entscheidenden Gegenspieler der Liberalen überhaupt. Eine Ausnahme machte nur das Land des Papsttums, Italien, wo das politische Abstinenzgebot von Pius IX. aus dem Jahre 1874 die Bildung einer katholischen Partei für Jahrzehnte verhinderte. Auch hier war jedoch der Einfluß jener Kräfte auf das politische und gesellschaftliche Klima und damit indirekt auch auf die Wahlen von erheblicher Bedeutung.

Beginnende Krise des Liberalismus

Überall wurde auf diese Weise der Raum für den Liberalismus und die bürgerlich-liberale Bewegung zwischen den wiederaufstrebenden Konservativen und der langsam, aber stetig an Boden gewinnenden sozialistischen Linken zusätzlich enger. Fatal aber wurde die Lage der liberalen Parteien von dem Augenblick an, in dem unter dem Eindruck der wirtschaftlichen Entwicklung nach dem großen Einbruch der Jahre 1873/74 seit der zweiten Hälfte der siebziger Jahre über die speziellen politischen Gegner hinaus immer weitere Kreise zu der Meinung gelangten, die liberale Reformpolitik sei im Kern Klassenpolitik, und in dem ein nicht unerheblicher Teil eben dieser Klasse, des Bürgertums, ihnen den Rücken zu kehren begann, weil er sie seinerseits für eine mangelhafte Wahrnehmung der eigenen Interessen verantwortlich machte. Damit endete, noch bevor sie ihre Ziele auch nur annähernd erreicht hatte, die Ära der liberalen Reformpolitik in Europa. Es begann nun – mit der großen Ausnahme Englands, wo die Traditionen der politischen Kultur des Landes, der Stand der wirtschaftlichen und gesellschaftlichen Entwicklung und die Stellung der „first industrial nation" im System der Weltwirtschaft diese Tendenz entscheidend abmilderten – eine langwierige Krise des liberalen Systems in Staat, Wirtschaft und Gesellschaft. Sie hat, hier früher, dort später einsetzend, in allen diesen Bereichen die Institutionen und Erscheinungsformen des Lebens der jeweiligen Gemeinschaft entscheidend geprägt und die Entwicklung in der ersten Hälfte unseres Jahrhunderts, gerade auch was ihre problematischen Züge angeht, wesentlich bestimmt.

Über Ursachen, Charakter und Ausmaß des wirtschaftlichen Einbruchs, der seit dem Bankenkrach im Mai 1873 in Wien die Volkswirtschaften fast aller europäischen Länder erfaßte und eine langanhaltende wirtschaftliche Stagnation auslöste, ist wegen jener allgemeinen Bedeutung und der tiefreichenden Konsequenzen weit über den wirtschaftlichen Bereich hinaus seit Jahrzehnten lebhaft diskutiert worden – bis hin zu der These, das, was man in Aufnahme eines zeitgenössischen Begriffs die „Zeit der großen Depression" genannt habe, sei, in maßloser Überschätzung der realen Vorgänge, ein bloßes historisches Konstrukt. Daß die wirtschaftliche Krise als solche, der reale Rückgang der Produktion und der Erträge, viel weniger tiefgreifend und langanhaltend war als oft angenommen, ja, daß im Zuge anhaltender Produktivitätsfortschritte und mit der Mengenkonjunktur bei sinkenden Preisen die Realeinkommen der breiten Schichten sogar kontinuierlich stiegen, scheint heute unbestreitbar. Die sozialpsychologischen und allgemeinpolitischen Konsequenzen der Krise bleiben davon jedoch im wesentlichen unberührt.

Diese Konsequenzen reichten in der Tat sehr tief. Sie führten zu einem nachhaltigen Umschwung der Zukunftserwartungen, der individuellen und überindividuellen Lebensperspektive vor allem der gebildeten und besitzenden Schichten. Das Ende des Fortschrittsoptimismus, des Glaubens an den historischen Prozeß des säkularen „Fortschritts im Bewußtsein der Freiheit" (Hegel) kündigte sich, nach den Vorläufern in Kunst und Wissenschaft, nun auf breiter Front an und zehrte hinter den noch lange aufrechterhaltenen materiellen wie geistigen Fassaden mehr und mehr an Selbstbewußtsein und Selbstvertrauen des Bürgertums. Es begann, wie der Berliner Rechtslehrer und langjährige liberale Abgeordnete Rudolf Gneist es 1894 rückblickend formulierte, „eine Epoche der allgemeinen Unzufriedenheit", in welcher „die pessimistischen Lebensanschauungen als zusammenfassender Ausdruck der Geistesrichtung der Zeit" auftraten [Die nationale Rechtsidee von den Ständen und das preußische Dreiklassenwahlsystem, Neudruck Darmstadt 1962, 254]. 1901 traf Thomas Mann mit seiner Geschichte des

Der wirtschaftliche Einbruch von 1873

Umschwung der Zukunftserwartungen

„Verfalls einer Familie", den „Buddenbrooks", bereits den Nerv der Lebenserfahrung einer ganzen Generation.

Politischer Kurswechsel   Unmittelbarer Reflex der krisenhaften Entwicklung nach 1873 war der politische Richtungs- und vielfach auch Machtwechsel in vielen Staaten Europas in der zweiten Hälfte der siebziger Jahre. Er vollzog sich jeweils unter sehr unterschiedlichen Bedingungen und trug durchaus nicht durchgehend die Konservativen an die Macht: Wo diese bisher, wie in Frankreich oder in Italien – hier nahm der rechte Flügel der Liberalen ihren Platz im politischen Spektrum ein – die zentralen Positionen besetzt hatten, da richtete sich das wachsende Mißvergnügen gegen sie und brachte ihre politischen Konkurrenten ans Ruder. Aber so verwirrend von daher das äußere Bild auch sein mochte – in der Grundtendenz ließ sich die Entwicklung, wie die folgenden Jahre immer deutlicher zeigten, sehr wohl auf einen Nenner bringen. Wenn in England die Konservativen unter Disraeli 1874 einen triumphalen Wahlsieg feierten und der „Ära Gladstone" ein unerwartet rasches Ende bereiteten, während es wenig später der republikanischen Linken um Gambetta in Frankreich gelang, den scheinbar unaufhaltsamen Vormarsch der monarchistischen Rechten zum Stehen zu bingen, so dokumentierte die praktische Politik der republikanischen Mehrheit und ihrer Führer schon bald, daß sie sich letztlich auf einer ganz ähnlichen Grundlinie bewegten wie ihre Kollegen jenseits des Kanals. Das gleiche gilt für die 1876 an die Macht gekommene liberale Linke in Italien im Vergleich etwa zu Österreich, wo 1879 die Zeit der liberalen Vorherrschaft mit dem Amtsantritt der Regierung Taaffe endgültig zu Ende ging. Am ausgeprägtesten und zugleich besonders zugespitzt trat diese Tendenz im Deutschen Reich und, unter ganz anderen Rahmenbedingungen, in dem einzigen größeren Staat in Europa, der noch rein autokratisch, ohne Verfassung regiert wurde, in Rußland, zutage: Hier wie dort kam es ohne einen weiterreichenden Personenwechsel an der Spitze oder auch nur, sieht man auf das Deutsche Reich, einen einschneidenden Wechsel in den bisherigen parlamentarischen Mehrheiten zu einem sich dann immer schärfer akzentuierenden Richtungswechsel. Er gipfelte in Rußland in einer schroffen Rechtswendung nach der Ermordung Alexanders II., des „Zar Befreiers", der freilich in den Jahren vor diesem Attentat vom März 1881 längst auf alle ursprünglich noch geplanten Reformen verzichtet und die jetzige Kampfansage gegen alles „Westlertum" und das von nun an immer enger werdende Bündnis mit der hochkonservativen orthodoxen Kirche mit vorbereitet hatte. Im Deutschen Reich betrat Bismarck mit der Ausnahmegesetzgebung gegen die sozialistische Linke vom Herbst 1878, mit der Ersetzung des Freihandelssystems durch ein politisch genau berechnetes System agrarischer und industrieller Schutzzölle und mit dem Abbau des Kulturkampfes einen Weg, der ihn Schritt für Schritt von seiner 1866 eingeleiteten Politik eines sehr weitgehenden sachlichen Entgegenkommens gegenüber dem Liberalismus und dem liberalen Bürgertum wegführte.

Abkehr vom Freihandel   Dieser Weg der Bismarckschen Politik nach 1878/79, den man vielfach als Ausdruck einer deutschen Sonderentwicklung, als besonders ausgeprägten Abschnitt

(marginal notes:)
England und Frankreich

Italien und Österreich

Deutschland und Rußland

eines deutschen „Sonderwegs" gesehen hat, liegt im europäischen Vergleich
durchaus auf der Linie, auf der sich die meisten Regierungen in den folgenden
Jahren bewegten. Fast überall gab man unter der Devise des Schutzes der eigenen
Wirtschaft, der, wie es in der Sprache der Zeit hieß, „nationalen Arbeit" und, damit untrennbar zusammenhängend, der bestehenden gesellschaftlichen Ordnung
das Freihandelssystem, das System der offenen Weltwirtschaft auf – England, die
industrielle Vormacht der damaligen Welt mit weltweiten Finanz- und Handels-
verflechtungen und den Globus umspannenden kolonialen Interessen, bildete dabei wie auch schon in vorangegangenen Epochen die große Ausnahme. Fast überall suchten die Regierungen im Zeichen der wirtschaftlichen Krisensituation,
wachsender sozialer Spannungen und der Zukunftsängste vor allem der führenden Schichten, die ein Klima der Aggressivität schufen, das Bündnis mit den Ord-
nungsmächten in Wirtschaft und Gesellschaft, darunter nicht zuletzt mit den Kirchen. Und fast überall sahen die Regierungen sich mit der Versuchung konfrontiert, radikale Kräfte, die angeblich alle bestehende Ordnung unterwühlten und
zu zerstören drohten, für den Gang der Entwicklung verantwortlich zu machen
und zum Kampf gegen sie aufzurufen: Jetzt erst begann sich das Schreckbild des
zunächst vielfach als situationsbedingte Episode abgetanen Kommuneaufstands
voll zu entfalten.

Dem entsprach, die Entwicklung ihrerseits vorantreibend, die Tendenz der
meisten gesellschaftlichen Kräfte, an den Staat als die stärkste und einflußreichste
aller vorhandenen Ordnungsmächte zu appellieren und statt auf Selbsthilfe zu- | Vordringen der
nehmend auf Staatshilfe zu setzen. In diesem Sinne konnte ein entschieden kon- | „Ordnungs-
servativer Politiker wie der deutsche Reichskanzler in durchaus allgemeiner | mächte"
Form, mit Blick auf Regierungen unterschiedlichster politischer Couleur, 1881 in
vertrautem Kreis die Prognose formulieren: „Der Staatssozialismus paukt sich
durch. Jeder, der diesen Gedanken aufnimmt, wird ans Ruder kommen." Bismarck beschrieb damit das eigentlich Übergreifende, den Prozeß der „Verstaatlichung" immer weiterer Bereiche des gesellschaftlichen Lebens im Sinne ihrer
Einbindung in vom Staat normierte, reglementierte und bürokratisch gelenkte
und kontrollierte Ordnungen, die im weiteren dann ständig perfektioniert wurden – bis von einem wirklich eigenständigen gesellschaftlichen Leben kaum noch
die Rede sein konnte. Dieser Prozeß, in dem Max Weber als scharf diagnostizie- | „Verstaatlichung
render Zeitgenosse dann das eigentliche Signum der Moderne sehen sollte, kam in | der Gesellschaft"
der Zeit der „großen Depression" überall in Europa, vor allem aber in den wirtschaftlich schon weiter entwickelten, höher industrialisierten Gebieten auf breiter Front voran, auch wenn sich dagegen, vor allem in England und Frankreich,
zunächst noch starke Gegenkräfte regten. Er erwies sich zugleich, im Unterschied
zu den im Zentrum des zeitgenössischen Interesses stehenden konkreten politischen Entscheidungen und Maßnahmen, als unrevidierbar und unumkehrbar.
Von ihm ging die eigentlich prägende Kraft aus, die die gesellschaftlichen Institutionen und die Organe der politischen Willensbildung der Gesellschaft, die die
Liberalen als eigenständige und spontane Hervorbringungen der gesellschaftli-

chen Entwicklung verstanden hatten und die es zunächst wohl vielfach auch waren, in jenen Jahren in entscheidender Weise umformten. Sie erhielten hier ihren wesentlich auf den Staat bezogenen, nicht selten sogar halbstaatlichen Charakter, der ihr Wirken, ihr Bild in der Öffentlichkeit und, trotz mancherlei, gelegentlich bis heute anhaltenden Selbsttäuschungen, auch ihr Selbstverständnis fortan zentral bestimmten. Statt, wie von Liberalismus und bürgerlicher Bewegung erstrebt, unter dem Primat einer sich frei entfaltenden Gesellschaft fanden Staat und Gesellschaft auf diesem Wege nun unter dem Primat des historisch überlieferten, sich immer weitläufiger entfaltenden bürokratischen Anstaltsstaates zusammen. Das ist für Gestalt und Entwicklung der modernen Welt von schlechthin säkularer Bedeutung geworden.

2. Der Staat und die neue Gesellschaft

Die Krise der Erwartungen, die der wirtschaftliche Einbruch von 1873 und die nachfolgende Zeit langanhaltender Stagnation auslösten, schloß zugleich, wie sich schon bald zeigte, eine Verlagerung jener Erwartungen in sich ein. Statt auf den gesellschaftlichen Prozeß und die in ihm nach liberaler Überzeugung gleichsam naturhaft angelegten und wirkenden Fortschrittskräfte richteten sie sich nun zunehmend auf die regulierende Ordnungsmacht Staat. Diesen zu veranlassen, zugunsten der eigenen Interessen, Ziele und politisch-sozialen Wertvorstellungen zu intervenieren, wurde mehr und mehr zum Hauptinhalt der Politik der sich in dieser Zeit immer fester und auf immer breiterer Front organisierenden gesellschaftlichen Gruppen und Kräfte. Das hat auf dem jetzt entstehenden „politischen Massenmarkt" (H. Rosenberg) den Charakter dieser Organisationen ebenso geprägt wie ihre Taktik und ihr Selbstverständnis. Gleichzeitig hat es einen stillen Verfassungswandel, eine bedeutsame Schwerpunktverlagerung auch dort begünstigt, wo das Verfassungssystem zunächst auf einen Vorrang der gesellschaftlichen Kräfte, auf eine Art Vergesellschaftung des Staates hin ausgerichtet war.

Dieser Prozeß der Vergesellschaftung des Staates war inzwischen vor allem in West- und Nordeuropa weit vorangekommen. Das gilt in erster Linie für England und den liberalen Musterstaat Belgien, für Frankreich seit 1871, aber auch für das neue Königreich Italien, für die Schweiz, die Niederlande und die skandinavischen Staaten. Überall hatten hier die Verfassungen das Parlament und damit die über das – von Land zu Land verschieden eng begrenzte – Wahlrecht auch politisch führenden gesellschaftlichen Gruppen ins Zentrum des politischen Lebens gerückt, die Regierung und mit ihr die Institutionen des Staates und seiner Bürokratie einschließlich der Armee von ihnen abhängig gemacht. Das West-Ost-Gefälle, das in dieser Hinsicht in Europa noch herrschte bis hin zu der konstitutionell bisher praktisch unbeschränkten Autokratie des Zarenreiches, schien zu Beginn der siebziger Jahre der Mehrheit der Zeitgenossen nurmehr ein zeitspezifisches Problem zu sein, Reflex des unterschiedlichen wirtschaftlichen und gesellschaftlichen Entwicklungsstandes in den einzelnen Ländern. Im Zuge des unwiderstehlichen Prozesses der Veränderung, der Modernisierung von Wirtschaft und Gesellschaft würden solche Unterschiede, so die Prognose, zunehmend eingeebnet werden, und damit würden sich auch die Verfassungsverhältnisse schon bald denjenigen in den fortgeschrittensten Staaten Europas anpassen. Das parlamentarische Regierungssystem galt in diesem Sinne weithin als die Regierungsform der Zukunft, den 1870 zusammengebrochenen Bonapartismus und die mehr oder weniger stark autoritär und etatistisch akzentuierten politischen Ordnungen Mittel- und Osteuropas sah man als bloße Übergangsformen an bzw. als Relikte einer im Prinzip bereits überwundenen, nicht mehr regenerationsfähigen Vergangenheit. Der Kompromiß, den der rechte Flügel des deutschen Liberalismus in verfassungspolitischer Hinsicht mit Bismarck eingegangen war, erschien im Licht solcher Auffassungen zunächst als bloß temporärer Kompromiß, an dessen baldi-

Vergesellschaftung des Staates

Vordringen des parlamentarischen Regierungssystems

ger Revision in Richtung der liberalen Zielvorstellungen kaum zu zweifeln sei. Die außerordentliche Bedeutung, die die parlamentarische Gesetzgebung nun auch in Mittel- und Ostmitteleuropa, im Deutschen Reich und in der Habsburger Monarchie für alle Bereiche des öffentlichen Lebens erlangte, konnte nach der historischen Erfahrung als ein deutliches Zeichen für die Tendenz der Entwicklung angesehen werden, als eine Vorstufe der politischen Parlamentarisierung: Genauso waren die Dinge in Westeuropa verlaufen.

Tendenzwechsel   Die Umkehr dieser Tendenz seit Mitte der siebziger Jahre kam für die meisten Zeitgenossen mit wenigen Ausnahmen wie etwa dem Kreis um Karl Marx völlig überraschend. Zwar waren die preußischen Erfolge von 1866 und 1870/71 gelegentlich schon als Erfolge des inneren Systems Preußens gefeiert worden, das damit seine Überlegenheit bewiesen habe. Aber diese Stimmen blieben doch vorwiegend auf Deutschland beschränkt, und auch hier erschienen sie weithin als Ausdruck durchsichtiger politischer Interessen. In den folgenden Jahren jedoch wurde immer deutlicher, daß das preußisch-deutsche System des starken Staates, einer auf ihre Unabhängigkeit gegenüber dem politischen Monopolanspruch parlamentarischer Gruppen und der hinter ihnen stehenden gesellschaftlichen Kräften pochenden Exekutive und Bürokratie von der veränderten wirtschaftlichen und gesellschaftlichen Konstellation zunehmend begünstigt wurde und begann, wenn nicht norm- so doch beispielgebend zu wirken. Das bedeutete auch für die bisherigen Träger und Nutznießer dieses Systems eine Überraschung: Bismarck selber hatte sich innerlich viel eher auf eine lange Abwehrschlacht mit immer weiterreichenden Kompromissen eingestellt.

Schleichender Verfassungswandel   Der schleichende Verfassungswandel zugunsten der staatlichen Exekutive und Bürokratie seit der zweiten Hälfte der siebziger Jahre hat kaum irgendwo zu formellen Verfassungsänderungen oder -revisionen geführt. Er blieb auf entsprechende Interpretationen und auf die politische Praxis beschränkt, auf die Akzentuierung des „monarchischen Prinzips" – die Erhebung Königin Viktorias zur Kaiserin von Indien im Jahre 1876 ist auch in diesem Zusammenhang zu sehen –, auf die Stärkung der Stellung der Minister als bürokratische Behördenchefs, auf den Ausbau der Bürokratie (Aufbau des Civil Service in England), auf die Schaffung bzw. Ausweitung von Bereichen, die der parlamentarischen Kontrolle weitgehend entzogen waren (Polizei, Heerwesen, auswärtiger Dienst, „Öffentlichkeitsarbeit"). Die Machtverschiebung zugunsten der staatlichen Exekutive und der nun in ganz außerordentlichem Tempo wachsenden Bürokratie, die sich aus all dem jenseits des formellen Verfassungsrechts, des rechtspositivistisch Faßbaren ergab, war jedoch unübersehbar: Nicht zufällig kam es auf jenen Gebieten, die die Exekutive dem Einfluß der Volksvertretung mehr und mehr zu entziehen suchte – der Außen- und Kolonialpolitik, der Sicherheits- und Militärpolitik, aber auch der Pressepolitik und der gezielten Beeinflussung der Öffentlichkeit – zu den großen Auseinandersetzungen und Konflikten, als die Parlamente, zumal die Parteien der Linken, in den achtziger und neunziger Jahren in vielen Einzelanläufen versuchten, die Kontrolle über jene Bereiche zurückzugewinnen. Man kann den Vorgang mit Blick auf das bestehende, in den wesentlichen Punkten aus dem Geist des Liberalismus gebildete Verfassungsrecht vielleicht am ehesten so beschreiben, daß der Staat aus dem ursprünglich auf ganz andere Verhältnisse zugeschnittenen Rahmen seiner bisherigen Verfassung zunehmend herauswuchs und seine Träger auf seiten der Exekutive es bewußt unterließen, die neuen Verhältnisse dem geltenden Verfassungsrecht zu unterwerfen.

Die enorme Machtsteigerung des Staates und seiner Bürokratie – von deren direkter parlamentarischer Kontrolle auf dem Kontinent schon längst keine Rede mehr war – ergab sich jedoch nur zum Teil aus der ständigen Ausweitung gleichsam extrakonstitutioneller Bereiche auf fast allen Gebieten des politischen Lebens: Hier war eine neuerliche Einschränkung im Prinzip stets möglich, und sie ist ja dann vor allem seit der Jahrhundertwende in erbitterten politischen Kämpfen, die in England, in Frankreich, in Italien zu einem entschiedenen Kurswechsel zugunsten der politischen Linken führten, vielerorts versucht worden. Das eigentlich treibende Element, das auch jenen Vorgang begünstigte, war vielmehr, daß stets neue Aufgaben an den Staat herangetragen wurden, die nur er und seine Bürokratie zu lösen imstande schienen. | Neue staatliche Aufgaben

Das galt zunächst für den wirtschaftlichen Bereich. Hier wurde neben dem als immer dringlicher empfundenen äußeren Schutz durch eine vom Staat installierte, kontrollierte und verwaltete Schutzzollorganisation der regulierende Eingriff des Staates auch im Innern aus den unterschiedlichsten Motiven interessenpolitischer, sozialer, strukturpolitischer oder auch humanitärer Art zunehmend nachhaltiger verlangt: Eine staatliche Wirtschaftsbürokratie spezifischer Art ist erst jetzt in nennenswertem Umfang entstanden, um dann in den nächsten Jahren und Jahrzehnten auf allen Ebenen in außerordentlichem Maße anzuwachsen. Vor allem aber betraf der Appell an die Ordnungsmacht Staat den sozialen Bereich. Hier | Appell an die Ordnungsmacht Staat
brach im Zeichen der wirtschaftlichen Krise und der von ihr akzentuierten negativen Folgen des in immer rascherem Tempo voranschreitenden sozialen Umschichtungsprozesses binnen weniger Jahre die liberale These zusammen, es könne und dürfe nicht Aufgabe des Staates sein, über das Prinzip der formalen Rechtsgleichheit hinaus in die gesellschaftliche Ordnung und in ihre freie Entwicklung einzugreifen: Dies würde ihn binnen kurzem statt zu einem Organ wieder zum Herrn der Gesellschaft machen. Immer lauter erhob sich nun die Forderung nach einer aktiven Sozialpolitik des Staates, die auch dem Riesenheer der Benachteiligten ein menschenwürdiges, zukunftverheißendes Dasein sichere.

Nicht zufällig war es mit der Regierung des Deutschen Reiches die Hauptrepräsentantin des Systems des starken Staates auch und gerade in einer bereits fortentwickelten wirtschaftlichen und gesellschaftlichen Ordnung, die diesem Ruf als erste folgte – mit, zumindest was den leitenden Staatsmann anging, sehr eindeutiger politischer Zielsetzung. Die nach langen, die Grundsatzfrage ganz ins Zentrum rückenden parlamentarischen Kämpfen zwischen 1883 und 1885 verabschiedeten Gesetze zum Schutz vor den materiellen Folgen von Unfall, Krankheit und Invalidität begründeten ein System der kollektiven Sozialversicherung, das, | Die Bismarcksche Sozialgesetzgebung immer weiter ausgebaut, inzwischen von fast allen Staaten der Welt übernommen worden ist. Bismarck wäre gern noch weiter gegangen, hätte das liberale Prinzip der Selbsthilfe und eigenständigen Daseinsvorsorge noch eindeutiger durch das Prinzip der Staatshilfe und der Versorgung durch die Gemeinschaft ersetzt gesehen. Aber auch so wurde ein ganz neues Verhältnis zum Staat gleichsam festgeschrieben. Dieser erschien mehr und mehr als Garant der Lebenssicherheit, als die zukunftsbestimmende Macht schlechthin.

Die ersten, die sich dem voll anpaßten, ja, die diese Entwicklung ihrerseits mächtig vorantrieben, waren die Wortführer klar abgrenzbarer materieller Interessen wirtschaftlicher und gesellschaftlicher Art. Sie hatten bisher verschlungene Wege gehen, sich in den komplizierten politischen Willensbildungsprozeß der Parteien und der Öffentlichkeit einschalten müssen. Im eigentlichen Staatsapparat fanden sie zunächst meist nur ein begrenztes Echo – nicht zuletzt, weil hier vielfach noch die „Spezialisten" fehlten und damit Gesprächspartner, deren fachliche Blickverengung sie für die Perspektive spezieller Interessen empfänglich machte bzw. sie die Einseitigkeit der Betrachtungsweise übersehen ließ. Dann jedoch änderte sich die Szenerie binnen weniger Jahre. Die Interessenorganisationen, die sich nach 1873 unter dem Druck der wirtschaftlichen Entwicklung überall in Europa zusammenzuschließen bzw., wo sie in dieser oder jener Form schon bestanden, straffer zu organisieren und übergreifende Dachorganisationen zu bilden begannen (Centralverband deutscher Industrieller, 1876; Association de l'industrie francaise, 1878), erkannten sehr rasch, daß nun der direkte Weg über die staatliche Exekutive der erfolgversprechendste sei. „Direkt an den Reichskanzler zu gehen", das müsse jetzt die Devise sein, erklärte der Industrielle August Servaes bereits Ende 1875 in einem Schreiben an den Generalsekretär seines zwei Jahre vorher gegründeten Interessenverbandes, des „Vereins Deutscher Eisen- und Stahlindustrieller".

Dabei war klar, daß der Erfolg entscheidend von der Stärke der eigenen Organisation wie auch von der Bereitschaft abhing, die Regierung ansonsten zu unterstützen. Es bedurfte also staatlicherseits gar keines förmlichen Appells an die organisierten Interessen: Diese standen sogleich parat, waren nicht nur mit Blick auf den unmittelbaren wirtschaftlichen und gesellschaftlichen Konkurrenzkampf, sondern von vornherein auch als politische pressure groups, als Vereinigungen organisiert worden, die den Staat veranlassen sollten, die jeweiligen Rahmenbedingungen zugunsten der von ihnen vertretenen Interessen zu verändern bzw. zu erhalten.

Das galt zunächst vor allem für die wirtschaftlichen Verbände im engeren Sinne. Ihre eigentliche Geburtsstunde waren die siebziger Jahre. Natürlich hatte es auch vorher schon in allen wirtschaftlich weiter fortgeschrittenen Ländern Europas Interessenvereinigungen vielfältigster Art und unterschiedlichster Dimension gegeben, an die man anknüpfen und auf denen man aufbauen konnte. Aber die wirtschaftliche Dynamik der fünfziger und sechziger Jahre, die wachsende Akzeptierung des Konkurrenzprinzips auch im internationalen Rahmen und die

Marginalien:
Organisation der materiellen Interessen

Aufschwung der Interessenverbände

darauf gegründete Überzeugung gerade der erfolgreichen Unternehmer, am stärksten immer noch allein zu sein, hatten ihrem inneren Zusammenhalt natürliche Grenzen gesetzt. Nun jedoch, im Zeichen sinkender Ertrage und einer auch von den Großen zunehmend als bedrohlich angesehenen Konkurrenzsituation fanden derartige Vereinigungen unter der allgemeinen Devise des „Schutzes der nationalen Arbeit" – der französische Dachverband der Industrie nannte wie der deutsche als sein Hauptziel ausdrücklich „la defense du travail national" – ein gemeinsames und verbindendes Ziel: der Staat sollte mit der Einschränkung zumindest der ausländischen Konkurrenz zur wirtschaftlichen Stabilisierung und damit zugleich zur Erhaltung der Arbeitsplätze beitragen. In diesem Sinne waren alle diese Verbände „nationale" Verbände und tendierten von hier aus nicht nur zur nationalen Ausweitung, sondern auch dazu, sich in nationalen Dachverbänden zu vereinigen, hier ihre jeweiligen Interessen zu koordinieren, um dann in möglichst geschlossener Formation der staatlichen Exekutive gegenüberzutreten. So entstanden bereits im Jahre 1876 mit dem „Centralverband deutscher Industrieller" und der „Vereinigung der Steuer- und Wirtschaftsreformer" die beiden großen Dachverbände der Industriellen, neben der Textilindustrie vor allem der Schwerindustrie – und der agrarischen Interessen im Deutschen Reich – ein Vorgang, der zeitlich wie inhaltlich in fast allen Staaten West- und Mitteleuropas seine Parallelen hat.

Auslösende Momente waren freilich nicht allein die immer schärfere internationale Konkurrenzsituation – die englische Industrie, die sich ganz ähnlich organisierte (National Federation of Associated Employers of Labour, 1873; British Iron Trade Association, 1875), tendierte mehrheitlich nach wie vor zum Freihandel – und die bedrängte Lage auch auf dem heimischen Markt, der man zunehmend mit Absprachen und Wettbewerbsbeschränkungen zu begegnen suchte. Eine nicht geringere Rolle spielte, auch wenn der unmittelbare Anlaß vielfach die Schutzzollfrage war, die Situation auf dem Arbeitsmarkt. Sinkenden Erträgen standen steigende Lohnforderungen gegenüber, denen die Arbeiter in zunehmendem Maße durch solidarisches Handeln in spezifischen Berufsvereinigungen, die in Deutschland nach entsprechenden Vorbildern insbesondere im Bergbau seit dem Ende der sechziger Jahre generell Gewerkschaften genannt wurden, Nachdruck zu verleihen wußten. Insbesondere um lokalem und punktuellem Druck begegnen zu können, verständigte man sich deswegen auf der Unternehmerseite mehr und mehr über ein prinzipiell gemeinsames Vorgehen zunächst meist sektoral, aber auch hier mit der Tendenz zum übergreifenden, nationalen Zusammenschluß. Dies wiederum führte dann, in einem Prozeß ständiger Wechselwirkung, zu immer weiter ausgreifenden Zusammenschlüssen auf der Gewerkschaftsseite.

Allerdings verlief hier die Entwicklung – im Unterschied zu den unternehmerischen Interessenverbänden, die anders als die Gewerkschaften von vornherein zugleich als politische pressure groups auftraten – von Land zu Land sehr unterschiedlich. Während in Frankreich die 1884 legalisierte Gewerkschaftsbewegung in Gestalt der sogenannten Arbeiterbörsen über Jahrzehnte weitgehend lokal ge-

Gewerkschaften

bunden blieb und die englischen Trade Unions traditionsgemäß in eine Unzahl kleine und kleinste spezielle Berufsvereinigungen zerfielen, fanden die deutschen Gewerkschaften schon früh in großen, landesweit organisierten Verbänden zusammen, die ganze Sektoren des Wirtschaftslebens, die Textilindustrie, die metallverarbeitende Industrie, die Druckindustrie usw. umfaßten. Gemeinsam aber waren ihnen wiederum fast überall, daß sich ihre Wortführer als Interessenvertreter im engeren Sinne, im Hinblick auf die konkreten Lohn- und Arbeitsbedingungen verstanden – erst die syndikalistische Bewegung, die die gewerkschaftlichen Organisationen zum Fundament eines grundlegenden Neuaufbaus von Staat und Gesellschaft zu machen bestrebt war, beschritt dann einen anderen Weg. Die Fragen der politischen, wirtschaftlichen und gesellschaftlichen Rahmenbedingungen, also all das, was das politisch-soziale „System" als ganzes anging, überließen sie, nicht zuletzt in nüchterner Einschätzung der gegebenen Situation und ihrer eigenen Möglichkeiten, den ihnen nahestehenden politischen Parteien: den speziellen Arbeiterparteien wie vor allem der SPD in Deutschland, aber auch Parteien und Vertretern der bürgerlichen Linken, die ihr Vertrauen hatten; das galt Jahrzehnte hindurch insbesondere für die liberale Partei Englands, teilweise aber auch für die Republikaner in Frankreich.

Verhältnis zu den Parteien der Linken   Von daher erhielten die Parteien der Linken ein zunehmend breiteres und solideres Fundament, das sich im Zuge der wirtschaftlichen und gesellschaftlichen Entwicklung fast automatisch erweiterte und befestigte. Demgegenüber gerieten die Parteien der Mitte und der Rechten zunächst in eine tiefe Struktur- und Anpassungskrise. Sie zwang sie zu einschneidenden Änderungen in ihrer Organisationsstruktur, in ihren Beziehungen zu Mitgliedern und Wählern, aber auch in ihrem politischen Verhalten, in ihrer politischen Grundlinie. Der Typus der sogenannten Honoratiorenpartei, deren Wählerwerbung vor allem in dem Appell an übergreifende Prinzipien des politischen und gesellschaftlichen Lebens, an allgemeine Wertvorstellungen und Werthaltungen im Sinne einer gemeinsamen „Weltanschauung" bestand, wurde immer mehr abgelöst durch die an gemeinsame Interessen appellierende und sie politisch organisierende Mitgliederpartei. Man trat also zunehmend in direkte Konkurrenz zu den sich auf breiter Front in praktisch allen Bereichen des wirtschaftlichen und gesellschaftlichen Lebens konstituierenden Interessenverbänden: der Bauern, des Handwerks, der vielfältigen Bereiche der mittelständischen Wirtschaft, dann auch der Beamten und der neuen Schicht der Angestellten in den verschiedensten Sektoren.

Niedergang des Liberalismus   Dieser Prozeß ging vor allem im Lager der bürgerlichen Parteien angesichts der Vielfalt der anzusprechenden Interessen und der zwischen ihnen bestehenden Gegensätze auf Kosten der Einheit und der inneren Geschlossenheit. Dazu kam noch die im Bürgertum weit verbreitete Abneigung, sich parteipolitisch zu engagieren. So begann mit der Verschärfung der wirtschaftlich-sozialen Interessengegensätze und dem Übergang zur Interessenpartei der Abstieg des parteipolitischen Liberalismus – zunächst vor allem in den Ländern, in denen er wie im Deutschen Reich und in Österreich-Ungarn nicht oder nicht mehr im Besitz entscheidender Machtpositionen im Staat war und aufgrund der bestehenden Konstellation auch wenig Hoffnung haben konnte, sie zu gewinnen bzw. zurückzuerlangen. Auch der Appell eines Teils seiner Vertreter an den nationalen Machtgedanken, ihr Bekenntnis zu einer Politik der kolonialen Expansion und der kämpferischen Behauptung im Weltmaßstab, vermochte diese Tendenz nicht dauerhaft zu verändern. Es führte im Gegenteil zu zusätzlichen Konflikten, die sich im Lauf der Zeit immer mehr verstärkten.

Im Unterschied zu den liberalen Mittelparteien gelang es den konservativen und den konfessionellen, sprich vor allem den katholischen Gruppierungen, sehr viel besser, mit der neuen Situation fertig zu werden. Zum einen erwies sich hier das Fundament gemeinsamer Überzeugungen und Wertvorstellungen als weit beständiger – wobei die allgemeine Zeitströmung, die Neigung, auf die krisenhafte Entwicklung und das wachsende Gefühl der Bedrohung mit Festhalten an dem Bestehenden und Bewährten zu reagieren, beide Richtungen begünstigte. Auf der anderen Seite verfügten sie in den überkommenen Ordnungen des politischen und gesellschaftlichen bzw. des kirchlichen Lebens über eine Art organisatorische Grundstruktur, die sich gerade jetzt als sehr viel fester und solider erwies als das, was das liberale Bürgertum bis dahin an Organisationsformen ausgebildet hatte. Insbesondere die deutsche Zentrumspartei trat von dieser Basis aus bereits als eine straff organisierte Mitglieder- und Massenpartei in die Phase der übergreifenden Strukturveränderungen in den politischen und sozialen Organisationsformen der europäischen Gesellschaft nach 1873 ein. Schließlich besaßen sowohl die konservativen als auch die konfessionellen Gruppierungen mit den nach wie vor nach Zahl wie wirtschaftlicher Bedeutung außerordentlich gewichtigen Gruppen der ländlichen Bevölkerung, zumal ihres landbesitzenden Teils, eine politische Klientel, deren Interessen sich trotz aller auch hier bestehenden Unterschiede und Gegensätze leichter auf einen gemeinsamen Nenner bringen ließen als die der städtischen Bevölkerung. Dabei wirkten der unübersehbare Trend hin zu einer vorrangig gewerblich und industriell bestimmten Wirtschaft und das davon ausgehende Gefühl der akuten Bedrohung der eigenen Existenz zusätzlich integrierend.

So wurden vor allem die konservativen Parteien zunehmend zu agrarischen Interessenparteien mit Schwerpunkt in den noch überwiegend ländlich strukturierten Gebieten Kontinentaleuropas, im östlichen Preußen, in weiten Teilen der Habsburger Monarchie, aber auch in Frankreich, wo der durch die Agrarreformen der Französischen Revolution fest etablierte bäuerliche Mittelstand gegen Ende des Jahrhunderts mehr und mehr zu einem Reservoir der konservativen Kräfte wurde. Durch die enge Verbindung mit den jeweiligen agrarischen Interessenorganisationen – in Frankreich vor allem die 1867 gegründete „Societé des agriculteurs de France" – bis hin zu so mächtigen Dachorganisationen wie dem 1893 in Berlin ins Leben gerufenen „Bund der Landwirte" gewannen die Konservativen sowohl für die Wählerwerbung als auch für die politischen Auseinandersetzungen mit anderen Parteien und mit der Regierung höchst wirkungsvolle Instrumente.

Die konservativen
und konfessionellen Parteien

Die enge Verzahnung von Partei und Interessenverband vor allem auf der Rechten und auf der Linken des politischen Spektrums, dort wo in sozialer Hinsicht die Großgruppen der alten und der neu entstehenden Gesellschaft, Bauern und Arbeiter, angesiedelt waren, verwies zugleich auf die sich immer stärker ausprägende Tendenz der politisch-sozialen Entwicklung: die Tendenz zur Verbindung von Interventions- und Klassenstaat. Bis dahin war die politische Philosophie praktisch aller Parteien mit Ausnahme des marxistischen Flügels der Arbeiterbewegung auf die Idee eines gesamtgesellschaftlichen Ausgleichs der Interessen wie der weltanschaulichen Positionen hin ausgerichtet gewesen. Darauf beruhte nicht zuletzt die innere Rechtfertigung des Mehrheitsprinzips und des parlamentarischen Systems, die beide einen solchen Ausgleich jeweils vermitteln und praktisch durchsetzen sollten. In dem Maße jedoch, in dem in den einzelnen Parteien der materielle Interessenstandpunkt der von ihnen jeweils vorrangig repräsentierten sozialen Gruppen dominierte, konzentrierte und verengte sich die politische Zielsetzung darauf, den Staat zur Intervention zugunsten jener sozialen Gruppen zu veranlassen. Selbst übergreifende politische Ziele schienen fortan nur noch auf diesem Wege erreichbar. Mit Blick darauf hat der Soziologe Max Weber davon gesprochen, daß der Liberalismus nur dann noch eine Chance habe, wenn er sich als Klassenpartei konstituiere, wenn seine Vertreter massiv an das Interesse der „bürgerlichen Klassen" appellierten und dieses zur Richtschnur ihres Handelns in der praktischen Politik machten: Wie die klassenlose Gesellschaft sozialistischer Prägung sich nach der Lehre von Karl Marx erst nach einer Phase der Diktatur des Proletariats durchsetzen lassen werde, so könne auch die klassenlose Bürgergesellschaft erst nach einem vollständigen Sieg des Bürgertums vor allem über die Vertreter und Wortführer der alten vorindustriellen, agrarischen Welt ins Leben treten.

Verbindung von Interventions- und Klassenstaat

Ein solches entschiedenes Klassendenken hat sich im europäischen Bürgertum nicht durchgesetzt – sicher nicht zuletzt, weil sich die Interessen seiner verschiedenen Gruppen, die diese durchaus mit dem gleichen Nachdruck vertraten wie alle anderen Gruppen der Gesellschaft die ihren, nur sehr schwer auf einen gemeinsamen Nenner bringen ließen. Das war für den politischen Liberalismus fraglos ein Nachteil, für die politische Kultur Europas aber war es von größtem Wert. Es verhinderte, daß sich im öffentlichen Leben der Geist der Lobby, der pressure groups, der rein interessengeleiteten Meinungsmache vollständig durchsetzte, daß kein Raum mehr blieb für ein Denken in Alternativen und schöpferischen Perspektiven. Am deutlichsten faßbar wird das im Bereich der Presse – ein Sektor des politischen Lebens, der mit der ständigen Ausweitung des „politischen Massenmarktes" eine immer größere Bedeutung erlangte. Geistige Unabhängigkeit, Meinungsvielfalt, Offenheit gegenüber neuen Entwicklungen, all das war in erster Linie ein Kennzeichen der sogenannten bürgerlichen Presse. Sie bestimmte das Niveau und setzte die Standards, und nur ihr gelang es gemeinhin, über den Kreis der eigentlichen Journalisten hinaus bedeutendere Köpfe aus dem geistigen Leben, aus Kultur und Wissenschaft zu gelegentlicher Mitarbeit zu gewinnen.

Struktur und Rolle der Presse

Die großen europäischen Zeitungen, von der „Neuen Zürcher Zeitung" über den „Figaro" und die „Frankfurter Zeitung" bis hin zum „Corriere della Sera" und dem „Svenska Dagbladet", entstammten in dieser Hinsicht allesamt dem gleichen Nährboden.

Das darf freilich nicht darüber hinwegtäuschen, daß der „politische Massenmarkt" auch hier in der Breite zunehmend von anderen Kräften bestimmt wurde. Schon in den fünfziger Jahren war in England mit der sogenannten Penny-Press der Typus des an dem Unterhaltungs- und Sensationsinteresse breiter Leserschichten orientierten Massenblatts entstanden, das zwar der Politik meist nur wenig Raum gewährte, aber, wie sich bald zeigte, gerade durch die Beschränkung auf bestimmte Vorgänge und zentrale Ereignisse und ihre emotionale Aufbereitung ganz erheblichen politischen Einfluß auszuüben vermochte   *Der „politische Massenmarkt"*

Ihm zur Seite trat die ganz auf die Interessen und Anschauungen der jeweiligen Anhängerschaft zugeschnittene Partei- und Meinungspresse, die, nicht selten aus Mitgliedsbeiträgen finanziert, vor allem die Aufgabe verfolgte, als angebliche Stimme der öffentlichen Meinung der Position und Politik der betreffenden Partei oder des betreffenden Verbandes zusätzliches Gewicht zu geben. Ihr unmittelbares Vorbild war die sogenannte Regierungspresse, worunter man neben den offiziellen und offiziösen Organen zunehmend auch diejenigen verstand, auf die die jeweilige Regierung direkten oder indirekten Einfluß nehmen konnte. Die Mittel, die dafür aufgewandt, und die Wege, die dazu beschritten wurden, gehörten zu den bestgehüteten Geheimnissen, waren Teil eines Bereichs, der wie manche andere von den Normen des Verfassungsstaates wenn überhaupt so nur noch sehr begrenzt gedeckt wurde. Davon ist im einzelnen im nachhinein mancherlei bekannt geworden; so lassen Untersuchungen über die Bismarcksche Pressepolitik sehr deutlich erkennen, wie das diesbezügliche Geflecht unter dem Einsatz erheblicher Summen ständig wuchs. Das volle Ausmaß dieses Vorgangs hier wie anderswo entzieht sich jedoch auf Dauer dem Blick des Historikers. Gerade daran jedoch, an der fortlaufenden Unsicherheit über das Maß der Einflußnahme, von der schon die Zeitgenossen erfaßt waren, wird der tiefgehende Wandel der Rolle von Presse und Öffentlichkeit in dieser Zeit deutlich. Der aus der Aufklärung stammende und bis in unsere eigene Gegenwart fortwirkende Glaube an Presse und öffentliche Meinung als Gegengewalt zum Staat und zu den vorherrschenden gesellschaftlichen Kräften geriet mehr und mehr in den Schatten seiner Instrumentalisierung durch eben diese Mächte. Am Ende wuchs auch hier bei Befürwortern wie Kritikern der Entwicklung die Neigung, alles, was sich nicht klaren Interessen, rein materieller oder machtpolitischer Natur, zuordnen ließ, als bloße Ideologie beiseitezuschieben.   *„Regierungspresse"*

Das fügte sich nahtlos in eine Art neuständische Formierung der Gesellschaft, die neben der immer weiteren Ausdehnung des Staats und seiner Bürokratie das andere Signum der Zeit war. Dieser Formierungsprozeß ist in den vergangenen Jahren in seinen verschiedenen Aspekten immer deutlicher in den Blick gekommen. Dabei standen vor allem die wirtschaftliche Entwicklung im engeren Sinne   *Neuständische Formierung der Gesellschaft*

und ihre unmittelbaren gesellschaftlichen Auswirkungen, die Tendenz zur Orga-
nisierung und Formierung der materiellen Interessen und ihrer jeweiligen Träger-
gruppen, im Zentrum des Interesses. In Anlehnung an einen Begriff Rudolf Hilferdings, eines der führenden Theoretiker der deutschen Sozialdemokratie nach
der Jahrhundertwende, hat man von einer bis heute andauernden förmlichen
Epoche des „organisierten Kapitalismus" gesprochen, die damals begonnen habe.
Dagegen sind mancherlei Einwände erhoben worden, vor allem was den System-
charakter des Ganzen und die Einschätzung der Rolle des Staates angeht (s. u. II,
2); als analytische Kategorie, gar als Epochenbezeichnung hat sich das Konzept
des „organisierten Kapitalismus" letztlich nicht durchzusetzen vermocht. Unbeschadet solcher Einwände ist man sich jedoch heute weitgehend darüber einig,
daß sich in der Struktur der europäischen Gesellschaft in den siebziger und achtziger Jahren des 19. Jahrhunderts ein neuerlicher tiefgreifender Wandel vollzog
und daß damit, bei fließenden Übergängen, eine neue Epoche eröffnet wurde.

Seinen vielleicht unmittelbarsten Ausdruck hat dieser Wandel in der binnen
weniger Jahre grundlegend veränderten Auffassung vom Wesen, von den Aufgaben und der geschichtlichen Bedeutung der Nation gefunden. Bis in die siebziger
Jahre hinein umschrieb der Begriff der Nation, von Ausnahmen abgesehen, weniger etwas Gegebenes, also einen Zustand, als vielmehr ein Ziel. Er bezeichnete,
auch wenn er zunächst von etwas historisch Gewachsenem, von bestimmten politischen, kulturellen, sprachlichen, gelegentlich religiösen Gegebenheiten und Traditionen einer näheren oder ferneren Vergangenheit ausging, eine politische und
soziale Gemeinschaft der Zukunft, den freien Zusammenschluß rechtsgleicher
Bürger, unabhängig von Stand und wirtschaftlicher Stellung, Herkunft und religiöser Überzeugung. Alle diese Unterschiede sollte die Nation als die neue, zentrale Lebensgemeinschaft zwar nicht einebnen, aber überwölben und in ihrem
trennenden Charakter überwinden. Der Begriff der Nation war in diesem Sinne,
ganz allgemein gesprochen, ein Kampfbegriff der Linken, das Zukunftsideal, das
man der befehdeten Gegenwart entgegenhielt.

Vom linken
zum rechten
Nationalismus

Das änderte sich nun in wenigen Jahren. Nation wurde mehr und mehr zum
Synonym für die jeweilige historisch gewachsene Ordnung, wobei der Akzent
sich in dem Maße, in dem sich immer weitere Kreise von den wirtschaftlichen und
gesellschaftlichen Entwicklungstendenzen bedroht fühlten, in die Vergangenheit
verschob. Als Feinde der Nation erschienen einer wachsenden Zahl jetzt die, die
diesen Entwicklungstendenzen bewußt oder unbewußt Vorschub leisteten und
damit die überlieferte Ordnung zerstörten: die Sozialisten und die mit ihnen tendenziell verbündeten Kräfte auf der Linken; das internationale Kapital und seine,
wie man behauptete, Hauptexponenten, die Juden; und schließlich noch, mit anderer Begründung, die sich nicht in die nationale Ordnung fügende katholische
Kirche, das, was August Bebel, der Führer der deutschen Sozialdemokratie, spöt-
tisch die rote, die goldene und die schwarze Internationale nannte. Mit Kategorien wie „vaterlandslose Gesellen", „unnationales Verhalten", „Bruch mit den nationalen Traditionen" vollzog sich ein Prozeß der Rechtsorientierung des Na-

tionsbegriffes, der entschiedenen Abgrenzung gegenüber den Kräften des politischen und gesellschaftlichen Wandels, der ihn in vergleichsweise kurzer Zeit zu einem Kampfbegriff der Rechten werden ließ. In dieser Form stand er gegen das einstige Zukunftsideal einer sich frei entfaltenden mobilen Gesellschaft und für die sich immer deutlicher ausprägende Realität einer Gesellschaft, die sich, nicht selten unter offener Berufung auf alte Muster, aufs neue nach Berufsständen und wirtschaftlichem Interesse kastenmäßig formierte. Gleichzeitig repräsentierte der Begriff das Bündnis der sogenannten Ordnungsmächte in Staat und Gesellschaft, sprich der Exekutive und ihrer Bürokratie auf der einen, der vorherrschenden, wirtschaftlich mächtigsten sozialen Kräfte auf der anderen Seite. Seine Dynamik aber bezog er in zunehmendem Maße aus jenem Bereich, der als einer der wenigen nicht von der allgemeinen Tendenz zur Stillegung der Konkurrenz zugunsten der Bewahrung des Status quo erfaßt war, der im Gegenteil dann mehr und mehr zum eigentlichen Feld der Bewegung und der Veränderung wurde: dem Bereich der Außenpolitik.

3. Europäische Machtpolitik und Imperialismus

Nach der Serie von kriegerischen Konflikten im Europa der fünfziger und sechziger Jahre, in deren Verlauf sich traditionelle Großmachtinteressen und nationaler Gedanke immer enger miteinander verbunden hatten, war zu Beginn der siebziger Jahre, nach Abschluß des deutsch-französischen Krieges, ein Zustand eingetreten, der nicht nur dem in diesem Zusammenhang oft zitierten englischen Oppositionsführer Disraeli zu erheblichen Sorgen Anlaß bot. Würden nun, das war *Nationalismus* die Frage, die man sich vielerorts in Europa stellte, die nationalen Kräfte nach *und europäisches* dem beispielgebenden Sieg der italienischen und der deutschen Nationalbewe- *Mächtesystem* gung nicht überall versuchen, die Landkarte in ihrem Sinne zu verändern? Und würde vor allem das neue Deutsche Reich der Versuchung widerstehen, sich in Ost-und Südosteuropa an die Spitze dieser Kräfte zu stellen, um über die Auflösung der Habsburger Monarchie und über die Mobilisierung der Rußlanddeutschen – vor allem im Baltikum – die Verhältnisse weiter zu seinen Gunsten umzugestalten? Der leitende Staatsmann des Reiches, sein Kanzler und Außenminister Bismarck, gab zwar sofort Erklärungen nach allen Seiten ab, das Reich sei definitiv „saturiert" und bereit, über die Erhaltung des jetzt erreichten Zustandes bindende Vereinbarungen zu schließen. Aber Ähnliches hatte der Berliner Regierungschef schon öfter versichert, und was LaMarmora, der einstige italienische Regierungschef, 1868 in der italienischen Kammer über Pläne Bismarcks aus dem Jahre 1866 hatte verlauten lassen, den Vielvölkerstaat Österreich notfalls von unten, durch den Appell an die Nationalitäten zu revolutionieren, stellte für die europäischen Kabinette immer noch ein Alarmzeichen dar. Selbst wenn man jedoch der Berliner Regierung zu glauben bereit war, so blieb die Frage, ob sie sich auf Dauer als stark genug erweisen werde, die über das Erreichte hinausdrängenden Kräfte im eigenen Land im Zaum zu halten.

Das freilich gelang in einem vielerorts überraschenden Ausmaß: Eine Irredenta-Bewegung zugunsten der Deutschen Osteuropas kam, von der Berliner Regierung in keiner Weise unterstützt, vielmehr offen mißbilligt, über schüchterne Anfänge nicht hinaus. Der einst so einflußreiche großdeutsche Gedanke, zu dem sich die Mehrheit des Paulskirchenparlaments von 1848 zunächst ebenso bekannt hatte wie die überwiegende Zahl der nichtpreußischen Liberalen in den fünfziger und sechziger Jahren, verlor schon unmittelbar nach 1871 fast jede eigenständige politische Kraft. Was in ihm noch an Dynamik steckte, wurde von Bismarck mit der dezidierten Hinwendung zum Kaiserstaat sogleich nach der Reichsgründung politisch aufgefangen und kanalisiert. Der Zweibund von 1879, in den diese Politik dann mündete, hat schließlich mit seiner Idee einer speziellen Beziehung zwischen den beiden deutschen Großmächten praktisch allen Bestrebungen in Richtung auf eine großdeutsche Erweiterung des Reiches für Jahrzehnte das Wasser abgegraben.

Ob Bismarck diese zweiseitige Beziehung zur Donaumonarchie, deren Grundlage in gewisser Hinsicht bereits 1866 mit der demonstrativen Schonung Wiens nach der Niederlage von Königgrätz gelegt worden war, von vornherein durch eine Verbindung zwischen Wien, Petersburg und Berlin ergänzt wissen wollte, ist nicht ganz klar. Auf jeden Fall aber schaltete sich die russische Regierung, um allen Eventualitäten, etwa einem offensiven Zusammenwirken der beiden deutschen Großmächte in Ost- und Südosteuropa, vorzubeugen, sogleich ein. Mit der Drei-Kaiser-Begegnung vom September 1872, die der Welt die Wiederherstellung der jahrzehntelangen Verbindung der drei Ostmächte signalisierte, wurde gleichzeitig der Verzicht des neuen Reiches auf jede Form von nationaler Expansionspolitik gleichsam international besiegelt. Wenn dieses Treffen andererseits im Westen, vor allem in Frankreich, aber auch in England, und in der liberal gesinnten Öffentlichkeit die Sorge auslöste, es könne zu einer Neuauflage der Politik der Heiligen Allianz auf Kosten der Westmächte und der liberalen Kräfte kommen, so wurde diese Sorge wenige Jahre später definitiv zerstreut: Als das Reich 1875 gegenüber dem republikanischen Frankreich, das sich überraschend schnell erholt hatte und nach Zahlung der Kriegsentschädigung beschleunigt an den Wiederaufbau seiner Armee ging, eine drohende Haltung einnahm und die Rücknahme der Heeresreform forderte, fand sich Rußland mit England zusammen, um Berlin klarzumachen, daß die europäischen Mächte einen neuerlichen, direkten oder indirekten Machtgewinn des Reiches nicht hinnehmen würden. Damit, mit der Überwindung der sogenannten Krieg-in-Sicht-Krise, die ihren Namen einem von der Regierung inspirierten Brandartikel in der Berliner „Post" im April 1875 verdankte, war gewissermaßen der Status quo in Europa als die Ordnung der Dinge festgeschrieben, mit der sich alle großen Mächte befreunden und über deren Verteidigung sie sich verständigen konnten.

Vor allem der deutsche Reichskanzler hat sich diese Konsequenz vollständig zu eigen gemacht und seine ganze weitere Politik darauf gegründet. Sein Ziel sei, so hat er es im Kissinger Diktat vom Juni 1877 formuliert, eine „politische Gesamtsituation", „in welcher alle Mächte außer Frankreich unser bedürfen, und von Koalitionen gegen uns durch ihre Beziehungen zueinander nach Möglichkeit abgehalten werden". Es war dies ein Ziel, das sich aufs Ganze gesehen nur von der Basis des Status quo aus erreichen ließ, ein Ziel, das zwar durchaus fortdauernde politische Spannungen und Interessenkonflikte zwischen einzelnen Mächten und Mächtegruppen in Rechnung stellte, ja, voraussetzte, aber zugleich die Möglichkeit, sie in dem gegebenen Parallelogramm der Kräfte im Doppelsinn des Wortes „aufzuheben".

Gleichsam die Probe aufs Exempel lieferte die Überwindung der seit 1875 gärenden neuerlichen Balkankrise, die Europa schließlich an den Rand eines großen Krieges zu führen drohte. Wie so oft hatte ein russischer Vorstoß England auf den Plan gerufen, das die Bedingungen nicht hinzunehmen bereit war, die Petersburg dem Osmanischen Reich nach einem triumphalen militärischen Sieg im März 1878 in San Stefano diktierte. Das Reich schaltete sich als „ehrlicher Makler" in den Konflikt ein und suchte das „Geschäft", die Vermittlung eines Ausgleichs, von der Basis des Bestehenden, mit Hilfe sachlich begrenzter machtpolitischer

Drei-Kaiser-Begegnung

Krieg-in-Sicht-Krise

Bismarcks Leitlinie: Das „Kissinger Diktat"

Kompensationen zustandezubringen. Das gelang, und auf dem Berliner Kongreß vom Juni/Juli 1878 wurden die schon vorher erzielten Kompromisse in einem glanzvollen Rahmen praktisch fixiert und vertraglich vereinbart.

Berliner Kongreß   Dieser Berliner Kongreß paßte mit seinen Beschlüssen ganz in das Klima der Zeit, in die wachsende Neigung, sich auf die Verteidigung des Bestehenden zurückzuziehen, die dynamischen Kräfte einzuschränken und die Konkurrenz nach Möglichkeit stillzulegen. Seine beherrschende Figur, der deutsche Reichskanzler und Außenminister war förmlich die Verkörperung jener Tendenz und wurde von ihr innen- wie außenpolitisch begünstigt und getragen. Allerdings stellte der Höhepunkt der nun ganz Status-quo-orientierten Außenpolitik zugleich ihre Peripetie dar. Konkret war es vor allem das Zarenreich, das sich nicht damit abfinden wollte, daß die Neuaustarierung des europäischen Systems von der Basis des Bestehenden aus vor allem auf Kosten der territorialen und machtpolitischen Gewinne erfolgt war, die die russische Politik zunächst erzielt hatte.

Petersburg, das nach eigener Auffassung die Machterweiterung Preußens 1866 und 1870/71 durch seine Haltung wesentlich ermöglicht hatte, stellte das Reich vor die Alternative, entweder künftig die russische Politik als wirklicher Bundesgenosse zu unterstützen oder sich auf die russische Gegnerschaft, also möglicherweise sogar auf ein russisch-französisches Zusammengehen einzustellen, wie es dann nach 1890 Wirklichkeit wurde. Bismarck ist dem einerseits durch eine Art **Aufbau des** Blockbildung mit Österreich-Ungarn, dem Zweibund von 1879, ausgewichen, **Bündnissystems** dem sich in den folgenden Jahren mit Italien, Rumänien und Serbien eine Reihe weiterer Staaten anschloß. Andererseits suchte er Rußland in immer neuen Anläufen davon zu überzeugen, daß auch ohne die von Petersburg geforderte, jedoch von keiner Großmacht ernsthaft zu erwartende Nibelungentreue, ein weiteres Zusammengehen mit dem Deutschen Reich, aber auch mit der Habsburger Monarchie für alle Seiten von Vorteil sei. Daraus ist der 1884 nochmals um drei Jahre verlängerte Dreikaiservertrag von 1881 hervorgegangen und schließlich 1887 der vieldiskutierte, nunmehr nur noch zweiseitige Rückversicherungsvertrag zwischen Rußland und dem Deutschen Reich, der Petersburg formal den Weg zu den Dardanellen freigab. Aber all dies, das ganze hochkomplizierte Bündnissystem mit seinem erklärten Ziel, „daß ein Schwert das andere in der Scheide hält" (Bismarck 1881 an den Kronprinzen) – das gilt auch noch für den Rückversicherungsvertrag, der durch Dreibund und Mittelmeerentente ausbalanciert wurde –, war letztlich nur noch ein „System der Aushilfen". Es diente der Bewahrung eines Zustandes, einer machtpolitischen Gewichtsverteilung in Europa, die von ganz neuen Kräften und Entwicklungstendenzen mehr und mehr in Frage gestellt wurde, von Kräften und Tendenzen, von denen praktisch alle europäischen Regierungen innenpolitisch zunehmend abhängig wurden.

Der neue Ihr Sammelbecken war der neue Nationalismus, der mit der Festschreibung der **Nationalismus** Verhältnisse im Inneren der einzelnen Staaten und dem Appell an die politischen und gesellschaftlichen Ordnungsmächte zugleich die Überlegenheit des eigenen Staates, des eigenen politischen und gesellschaftlichen Systems propagierte und zu seiner kämpferischen Bewährung aufrief. Vielerlei kam dabei zusammen oder auch nur flankierend hinzu: wirtschaftliche Erwägungen, die auf neue Märkte, auf die internationale Konkurrenzsituation, auf die künftige Rohstofflage zielten; die Erfahrung, daß äußerer Erfolg innenpolitisch und sozial stabilisierend wirkt; ganz konkrete individuelle Karriereerwartungen in Diplomatie und Verwaltung, in Heer und Flotte; schließlich und nicht zuletzt die Ablehnung eines bloßen politischen Rentnerdaseins, der Wunsch nach einer großen überindividuellen Daseinsperspektive. All das bündelte sich in der von den Vertretern des neuen Nationalismus artikulierten und immer stürmischer an die jeweiligen Regierungen, sprich natürlich in erster Linie an die Regierungen der großen Mächte herangetragene Erwartung, den Kampf um den „Platz an der Sonne", um eine führende Stellung im Weltstaatensystem der Zukunft aufzunehmen.

Diesem ständig steigenden Erwartungsdruck konnte sich schon in den achtziger Jahren von den großen Mächten nur jene entziehen, in deren Herrschaftsraum der neue Nationalismus aus unmittelbar einsichtigen Gründen keine den ganzen Staat umfassende Einheit schuf und in dem sich die Erwartungen demgemäß nur begrenzt auf den Gesamtstaat und dessen außenpolitische Erfolge richteten: die österreich-ungarische Doppelmonarchie. Alle übrigen, also England, Frankreich, Rußland, Italien und auch, ungeachtet aller inneren Vorbehalte seines leitenden Staatsmannes, das Deutsche Reich haben diesem Druck in mehr oder weniger großem Umfang nachgegeben und sich auf diese Weise die politische Unterstützung der dahinter stehenden Kräfte zu sichern gesucht – wenn die jeweiligen Regierungen nicht schon, wie vielfach der Fall, mit jenen identisch waren. Einfluß auf die Großmächte

Sein konkretes Objekt fand die entsprechende Politik zunächst einmal in dem 1884 mit ganz unerwarteter Wucht und Heftigkeit einsetzenden „Kampf um Afrika", dem Wettlauf um die bisher noch nicht verteilten Gebiete des schwarzen Kontinents. Von der Sache her war das nichts Neues. In all den Jahren davor hatte es wie schon seit Jahrzehnten einen kontinuierlichen Prozeß der kolonialen Landnahme gegeben mit gelegentlichen Reibungen, wenn die Interessen zweier Seiten konkurrierend aufeinander stießen. Die Engländer waren in Indien, in Burma, in der pazifischen Inselwelt, auch schon in Afrika immer weiter vorgedrungen; das gleiche galt für die Franzosen in Nordafrika und Hinterindien, für die Russen in Persien und in den fernöstlichen Gebieten. Nun jedoch erhielt der Vorgang plötzlich eine ganz neue Qualität, wurde er zum zentralen Gegenstand europäischer Machtpolitik und damit der Außenpolitik der großen europäischen Staaten insgesamt. „Kampf um Afrika"

In diesem Sinne, in der Erkenntnis, daß auf dem Feld der Kolonialpolitik in zunehmendem Maße über die Beziehungen der europäischen Mächte zueinander und über ihr weltpolitisches Gewicht entschieden werden würde, hat sich damals erstmals auch das Deutsche Reich kolonialpolitisch engagiert. Die Erwerbungen, die es 1884/85 mit Deutsch-Ostafrika, Deutsch-Südwestafrika, Togo und Kamerun auf dem afrikanischen Kontinent machte, waren vom Objekt, von dem tatsächlichen Wert der betreffenden Gebiete her, eher unbedeutend und in keiner Motive des Deutschen Reiches

Weise mit den großen Kolonialreichen der Engländer, der Franzosen, auch der Russen vergleichbar. Es wurde damit jedoch ein Anspruch angemeldet, und das führte bei gleichzeitiger Annäherung zwischen Berlin und Paris zu der Perspektive einer grundlegend veränderten Konstellation in Europa. In einer äußerst heftigen, weite Kreise der Bevölkerung emotional erfassenden Gegenreaktion rief der Vorgang vor allem England auf den Plan, die unumstrittene koloniale Vormacht der damaligen Welt. Was, wie der britische Historiker John Robert Seeley es formulierte, von England in den letzten zwei Jahrhunderten eher nebenbei, „in a fit of absence of mind", erworben worden sei, gelte es jetzt, so die Parole, angesichts immer mächtiger und aggressiver werdender Konkurrenten, systematisch auszubauen, abzurunden und zu sichern. Nur so werde England seine Stellung in der Welt bewahren können.

Verschärfung der
Gegensätze Von solcher Basis aus begann, von der jeweiligen nationalen Öffentlichkeit mit größter Aufmerksamkeit verfolgt, das Ringen um die noch „freien" Gebiete, um Grenzen und Einflußsphären, zunächst in Afrika, dann, in den folgenden Jahren und Jahrzehnten, in praktisch allen Teilen der Welt, in denen aufgrund der Schwäche der jeweiligen politischen Ordnung oder auch nur der aktuellen Machtträger noch etwas zur Disposition zu stehen schien. Dieses Ringen nahm immer erbittertere Formen an und führte mehrfach – etwa nach dem englisch-französischen Zusammenstoß bei Faschoda im Jahre 1898 – an die Grenze eines europäischen Krieges, bis dann schließlich, in einer immer erhitzteren Atmosphäre, so viel Konfliktstoff angehäuft war, daß der nächste Funken genügte, um die große Explosion herbeizuführen.

In den achtziger Jahren freilich schien das Ganze erst einmal eine Episode zu bleiben. Die Aufmerksamkeit der Kabinette und vor allem der kontinentaleuropäischen Öffentlichkeit – in England blieb das Thema sehr viel stärker auf der Tagesordnung – konzentrierte sich schon bald wieder ganz auf die europäische Situation. Rückwendung
nach Europa Sie wurde nach 1885 von einer doppelten Krise bestimmt, einer neuerlichen tiefgreifenden Verschlechterung der deutsch-französischen Beziehungen und einem abermaligen Konflikt auf dem Balkan mit sich rasch zuspitzenden Gegensätzen zwischen dem Zarenreich auf der einen, England, Deutschland und der Habsburger Monarchie auf der anderen Seite.

Die große Gefahr, die vor allem die deutsche Politik bewegte und bestimmte, bestand darin, daß zwischen beiden Krisenherden eine Verbindung zustande kam und auf diese Weise das bisherige System, das von den neuen Kräften und Tendenzen schon gefährdet genug erschien, in einem großen Konflikt gleichsam von innen her, aufgrund seiner immanenten, nun doch nicht mehr auszugleichenden Gegensätze zusammenbrach. Weite Kreise innerhalb und außerhalb Deutschlands haben daraus die Bestätigung gezogen, daß dieses System so oder so am Ende sei und auf dem Wege über ebenso entschlossene wie einschneidende Schritte und Maßnahmen – etwa einen Präventivkrieg gegenüber Rußland – durch ein ganz neues ersetzt werden müsse. Der Leiter der deutschen Politik, der inzwischen über siebzigjährige Bismarck, hat sich dem, zeitweise fast völlig isoliert, mit allem Nachdruck und schließlich auch erfolgreich entgegengestellt, damit jedoch den endgültigen Zusammenbruch entscheidender Grundlagen jenes Systems nur um eine vergleichsweise kurze Zeit hinausschieben können. Die Zukunft gehörte den Kräften des neuen Nationalismus und dem, was sich an materiellen wie an Machtinteressen, an sozialen und politischen Erwartungen wie an übergreifenden wirtschaftlichen und gesellschaftlichen Entwicklungstendenzen mit ihnen verband.

Jene Kräfte bildeten bereits den Hintergrund der Doppelkrise der Jahre 1885–1887, auch wenn diese zunächst von anderen Elementen bestimmt schien. Vor allem in Frankreich wurde das sehr deutlich. Hier stand am Anfang der leidenschaftliche Protest der entschiedenen Republikaner um Georges Clemenceau, sprich einer innenpolitisch linksliberal-demokratisch eingestellten Richtung, gegen die von dem Rechtsrepublikaner Jules Ferry repräsentierte und vor allem auf der Berliner Kongo-Konferenz im Winter 1884/85 praktisch vorangetriebene Politik der Kolonialentente mit dem Deutschen Reich. Ferry, so Clemenceau, wolle das Volk auf diese Weise von seiner heiligsten Aufgabe, dem Revanchekrieg gegen Deutschland und der Wiedergewinnung der östlichen Provinzen, ablenken. *Die Doppelkrise 1885–1887*

Clemenceaus erfolgreicher politischer Feldzug gegen Ferry – dieser stürzte Ende 1885 als Ministerpräsident und wurde durch Brisson, einen Mann der politischen Linken, ersetzt – begünstigte, wie sich schon bei den Wahlen im Herbst des gleichen Jahres zeigte, den Aufstieg einer neuen politischen Rechten. Zu ihrem Exponenten wurde General Boulanger, der, als entschiedener Nationalist und Revanchepolitiker von Clemenceau protegiert, seit Januar 1886 das Kriegsministerium leitete und die Regierung immer offenkundiger auf einen Konfliktkurs mit dem Deutschen Reich zu drängen versuchte. Nachdem es den Gemäßigten im Mai 1887 gelungen war, ihn aus der Regierung zu entfernen und seine Versetzung zunächst in die Provinz, dann in den Ruhestand zu erreichen, wurde der „General Revanche" als ein, wie seine Anhänger meinten, neuer Bonaparte zum Führer und Kristallisationskern einer nationalistischen Sammlungsbewegung, die als „parti des mecontents", als Partei der Unzufriedenen, Kräfte von Rechts wie zum Teil auch noch von Links gegen die Mitte vereinigte. Da sich ihre Parole der nationalen Erneuerung und des nationalen Befreiungskrieges zunehmend mit autoritären und pseudodemokratisch-plebiszitären Tendenzen nach dem napoleonischen Vorbild verband, distanzierte sich die Richtung um Clemenceau im weiteren immer eindeutiger von ihr, so sehr sie nach wie vor mit den außenpolitischen Zielen des Generals sympathisierte. Dies wie vor allem die persönliche Unfähigkeit und Unentschlossenheit Boulangers, der nach einem triumphalen Wahlsieg der auf ihn eingeschworenen Kräfte im Januar 1889 vor allen weiteren Aktionen zurückscheute, führte binnen kurzem zum Zusammenbruch der Bewegung. Damit war zugleich die Gefahr eines kriegerischen Konflikts zwischen Frankreich und Deutschland endgültig gebannt. *Die Boulanger-Affäre*

Eine solche Gefahr hatte, zumal während der Zeit, in der Boulanger Kriegsminister war, durchaus bestanden, wenngleich sicher nicht in so akuter Form, wie

Bismarck dies, die Situation damit seinerseits noch verschärfend, mit Blick auf die Reichstagswahlen vom Februar 1887 darzustellen für gut fand. Die Perspektiven, die sie eröffnete, waren um so bedrohlicher, als jene Kräfte, die zum gleichen Zeit-

Neue Balkankrise punkt die russische Regierung zu einem neuen Vorstoß auf dem Balkan drängten, unter der Devise der gemeinsamen Gegnerschaft gegen die Deutschen Verbindung zu der neuen „Bewegung" in Frankreich suchten: Michael Katkow, der einflußreiche Herausgeber der „Moskauer Zeitung", knüpfte enge Kontakte zu der „Patriotenliga" Paul Deroulèdes, einer der wichtigsten Formationen der neuen Richtung in Frankreich, und propagierte offen ein russisch-französisches Bündnis gegen den Zweibund. Auch hier war das treibende Element ein neuer militanter Nationalismus, der sich als gesamtslawische Erneuerungsbewegung, als Panslawismus präsentierte. Seine Wortführer gaben den alten machtpolitischen Zielen des Zarenreichs eine neue Begründung, die über die bisherige religiöse – Rußland als Schutzmacht der orthodoxen Christen – weit hinausging. In der Konsequenz lief das auf eine großslawische Reichsbildung hinaus, parallel zu ähnlichen, wenngleich im einzelnen jeweils sehr unterschiedlich akzentuierten Zielvorstellungen in England, in Frankreich, auch in Deutschland – man denke hier etwa an den Pangermanismus eines Konstantin Frantz. Aus der Verbindung mit ihnen sollte der Politik kolonialer Expansion im weiteren Verlauf eine erhebliche zusätzliche Dynamik erwachsen.

Politische
Eindämmung 1886/87 gelang es noch einmal, jene Kräfte in Schranken zu halten, und zwar nicht nur in Frankreich und Rußland, sondern auch im Deutschen Reich, wo die nationale Reaktion gegen die französische wie gegen die russische Politik innenpolitisch höchst heterogene Kräfte von der äußersten Rechten bis zur äußersten Linken zusammenführte: Ein Präventivkrieg zumal gegen Rußland hätte die Unterstützung sowohl eines großen Teils der Deutschkonservativen als auch nicht unerheblicher Kreise der Sozialdemokratie gefunden. Das System von Dämmen freilich, das von Bismarck im Laufe des Jahres 1887 in Form einer Serie von Vertragswerken errichtet wurde – angefangen mit den Vereinbarungen zwischen England, Italien, Österreich und Spanien vom Februar/März über die Erneuerung des Dreibundes (Februar) und den sogenannten Rückversicherungsvertrag (Juni) bis hin zu dem Mittelmeer- oder Orientdreibund zwischen Österreich, England und Italien (Dezember) – schien vielen Zeitgenossen kaum geeignet, eine nächste Sturmflut zu überstehen. Selbst der Sohn des Mannes, der bei der Vermittlung und Formulierung aller dieser Verträge die zentrale Rolle gespielt hatte, der Chef des deutschen Auswärtigen Amtes Herbert von Bismarck erklärte in einer privaten Äußerung, den Vertrag mit Rußland, also ein Herzstück des deutschen Bündnissystems, dürfe man keinesfalls überschätzen: Er wird „uns im Ernstfall die Russen wohl doch sechs bis acht Wochen langer vom Halse halten" „als ohne dem" – „das ist doch etwas wert".

Ende einer Epoche Eine Epoche der europäischen Politik, so die gerade auch im Kreis der unmittelbar Verantwortlichen weit verbreitete Überzeugung, ging unwiderruflich zu Ende. Die Zukunft ihrer führenden Mächte würde sich nicht nur in einem wesentlich anderen Rahmen abspielen, sondern sie würde auch von ganz neuen Kräften bestimmt, zumindest mitbestimmt werden. Das erfüllte die einen mit neuen Erwartungen, mit dem Gefühl des Aufbruchs zu neuen Zielen, die anderen eher mit Melancholie, mit einer Fin-de-siècle-Stimmung, die mit dem Ende traditioneller außenpolitischer Ordnungsvorstellungen auch das Ende eines damit verbundenen politischen Stils, einer bestimmten politischen Kultur heraufziehen sah. In der Sache selbst aber bestand weithin Einigkeit: Man war dabei, in ein ganz neues Zeitalter der europäischen, ja, der Weltgeschichte einzutreten.

E. AUSBLICK

Doppelgesicht des
Zeitalters

Das zeitgenössische Bewußtsein, an einer Epochengrenze zu stehen, markiert im Rückblick noch einmal sehr deutlich das Doppelgesicht der Epoche, die man jetzt hinter sich zu lassen glaubte. Standen sich an ihrem Anfang die Kräfte, die sich zu der Idee des Fortschritts und zum entschlossenen Aufbruch in die Moderne bekannten, und jene, die dem aus unterschiedlichen Gründen mit Skepsis begegneten, noch in relativ geschlossener Front gegenüber, so hatten sich die Fronten inzwischen in verwirrendster Weise verschränkt und vielfach verkehrt. Der Fortschrittsoptimismus weiter Kreise insbesondere des Bürgertums war wenn nicht zerstört, so doch in vielen Lebensbereichen in Frage gestellt worden. Auf der anderen Seite hatten sich die traditionellen Kräfte in Staat und Gesellschaft wider Erwarten erfolgreich behauptet und waren dabei, als Wortführer der nationalen Machtstaatsidee höchst überraschende Allianzen einzugehen.

Entscheidend zu Hilfe kam ihnen dabei, daß der Weg in die Moderne nicht, wie zunächst vielerorts erwartet, mit einem allmählichen Zurücktreten des bürokratischen Anstaltsstaats traditioneller Prägung verbunden war, sondern daß im Gegenteil die Probleme des Übergangs zur modernen Welt in immer stärkerem Maße den Appell an die Ordnungsmacht Staat provoziert hatten und weiterhin provozierten. Nicht die sich aus den Bindungen der Vergangenheit befreiende, das Individuum zur Selbstverantwortung führende Gesellschaft, sondern der alles regulierende und kontrollierende, in immer weitere Bereiche vordringende Staat erwies sich als der eigentliche Nutznießer der Entwicklung und mit ihm jene, die – mit welcher Begründung auch immer – auf ihn und seine Ordnungsfunktion setzten. Mit anderen Worten: Es zeigte sich, daß der Geist, die vorherrschenden Tendenzen der Moderne, und die bürgerlich-liberale Bewegung viel weniger Geschwisterkinder waren, als ursprünglich angenommen, daß die Zukunft ganz anderen Kräften gehörte

Das war der eigentliche tiefe Bruch, der durch die Epoche ging und fast alle Erwartungen und Hoffnungen ihrer Anfänge desavouierte. Wo man auf wachsende Selbstbestimmung gesetzt hatte, stand nun zunehmende Fremdbestimmung. Wo man neue Freiheiten erwartet hatte, gab es neue Zwänge. Wo man der freien Entfaltung lebendiger Kräfte vertraut hatte, bestimmten organisierte Interessen und die Ordnungsmacht Staat das Feld. Die Welt der Maschine, Regulierung und Disziplinierung allen Daseins, der Ameisenstaat – das waren die Perspektiven, die sich vielen Zeitgenossen auftaten. Max Weber sprach von dem „ehernen Gehäuse" einer neuen „Hörigkeit", das vor allem Staat und Bürokratie errichteten, Theodor Mommsen von dem „Dienst im Gliede" und dem „politischen Fetischismus", der es ihm unmöglich gemacht habe, im wahren Sinne „ein Bürger zu sein".

Triumph der
Ordnungsmacht
Staat

Sicher, das waren vor allem Urteile aus dem Lager des liberalen Bürgertums, jener politisch-sozialen Gruppe, die, wie der englische Liberale L. T. Hobhouse es formulierte, mit ihrer ganzen Vorstellungswelt „zwischen zwei Mühlsteine" ge-

riet, „die sich in kräftiger Bewegung befanden": zwischen den des „plutokrati-
schen Imperialismus" und den der „sozialen Demokratie", wobei letzterer vor allem von „sozialistischen Bürokraten" angetrieben werde. Aber die Enttäuschung
der eigenen Erwartungen machte sie in besonderem Maße klarsichtig für jene
Tendenzen der Entwicklung, die sich nun mehr und mehr als die eigentlich dominierenden erwiesen. Daß schließlich der immer weiter ausgreifende nationale
Machtstaat und die Idee der sozialen Gleichheit ein Bündnis eingehen würden,
haben im Zeichen des aktuellen Gegensatzes von „sozialer Demokratie" und, in
der Formulierung von Hobhouse, „imperialistischer Reaktion" nur wenige ge-
ahnt. Hier war Alexis de Tocqueville fünfzig Jahre früher schon sehr viel klarsich-
tiger gewesen – auch was die dominierende Rolle des Staates in diesem Bündnis
anging. Über die künftige Vorrangstellung jener beiden Kräfte in der modernen
Welt gab man sich jedoch kaum noch Illusionen hin und damit auch nicht über
die Tatsache, daß die „Krise des liberalen Systems" (E. Nolte) in Staat, Wirtschaft
und Gesellschaft, die in den siebziger Jahren begonnen hatte, nicht temporärer
Natur war, sondern signalisierte, daß der Weg in die Moderne eine ganz andere
Richtung und einen ganz anderen Verlauf nahm, als ursprünglich angenommen.
Die folgenden Jahrzehnte beseitigten hier schon bald die letzten Zweifel. Das
bürgerliche Zeitalter, wenn es je irgendwo volle Wirklichkeit gewesen war, ging
endgültig zu Ende.

Zwischen „impe-
rialistischer Reak-
tion" und „sozia-
ler Demokratie"

II. Grundprobleme und Tendenzen der Forschung

1. Das 19. Jahrhundert als Epoche

Der Übergang von einer bloß pragmatischen Zeitbestimmung im Sinne äußerlicher Periodisierung zu einem, wenngleich in sehr unterschiedlicher Weise, inhaltlich definierten Epochenbegriff hat sich im Fall des 19. Jahrhunderts auf höchst verschlungenen Wegen vollzogen. Dem entspricht, daß das Ergebnis nach wie vor alles andere als befriedigend ist. Der Begriff 19. Jahrhundert evoziert nicht nur in einer allgemeineren Öffentlichkeit, sondern auch in der Wissenschaft die verschiedenartigsten Vorstellungen und Bilder, verbindet sich mit den unterschiedlichsten Inhalten. Daß gerade darin sich die Epoche selber spiegele und sie von hier aus auf den Begriff zu bringen sei, hat vor allem Th. Schieder [194: Handbuch der europäischen Geschichte, Bd. 6, 1 ff.] hervorgehoben. Es ist dies von allen bisherigen Deutungen diejenige, die das breiteste Spektrum bietet und im einzelnen Zusammenhang den unterschiedlichsten Interpretationen Raum gewährt. Der Preis dafür ist allerdings ein sehr hoher Grad an Allgemeinheit, hinter dem gelegentlich das Spezifische und historisch Einmalige zurücktritt.

Unbestimmtheit des Epochenbegriffs

Einer solchen Gefahr waren alle jene Deutungen in weit geringerem Maße ausgesetzt, die bei aller verwirrenden Vielfalt und auch Gegensätzlichkeit der verschiedenen Entwicklungen doch einen dominierenden Grundzug der Epoche erkennen zu können glaubten. Die meisten von ihnen haben ihre Wurzeln in der Zeit selbst [dazu auch 197: E. Schulin, 1971]. So hat L. Ranke [Über die Epochen der neueren Geschichte in: Aus Werk und Nachlaß II, 1971, 50 f.], eine in den ersten Jahrzehnten des Jahrhunderts weitverbreitete Auffassung zusammenfassend, seine Epoche als das „Zeitalter der Revolution" bezeichnet, das mit der Erhebung der nordamerikanischen Kolonien seinen Anfang genommen habe und von dem Konflikt zweier gegensätzlicher Prinzipien, dem monarchischen Prinzip und dem Prinzip der Volkssouveränität, bestimmt werde. Dieser Deutung entsprach in vielem diejenige, die fast gleichzeitig der Heidelberger Literarhistoriker G. G. Gervinus entwickelte, nur daß Gervinus in seiner „Einleitung in die Geschichte des 19. Jahrhunderts" [1853, Neuausg. v. W. Boehlich 1967], eine Kernthese A. de Tocquevilles [De la démocratie en Amérique, 1835/40] aufgreifend, das Prinzip der Volkssouveränität, das demokratische Prinzip zum eigentlich dynamischen Prinzip der Epoche erklärte, dem allein die Zukunft gehöre. In dem Gegensatz von „Monarchie und Volkssouveränität" sah auch noch, nun bereits in historischer Distanz, im Rückblick auf eine inzwischen abgeschlossene Epoche,

Das Zeitalter der Revolution

F. SCHNABEL [Deutsche Geschichte im 19. Jahrhundert, 1929 ff.] das eigentliche Signum des Zeitalters, so sehr gerade er auf die Vielfältigkeit der Entwicklungen und auf die Antinomien der Epoche abhob. Als eigentlichen Träger des Neuen, als Verkörperung der dynamischen Kräfte erschien dabei das Bürgertum, und in diesem Sinne nannte Schnabel das 19. Jahrhundert, beginnend mit dem großen Aufbruch der Revolution von 1789 und endend mit dem Jahr 1914, dem Jahr des Ausbruchs des Ersten Weltkrieges, denn auch das bürgerliche Zeitalter; das, was man heute gern das „lange" 19. Jahrhundert nennt, war in Schnabels Perspektive, ohne daß er den Ausdruck verwandte, schon auf den Begriff gebracht.

Das bürgerliche Zeitalter

Diese von der politisch-sozialen Revolution in Frankreich als dem zentralen Vorgang der Epoche ausgehende Deutung, die in dem Hauptträger der Ideen jener Revolution überall in Europa das eigentliche Subjekt des historischen Prozesses der folgenden 125 Jahre sah, bestimmt bis heute einen großen Teil der politischen Geschichtsschreibung im engeren Sinne – vor allem in jenen Ländern, wo sich, wie in Frankreich, in England und Italien und in den meisten kleineren Staaten West- und Mitteleuropas, das Bürgertum in der Tat mehr und mehr als die politisch bestimmende Schicht erwies. Die Zeit vom Beginn der „atlantischen Revolution" [171: J. GODECHOT, 1956; R. R. PALMER, The Age of Democratic Revolution, 1959, 1964; zur Kritik an dieser Konzeption: E. SCHMITT, Einführung in die Geschichte der Französischen Revolution, 1976, 50 ff.] bis zur Revolution von 1848 erscheint danach als die Zeit des „Durchbruchs des modernen Bürgertums" [E. WEIS, Der Durchbruch des Bürgertums, 1776–1847, 1978; 189: K. R. PERRY, 1972], die zweite Hälfte des Jahrhunderts als der eigentliche Höhepunkt des „bürgerlichen Zeitalters" [187: G. PALMADE, 1975; dagegen spricht jetzt 266: W. SIEMANN, 1990, für die beiden Jahrzehnte nach 1850 von einer „Gesellschaft im Aufbruch"].

Parallel zu dieser zunächst spezifisch politischen, dann jedoch zunehmend sozialgeschichtlich ausgeweiteten und fundierten Interpretation des 19. Jahrhunderts als einheitlicher Epoche der Vorherrschaft des Bürgertums entwickelte sich jene, die in der gleichfalls im späten 18. Jahrhundert von England ausgehenden wirtschaftlich-technischen Revolution die eigentlich dynamische und gestaltende Kraft des Zeitalters sah. Ihr im nachhinein einflußreichster zeitgenössischer Vertreter war ohne Zweifel K. MARX [Zur Kritik der politischen Ökonomie, 1859; Das Kapital, 1867 (1885/1894)]. Anknüpfend an eine ganze Reihe von ähnlich ausgerichteten Interpretationsversuchen entfaltete er auf der Basis der Hegelschen Geschichtsphilosophie ein weltgeschichtliches Panorama des ständigen Kampfes ökonomisch, von den wirtschaftlichen Grundgegebenheiten und ihrem Wandel bestimmter Klassen, der in seiner eigenen Zeit seinen Höhepunkt gefunden habe, in ihr aber auch, mit dem Sieg des Proletariats, zum Abschluß kommen werde. Diese Zeit sah er bestimmt und in allen ihren Erscheinungsformen beherrscht durch den immer vollständigeren Triumph der kapitalistischen Produktionsweise und des kapitalistischen Wirtschaftssystems, gestützt nicht zuletzt auf die von England ausgehende technische Revolution des Maschinenwesens und

Die Epoche der wirtschaftlich-technischen Revolution

der Fertigungsmethoden. In diesem Sinne war für Marx das 19. Jahrhundert das Zeitalter des siegenden Kapitalismus und, politisch und sozialgeschichtlich, des Entscheidungskampfes zwischen Bürgertum und Proletariat.

An diese Interpretation haben Marxisten wie Nichtmarxisten auf breiter Front angeknüpft, wobei der Akzent sich im Zuge der Entwicklung, die Analyse und Prognose immer stärker auseinanderfallen ließ, hier wie dort mehr und mehr auf den Prozeß als solchen verlagerte. Die Epoche erschien schließlich als eine Zeit des von der Basis einschneidender Veränderungen des Marktes wie der Produktionsweisen stürmisch voranschreitenden wirtschaftlichen und in ihrem Gefolge sozialen Wandels, als ein Zeitalter der wirtschaftlich-industriellen Revolution, ein „Age of Capital" [176: E. J. HOBSBAWM, 1976], in dem in einem gewaltigen Modernisierungs- und Mobilisierungsprozeß [461: R. BENDIX, 1966] die Grundlagen für die moderne Weltzivilisation schlechthin gelegt worden seien.

Beide grundlegenden Interpretationsansätze, der zunächst im engeren Sinne politische und der wirtschaftlich-soziale, haben sich im Lauf der letzten Jahrzehnte immer stärker aufeinander zubewegt und schließlich in vielfältiger Weise durchdrungen. So spricht man heute verbreitet von einer politischen und wirtschaftlich-sozialen „Doppelrevolution" [so zuerst E. J. HOBSBAWM, The Age of Revolution, 1962; zum Konzept und zur Deutungsgeschichte 280: H.-U. WEHLER, 1987–95], die das Gesicht des 19. Jahrhunderts und aller weiteren Entwicklung entscheidend bestimmt habe. In eine ähnliche Richtung zielt auch, dabei Rankes Gegensatz zwischen „Monarchie und Volkssouveränität" in erweiterter Perspektive aufnehmend, die Charakterisierung der Epoche durch das Neben- und Gegeneinander von „Bürgerwelt" und „starkem Staat" [253, 254: TH. NIPPERDEY, 1983/1990–92]. Über die Interpretation hinaus verbindet sich damit in allen neueren Gesamtdarstellungen das Bestreben, die Wirtschafts- und Sozialgeschichte und die politische Geschichte sowie partiell die Kulturgeschichte auch in der Darstellung gleichgewichtig zu berücksichtigen und miteinander zu verknüpfen. Sie tendieren auf diese Weise, zugleich die außerordentliche Ausweitung der Gebiete der historischen Forschung in den letzten Jahrzehnten widerspiegelnd und ihre Ergebnisse zusammenfassend, zu einer zumindest vom Ansatz her „totalen Geschichte, einer Erfassung des Ganzen einer historischen Welt" [254: TH. NIPPERDEY, 1992, 903; ähnlich auch 280: H.-U. WEHLER, 1987, Bd. 1, 7]. Auch darüber, daß in diesem Zusammenhang keiner der unterschiedlichen „Dimensionen" des historischen Prozesses ein Übergewicht bei dessen Erklärung zuzusprechen, sondern von je wechselnden Mischungsverhältnissen zwischen wirtschaftlichen, sozialen, politischen und kulturellen Einflüssen auszugehen ist, besteht weitgehendes Einvernehmen. Doch wird von den Vertretern der sogenannten „Gesellschaftsgeschichte" die Entwicklung der Gesellschaft als Orientierungspunkt, als „regulative Idee" in den Mittelpunkt der Darstellung gerückt.

Allerdings tritt damit, auch wenn die schrittweise Entfaltung der Konsequenzen jener „Doppelrevolution" im Verlauf des 19. Jahrhunderts fraglos ein sehr brauchbares Schema für die Darstellung und Interpretation bietet, das Spezifische

Die „Doppelrevolution"

„Bürgerwelt" und „starker Staat"

der Epoche leicht hinter einen allgemeinen Begriff der Moderne zurück; die entsprechend ausgerichteten Darstellungen fassen denn auch vielfach das 19. und 20. Jahrhundert zu einer Einheit zusammen. Das hat unter anderem die Fortdauer, ja, Renaissance eines zunächst eher begrenzten Deutungskonzepts begünstigt, das gleichfalls aus der Epoche selbst, insbesondere ihren letzten Jahrzehnten, stammt. Sein Ausgangspunkt und seine Basis war die relative Konsistenz des zu Beginn des 19. Jahrhundert, 1815, in Anknüpfung an die vorrevolutionären Verhältnisse neu begründeten Staatensystems. Immer wieder neu ausbalanciert und in ein, freilich stets prekäres, Gleichgewicht gebracht, hat es innenpolitische Erschütterungen, revolutionäre Veränderungen in der sozialen Struktur und im Herr-

Das europäische Mächtesystem als Signum der Epoche schaftssystem in vielen Gebieten Europas während nahezu eines Jahrhunderts in seinen Grundlagen ebenso überdauert wie eine Serie von zum Teil mit militärischen Mitteln ausgefochtenen außenpolitischen Konflikten, die ihrerseits, vor allem im Zusammenhang mit der italienischen und der deutschen Einigung, zu erheblichen Machtverschiebungen führten. In Anknüpfung an A. H. L. HEEREN [Geschichte des europäischen Staatensystems (1800), 5. Aufl. 1830], vor allem aber an Ranke ist dieser Prozeß am Ausgang der Epoche immer wieder analysiert und in systematischem Zusammenhang dargestellt worden. Dabei wurde insbesondere von den sogenannten Neurankeanern [W. WINDELBAND, M. LENZ, H. DELBRÜCK, H. ONCKEN] betont, daß sich die Einheit der europäischen Geschichte wie auch der Epoche in erster Linie von hier aus begreifen und ableiten lasse. Das Europa des 19. Jahrhunderts sah man vor allem in seinem Staatensystem präsent, und mit dem Niedergang und Verfall dieses Systems endete offensichtlich eine Epoche, deren Einheit und innerer Zusammenhang von daher im Rückblick noch deutlicher wurde [1354: W. N. MEDLICOTT, 1957[2]; 1361: W. E. MOSSE, 1958; J. R. v. SALIS, Weltgeschichte der neuesten Zeit, Bd. 1, 1962[2]; 172: B. D. GOOCH, 1970; 179: D. JOHNSON, 1971–73; 180: J. JOLL, 1973]. Sie war, wie schon die Neurankeaner hervorgehoben hatten, nicht nur innereuropäisch, sondern zugleich weltpolitisch, welthistorisch zu interpretieren. Das europäische Staatensystem wurde zur „Vormacht der Welt" [195: TH. SCHIEDER, 1977], das 19. Jahrhundert unter seiner Führung zugleich zur Epoche weltweiter Expansion europäischer Herrschaft, europäischer Werthaltungen und nicht zuletzt der materiellen Kultur Europas [1363: P. RENOUVIN, 1954–55; 175: H. HERZFELD, 1969[6]; 167: J. B. DUROSELLE, 1975[4]; 165: G. A. CRAIG, 1978]. Es wurde damit zum „europäischen Jahrhundert" schlechthin [H. KOHN, History of the European Century (1814–1917), Bd. 1 (bis 1852), 1965] – eine Betrachtungsweise, die auf diesem Feld die ältere, national verengte Perspektive zunehmend beiseite drängte, die das 19. Jahrhundert vor allem als die entscheidende Durchbruchsphase zu der eigenen Machtposition begriff [charakteristisch etwa H. VON TREITSCHKE, Politik, 1897].

In der Zwischenkriegszeit dominierte dabei noch, bei aller Kritik im einzelnen, eine insgesamt positive Einschätzung jenes Systems – eine Tendenz, die auch in der Neubewertung der Person und Politik seines eigentlichen Begründers, des österreichischen Staatskanzlers Metternich, ihren Ausdruck fand [H. VON SRBIK,

Metternich, 2 Bde., 1925 (Bd. 3, 1954)]. Mit dem definitiven Scheitern des Versuchs einer Wiederherstellung und schließlich dem endgültigen Zusammenbruch der europäischen Vormachtstellung im Gefolge eines enorm verschärften inner- europäischen Machtkampfes rückte dann jedoch die Frage nach den inneren Schwächen und der Fehlentwicklung jenes Systems schon in der Zeit selbst mehr und mehr ins Zentrum. Sie wurde zuerst vor allem von der angelsächsischen Historiographie der vierziger Jahre formuliert [J. SHAPIRO, Modern and Contemporary European History (1815–1941), 1942; L. BROWNE, Something Went Wrong. A Summary of Modern History, 1942; A. J. GRANT, W. V. TEMPERLEY, Europe in the Nineteenth and Twenteeth Centuries (1789–1919), 1944], dann insbesondere im Hinblick auf den Imperialismus und seine Vorgeschichte auf breiter Front aufgenommen und, in durchgehend kritischer Grundhaltung, unter den verschiedensten Aspekten diskutiert [Zusammenfassungen und Bibliographien: 1358, 1360: W. J. MOMMSEN, 1971, 1979; 1335: H.-U. WEHLER, 1976³]. — Ausweitung und Kritik

Dem entsprach eine Tendenz zur Verschiebung der Epochengrenze von 1914/ 18 auf 1945. Sie war bereits in dem weit angelegten Deutungskonzept enthalten, das L. DEHIO unmittelbar nach dem Zweiten Weltkrieg entwickelte [1331, 1948]. Für Dehio lagen die Dynamik wie gleichzeitig auch die zerstörerischen Elemente des europäischen Staatensystems in dem Bestreben seiner jeweils stärksten Macht begründet, das bestehende Gleichgewicht zugunsten der eigenen unbedingten Vorrangstellung, der Hegemonie zu überwinden – der Erste und der Zweite Weltkrieg wurden von ihm in diesem Sinne als zweimaliger vergeblicher und zerstörerischer deutscher „Griff nach der Weltmacht", nach der Hegemonie in dem die Welt beherrschenden europäischen Staatensystem gedeutet. — Verschiebung der Epochengrenze

Eine ganz ähnliche Entwicklung läßt sich auch bei jener Interpretationsrichtung verfolgen, die – teilweise auf das engste verknüpft mit dem Blick auf das europäische Staatensystem – das 19. Jahrhundert als die Epoche der nationalen Bewegungen und der Durchsetzung des Nationalstaatsprinzips in weiten Teilen Europas begriff. In Deutschland waren es vor allem die Vertreter eines „borussisch-neudeutschen Nationalismus" [H.-O. SIEBURG, Die deutsche Geschichtswissenschaft im 19. Jahrhundert, in: Geschichtsschreibung. Hrsg. v. J. SCHECHKEWITZ, Düsseldorf 1968, 125] wie H. VON TREITSCHKE und H. VON SYBEL, die unter dem Eindruck der politischen Erfolge Bismarcks und der Reichsgründung die Geschichte des 19. Jahrhunderts „siegesdeutsch" umschrieben, wie dies J. BURCKHARDT genannt hat. Wenn sich auch führende deutsche Historiker bereits vor der Jahrhundertwende im Zuge der Ranke-Renaissance von dieser Form einer parteilichen Geschichtsschreibung distanzierten und einen erneuerten Primat der Außenpolitik als interpretatorische Leitlinie favorisierten, so blieb doch der Nationalstaat stets der alles dominierende historiographische Bezugspunkt. Weit über eine pragmatisch verstandene Eingrenzung hinaus resultierte aus dieser keineswegs auf Deutschland beschränkten Enge des Blickwinkels eine Überbetonung nationaler Entwicklungen und eine Vernachlässigung der europäischen Dimensionen der Geschichte des 19. Jahrhunderts. — Epoche der nationalen Bewegungen und des Nationalstaats

Neubewertung
nach 1945   Erst aufgrund der einschneidenden Zäsur des Jahres 1945 vollzog sich eine all-
mähliche Umorientierung, in der sich ein nun immer häufigeres Überschreiten
der nationalen Grenzen und eine Ausweitung der Perspektive auf Europa mit einer systematischen und vergleichenden Erforschung des Nationalismus und der
nationalen Bewegungen (dazu im einzelnen unten II, 5) verbanden. Seit den späten sechziger Jahren schlug sich dieser Wandel zum einen darin nieder, daß die Bi-
lanzen der Einzelforschung nun meist als Gesamtdarstellungen der europäischen
Geschichte konzipiert waren [194: TH. SCHIEDER (Hrsg.), 1968–81; 195: TH.
SCHIEDER, 1981]. Und zum anderen erschien das 19. Jahrhundert aus der Sicht einer vermeintlich postnationalistischen, europäisch geprägten Gegenwart nun
wieder deutlicher als eine „Epoche der bürgerlichen Nationalstaaten" [175: H.
HERZFELD, 1969[6]; ähnlich 194: W. BUSSMANN (Hrsg.), 1981] oder als ein „Age of
Nationalism" [192: N. RICH, 1977[2]], wobei jedoch die Epochengrenze ähnlich
wie in der Imperialismusdiskussion nicht 1918, sondern 1945 gezogen wurde.

    Nicht erst als Folge der großen Veränderungen des Jahres 1989 und als Folge
einer vor allem in Ost- und Südosteuropa besonders virulenten Wiederbelebung
Renationalisierung
der historischen
Perspektive   des Nationalismus läßt sich freilich seit längerem eine Renationalisierung der historischen Perspektive beobachten, die auch zu einer teilweise durchaus pro-
grammatisch verstandenen Renaissance der Darstellungsform der nationalen Geschichte geführt hat [246: H. LUTZ, 1985; 271: M. STÜRMER, 1983; 251: W. J.
MOMMSEN, 1993], in der bei aller interpretatorischen Offenheit und perspektivi-
schen Vielfalt der Blick wieder stärker auf die liberale und nationale Bewegung
des 19. Jahrhunderts und den Weg zu einem deutschen Nationalstaat gerichtet ist.

    Mit der Ausweitung der Perspektiven in der Nationalismus- und Imperialis-
musdiskussion waren die Grenzen eines speziell auf das 19. Jahrhundert bezogenen Epochenbegriffs allerdings endgültig überschritten worden. Der Einschnitt
des Jahres 1914 erschien von daher zunehmend weniger tief, eine Einheit der
Epoche mit jenem Jahr als Endpunkt immer schwerer zu begründen. Man kann
im Gegenteil davon sprechen, daß in dem Maße, in dem die Entwicklung des internationalen Systems in immer engeren Zusammenhang gebracht wurde mit
dem Gang der wirtschaftlichen, der sozialen, der parteipolitischen Entwicklung –
fraglos die vorherrschende Tendenz der Forschung in den letzten Jahrzehnten –,
auch im Bereich der internationalen Beziehungen das 19. und 20. Jahrhundert zumindest bis 1945, aber zunehmend auch darüber hinaus bis in unsere unmittelbare Gegenwart, als eine Einheit erschienen. Das zunächst scheinbar ganz Epochenspezifische fügte sich damit auch hier im Zuge der weiteren historischen Erfahrung ein in einen übergreifenden zeitlichen wie sachlichen Zusammenhang.

    Für die Betrachtung des 19. Jahrhunderts hatte das zur Konsequenz, daß es
auch in dieser Hinsicht immer mehr als ein „Übergangs- und Durchgangszeitalter" [194: TH. SCHIEDER, Bd. 6, 1968, 3] erschien, als eine Phase in einem übergreifenden Prozeß, die, wie auf vielen Gebieten, so auch hier von gegenläufigen
und gegensätzlichen Entwicklungen und Kräften bestimmt war. Auf der anderen
Seite blieb nach wie vor unübersehbar, daß das Jahrhundert, unbeschadet aller

übergreifenden Tendenzen, unbeschadet auch aller inneren Gegensätze und Konflikte, die in der Tat vielleicht in keiner Epoche der Geschichte so ausgeprägt waren wie in dieser, ein sehr spezifisches Gesicht hatte und sein Epochencharakter durch alle seine Lebensäußerungen sehr deutlich hindurchscheint. Das verweist auf den kulturell-lebensweltlichen Zusammenhang des Zeitalters, der an seinem Ausgang die Deutung sehr stark bestimmte und heute über den Bereich der Kunst- und Kulturgeschichte im engeren Sinne hinaus wieder zunehmend Beachtung findet. Vor allem E. TROELTSCH [Das Neunzehnte Jahrhundert (1913) in: Ges. Schriften, Bd. 4, 1925, 614 ff.] hat diesen Aspekt in nicht zuletzt über die Arbeiten F. MEINECKES und O. HINTZES außerordentlich meinungsbildender Form nachdrücklich hervorgehoben. Er bezeichnete das 19. Jahrhundert als den „dritten großen geistigen Typus der modernen Kultur" neben Aufklärung und deutschem Idealismus, der mit seinem „realistisch-demokratisch-kapitalistischen Geist" diese beiden verdrängt und alle Lebensäußerungen der Epoche mehr und mehr geprägt habe. Der Aufschwung der Erfahrungswissenschaften, der Siegeszug der Technik, die Entfaltung und Entfesselung aller wirtschaftlichen Kräfte hätten ihre Wurzeln ebenso in diesem Geist gehabt wie der Aufbau und Ausbau des modernen Staates und seiner Bürokratie und die Tendenz zur Rationalisierung aller Lebenszusammenhänge in Theorie und Praxis. Getragen worden sei dies alles von einem auch angesichts mancher Krisen, manchen Rückschlags und mancher Enttäuschung zunächst noch ungebrochenen Glauben an die Gestaltbarkeit aller Verhältnisse, von einem alles dynamisierenden Fortschrittsoptimismus, der Vergangenheit und Gegenwart nur als Durchgangsstufe zu einer besseren Zukunft angesehen habe, einer Zukunft, für die die Vergangenheit bestenfalls Bausteine liefere. Als dieser Glaube endgültig zusammenbrach und der Optimismus, die innerweltliche Heilserwartung einem immer dunkleren Kulturpessimismus und einem neuen Bedürfnis nach Transzendenz Platz machte, da sei auch das Ende der Epoche gekommen gewesen. Bemühungen, dies ausführlich zu würdigen, finden sich zuletzt vor allem in den Forschungen von TH. NIPPERDEY [253, 254, 1983, 1990–92].

Diese Interpretation, die zugleich dem Lebensgefühl einer ganzen Generation Ausdruck verlieh und auch von daher stärksten Einfluß gewann, ist seitdem vor allem in der Hinsicht erweitert und ergänzt worden, daß man die andere Seite, das dunkle Gegenbild schon in der Epoche selbst herausgearbeitet und betont hat: den Preis, die „sozialen Kosten" des materiellen Fortschritts als des äußerlich dominierenden Grundzugs des Jahrhunderts; die tiefen Spannungen in seinem sich von Anfang an alles andere als harmonisch entwickelnden sozialen und politischen Gefüge, die sich in einer Serie von Revolutionen und innerstaatlichen Konflikten entluden [164: J. DROZ, L. GENET, J. VIDALENC, 1960³; W. L. LANGER, Political and Social Upheaval, 1832–1852, 1962; L. BERGERON, F. FURET, R. KOSELLECK, Das Zeitalter der europäischen Revolution 1780–1848, 1969]; schließlich ein schon sehr früh einsetzender Prozeß der religiösen und geistig-kulturellen Desintegration, der, formal verbunden mit der Auflösung jeder Stileinheit, jene

Die geistig-kulturelle Einheit der Epoche

Das „andere" 19. Jahrhundert

am Ausgang der Epoche dann so dramatisch empfundene Grundlagenkrise langfristig vorbereitete. Die Entdeckung und immer eingehendere Erforschung jenes
„anderen 19. Jahrhunderts" setzte freilich immer die Realität des von Troeltsch
gezeichneten Typus voraus. Das aber heißt, daß ein Epochenbegriff 19. Jahrhundert, der sich, wie heute vielfach zu beobachten, die Antinomien des Jahrhunderts
quasi absolut setzend, von der Vorstellung einer Dominanz der von Troeltsch bezeichneten Elemente und Tendenzen zu lösen versucht, seine eigene Basis verliert.
Er hat dann letzten Endes bloß noch deskriptiven Charakter und kann als „Grad-
messer unseres historischen Verständnisses" (G. OSTROGORSKY) nur noch in ne-
gativer Hinsicht gelten: als Ausdruck des Verzichts auf weitergehende inhaltliche
Festlegungen und damit zugleich auf materielle Wertungen. Es wird für den weiteren wissenschaftlichen Fortschritt bei der Erforschung des „langen" 19. Jahrhunderts als Epoche entscheidend sein, daß es gelingt, hierüber hinauszukommen
und, sei es im Rückgriff auf bereits vorhandene oder in Entwicklung ganz neuer
Deutungsmuster, das Zeitalter bei aller notwendigen Differenzierung auch inhaltlich wieder präziser einzugrenzen.

2. CHARAKTER UND VERLAUF DER INDUSTRIELLEN REVOLUTION

Der Prozeß der grundlegenden Veränderung der bisherigen Arbeits- und Produktionsweise vor allem in der gewerblichen Wirtschaft, der, ausgehend von England, seit dem späten 18. Jahrhundert immer weitere Teile zunächst West- und Mitteleuropas erfaßte und für den sich, nachdem er seit Beginn des 19. Jahrhunderts verschiedentlich verwandt worden war [464: H. BÖHME, 1969, 115 f.], seit A. TOYNBEE (1884) und P. MANTOUX (1906) endgültig der Begriff der Industriellen Revolution eingebürgert hat, ist von der Forschung zunächst vielfach von den Rahmenbedingungen her betrachtet und behandelt worden. Der Akzent lag, in der Tradition der Nationalökonomie als Kameralwissenschaft, auf der staatlichen Handels- und Wirtschaftspolitik und ihren Wandlungen vom Merkantilismus zum Prinzip des Laissez-faire (A. TOYNBEE, P. MANTOUX, W. CUNNINGHAM), auf Fragen der Wirtschaftsgesinnung (M. WEBER), auf der Bedeutung der inneren und äußeren Nationalstaatsbildung, auf der Rolle des Handels- und Bankkapitals (K. MARX). Erst die im Anschluß an J. M. KEYNES seit den zwanziger Jahren entwickelten aktuellen wirtschaftlichen Wachstumsmodelle mit ihrer Frage nach dem Verhältnis von Input (Kapital, Arbeit, Knowhow) und Output (Wachstumsraten) lenkten dann auch historisch den Blick spezieller auf den innerwirtschaftlichen Prozeß, auf die hier das Wachstum spezifisch bestimmenden und vorantreibenden Momente. In Verbindung mit der Frage nach den Entwicklungsmöglichkeiten und Entwicklungschancen noch nicht entsprechend entwikkelter Volkswirtschaften und der daran anknüpfenden Modernisierungsdiskussion ist dies bis heute eine zentrale Problemstellung geblieben.

Ältere Forschung

Wachstumsmodelle

Die darauf gründende Definition der Industriellen Revolution als eines relativ plötzlich einsetzenden und sich dann auf hohem Niveau perpetuierenden Wachstumsprozesses hat freilich, so unentbehrlich sie für jeden Versuch der Periodisierung und für jede vergleichende Betrachtungsweise ist, einen sehr hohen Allgemeinheitsgrad. Vor allem bleibt, worauf insbesondere S. POLLARD hingewiesen hat [495, 1981; s. a. 494: DERS. (Hrsg.), 1980], die Bezugsgröße, die jeweilige nationale Volkswirtschaft problematisch, da von ihr her leicht die gerade in der eigentlichen Industrialisierungsphase besonders großen regionalen Unterschiede, das Nebeneinander von wirtschaftlich bereits sehr weit entwickelten und noch ganz rückständigen Gebieten im gleichen Staat statistisch eingeebnet zu werden drohen. Systematisierende und individualisierende Betrachtungsweise treten hier in ein Spannungsverhältnis, das von Wirtschaftshistorikern im engeren Sinne oft klarer erkannt wird als von jenen, die ihre Ergebnisse für die allgemeine Geschichte übernehmen.

Systematisierung und Differenzierung

So erheben sich, je intensiver und differenzierter die Fülle der auf jenen Prozeß einwirkenden exogenen und endogenen Faktoren untersucht wird und in ihrer Variabilität zutage tritt, gerade von seiten systematisch arbeitender, an modernen Wachstumsmodellen orientierter Wirtschaftshistoriker Zweifel, ob sich der Vorgang je in einem allgemeingültigen Modell wird fassen und darstellen lassen – bis hin zu der Feststellung von K. BORCHARDT [570, 1968, 13], letzten Endes sei „in einem interdependenten System das Zurechnungsproblem nicht lösbar". Solche Skepsis hat freilich die Forschung nicht gelähmt, sondern eher beflügelt, den Impuls geliefert, sich noch intensiver auf die konkrete historische Analyse einzulassen. Dabei bestimmt nach wie vor die englische Entwicklung, das Beispiel der England als „first industrial nation" [597: P. MATHIAS, 1969] als eine Art Paradigma die zentralen Gesichtspunkte und die Hauptfragestellungen. Das gilt sowohl für die Frage nach Dauer, Ausmaß, Tiefenwirkung und Grundcharakter des Prozesses als solchem wie auch für die einzelnen Problemfelder (Antriebskräfte des wirtschaftlichen Wachstums, Leitsektoren, Bedeutung außerökonomischer Faktoren, soziale Wirkungen der industriellen Revolution).

England als
Paradigma

Gestützt auf entsprechende Wachstumsanalysen hat vor allem W. W. ROSTOW [498, 1960] vom englischen Beispiel ausgehend, einen förmlichen Verlaufstypus entworfen und seine Allgemeingültigkeit an der Entwicklung anderer werdender Industriegesellschaften – der USA, den Ländern West-, Mittel- und Nordeuro-Rostows pas, schließlich auch Rußlands – nachzuweisen versucht. Nach Rostow ist als industrielle Revolution i. e. S. im Rahmen eines modellhaft zu fassenden und darzustellenden Industrialisierungsprozesses nur der sogenannte „take off" zu bezeichnen, die dem Abheben eines Flugzeugs vergleichbare Startphase, während derer sich das Wachstum schubartig beschleunigte und in der die jährlichen Wachstumsraten dann eine Höhe erreichten und beibehielten, die in aller Vergangenheit unbekannt gewesen war. Über die statistischen Grundlagen des Rostowschen Konzepts und damit unter anderem auch über die Datierung der verschiedenen „take off"-Phasen – Rostow bezeichnet für England die Jahre zwischen 1780 und 1800 als die entscheidenden Durchbruchsjahre, die ihre Parallele dann in charakteristischem Abstand und Rhythmus in den anderen Gebieten bis hin zu Rußland und Japan gefunden hätten – hält die Diskussion bis heute an [zu den Hauptfragen: 570: K. BORCHARDT, 1968]. Insbesondere aber bleibt auch hier die rein quantifizierende Betrachtungsweise umstritten. Kritiker betonen zudem einerseits, in Anknüpfung an die ältere Forschung [W. J. ASHLEY, H. SÉE, E. LIPSON, G. UNWIN, H. HEATON, J. H. CLAPHAM], wieder stärker den evolutionären Charakter vor allem der englischen Entwicklung [s. 478: R. M. HARTWELL, 1970; s. a. 583: DERS. (Hrsg.), 1967; 486: P. MATHIAS, 1988] und verweisen andererseits auf den Vorbild- und Beispielcharakter der englischen Entwicklung, der bei allen nachfolgenden Industrialisierungsprozessen dem Faktor bewußter Planung und gezielter Initiativen von seiten des Staates einen ganz anderen Stellenwert gab [474: A. GERSCHENKRON, 1965; 461: R. BENDIX, 1966; 547: R. MUHS, 1988]. Von einer Serie zwar zeitlich versetzter, aber ganz ähnlich ablaufender und prinzipiell weitgehend vergleichbarer Industrialisierungsprozesse könne von hier aus kaum die Rede sein, schon gar nicht in den Staaten und Gebieten an der Peripherie [462: I. T. BEREND, A. RÁNKI, 1982; s. a. 616: DIES.,1979].

Rostows
Verlaufstypus

Kritik

In diesem Sinne ist auch eine wachsende Zurückhaltung zu beobachten, sich in der in bezug auf England vieldiskutierten Frage nach den Hauptimpulsen für die

Beschleunigung des wirtschaftlichen Wachstums (Binnenmarkt, außenwirtschaftliche Nachfrage, agrarischer Bereich oder Bereich der gewerblichen Güterproduktion) allzu stark von den hier entwickelten Problemstellungen oder gar Ergebnissen leiten zu lassen. Durch Englands Stellung als „workshop of the world" und durch das vielfältige Erfahrungskapital, das die englische Entwicklung und ihr jeweiliger Stand bereitstellten, war die Situation grundlegend verändert. So mußten sich alle diejenigen Länder, die sich auf den englischen Weg zu begeben anschickten, naturgemäß zunächst auf ihren Binnenmarkt konzentrieren und diesen einerseits zu erweitern (Zollverein) [zu ihm zusammenfassend 525: H.-W. HAHN, 1982], andererseits abzuschirmen versuchen, während sie gleichzeitig in ganz anderer Weise abzuschätzen vermochten, von welchen Bereichen die stärkste dynamisierende Wirkung auf ihre jeweilige Wirtschaft ausgehen werde. Auch die Frage der außerökonomischen Faktoren bis hin zu spezifischen sozio-kulturellen Bedingungen, einschließlich einer bestimmten historisch und geistig-religiös geprägten Mentalität, rückt hier angesichts des gegebenen englischen Vorbilds und Orientierungsmodells – im positiven wie im negativen Sinne – in ein wesentlich anderes Licht. Schließlich ist nicht zu übersehen, daß das vieldiskutierte Problem der konkreten materiellen Folgen der Industriellen Revolution sowie deren weitläufigerer sozialer und kultureller Konsequenzen sich vor dem Hintergrund der englischen Erfahrungen außerhalb der Insel gleichfalls ganz anders stellte und für die Wissenschaft damit bis heute stellt. Antworten der Gesellschaft und des Staates erfolgten hier sehr viel früher und umfassender, bis hin zu der Grundlegung des modernen Systems der Sozialversicherung im Deutschland der achtziger Jahre des 19. Jahrhunderts, also rund dreißig Jahre nachdem hier der Industrialisierungsprozeß voll in Gang gekommen war – ein Zeitpunkt, zu dem, wenn man die Daten entsprechend verschiebt, an dergleichen in England gar nicht zu denken gewesen wäre [1181: M. E. ROSE, 1972].

Grenzen des englischen Modells

Aus all dem ergibt und erklärt sich, warum die allgemeine, international übergreifende und mehr systematisch orientierte Industrialisierungsforschung seit dem großangelegten Versuch von D. LANDES [485, 1969] eher stagniert bzw. sich bewußt jeweils sehr viel enger begrenzte Ziele setzt [so 495: S. POLLARD, 1981, mit Akzent auf dem ökonomisch-„technischen" Aspekt]. In den letzten Jahren geht das Bemühen zunehmend dahin, durch vergleichende Untersuchungen [z. B. 470: Y. COHEN, K. MANFRASS (Hrsg.), 1990] und durch Forschungen auf nationaler und vor allem regionaler Ebene [515: J. BERGMANN u. a., 1989; 534: H. KIESEWETTER, 1988 (Sachsen); 519: O. DASCHER, C. KLEINSCHMIDT (Hrsg.), 1992 (Dortmunder Raum); 548: T. PIERENKEMPER (Hrsg.), 1992 (Oberschlesien)] die Tiefenschärfe hinsichtlich des Verständnisses des Industrialisierungsprozesses zu erhöhen.

Favorisierung regionaler Untersuchungen

Die neueren Gesamtdarstellungen nach den 1966 erschienenen entsprechenden beiden Bänden der Cambridge Economic History of Europe [477, mit der ersten Fassung der eben genannten Darstellung von LANDES], die Fontana Economic History of Europe [469, 1973] und das Handbuch der europäischen Wirtschafts- und Sozialgeschichte [471, hier bes. Bd. 5: Europäische Wirtschafts- und Sozialgeschichte von der Mitte des 19. Jahrhunderts bis zum Ersten Weltkrieg, 1985], legen den Akzent nach einer Reihe von systematisch ausgerichteten Beiträgen denn auch sehr eindeutig auf die Entwicklung in den einzelnen Gebieten und Ländern.

Diese Entwicklung wurde, gerade was den hier behandelten Zeitraum, die zweite Hälfte des 19. Jahrhunderts, angeht, insbesondere unter dem Einfluß der Arbeiten von A. GERSCHENKRON [bes. 474, 1965, siehe auch 475, 1968] lange Zeit vorwiegend unter dem Aspekt der abgestuften Rückständigkeit, wiederum bezogen auf das englische Beispiel und Vorbild, zusammengefaßt. Inzwischen haben sich die Akzente, so erkenntnisfördernd der Gesichtspunkt in vielerlei Hinsicht war und so fruchtbar er nach wie vor bleibt, nicht unerheblich verschoben. Gelegentlich expressis verbis, wie etwa in der wieder aufgeflammten Diskussion um den sogenannten deutschen Sonderweg (siehe unter II, 5), meist jedoch nur in der differenzierten Entfaltung der jeweiligen Zusammenhänge und bestimmenden Faktoren tritt das Moment der eigenständigen, an ein bestimmtes historisches Bedingungsgeflecht gebundenen Entwicklung immer stärker hervor und mit ihm die Einsicht, daß diese Entwicklung auch über die vielerörterten Anpassungskrisen hinaus von Fall zu Fall zu jeweils eigentümlichen Gestaltungen tendiert [vgl. 503: R. SYLLA, G. TONIOLO (Hrsg.), 1993]. Sie lassen sich, so die Konsequenz, auch nachdem der tiefgreifende wirtschaftliche und gesellschaftliche Umgestaltungsprozeß, der mit der sogenannten Industriellen Revolution eingeleitet wurde, in vielen Ländern Europas zu einem gewissen Abschluß gekommen ist, nur begrenzt unter eine festlegbare Norm subsumieren und von hier aus zureichend erfassen. P. N. STEARNS hat neuerdings den Versuch unternommen, diese Einsicht mit A. GERSCHENKRONS These zu verbinden. Er versteht die Industrialisierung als globalen, bis in die Gegenwart fortdauernden Prozeß, in den die nationalen Volkswirtschaften zu unterschiedlichen Zeitpunkten eingetreten seien. Man könne daher nicht einfach von einem einfachen Kopieren des englischen Modells sprechen, sondern müsse ganz verschiedene Arten und Formen des Industrialisierungsprozesses konstatieren [502: P. N. STEARNS, 1993].

Trotz dieses Versuchs, bei aller Verschiedenheit das Vergleichbare der globalen Entwicklung zu betonen, zerfällt die Forschung doch insgesamt immer mehr in nationale und regionale Analysen. Es wiederholt sich das, was seit der zweiten Hälfte des 19. Jahrhunderts für die politische Geschichtsschreibung im engeren Sinne charakteristisch war: die Auflösung in eine Serie von Nationalgeschichten, deren gemeinsame Strukturprinzipien gegenüber den sich jeweils konkret stellenden sachlichen Fragen und unmittelbaren Deutungsproblemen in den Hintergrund treten, falls man nicht sogar schon beginnt, wenn nicht ihre Existenz, so doch ihren direkten, handfesten Erklärungswert zu bestreiten. Auch in der Betonung und verstärkten Analyse des außenwirtschaftlichen Aspekts, der zunehmend antagonistischen Beziehungen der einzelnen Volkswirtschaften mag man eine Parallele zur Entwicklung der politischen Geschichtsschreibung hundert Jahre früher sehen.

Marginalien:

Das Konzept der abgestuften Rückständigkeit

Modifikationen

Nationalgeschichtliche Auffächerung der Forschung

In diesem Rahmen ist die Erforschung der Entstehungsgeschichte der großen kontinentaleuropäischen Industriewirtschaften und Industriegesellschaften in der zweiten Hälfte des 19. Jahrhunderts während der letzten Jahrzehnte auf breiter Front vorangekommen. Grundlage dafür war überall die Sammlung und Aufbereitung des statistischen Materials, das zwar, im Vergleich zu früheren Zeiten, nun vielfach schon von sehr viel besserer Qualität, aber doch oft noch höchst disparat war, der Klärung, Normierung im Hinblick auf die Bezugsgrößen, der Aufschlüsselung und Reihung bedurfte und nach wie vor bedarf. Bahnbrechend waren hier speziell für die Bevölkerungsgeschichte vor allem M. R. REINHARD, A. ARMENGAUD und J. DUPAQUIER mit ihrer immer wieder überarbeiteten und verfeinerten „Histoire générale de la population mondiale" [497] und W. G. HOFFMANN mit seinem auch außerhalb Deutschlands als Vorbild wirkenden monumentalen Werk „Das Wachstum der deutschen Wirtschaft seit der Mitte des 19. Jahrhunderts" [49, 1965; s. a. 529: DERS. (Hrsg.), 1971], das seither aller wirtschaftsgeschichtlichen Forschung in Deutschland und allen weiterführenden statistischen Untersuchungen, wie sie für die hier behandelte Zeit vor allem R. SPREE unternommen hat [551, 1977; s. a. 514: J. BERGMANN, R. SPREE, 1974], als unentbehrliche Grundlage dient. Einen ersten großangelegten Versuch, die wichtigsten Statistiken für Europa insgesamt zusammenzustellen [speziell für die Entwicklung des Bruttosozialprodukts: 460: P. BAIROCH, 1976] hat 1975 B. R. MITCHELL unternommen [11, 1981], nachdem er zuvor bereits, zunächst gemeinsam mit PH. DEANE [109, 1962] und dann mit H. G. JONES [110, 1971], ein entsprechendes Werk für Großbritannien vorgelegt hatte. Von ihm stammt auch der knapp gefaßte statistische Anhang der „Fontana Economic History of Europe" [469, Bd. 4, 2, 738 ff.], der eine Auswahl der wichtigsten Daten bereitstellt.

Von dieser inzwischen befestigten statistischen Basis aus hat die Forschung in den einzelnen Ländern sich auf sehr unterschiedliche Bereiche konzentriert. In Deutschland und Italien standen, der Entwicklung beider Länder entsprechend, die erst zu Beginn der sechziger bzw. der siebziger Jahre zur nationalstaatlichen Einheit gelangten und erst von da an endgültig einen einheitlichen Wirtschaftsraum bildeten, zunächst die sehr verschiedenartigen Rahmenbedingungen für die Entfaltung und Entwicklung der Wirtschaft [siehe besonders die Arbeiten von W. ZORN: 563, 564, 565, 566] sowie das – in Deutschland durch den Zollverein bereits etwas entschärfte, in Italien sich dramatisch zuspitzende – Problem der Strukturangleichung im Zeichen einer sich stürmisch verändernden wirtschaftlichen Situation im Zentrum. Daneben haben hier wie dort die politischen und sozialen Folgen des anfangs noch sehr partiellen, sowohl auf bestimmte Gebiete als auch auf einzelne Sektoren beschränkten Industrialisierungsprozesses unter dem speziellen Aspekt der „Ungleichzeitigkeit des Gleichzeitigen", des oft unverbunden Nebeneinanders von ganz traditionellen und bereits weit fortentwickelten Strukturen und Verhältnissen sowie die „vorindustriellen Faktoren" in der Industrialisierung besondere Aufmerksamkeit gefunden [J. KOCKA, in: 269, 1970, 265 ff.]. Zudem wird bereits seit den siebziger Jahren auch in Deutschland intensiv über

Statistische Grundlagen

Deutschland und Italien

„Protoindustriali-
sierung"

das Phänomen der „Protoindustrialisierung" diskutiert, das eine eigenständige Formationsphase mit Elementen industrieller Produktion und kapitalistischer Wirtschaftsorganisation vor Beginn der eigentlichen Industriellen Revolution bezeichnet. P. KRIEDTE, gemeinsam mit H. MEDICK und J. SCHLUMBOHM einer der vehementesten Vertreter der These von der Protoindustrialisierung, hat am Beispiel der Seidenproduktion in Krefeld seine These zuletzt auf empirischer Basis dokumentiert und zugleich verfeinert, indem er jene protoindustriellen Züge der Wirtschafts- und Lebensweise hausindustrieller Produzentengruppen aufzeigt [P. KRIEDTE, 1991 (Krefeld)]. Eine vorläufige Bilanz der Protoindustrialisierungsforschung hat jüngst S. POLLARD vorgelegt [in: 1463: M. BERG (Hrsg.), 1991]. Die daraus resultierenden gravierenden Probleme sind vor allem auf der lokalgeschichtlichen Ebene eindringlich herausgearbeitet worden [531: W. HOTH, 1974 (Wuppertal); 528: W. VON HIPPEL, 1975 (Gebiet des mittleren Neckar); 511: B. BALKENHOL, 1976 (Düsseldorf); 706: I. FISCHER, 1977 (Augsburg); 512: V. VOM BERG, 1979 (Essen); 701: D. F. CREW, 1980 (Bochum); 688: P. AYÇOBERRY, 1981 (Köln); 696: W. BUSCHMANN, 1981 (Linden); 541: P. KRIEDTE (Krefeld); s. a. die von E. MASCHKE und J. SYDOW (544) sowie J. REULECKE (748) herausgegebenen Sammelbände]. Sie traten mit aller Schärfe hervor, als nach 1873, nach der akuten Banken- und Gründerkrise, die Wachstumsraten abflachten und die Gewinnmar-

„Große
Depression"

gen drastisch zurückgingen, als sich ohne das Öl einer ständigen Hochkonjunktur die Gegensätze zwischen den einzelnen Schichten der Gesellschaft, zwischen den einzelnen Bereichen der Wirtschaft und zwischen den Repräsentanten der verschiedenen Gruppen und Weltanschauungen immer stärker bemerkbar machten. Vor allem H. ROSENBERG [258, 1976] und seine „Schule" in einem weiteren Sinne (H.-U. WEHLER, J. KOCKA, H. A. WINKLER, P. CHR. WITT, H.-J. PUHLE, H. BÖHME) haben diese Entwicklung im einzelnen untersucht und in ihr den entscheidenden Schlüssel zum Verständnis der deutschen Entwicklung nicht nur in der zweiten Hälfte des 19. Jahrhunderts, sondern bis hin zur Machtergreifung von 1933 und zur Politik des Nationalsozialismus gesehen (siehe auch unter II, 5). Ähnliches gilt in Italien für die unter Führung von R. ROMEO und anderen im Gesamtzusammenhang der Risorgimento-Debatte intensiv erforschte und diskutierte Nord-Süd-Problematik [s. 620: V. CASTRONOVO, 1978], die den italienischen Nationalstaat innerlich zerriß und die Probleme einer werdenden Industriegesellschaft enorm verschärfte, sie schließlich für den liberalen Parlamentarismus unlösbar werden ließ. Allerdings sind Anläufe zur epochenspezifischen Verallgemeinerung der Befunde, wie sie vor allem von deutscher Seite im Hinblick auf ein „Zeitalter der großen Depression" unternommen worden sind, in der internationalen Diskussion unter Hinweis auf die sehr verschiedenartige Entwicklung in den einzelnen Ländern eher mit Zurückhaltung aufgenommen worden [speziell zu den wirtschaftshistorischen Problemen: 500: S. B. SAUL, 1969, und C.-L. HOLTFRERICH, The Growth of Net Domestic Product in Germany 1850–1913, in: 472: R. FREMDLING, P. O'BRIEN (Hrsg.), 1983, 124 ff.]. Das gilt auch für das von J. KOCKA [in: 505, 1974, 19 ff.], H.-U. WEHLER [in: 505, 1974, 36 ff.] und H. A. WINKLER [in:

505, 1974, 9 ff., 219 ff.] mit unterschiedlichen Akzentsetzungen im Anschluß an R. HILFERDING entwickelte Konzept des „organisierten Kapitalismus" als einer von der Wirtschafts- und Sozialgeschichte her bestimmbaren speziellen Epoche der europäischen Geschichte, die von den achtziger Jahren des 19. Jahrhunderts bis in unsere Gegenwart reiche. Neben der Frage, ob es je eine Phase des „unorganisierten Kapitalismus" gegeben habe, ist dagegen vor allem eingewandt worden, es enthalte zu starke Verallgemeinerungen, trenne begrifflich nicht scharf genug zwischen Interventionsstaat und „organisiertem Kapitalismus", sei zu statisch und gebe für Verständnis und Interpretation der politischen Entwicklung wenig her [Überblicke über die inzwischen wohl weitgehend abgeschlossene Diskussion: 1080: L. GALL, 1978; H. A. WINKLER, Organisierter Kapitalismus? Versuch eines Fazits, in: DERS., Liberalismus und Antiliberalismus, 1979, 264 ff., mit dem selbstkritischen Schluß, es habe sich um einen „wissenschaftlich produktiv(en)... Irrtum" gehandelt; J. KOCKA, in: HZ 230 (1980), 613 ff.]. ·**„Organisierter Kapitalismus"**

Die international zu beobachtende Tendenz der letzten Jahre, weniger grundlegend neue Theorien zu entwickeln als vielmehr die vorliegenden durch den Blick auf Regionen und Unternehmen zu überprüfen und zu präzisieren, hat auch in Deutschland die Forschung weitgehend bestimmt. Dabei ist ein neuer Aufschwung der Unternehmensgeschichte zu registrieren, der nicht zuletzt auch auf die zunehmende Öffnung der Unternehmensarchive für die Forschung zurückzuführen ist. So hat V. WELLHÖNER [558, 1989] Hilferdings These von der Dominanz des in den Großbanken gebündelten und durch sie repräsentierten „Finanzkapitals" gegenüber der Industrie auf der Ebene der konkreten Beziehungen zwischen zehn Großunternehmen und den Banken untersucht und weitgehend relativiert. Er weist nach, daß trotz vielfältig bestehender Wechselbeziehungen von einseitiger Abhängigkeit nicht gesprochen werden kann. Auch die zunächst für Amerika entwickelten Thesen A. D. CHANDLERS [The Visible Hand. The Managerial Revolution in American Business, Cambridge/Mass. 1977] sind auch hinsichtlich Deutschlands anhand konkreter Beispiele weitgehend bestätigt worden. CHANDLER postuliert typische Veränderung in Struktur und Organisation von Großunternehmen im Verlauf der Industrialisierung, die KOCKA und SIEGRIST anhand der 100 größten deutschen Unternehmen und zuletzt U. KESSLER am Einzelfall Krupp überprüft haben [539: J. KOCKA, H. SIEGRIST, 1979; 533: U. KESSLER, 1995]. Nachdem lange Zeit die sogenannten Leitsektoren der Wirtschaft im Zentrum des wissenschaftlichen, auch unternehmensgeschichtlichen Interesses gestanden hatten, wendet sich die Forschung nun verstärkt kleinen und mittleren Betrieben zu [488: M. MÜLLER (Hrsg.), 1994]. Auch die Geschichte von Handwerksbetrieben scheint in jüngster Zeit verstärkte Aufmerksamkeit zu erfahren. Neben der Stellung der Handwerker im Wirtschaftsprozeß insgesamt [bes. D. BLACKBOURN, Handwerker im Kaiserreich: Gewinner oder Verlierer?, in: 516: U. WENGENROTH (Hrsg.), 1989, 7–21] geraten auch mittelständische Unternehmen und ihre Entwicklung im Industrialisierungsprozeß ins Blickfeld [z. B. 549: T. PIERENKEMPER, R. H. TILLY, 1987; vgl. für England 568: C. BEHAGG, 1990]. ·**Aufschwung der Unternehmensgeschichte** ·**Organisation von Großunternehmen**

Eine Bündelung und vorläufige Bilanzierung haben die vielfältigen Diskussionen zur Industrialisierung und zur deutschen Wirtschaftsgeschichte in jüngster Zeit in einigen Gesamtdarstellungen gefunden [556: R. H. TILLY, 1990; 535: H. KIESEWETTER, 1989; 492: T. PIERENKEMPER, 1994].

Frankreich   Gegenüber solchen weit ausgreifenden Konzeptionen stehen in der französischen Wirtschaftsgeschichte, deren Objekt im Unterschied zu den dramatischen Entwicklungen auf der politischen Bühne des Landes durch eine vergleichsweise sehr viel ruhigere und kontinuierlichere Entwicklung geprägt war – eine industrielle take-off-Phase fehlt hier praktisch –, die innerwirtschaftlichen Probleme, die sozialen und ökonomischen Wachstumsvoraussetzungen, Fragen der Unternehmensstruktur [595: M. LÉVY-LEBOYER, F. BOURGUIGNON, 1985; 592: D. S. LANDES, 1949; 603: G. P. PALMADE, 1961] und der Kapitalbeschaffung [581: B. GILLE, 1970; 571: J. BOUVIER, 1973; 594: M. LÉVY-LEBOYER, 1978], die Rolle der einzelnen Sektoren [wegweisend 580: C. FOHLEN, 1956], die Bedeutung der Ressourcen sowie die Funktion der Infrastruktur einschließlich der staatlichen Wirtschaftspolitik im Mittelpunkt [605: A. PLESSIS, 1985; C. FOHLEN, in: 469, 1977, Bd. 4, 84 ff.; 608: R. PRICE, 1981]. Auch die hiermit sehr viel lockerer als in Deutschland verbundene Sozialgeschichte ist – selbst wo sie sich, wie häufig, im Rahmen eines marxistischen Erklärungsmodells bewegt – auf der Linie der „École des Annales" weit stärker auf Fragen der konkreten sozialen Lebenswelt, auf Lage und Stellung der einzelnen gesellschaftlichen Gruppen und ihre Wandlungen konzentriert [611: G. ZIEBURA, H. G. HAUPT (Hrsg.), 1975; 606: A. PLESSIS, 1985]. Beide erheben von daher auch weit weniger den Anspruch, eine Art Integrationsdisziplin der Geschichtswissenschaft zu sein, während sie auf der anderen Seite allerdings das Moment der „longue durée", der größeren historischen Tiefendimension gegenüber der politischen Geschichte nachhaltig betonen.

West- und   Eine ähnliche, mehr pragmatische Ausrichtung bestimmt auch, was die zweite
Nordeuropa   Hälfte des 19. Jahrhunderts angeht, die wirtschaftsgeschichtliche Forschung in den meisten Ländern West- und Nordeuropas einschließlich Englands, wo sich die großen, grundsätzlichen Debatten im wesentlichen auf die eigentliche Durchbruchsphase des Industrialisierungsprozesses während des ausgehenden 18. und beginnenden 19. Jahrhunderts konzentrieren. Insbesondere der neue große Leitsektor der industriell-gewerblichen Wirtschaft, der Eisenbahnbau, und die vielfältigen Impulse, die von ihm ausgingen, haben dabei die Aufmerksamkeit der Forschung auf sich gezogen. Daneben beschäftigen vor allem die englische Wirtschaftsgeschichte, in engem Zusammenhang mit der Imperialismusdiskussion und hier zumal mit den Thesen von R. ROBINSON und J. GALLAGHER über den „informal imperialism", den „imperialism of free trade" [1335: R. ROBINSON, J. GALLAGHER, 1976; s. a. 1494: W. J. MOMMSEN, 1968], Fragen des Kapitalexports und der Bedeutung der Verteilung des anlagesuchenden Kapitals für die weitere Entwicklung der Industriewirtschaft [587: E. J. HOBSBAWM, 1968; 579: D. K. FIELDHOUSE, 1973; s. a. 586: W. O. HENDERSON, 1972; 578: C. H. FEINSTEIN, S. POLLARD (Hrsg.), 1988; 589: G. JONES, 1993; 576: R. P. T. DAVENPORT-HINES, G.

JONES (Hrsg.), 1989; 585: J. J. VAN HELTEN, Y. CASSIS (Hrsg.), 1990]. Ein über-
greifendes Thema bleibt hier zugleich die Debatte über die „standards of living"   Die „standards of
(E. J. HOBSBAWM), über die Entwicklung des Lebensstandards der vom Industria-   living"-Debatte
lisierungsprozeß und seinen Auswirkungen erfaßten Massen [zu den grundsätzlichen Positionen: 610: A. J. TAYLOR (Hrsg.), 1975; s. a. 572: J. BURNETT, 1969].
Zwar besteht weitgehend Einigkeit, daß nun, nach 1840 und noch deutlicher nach
der Jahrhundertmitte, die Reallöhne im Unterschied zu den Jahrzehnten davor
eindeutig und auf breiter Front anstiegen. Aber es bleibt nach wie vor umstritten,
ob die grundlegende Veränderung aller Lebensbedingungen insgesamt zu einer –
statistisch gar nicht meßbaren und erfaßbaren – Verschlechterung [so v. a. 587: E.
J. HOBSBAWM, 1968] oder doch zu einer Verbesserung der wirtschaftlich-sozialen
Lage der Betroffenen, der „Lebensqualität" geführt habe.

Zunehmende Aufmerksamkeit hat, nicht zuletzt im Hinblick auf möglicherweise vergleichbare aktuelle Vorgänge und Prozesse in der „Dritten Welt", in den
letzten Jahrzehnten der Sonderfall der russischen Entwicklung, einer fast aus-   Rußland
schließlich vom Staat in Gang gebrachten und gesteuerten Industrialisierung gefunden [zu dem den Gegenstand übergreifenden Interesse an dieser Entwicklung
v. a. 623: A. GERSCHENKRON, 1960; DERS., in: 477, Bd. 6, 1966, 706 ff.; DERS., in:
498, 1971, 151 ff., und 617: W. L. BLACKWELL, 1970; A. KAHAN, Government Policies and the Industrialization of Russia, in: 631, 1989; 640: J.-L. VAN REGEMOR-
TER, 1990; zur marxistischen Position kanonisch bis heute: W. I. LENIN, Die Entwicklung das Kapitalismus in Rußland (LW 3, 1968[4], 7 ff.)]. Das Zarenreich übernahm dabei die wesentlichen Erfahrungen, die man in West- und Mitteleuropa im
Verlauf nunmehr fast eines Jahrhunderts gemacht hatte: die Überlegenheit des
Großbetriebes, die zentrale Bedeutung und stimulierende Wirkung bestimmter
Leitsektoren wie der Textil- und der Eisenindustrie, die Funktion des Eisenbahn-
baus als Motor der industriellen Entwicklung wie als Instrument zur wirtschaftlichen Erschließung und Durchdringung des Landes, schließlich die entscheidende
Rolle des Faktors Kapital. Vor allem nachdem Sergei Witte 1892 an die Spitze des
Finanz- und Wirtschaftsministeriums getreten war, wurden diese Erfahrungen
gezielt eingesetzt mit dem Ergebnis, daß in den zweieinhalb Jahrzehnten vor
Ausbruch des Ersten Weltkriegs die russische Industrieproduktion Jahr für Jahr
höhere Zuwachsraten verzeichnete als der entsprechende Bereich in irgendeinem
anderen Land der Erde, die USA eingeschlossen. Das Schwergewicht lag dabei
neben der gezielten Förderung der vor allem von dem Bremer Ludwig Knoop
und den Morosows aufgebauten Textilindustrie mit den drei Schwerpunkten
Moskau, Lodz und Narwa auf dem Eisenbahnbau, der seit Beginn der neunziger
Jahre in außerordentlichem Tempo vorangetrieben wurde [J. N. WESTWOOD, Geschichte der russischen Eisenbahnen, 1966]. Hinzu kamen, unter starker Beteiligung der schwedischen Firma Nobel, die Anfänge der Erdölindustrie mit dem
Zentrum Baku und der Schiffbau, der sowohl an der Ostsee als auch am Schwarzen Meer mit massiver staatlicher Beteiligung in Gang gebracht wurde [M. TU-
GAN-BARANOWSKIJ, Istorija russkoi fabritzi, 1938[2]; 639: R. PORTAL, 1960; DERS.,

in: 477, Bd. 6, 1966, 801 ff.; 615: Y. BARD, 1968; 625: P. GREGORY, 1972; G. GROSS-
MAN, in: 469, 1977, Bd. 4, 403 ff.].

Verhältnis von agrarischer und industrieller Revolution

Der im Hinblick auf Westeuropa vieldiskutierte Zusammenhang zwischen der sogenannten agrarischen und der Industriellen Revolution ist, was die verstärkte „Freisetzung" von Arbeitskräften angeht, hinsichtlich Rußlands kaum umstritten: Es gilt als ausgemacht, daß seit der Aufhebung der Leibeigenschaft nicht nur die Bevölkerungszahl stark anstieg, sondern daß damit zugleich auch „eine starke Fluktuation innerhalb des ganzen Reiches" einsetzte [G. VON RAUCH, in: 194, Bd. 6, 1968, 327], die die entstehenden Industrien mit einem ständigen Zustrom von Arbeitskräften versorgte [über den Einsatz ausländischer Arbeitskräfte: 613: E. AMBURGER, 1968]. Mehr Diskussionen gibt es, zumal auch zwischen russischen bzw. marxistischen und westlichen Historikern, über Fragen der Finanzierung und der Bedeutung des Kapitalimports [Überblick über die russische Diskussion: B. BONWETSCH, in: JbbGOE 22 (1974), 412 ff.; siehe auch 627: G. GUROFF, F. V. CARSTENSEN, 1983; zum internationalen Rahmen: 493: R. POIDEVIN, Finances et relations internationales, 1970; zur Rolle deutscher Unternehmen bei der Industrialisierung Rußlands s. 632: W. KIRCHNER, 1986], über die Rolle der Zoll- und allgemein der Außenwirtschaftspolitik [zusammenfassend: B. BONWETSCH, Handelspolitik und Industrialisierung, in: 624, 1975, 277 ff.; 1435: H. MÜLLER-LINK, 1977] sowie allgemein über das Verhältnis von Industrialisierung und sozialer Entwicklung [624: D. GEYER (Hrsg.), 1975; 1472: DERS., 1977]. Vor allem in dem letztgenannten Komplex bündeln sich dabei noch einmal exemplarisch die Probleme, die gerade das russische Beispiel einer „importierten" industriellen Entwicklung aufgibt – Probleme, die Wissenschaft und Politik bis in unsere unmittelbare Gegenwart weit über Europa hinaus zentral beschäftigen.

3. Gestalt und Organisation der neuen Gesellschaft

Hauptcharakteristikum der europäischen, vor allem der west- und mitteleuropäischen Gesellschaft der zweiten Hälfte des 19. Jahrhunderts war eine ständig zunehmende Mobilität, in räumlicher wie in beruflicher, aber auch in sozialer Hinsicht, wobei man freilich die soziale Mobilität nicht überschätzen darf: Die Veränderungen waren hier zwar im Einzelfall oft spektakulär, hielten sich aber insgesamt doch noch in engen Grenzen. Dieser Prozeß der Mobilisierung der europäischen Gesellschaft hat von Anfang an, zunehmend gestützt auf das von jetzt an in immer breiterer Fülle zur Verfügung stehende statistische Material, das Interesse der Wissenschaft auf sich gezogen. Allerdings entzündete sich an der Einschätzung des Vorgangs auch schon bald ein Grundsatzkonflikt, der die praktische Forschung in vielfältiger Weise überlagerte und zu Frontbildungen führte, die nur noch zum Teil in der Sache selbst begründet lagen. *Mobilisierung der europäischen Gesellschaft*

Das Problem, um das es dabei im Kern ging, war bereits früh ins Blickfeld geraten. Es war schon von Voltaire aufgeworfen und in der Aufklärung lebhaft diskutiert worden. Angesichts der außerordentlichen Beschleunigung und Zuspitzung der gesellschaftlichen Entwicklung erhielt es dann ein besonderes Gewicht. Kam dieser Entwicklung, das war die entscheidende Frage, jetzt – oder vielleicht sogar immer schon – die zentrale, richtungbestimmende Rolle im historischen Prozeß zu? Oder war sie ihrerseits und mit ihr der historische Prozeß insgesamt im wesentlichen abhängig von bewußten Willensentscheidungen und Willensakten der politisch Handelnden und damit vor allem des Staates, lag hier also das eigentliche Zentrum der geschichtlichen Bewegung?

Die Frage konkretisierte und verschärfte sich vor allem auf zwei Ebenen. Zum einen ging es um das scheinbar mehr theoretische Problem, ob die gesellschaftliche Entwicklung, wie die französischen Frühsozialisten, die Linkshegelianer mit Karl Marx an der Spitze, aber auch viele liberale Theoretiker behaupteten, im wesentlichen selbstläufig, nach immanenten, quasi naturgesetzlich fixierbaren Regeln ablaufe oder aber eben jederzeit der freien Entscheidung der politisch Handelnden unterliege. Und zum anderen rang man mit wachsender Leidenschaft um die praktisch-politischen Konsequenzen, die sich aus der unterschiedlichen Grundauffassung vom Wesen der gesellschaftlichen Entwicklung und vom Verhältnis zwischen Staat und Gesellschaft ergaben. Die Anhänger der These von einer sich im wesentlichen selbstläufig entwickelnden und verändernden gesellschaftlichen Ordnung traten in ihrer Mehrheit immer nachdrücklicher dafür ein, daraus die entsprechenden Folgerungen auch für die politische und staatliche Ordnung zu ziehen und auch hier den Vorrang der gesellschaftlichen Kräfte zu akzeptieren und ihm institutionell Geltung zu verschaffen. Demgegenüber neigten die Wortführer eines Primats politisch-weltanschaulich bestimmten Entscheidungshandelns und des Staates mehr und mehr dazu, eine stärkere Unabhängigkeit des Staates und der politisch Handelnden von der Gesellschaft und „anonymen" gesellschaftlichen Kräften zu fordern – wobei natürlich in beiden Fällen *Vorrang der gesellschaftlichen Entwicklung?*

Grundposition und politisches Konzept fast unentwirrbar miteinander verknüpft waren und sich auch im Einzelfall nur sehr schwer bestimmen läßt, was für die entsprechende Auffassung ausschlaggebend war.

Die Auseinander-
setzung um die
„Gesellschafts-
wissenschaft"

Dieser dann in immer neuen Anläufen auf dem Feld der Wissenschaft, zunehmend auch mit wissenschaftstheoretischen Argumenten ausgefochtene politische Grundsatzkonflikt hat die Entwicklung und das akademische Schicksal der Sozialgeschichte bzw. der Soziologie, der „Gesellschaftswissenschaft", wie sie in Deutschland im 19. Jahrhundert genannt wurde, zunächst entscheidend bestimmt. Die Positionen und Gegenpositionen der Jahrhundertmitte, die dann sehr stark richtungweisend wirkten, werden im deutschen Sprachraum besonders deutlich in der Auseinandersetzung faßbar, die H. VON TREITSCHKE in seiner 1859 erschienenen Habilitationsschrift [Die Gesellschaftswissenschaft. Ein kritischer Versuch. Neu hrsg. v. E. ROTHACKER, 1927, unveränderter Nachdruck Darmstadt 1980] vor allem mit dem liberalen Staatsrechtler und Reichsjustizminister von 1848 R. VON MOHL [Gesellschaftswissenschaften und Staatswissenschaften. Neu hrsg. v. K. H. FISCHER, 1992], aber auch mit L. VON STEIN und W. H. RIEHL führte, dem Autor einer vielgelesenen und zu ihrer Zeit sehr einflußreichen „Naturgeschichte" der „bürgerlichen Gesellschaft" [Die bürgerliche Gesellschaft, 1851, ab 1854 als Bd. 2 einer: Naturgeschichte des Volkes, gekürzte Neuausg., hrsg. v. P. STEINBACH, 1976]. Diese Auseinandersetzung hat nicht unwesentlich dazu beigetragen, „daß der Soziologie in Deutschland lange Zeit bestritten wurde, eine eigene Disziplin zu bilden" [H. MAUS, Geschichte der Soziologie, in: W. ZIEGENFUSS (Hrsg.), Handbuch der Soziologie, 1966, 19].

Hegel und
Treitschke

Gesellschaft, so TREITSCHKE an Hegel anknüpfend, sei für sich genommen etwas Amorphes. Sie werde von den unterschiedlichsten und gegensätzlichsten Impulsen bestimmt, sei zu eigenständiger Form und Ordnung letztlich unfähig. Diese erhalte sie erst durch den Staat. Er umfasse „das gesamte Volksleben, indem er alle diese Sonderverhältnisse durch das Recht ordnet und versittlicht und durch seine Macht ihre Unabhängigkeit wahrt" [Die Gesellschaftswissenschaft, Neuausg. 1927, 81]. Wissenschaftlich erfassen und analytisch aufschließen lasse sich daher die Gesellschaft auch nur durch eine soziologisch und historisch fundierte Staatswissenschaft, nicht von einer Staat und Gesellschaft künstlich trennenden Gesellschaftswissenschaft. Diese gehe, wie die Arbeiten Mohls deutlich machten, aus durchsichtigen politischen Gründen von einem „zu engen Staatsbegriffe" [Gesellschaftswissenschaft, 73] aus und verzerre damit die Wirklichkeit in einseitiger Weise.

Soziologie als
Oppositions-
wissenschaft

Die politische Frontstellung gegen die sozialistische Arbeiterbewegung und damit zugleich gegen die Lehren des „wissenschaftlichen Sozialismus", denen TREITSCHKE unter dem Schlagwort der „Kathedersozialisten" dann auch alle sozialreformerischen Kräfte wie etwa den Kreis um den „Verein für Sozialpolitik" und um Gustav Schmoller zuzuordnen suchte [Der Socialismus und seine Gönner, 1875], hat diese Betrachtungsweise weit über Deutschland hinaus außerordentlich gefördert. Sie ließ Soziologie und Sozialgeschichte weithin zu einer „Oppositionswissenschaft" (H. Freyer) werden – politisch wie auch im Rahmen der etablierten Wissenschaften einschließlich der immer stärker auf die politische Geschichte im engeren Sinne und auf die Geistesgeschichte ausgerichteten Geschichtswissenschaft [zur Entwicklung des Verhältnisses beider Disziplinen in Deutschland: W. Schulze, Soziologie und Geschichtswissenschaft, 1974, 17 ff.; mit europäischem Schwerpunkt: 653: P. Burke, 1989]. Daraus erwuchs, neben vielfältigen Beschränkungen und Zurücksetzungen, ihre besondere Dynamik, aber auch ihr kämpferischer, gelegentlich missionarischer Charakter.

Aus dem gleichen Zusammenhang erklärt sich, daß der Begriff der „Sozialgeschichte", der „Gesellschaftsgeschichte" bis zum gegenwärtigen Zeitpunkt eine spezifische Ambivalenz besitzt, die immer wieder zu Mißverständnissen Anlaß gibt. Zum einen bezeichnet er die Geschichte eines Teilbereichs, eines speziellen Sektors im Gesamtzusammenhang des historischen Prozesses, eben die Geschichte der Gesellschaft oder genauer: der verschiedenen gesellschaftlichen Gruppen, wobei hier zunächst in der Tradition der Beschäftigung mit der „sozialen Frage" und unter dem Eindruck sozialreformerischer Impulse vielfach die sozialen Unterschichten bzw. die Arbeiterbewegung im Zentrum des wissenschaftlichen Interesses standen. Seit den 1980er Jahren ist eine thematische Ausweitung auf fast alle Schichten der Gesellschaft zu beobachten. In diesem Sinne hatte schon K. Lamprecht, der seinerzeit in der historischen Zunft vielumstrittene Vertreter einer umfassenden, sozialgeschichtlich ausgerichteten „Kulturgeschichte", Sozialgeschichte definiert als Geschichte der verschiedenen gesellschaftlichen Schichten, ihres Wechselverhältnisses und damit zugleich der Formen des sozialen Lebens insgesamt [Die Entwicklungsstufen der deutschen Geschichtswissenschaft II, in: Zeitschrift f. Kulturgeschichte 6 (1898), 37 f.]. „Gemeinhin", so K. Breysig, auch er wie Lamprecht ein Außenseiter des Fachs, zwei Jahre vorher, 1896, würden „für ihr Objekt diejenigen Verbände der Menschen" gehalten, „die nicht vorwiegend politischer Natur sind – also der Familie, der Stände, der Klassen" [Die sociale Entwicklung der führenden Völker Europas, in: Jahrbuch f. Gesetzgebung, Verwaltung und Volkswirtschaft 20 (1896), 1093; s. a. B. vom Brocke, Kurt Breysig. Geschichtswissenschaft zwischen Historismus und Soziologie, 1971].

Neben dieser eingrenzenden Definition aber stand von Anfang an eine umfassendere. Sie versteht unter „Sozialgeschichte" den Versuch, „eine konkurrierende gesamtgesellschaftliche Alternative vorzutragen, eine auf Totalität zielende Synthese, die den Zusammenhang einzelner Teilbereiche historischer Wirklichkeit diachron und synchron herstellen sollte, ohne die Politikgeschichte, wie üblich, zu privilegieren (aber auch: ohne sie auszuklammern) und ohne den Staat als Strukturierungskern zu benutzen" [J. Kocka, Sozialgeschichte. Begriff – Entwicklung – Probleme, 1986[2]. Zum internationalen Vergleich: 669: J. Kocka, 1989.]

Diese „sozialökonomische Interpretation der allgemeinen Geschichte" [J. Kocka, Sozial- und Wirtschaftsgeschichte, in: Sowjetsystem und demokratische

Ambivalenz des Begriffs Sozialgeschichte

Gesamtgesellschaftliches Deutungskonzept

Gesellschaft 6, 1972, Sp. 5], die stets zugleich mit Elementen einer allgemeinen Kulturgeschichte im Sinne Voltaires und der Aufklärungshistorie verbunden war, hat nach dem Ersten Weltkrieg besonders in der französischen Geschichtswissenschaft, in dem Kreis um die 1929 durch Lucien Febvre und Marc Bloch gegründete Zeitschrift „Annales", schulbildend gewirkt [vgl. dazu U. RAULFF, Ein Historiker im 20. Jahrhundert: Marc Bloch, 1995; für die Zeit nach 1945: L. RAPHAEL, Die Erben von Bloch und Febvre. „Annales"-Geschichtsschreibung und „nouvelle histoire" in Frankreich 1945–1980, 1994]. Vor allem von hier aus sind dann starke Einflüsse sowohl auf die angelsächsische als auch, nach dem Zweiten Weltkrieg, auf die italienische und die deutsche Geschichtswissenschaft ausgegangen, hier zunächst unter dem Stichwort der „Strukturgeschichte" (W. CONZE) in Analogie zu der von F. BRAUDEL geforderten und in seinem Buch über die Welt des Mittelmeers zur Zeit Philipps II. praktisch erprobten „histoire des structures" [La Méditerranée et le monde méditerranéen à l'époque de Philippe II, 1966², deutsch: Das Mittelmeer und die mediterrane Welt in der Epoche Philipps II., 1994]. Dabei schwanden im weiteren Verlauf auch zunehmend die Berührungsängste zum Marxismus, die über lange Zeit einer dezidiert sozialökonomischen Betrachtungsweise entgegengestanden hatten.

Allerdings lag und liegt der Schwerpunkt der „École des Annales" und der meisten derjenigen, die ihren Ansatz und ihre Methoden aufnahmen, auf historisch älteren Zeiten, auf dem Mittelalter und der frühen Neuzeit, wo sich Phänomene der „langen Dauer" (F. BRAUDEL) und des langsamen Strukturwandels aus der Distanz und der Perspektive vieler Jahrhunderte naturgemäß sehr viel deutlicher erfassen lassen. Was die weniger weit zurückliegenden Zeiten, also insbesondere die letzten zweihundert Jahre angeht, so ist der entsprechend ausgerichteten Sozialgeschichte unübersehbar ein stark theoretisch-postulatorischer Zug eigen, eine Neigung, mit „Modellen" zu operieren, die sich, zumal in der deutschen Geschichtswissenschaft, bei aller verbalen Distanzierung sehr leicht mit den hier besonders ausgeprägten spezifisch geistesgeschichtlichen Traditionen verbindet.

Unabhängig von dem in den einzelnen Arbeiten und Untersuchungen jeweils erhobenen Anspruch im Hinblick auf einen übergreifenden Begriff von „Gesellschaftsgeschichte" aber hat sich die sozialgeschichtliche Forschung im Sinne der eingegrenzteren Definition von Sozialgeschichte als Geschichte der einzelnen sozialen Gruppen, ihrer Beziehungen und insgesamt der Formen und Ausprägungen des gesellschaftlichen Lebens hier wie anderswo in den letzten Jahrzehnten breit entfaltet. Im Zentrum steht dabei der Gestaltwandel der Gesellschaft im Zeichen von Industrialisierung, Urbanisierung und sozialer Mobilisierung, konkret vor allem die Verschiebung der zahlenmäßigen Relationen zwischen den bisherigen gesellschaftlichen Gruppen und die Entstehung ganz neuer Gruppen, zunächst der Industriearbeiterschaft, dann der Angestellten in Industrie, Handel und in den verschiedenen Dienstleistungssektoren einschließlich der staatlich verwalteten oder kontrollierten Bereiche [Überblicke: 648: P. BAIROCH (Hrsg.), 1968; 793: A. DAUMARD, 1972; 796: J. DUPEUX, 1972; 835: H. PERKIN, 1972; 842: J.

Die „Ecole des Annales"

Strukturgeschichte

Aufschwung der sozialgeschichtlichen Forschung

ROEBUCK, 1973; 466: R. BRAUN, W. FISCHER u. a. (Hrsg.), 1973; 722, 660: H. KAELBLE 1976, 1978; 744: T. PIERENKEMPER, 1987; 786: CHR. CHARLE, 1991; 805: J. HARRIS, 1993; zum Vorgehen und zu den Methoden: 687: E. A. WRIGLEY (Hrsg.), 1972; zu dem Zugang über die Einkommensstruktur: 721: A. JECK, 1970; 532: H. KAELBLE, 1983].

Bis Mitte der 1980er Jahre hat der Schwerpunkt in der sozialgeschichlichen Forschung – bei entsprechenden Defiziten in anderen Bereichen – eindeutig auf der Geschichte der Arbeiterschaft und der Arbeiterbewegung gelegen. Hier ist seit dem Zweiten Weltkrieg jenseits der bis dahin vielfach vorherrschenden Parteigeschichte im engeren Sinne eine weitverzweigte Forschungsliteratur entstanden, die selbst für den Spezialisten kaum noch überschaubar ist [zur Arbeiterschaft in Deutschland zusammenfassend zuletzt 756: G. SCHILDT, 1996]. Diese Arbeiten konzentrierten sich in der Mehrzahl – ähnlich wie die meisten neueren Arbeiten aus dem Bereich der Sozialgeschichte – auf den jeweiligen nationalstaatlichen, zunehmend sogar auf den regionalen und lokalen Bereich. Das hing und hängt nicht zuletzt damit zusammen, daß die Ausgangslage in den verschiedenen europäischen Staaten und Regionen eine höchst unterschiedliche war, was die historisch gewachsene Sozialstruktur, die wirtschaftlichen Verhältnisse und die politischen und gesellschaftlichen Rahmenbedingungen betrifft. Das setzte und setzt zugleich den Vergleichsmöglichkeiten in den wirklich substantiellen, über das mehr Äußerliche und Formale hinausgehenden Fragen recht enge Grenzen – engere, als man lange Zeit gemeint hat. So macht etwa ein synchroner Vergleich der Lage, der Struktur, der Mentalität der englischen und der deutschen Arbeiterschaft um 1850 angesichts des höchst unterschiedlichen Standes der wirtschaftlichen Entwicklung wenig Sinn, es sei denn, man will gerade die Bedeutung der unterschiedlichen Rahmenbedingungen herausarbeiten [656: CHR. EISENBERG, 1986; zum europäischen Vergleich: 871: D. GEARY (Hrsg.), 1989], während ein diachroner Vergleich unmittelbar auf das Problem der dann kaum noch vergleichbaren allgemeinen Rahmenbedingungen führt. Von einer Sozialgeschichte der *europäischen* Arbeiterschaft und Arbeiterbewegung kann daher auch bloß in einem additiven Sinne gesprochen werden. Ein Forschungsprojekt mit eben dieser, allerdings auf die internationale Ebene ausgeweiteten Zielsetzung wird zur Zeit am Internationalen Institut für Sozialgeschichte in Amsterdam durchgeführt. Die ersten Ergebnisse offenbaren bereits [874: M. LINDEN, J. ROJAHN, 1990] die Schwierigkeiten des synchronen Vergleichs [vgl. die Kritik an dem Projekt von CHR. EISENBERG, in: AfS 24 (1994)].

Die Haupttendenz geht jedoch heute in der Forschung weniger in Richtung Vergleich auf europäischer Ebene, sondern vielmehr dahin, von der nationalen Ebene auf die regionale und lokale hinabzusteigen, um hier in „Fallstudien" jenen Problemen und Fragestellungen nachzugehen, auf die auf der jeweiligen nationalen Ebene keine hinreichend konkrete und differenzierte Antwort zu erlangen ist – im Sinne des Diktums des französischen Agrarhistorikers P. JOUBERT: „*Den* französischen Bauern gibt es nicht" [Sociétés rurales du 18e siècle, in: Mélanges offerts à E. La-

---

Marginalien:

Arbeiterschaft und Arbeiterbewegung als langjährige Schwerpunkte

Wachsende Bedeutung regionaler und lokaler Forschungen

brousse, 1974, 385 f.]. Dementsprechend haben sich beispielsweise in England in den letzten Jahrzehnten nach den großen gesamtnationalen Vorstößen von E. P. THOMPSON [849, 1963] und E. J. HOBSBAWM [810, 1964; Zusammenfassungen im nationalen Rahmen: 820: D. KYNASTON, 1976; 811: E. HOPKINS, 1979; 814: E. H. HUNT, 1981] die Geschichte der Arbeiterschaft und Arbeiterbewegung und die Lokal- und Regionalgeschichte, vor allem der Bereich der „urban history", nach der Pionierstudie von S. POLLARD über Sheffield [839, 1959] immer enger miteinander verbunden. Untersuchungen wie die von E. ROBERTS über „Working-Class Standard of Living in Lancaster and Barrow, 1890–1914" [in: Economic History Review 30 (1977), 306 ff.] und der von R. SAMUEL herausgegebene Band über „Village Life and Labour" [843, 1975] spiegeln das ebenso wider wie das von H. J. DYOS und M. WOLFF edierte zweibändige Sammelwerk „The Victorian City: Images and Realities" [797, 1973], das im übrigen zeigt, auf wie breiter Front inzwischen die Impulse von A. BRIGGS, dem großen Promotor der „urban history" in England [781: Victorian Cities, 1963], aufgenommen worden sind. In diesen Rahmen fügen sich auch Arbeiten zur Familiengeschichte [778: M. ANDERSON, 1972] und zur Geschichte der sozialen Außenseiter [476: G. S. JONES, 1971].

Ähnliche Tendenzen zu einer fortschreitenden Regionalisierung der sozialgeschichtlichen Forschungen zur Geschichte der Arbeiterschaft und Arbeiterbewegung lassen sich in fast allen europäischen Ländern feststellen [s. für Deutschland: 765: K. TENFELDE, G. A. RITTER, 1981 (s. a. 762); für Frankreich: 836: M. PERROT, 1974; 998: R. BRÉCY, 1982; 1025: P. JANSEN, 1986; für Italien: 1024: V. HUNECKE, 1974/75; für Europa insgesamt: K. TENFELDE (Hrsg.), Arbeiter und Arbeiterbewegung im Vergleich, 1986].

Zugleich wurde der vor allem in Deutschland lange Zeit im Vordergrund stehende organisationsgeschichtliche Aspekt der Arbeiterbewegung nach letzten Höhepunkten [u. a. 881: W. ALBRECHT, 1982; 901: U. ENGELHARDT, 1977] immer

Vordringen alltags- und mentalitätsgeschichtlicher Ansätze

weiter in den Hintergrund gedrängt zugunsten einer Geschichte des „Alltags", gerieten das Milieu, Herkommen [z. B. für Rußland: 858: C. WYNN, 1992; für Frankreich: 803: M. HANAGAN 1989] und Mentalitäten [2032: W. KASCHUBA, 1990] sowie die nicht organisierten Protestformen [768: H. VOLKMANN, J. BERGMANN (Hrsg.), 1984] ins Blickfeld. Diese Forschungsrichtungen nahmen für das 19. Jahrhundert Anregungen auf, die von E. P. THOMPSONS Theorie zur „Moral Economy" [1971, dt. 850, 1980] und der „Annales"-Schule ausgingen. So umstritten der Versuch, die Alltagsgeschichte als eigene Forschungsrichtung zu etablieren [G. ZANG, Die unaufhaltsame Annäherung an das Einzelne, 1985; V. ULLRICH: Alltagsgeschichte, in: NPL 29 (1984), 50 ff.] bis heute geblieben ist, so hat sie doch weit über den engeren Bereich der Sozialgeschichte hinaus anregend gewirkt [vgl. auch unter II, 7], indem die Perspektive der handelnden Subjekte nach der Welle der „strukturgeschichtlichen" Werke in den Vordergrund gerückt wurde und damit durchaus eine gerade für die Rezeption wichtige Alternative zur Gesellschaftsgeschichte geschaffen wurde [zusammenfassend zur Debatte um Alltagsgeschichte versus Gesellschaftsgeschichte: 1949: W. SCHULZE, 1994]. Mit den eher alltagsbezogenen Ansätzen ging auch eine stärkere Beachtung der häufig im Gegensatz zu den „modernen" Organisationsformen der Arbeiterbewegung stehenden traditionalen Elemente aus der Handwerkerkultur einher, denen nun in einer Abwendung von einer allein dem industriellen „Fortschritt" verbundenen Perspektive neuer Wert zugemessen wurde [693: R. BOCH, 1985; 655: J. EHMER, 1994; 737: F. LENGER, 1986], wie überhaupt in der Tradition der Arbeiterbewegungsforschung die „Unterschichten" und unteren Mittelschichten zum Forschungsgegenstand wurden, seien es die Tagelöhner [755: G. SCHILDT, 1986], Handwerker [703: U. ENGELHARDT, 1984; 738: F. LENGER, 1988], das häusliche Gesinde [723: I. KALTWASSER, 1989] oder auch die Landbevölkerung [Europa vergleichend: 659: W. JACOBEIT, J. MOOSER, B. STRÅTH (Hrsg.), 1990; für England: 812: A. HOWKINS, 1991; für Rußland: 825: H.-D. LÖWE, 1987].

Unterschichten-forschung

Bei vielen der neueren Arbeiten wird der Forschungsgegenstand immer weiter eingegrenzt, die Untersuchungen konzentrieren sich auf Mikroebenen bis hin zu einzelnen Betrieben [s. Literaturbericht von T. WELSKOPP, in: GG 22 (1996), 118 ff.]. So unübersehbar dabei der Ertrag ist, so bleibt es doch die große Aufgabe und Herausforderung, die Ergebnisse und Erkenntnisse jeweils im größeren Rahmen und übergreifenden Zusammenhang unter allgemeinen Fragestellungen und Aspekten zusammenzufassen. Einen solchen Versuch stellt die seit Mitte der 1980er Jahre erscheinende, von G. A. RITTER initiierte und herausgegebene umfangreiche Reihe „Geschichte der Arbeiter und der Arbeiterbewegung in Deutschland seit dem Ende des 18. Jahrhunderts" dar, deren Abschluß noch aussteht [in unserem Zusammenhang v. a. 731: J. KOCKA, 1990; 750: G. A. RITTER, K. TENFELDE, 1991]. Weitere Gesamtdarstellungen zu Gewerkschaften und Arbeiterbewegung wurden in einer Reihe von Monographien vorgelegt [963: K. SCHÖNHOVEN, 1987; für die Schweiz: 626: E. GRUNER (Hrsg.), 1987/88; für Frankreich: 827: R. MAGRAW, 1992].

Zusammenfassende Darstellungen

Die zunehmende räumliche Eingrenzung des Forschungsgegenstandes geht häufig einher mit einer Ausweitung der Perspektive auf die jeweilige Gesamtgesellschaft, also auch auf die regionale und lokale Mittelklasse, die Oberschicht und die verschiedenen Formen sozialen Außenseitertums [ein eindrucksvolles Beispiel für eine solche Ausweitung, hier am Fall Augsburgs: 413: I. FISCHER, 1977]. So sind von den regional- und lokalgeschichtlichen Forschungen zur Geschichte der Arbeiterschaft und Arbeiterbewegung überall erhebliche zusätzliche Impulse zur Erforschung auch jener sozialen Gruppen und Schichten ausgegangen [siehe für Frankreich: 777: M. AGULHON, 1970 (Toulon); 822: P. LEON, 1974 (Lyon); 789: F. P. CODACCIONI, 1976 (Lille); 784: E. CANTORA-ARGANDONA, R. H. GUERRAN, 1976 (Paris); 823: Y. LEQUIN, 1977 (Région Lyonnaise); 830: J. M. MERRIMAN (Hrsg.), 1982; für Deutschland: 733: W. KÖLLMANN, 1960 (Barmen); 746: S. QUANDT, 1971 (Langenberg); 701: D. F. CREW, 1980 (Bochum); 688: P. AYÇOBERRY, 1981 (Köln); 897: K. DITT, 1982 (Bielefeld)]. Vor allem in der Arbeiterbewegungs- und Unterschichtenforschung hat die relativ neue Forschungsrichtung der Frauen- oder auch Geschlechtergeschichte ihre Wurzeln. Diese hat –

Ausweitung der Perspektive auf die Gesamtgesellschaft

analog zur Entwicklung in der Arbeiterbewegungsforschung – immer stärker die
Geschichte der Geschichte der Frauen und weniger die Geschichte der Frauenbewegung zum
Frauen Gegenstand. Dabei wird die „Geschlechtergeschichte" als ein weiterer Ansatz
zum Verständnis der sozialen Beziehungen gesehen – wenngleich ein betont femi-
nistischer Flügel an einem Absolutheitsanspruch ihrer Sichtweise festhält. Auch
bei der Frauengeschichte überwiegt – ausgehend von den unterschiedlichen sozialen Verhältnissen und Aufgaben der Frauen – die schichtenbezogene Untersuchung [1880: U. FREVERT, 1988; für die englische Mittelklasse: 2108: M. J. PETER-
SON, 1989]. Der seit den 1970er Jahren deutlich erweiterte Forschungsstand hat
auch bei der Frauengeschichte eine Reihe von Überblicksdarstellungen ermöglicht, zuletzt die von G. DUBY und M. PERROT herausgebenen Bände [für das 19.
Jahrhundert Bd. 4: 1546: G. FRAISSE, M. PERROT, 1994].

Anregend haben die neuen sozialhistorischen Ansätze auch auf die Erfor-
Hofgesellschaft schung der Hofgesellschaft und des Adels gewirkt. Auch wenn wie bei der weg-
und Adel weisenden Darstellung von N. ELIAS [Die höfische Gesellschaft, 1969] der For-
schungsschwerpunkt vor dem 19. Jahrhundert liegt, sind doch auch für die spä-
tere Zeit eine Reihe von Arbeiten zur Hofgesellschaft und zum Adel erschienen
[einen guten Überblick gibt: 741: K. MÖCKL (Hrsg.), 1990; 686: H.-U. WEHLER
(Hrsg.), 1990; außerdem 734: G. W. PEDLOW, 1988; 697: F. L. CARSTEN, 1988; 707:
E. FEHRENBACH, 1994]. Für den Bereich der sozialgeschichtlichen Arbeiten ist
charakteristisch, daß es eine Art Sprung von den älteren Arbeiten zu entsprechenden Themen, die meist noch überregional und nationalgeschichtlich orientiert
waren, zu Studien gibt, die jene Arbeiten jetzt plötzlich auf der lokalen bzw. regionalen Ebene fortsetzen. Das gilt etwa für die Untersuchung von H. REIF über
den westfälischen Adel 1770–1860 [747, 1979] im Vergleich zu H. GOLLWITZERS
Werk über die Standesherren [712, 1957; siehe zu den Problemen und zum Zusammenhang auch 705: K. G. FABER, 1981] oder für die Arbeit von J. GARRARD
über die städtischen Eliten in Salford, Blackbury, Bolton und Rochdale im 19.
Jahrhundert mit Blick auf das klassische „Social Mobility in Britain" [800: D. V.
GLASS (Hrsg.), 1954] oder auch F. M. L. THOMPSONS „English Landed Society in
the Nineteenth Century" [851, 1969].

Einen wichtigen Beitrag dazu haben neben den lokalgeschichtlichen Arbeiten
heute schon die freilich ebenfalls noch recht seltenen Studien über die neben der
Angestellte Industriearbeiterschaft zweite große neue soziale Gruppe, die Angestellten, geleistet. Ein entscheidender Anstoß ist hier vor allem von J. KOCKA ausgegangen, der
am Beispiel der Firma Siemens Rolle, Selbstverständnis und sozialen Status der
Angestellten anhand einer breiten Palette von Fragestellungen analysiert [726,
1969] und diesen Ansatz seither ständig erweitert hat [Industrielle Angestelltenschaft in frühindustrieller Zeit, in: O. BÜSCH (Hrsg.), Untersuchungen zur Geschichte der frühen Industrialisierung vornehmlich im Wirtschaftsraum Berlin-
Brandenburg, 1971, 317 ff.; 665, 1977; 727, 1981; 666, 1981]. Ähnliches gilt für die
Mittelstand Arbeiten von H. A. WINKLER über den Mittelstand, der wie J. KOCKA [siehe besonders dessen Versuch einer exemplarischen Zusammenfassung: Klassengesell-

schaft im Krieg. Deutsche Sozialgeschichte 1914–1918, 1978] dabei stets die gesamtgesellschaftliche Konstellation und ihre Entwicklungstendenzen vor Augen hat und in diesem Sinne eine Gesamtdeutung zu liefern bestrebt ist [H. A. WINKLER, Mittelstand, Demokratie und Nationalsozialismus. Die politische Entwicklung von Handwerk und Kleinhandel in der Weimarer Republik, 1972; seine verschiedenen einschlägigen Aufsätze von der Zeit des Kaiserreichs bis in die unmittelbare Gegenwart in der Aufsatzsammlung: Liberalismus und Antiliberalismus. Studien zur politischen Sozialgeschichte des 19. und 20. Jahrhunderts, 1979, 81 ff.]. Ähnliches gilt für die Arbeiten von F. LENGER über die Handwerker [737, 1986 u. 738, 1988].

In diesen Zusammenhang, der nun wieder wesentlich im jeweiligen nationalen Rahmen und mit Blick auf die gesamtnationale Entwicklung und Geschichte untersucht wird, fügen sich auch die ebenfalls bisher nicht sehr zahlreichen Studien über Aufbau und Entwicklung der Bürokratie [z. B. für Preußen im Anschluß an die Pionierarbeit von H. ROSENBERG, Bureaucracy, Aristocracy and Autocracy. The Prussian Experience 1660–1815, 1958; 1106: J. R. GILLIS, 1971; 1138: T. SÜLE, 1988; für England: 1170: R. K. KELSALL, 1955, u. 1340: W. L. GUTTSMAN, 1963; für Frankreich, mit Akzent v. a. auf der Mentalitätsgeschichte: 1187: G. THUILLIER, 1980] und die Stellung der Beamten [720: H. HENNING, 1984] ein. Auch hier ist in den letzten Jahren ein Trend zu Regional- und Detailuntersuchungen zu beobachten, die nicht nur die Professionalisierung der Verwaltung, sondern auch die Herkunft der Beamten [für England: 788: G. C. CLIFTON 1992; für Nassau: 1141: E. TREICHEL, 1991] oder deren Stellung gegenüber den ländlichen Untertanen [1101: J. EIBACH, 1994] zum Thema haben. Der eingehend untersuchte Prozeß der Professionalisierung in vielen Berufsfeldern außerhalb der unmittelbaren Staatsaufgaben[z. B. W. J. READER, Professional Men, 1966; 1746: F. K. RINGER, 1979; H. KAELBLE, Chancengleichheit und akademische Ausbildung in Deutschland, 1910–1960, in: GG 1 (1975), 121 ff.; 702: A. DREES, 1988; 715: D. GROSS, 1994; 879: H. SIEGRIST, 1988; 694: E. BOLENZ, 1991] steht in unmittelbarem Kontext mit der Zusammensetzung und Entwicklung der Mittelklasse bzw. des Bürgertums [1824: R. LEWIS, A. MAUDE, 1949; 717: H. HENNING, 1971].

Im letztgenannten Bereich, der Analyse der Entwicklung der bürgerlichen Mittel- und Oberschichten, dominiert dabei zunehmend, in Deutschland anknüpfend an Pionierarbeiten wie die von W. KÖLLMANN über Barmen [733, 1960] oder von F. ZUNKEL über die rheinisch-westfälischen Unternehmer [775, 1962], wie auf dem Gebiet der Geschichte der Arbeiterschaft und Arbeiterbewegung, die regional- bzw. lokalgeschichtliche Perspektive [770: M. WALKER, 1971; 748: J. REULECKE (Hrsg.), 1971; 688: P. AYÇOBERRY, 1981; 725: R. KOCH, 1983; für England: 780: H. BERGHOFF, 1991; für Frankreich, anknüpfend an das ambitiöse Forschungsprogramm von 673: E. LABROUSSE, 1955 v. a. 792: A. DAUMARD, 1963; 794: DIES. (Hrsg.), 1973].

Im Kontext der Debatte um die Ursache und den Verlauf der gesellschaftlichen Modernisierung im 19. Jahrhundert wird in Deutschland seit Mitte der 1980er

Bürokratie

Bürgertum

Neue Ansätze
der Bürgertums-
forschung

Jahre die Rolle und das Selbstverständnis des Bürgertums [zum Begriff des Bür-
gers: 671: R. KOSELLECK, K. SCHREINER, 1994] und besonders die Einordnung
des städtischen Bürgertums diskutiert. Die unterschiedlichen Ansätze mündeten
u. a. in zwei große Forschungsprojekte: An der Universität Bielefeld setzt man
dabei den Schwerpunkt auf die „Sozialgeschichte des neuzeitlichen Bürgertums"
mit einem überwiegend schichtenspezifischen Ansatz, und in Frankfurt betont
man schon im Titel „Stadt und Bürgertum im 19. Jahrhundert" die Bedeutung, die
man der Stadt als Zentrum des Bürgertums gibt. Bereits bei der Anlage dieser
Forschungsprojekte, deren Ergebnisse in Sammelbänden und Einzelstudien erst
zu einem Teil vorliegen [u. a. 681: H.-J. PUHLE, 1991; 780: H. BERGHOFF, 1991;
711: L. GALL, 1993; 754: K. SCHAMBACH, 1996; R. ROTH, Stadt und Bürgertum in
Frankfurt am Main, 1996; R. ZERBACK, München und sein Bürgertum, 1997],
wird deutlich, wie differenziert nach Regionen und Traditionen Bürgertumsforschung betrieben werden muß. Dies gilt vor allem dann, wenn man als ein Zentrum des Bürgertums die städtische Lebenswelt sieht. Die divergierenden Kräfte
innerhalb des städtischen Bürgertums nahmen allerdings – darin sind sich die beiden Forschungsrichtungen einig – nach dem Einschnitt der Revolution 1848/49
deutlich zu, und bislang fest gefügte Milieus zeigten Auflösungserscheinungen
[für das katholische Bürgertum im Rheinland: 1567: TH. MERGEL, 1994]. Mit den
Forschungsprojekten – aber auch dem Ertrag vieler Einzelarbeiten, die sich zum
Teil über Familienbiographien oder auch Kollektivbiographien dem allgemeinen
Phänomen näherten [708: L. GALL, 1989; 1987: F. J. BAUER, 1991; 759: D. SCHU-
MANN, 1992] – wurde die Grundlage gelegt auch für eine Neubewertung der Rolle
des Bürgertums und der in ihr wirksamen Traditionen in der zweiten Hälfte des
19. Jahrhunderts. Die Fülle der lokalen, regionalen, schichten- und gewerbebezo-
genen Einzelergebnisse der Bürgertumsforschung, die sich nicht nur auf
Deutschland konzentriert [844: P. SARASIN, 1990], macht es allerdings nicht ein-
fach, sich über diese Neubewertung zu verständigen. Dem Ertrag der neueren
Arbeiten folgend, wird man die oft hervorgehobene „Schwäche des deutschen
Bürgertums" (H.-U. WEHLER) heute eher in Frage stellen müssen, während sie
etwa für Rußland nach wie vor unbestreitbar bleibt [808: M. HILDERMEIER,
1986). Neben den Forschungen zur Rolle der Frauen, die die Bedeutung der
Frauen für die kulturelle Prägung der jeweiligen Schicht betonen [1888: U. FRE-
VERT, 1988], und der durchaus strittigen Vorbildfunktion des Adels für das Bür-
gertum [691: A. M. BIRKE, 1989], müssen in diesem Zusammenhang auch neue

Parteien und
Verbände

Ausdrucksformen des Gruppenbewußtseins wie Parteien und Verbände berücksichtigt werden. Sie haben in zunehmendem Maße das Interesse der Sozialhistori-
ker auf sich gezogen, nachdem in diesem Bereich lange Zeit hindurch personen-,
ideologie- und organisationsgeschichtliche Fragen im Mittelpunkt standen. Letz-
teres gilt vor allem für die Parteien, die schon seit Beginn des 20. Jahrhunderts
[bahnbrechend v. a. M. OSTROGORSKI, Democracy and the Organization of Political Parties, 1902], mehr noch nach den politischen Veränderungen, die das Jahr
1918 vor allem in Mittel- und Osteuropa brachte, zu einem speziellen Objekt der

historischen Forschung geworden waren [siehe für Deutschland: 906: E. FEHREN-
BACH, 1982], während die Forschung zur Geschichte der Verbände, wesentlich
später einsetzend, praktisch von Anfang an wirtschafts- und sozialgeschichtliche
Fragestellungen miteinbezog, ja, vielfach ganz von ihnen ausging. Ein spezifisches Problem der älteren Parteigeschichtsforschung, das freilich immer noch ak-
tuell ist, war dabei ihre relative Nähe zu der jeweiligen parteipolitischen Richtung, ein Problem, das noch dadurch verstärkt wurde, daß die Parteien die Erforschung ihrer eigenen Geschichte wenn nicht selbst in die Hand nahmen, so doch
teilweise sehr gezielt, bisweilen mit eigenen Institutionen, förderten. Dieses Problem reduzierte sich jedoch in dem Maße, in dem nicht mehr so sehr Programme,
Personen und zentrale politische Entscheidungen, sondern strukturanalytische
Fragestellungen im Zentrum standen, wie sie nach dem Zweiten Weltkrieg in
bahnbrechenden und außerordentlich einflußreichen Arbeiten der französische
Politikwissenschaftler M. DUVERGER [868, 1951; 1006, 1955] und der Engländer
R. T. MACKENZIE [1040, 1955] entwickelt haben [zur Ausdifferenzierung und
weiteren Entwicklung: 866: W. J. CROTTY (Hrsg.), 1968, und 880: G. ZIEBURA
(Hrsg.), 1969]. Die späten fünfziger und die sechziger Jahre wurden zu einer
förmlichen Blütezeit der Parteigeschichtsschreibung, in der die großen Standard-
werke zumal über die englischen Parteien und das englische Parteiensystem
[1028: I. JENNINGS, 1960–62; 1001: I. BULMER-THOMAS, 1965; 992: S. BEER, 1965;
1072: J. VINCENT, 1966; dazu noch für die Konservativen v. a. 996: R. BLAKE, 1970;
1064: R. STEWART, 1978], aber auch über die deutschen erschienen [917, 918: H.
GREBING, 1962, 1970; W. TREUE, Die deutschen Parteien, 1975; 895: W. CONZE,
D. GROH, 1966; W. TORMIN, Geschichte der deutschen Parteien seit 1848, 1967;
911: D. FRICKE (Hrsg.), 1968–70; 899: G. EISFELD, 1969; 927: H. KAACK, 1971;
dazu v. a. noch: 954, 956: G. A. RITTER, 1973, 1980; 967: J. J. SHEEHAN, 1978; 904:
A. L. EVANS, 1981; 957: G. A. RITTER, 1985; 931: D. LANGEWIESCHE, 1988], während die französische Parteigeschichtsforschung zum 19. Jahrhundert sich unter
dem lange Zeit vorherrschenden Eindruck [anders 1023: R. HUDEMANN, 1979] eines nur langsam voranschreitenden Prozesses der festeren Parteibildung zunächst
zögernder entfaltete [siehe v. a. 999: J. BRON, 1968–73; 1032–1034: G. LEFRANC,
1967; 1973, 1977³; 1047: J.-T. NORDMANN, 1974; 988: H. AIGUEPERSE, 1977; 1029:
T. JUDT, 1979]. Über Arbeiten wie die direkt durch das Buch von R. T. MACKEN-
ZIE [1040, 1955] angeregte von TH. NIPPERDEY über „Die Organisation der deutschen Parteien vor 1918" [946, 1961] – die bezeichnenderweise an die Stelle einer
vom Autor ursprünglich geplanten Geschichte der deutschen Verbände trat –
oder von S. M. LIPSET [975, 1960] rückte dabei zunehmend auch die Sozialgeschichte der Parteien in den Vordergrund, angefangen von immer differenzierte-
ren Wahl- und parteisoziologischen Analysen [876: S. M. LIPSET, ST. ROKKAN,
1967; 1071: J. VINCENT, 1967; 1049: H. M. PELLING, 1967; 1012: F. GOGUEL, 1970;
1002: P. F. CLARKE, 1972; 1119: T. KÜHNE, 1994; 891, 892, 865: O. BÜSCH, 1974,
1978, 1980; 358: R. SHANNON, 1992; 961: J. SCHMÄDEKE, 1995] über Studien, die
dem Zusammenhang von „sozialem Milieu" und Bildung und Entwicklung der

*Ältere Parteige-
schichtsforschung*

*Strukturanalyti-
sche Ansätze*

*Sozialgeschichte
der Parteien*

Parteien in einzelnen nationalen Gesellschaften nachgehen [933: M. R. LEPSIUS, 1966; 1005: F. DIESTELMEYER, 1985, und als Überblicksdarstellung zu Deutschland 959: K. ROHE, 1992; 957: G. A. RITTER, 1985], bis hin zu Versuchen eines internationalen Vergleichs von dieser Basis aus [E. ALLARDT, Y. LITTUNEN (Hrsg.), Cleavages, Ideologies and Party System. Contributions to Comparative Political Sociology, 1964; DIES., Comparative Research on Party Systems and the Social Bases of Politics, in: International Social Sciences Journal 16 (1964), Nr. 4; 862: E. BENDIKAT, 1988; 1052: P. POMBENI, 1990].

Allerdings sind insgesamt gesehen sozialhistorisch ausgerichtete Arbeiten zur Parteiengeschichte, sieht man von den zahlreichen Forschungen zur Geschichte der Arbeiterbewegung einmal ab, immer noch eher selten. Zu ihnen zählen die Untersuchung von D. LANGEWIESCHE über die liberale und demokratische Bewegung in Württemberg von 1848 bis 1871 [930, 1974], die sich ausdrücklich die „sozialgeschichtliche Analyse der politischen Entwicklung des württembergischen Bürgertums" (15) zum Ziel setzt, ferner diejenige von D. BLACKBOURN über das württembergische Zentrum in der wilhelminischen Zeit [888, 1980], die Untersuchung von A. BIEFANG über den Nationalverein [1205, 1994], die Arbeit von U. OLLIGES-WIECZOREK über Parteien und Vereine in Münster [949, 1995], der Sammelband von H. HAAS zum gleichen Thema mit Bezug auf Salzburg [872, 1994] oder die Arbeit von R. R. LOCKE über die politische Rechte in Frankreich zu Beginn der Dritten Republik [308, 1974; im größeren Zusammenhang hier immer noch das Standardwerk: 1053: R. RÉMOND, 1982]. Auch bei der Parteiengeschichtsforschung ist neuerdings eine Hinwendung von der Organisations- zur Milieuforschung und zu komparativen, regional differenzierenden Ansätzen unverkennbar [915: L. GALL, D. LANGEWIESCHE (Hrsg.), 1995; 950: B.-C. PADTBERG, 1985].

Geschichte der Verbände

Demgegenüber ist die Verbandsgeschichtsforschung, wie schon angedeutet, zumeist unmittelbar aus der Beschäftigung mit der wirtschaftlichen und sozialen Entwicklung einzelner Epochen und ihren spezifischen Problemen erwachsen. Sie hat demgemäß ihren Schwerpunkt auch sehr eindeutig in diesem Bereich, während Fragen der Typisierung und Systematisierung, obwohl man ihnen nicht ausweicht, eine eher sekundäre Rolle spielen. Anders als die Parteiengeschichtsforschung ist daher die Verbandsgeschichtsforschung bisher auch im wesentlichen eine Domäne der Historiker im engeren Sinne geblieben.

Entwicklung nach 1870

Der Schwerpunkt liegt dabei sehr deutlich auf der Entstehungszeit der Verbände seit den siebziger Jahren des 19. Jahrhunderts – sieht man von der englischen Entwicklung und den dortigen Trade Unions einmal ab [siehe zu ihnen: 1046: A. E. MUSSON, 1972; 1038: J. LOVELL, 1977; 1000: H. BROWNE, 1979; 1057: M. M. ROSS, 1980]. Hier tritt ihre Indikatorfunktion für den Gang der wirtschaftlichen, der gesellschaftlichen wie auch der politischen Entwicklung am klarsten zutage, und die Analyse ihrer Struktur und Zusammensetzung, ihrer programmatischen und ideologischen Ausrichtung und ihrer Veränderungen läßt hier, so scheint es, die unmittelbarsten Schlüsse auf den Charakter und die vorherrschenden Tendenzen jener Entwicklung zu. Das gilt vor allem für Deutschland, wo das Zusammentreffen der Nationalstaatsbildung mit ihren Impulsen für Neubildungen auch auf der gesellschaftlichen und vor allem der wirtschaftlichen Ebene auf der einen und den tiefgreifenden wirtschaftlichen Strukturwandlungen im Gefolge der Krise nach 1873 auf der anderen Seite die bisherigen Formen wirtschaftlicher und sozialer Interessenvertretung sehr weitgehend umgestaltete und zu höchst charakteristischen Neuorganisationen führte. Hier hat die Verbandsgeschichtsforschung denn auch einen besonderen Schwerpunkt gefunden [Überblicke über die Forschung bei 929: H. KAELBLE, 1971; TH. NIPPERDEY, in: 772, 1973, 369 ff.; 976: H.-P. ULLMANN, 1980; 977: H.-P. ULLMANN, 1988]. Das besondere Interesse galt dabei einmal den 1860er und 1870er Jahren [543: I. N. LAMBI, 1963; 214: H. BÖHME, 1966; 258: H. ROSENBERG, 1967; 230: TH. S. HAMEROW, 1969–72; W. FISCHER, in: 978, 1973, 139 ff; 924: V. HENTSCHEL, 1975; 889: F. BLAICH, 1979], zum anderen dem Wandlungsprozeß, dem das Verbandswesen nach 1892/93 im Gefolge der Abkehr von der Schutzzollpolitik unterworfen war [928: H. KAELBLE, 1967 (CvdI); 952: H.-J. PUHLE, 1967 (BdL); 971: D. STEGMANN, 1970; 940: S. MIELKE, 1976 (Hansa-Bund); 975: H.-P. ULLMANN, 1976 (BdI)]. Den Interpretationsrahmen liefert vor allem der wirtschaftliche Strukturwandel nach 1873 und das Konzept eines von ihm jeweils bestimmten Gesamtsystems, das sich dann in dem Modell des „Organisierten Kapitalismus" verdichtet hat (siehe oben II, 2). Die betreffenden Autoren betonen also, wie aus ganz anderem Blickwinkel, dem des Übergangs von der ständischen zur bürgerlich-pluralistischen Gesellschaft auch TH. NIPPERDEY [947, 1972; DERS., in: 772, 1973, 369 ff.] oder E. R. HUBER [926, 1971], das spezifisch Moderne des Vorgangs. Demgegenüber unterstreichen W. FISCHER [909, 1964; DERS., in: 978, 1973, 139 ff.] und H. KAELBLE [929, 1971], aber auch H. A. WINKLER [983, 1971 u. 984, 1972] unter Akzentuierung des funktionalen Aspekts der Interessenvertretung stärker das Element der Kontinuität einmal zu den entsprechenden Organisationen der ständischen Gesellschaft und zum anderen zu den vielfältigen Formen der Benutzung gesellschaftlicher Verbindungen durch den Staat, nicht zuletzt zum Zweck der „gesellschaftlichen Disziplinierung" [929: H. KAELBLE, 1971, 190].

Eine ähnlich weitgespannte, immer wieder an Grundfragen der politischen, wirtschaftlichen und gesellschaftlichen Entwicklung rührende Forschung und Diskussion, die Grenzen zwischen der Verbandsforschung und der „Bewegungsforschung" – etwa der Frauenbewegung oder der Arbeiterbewegung sind hier fließend –, läßt sich in dieser Breite und Massierung in keinem anderen europäischen Land beobachten. Aber auch außerhalb Deutschlands, vor allem in England [siehe 992: S. BEER, 1965; 1055: G. F. ROBERTS, 1970; 877: G. SCHMIDT, 1974; 1075: G. WOOTTON, 1975], in Ansätzen auch in Frankreich [Überblick bei 1020: J. HILSHEIMER, 1976] hat die Geschichte der Interessenverbände in den letzten Jahren verstärkte Aufmerksamkeit gefunden, und zwar durchaus auch, wenngleich nicht in so ausgeprägter Form wie in Deutschland, mit Akzent auf der gesamtgesellschaftlichen Indikatorfunktion des Verbandswesens [zu der der deutschen

Wandlungsprozeß nach 1892/93

Kontinuität zur ständischen Gesellschaft?

Debatte über den „Organisierten Kapitalismus" in manchem entsprechenden englischen Diskussion s. 1186: A. J. TAYLOR, 1972, u. F. BÉDERIDA, L'Angleterre victorienne paradigme du laissez faire? A propos d'une controverse, in: RH 261 (1979), 79 ff.; zur Rolle des frühen Verbandswesens in der Schweiz auch 1018: B. HAUSER, 1985].

    Im Zuge der Diskussion über Entstehung und Entwicklung der Verbände ist gerade in diesem Zusammenhang des öfteren darauf hingewiesen worden, daß beides zugleich in dem weiteren Kontext der Selbstorganisation der neuen, der bürgerlichen Gesellschaft gesehen werden müsse, in den neben den Parteien vor

Vereinswesen   allem auch die vielfältigen, sich in einer immer breiteren Palette entfaltenden Vereinsbildungen gehören [v. a. 947: TH. NIPPERRDEY, 1972]. Dem ist freilich, was die zweite Hälfte des 19. Jahrhunderts betrifft, bisher noch kaum in systematischem, über den Einzelfall hinausgehenden Zugriff nachgegangen worden [vgl. etwa 896: O. DANN (Hrsg.), 1984; 1030: E. KRUPPA, 1992; zu den Kriegervereinen: 960: T. ROHKRÄMER, 1990]. Hier steht der sozialhistorischen Forschung ein großes zusätzliches Feld offen, wobei freilich nicht nur hier, sondern insgesamt der Bezugsrahmen, die Frage nach speziellem Gegenstandsbereich und Kategoriensystem, gerade angesichts des enorm erweiterten Forschungshorizonts auch weiterhin dringend der Präzisierung und Klärung bedürfen, soll nicht eines Tages die aphoristische und bewußt provozierende Bemerkung M. PERROTS in einem Bericht über die Entwicklung der französischen Sozialgeschichte allgemeine Anerkennung erlangen: „If any branch of history lacks certainty in its object and methodology, if any manages to be at once proliferous and deprived, nebulous and fragmented, it is ‚social' history" [JSH 10 (1976), 166].

4. DER STRUKTURWANDEL DES STAATES

Der Kampf um eine geschriebene Verfassung und der das ganze 19. Jahrhundert hindurch kontinuierlich fortschreitende Prozeß der Ausweitung sowohl des Staatsapparats als auch der Bereiche der Staatstätigkeit haben von Anfang an die entsprechenden Disziplinen der Wissenschaft auf das stärkste angeregt und beflügelt. Die Verfassungsgeschichte und die Staats- und Verfassungslehre, die zunächst in engstem Zusammenhang standen, erlebten einen außerordentlichen Aufschwung. Sie erlangten fast überall in Europa eine Bedeutung, die weit über die Wissenschaft und die wissenschaftliche Ausbildung im engeren Sinne hinausging. Verfassungshistoriker und Verfassungsjuristen bzw. Verfassungstheoretiker – man denke nur an Benjamin Constant, Edouard Laboulaye oder Alexis de Tocqueville in Frankreich, Friedrich Christoph Dahlmann, Carl Theodor Welcker, Karl von Rotteck oder Rudolf Gneist in Deutschland, Gaetano Mosca und Vilfredo Pareto in Italien oder Walter Bagehot und John Stuart Mill in England – spielten im politischen Leben ihrer Länder nicht selten eine gewichtige Rolle. Staatstheoretische und verfassungsgeschichtliche Fragen beschäftigten angesichts ihrer sich ständig erneuernden Aktualität bis in die Tagespresse hinein ein breites Publikum. Dem entspricht es, daß der Übergang von den traditionellen zu spezifisch modernen Herrschafts- und Regierungsformen schon von den Zeitgenossen nicht nur lebhaft, sondern zugleich in dem Bestreben diskutiert wurde, den Vorgang in größere Zusammenhänge und Entwicklungslinien einzuordnen und von ihnen her inhaltlich wie begrifflich zu klären.

Auf diesem Fundament baut die verfassungsgeschichtliche Forschung zumal über das 19. Jahrhundert bis heute auf [exemplarisch für Deutschland: 1092: E.-W. BÖCKENFÖRDE, 1961]. Stärker als andere historische Wissenschaftsbereiche ist sie damit zugleich den damals entwickelten Kategorien, Begriffen und auch Deutungskonzepten in vielerlei Hinsicht verhaftet geblieben. Das heißt zunächst einmal, daß sie verfassungsgeschichtlich die Gesamtentwicklung nach wie vor überwiegend im Rahmen jenes modifizierten Katalogs der klassischen Staatsformenlehre zu fassen sucht, wie er im 19. Jahrhundert unter Berücksichtigung der neuen Erfahrungen und Verhältnisse formuliert worden ist. Da hier die demokratische Republik die Ausnahme blieb und die aristokratische Staatsform im wesentlichen nur noch eine historische Erinnerung darstellte, bedeutete das in erster Linie Auffächerung und Systematisierung der verschiedenen Erscheinungsformen der Monarchie – angefangen von der absoluten Monarchie über die sogenannte aufgeklärte bis hin zur parlamentarischen Monarchie nach dem Vorbild Englands.

Dieser Katalog bildete schon für die Zeitgenossen den Ausgangspunkt für weiter ausgreifende Überlegungen über die vorherrschenden Tendenzen der Verfassungsentwicklung, die unmittelbar in die konkrete politische Auseinandersetzung mündeten. So war vor allem die Frage heftig umstritten, ob in jener Reihung zugleich eine Art Verlaufstypus der historischen Entwicklung stecke, der nicht nur häufig anzutreffen, sondern im geschichtlichen Prozeß quasi gesetzmäßig an-

Bindungen an die Traditionen des 19. Jahrhunderts

Verlaufstypus der verfassungsgeschichtlichen Entwicklung?

gelegt sei [im Sinne eines solchen Verlaufstypus, die Diskussion zusammenfassend, insbesondere: E. W. BÖCKENFÖRDE, Der Verfassungstyp der deutschen konstitutionellen Monarchie im 19. Jahrhundert, in: 1093, 1972, 146 ff.; dagegen vor allem E. R. HUBER, der Autor der großen „Deutschen Verfassungsgeschichte seit 1789": 1114, dort bes. Bd. 3, 4 ff.; ferner: Bismarck und der Verfassungsstaat, in: 1082, 1965, 188 ff.; und: Die Bismarcksche Reichsverfassung im Zusammenhang der deutschen Verfassungsgeschichte, in: 1440, 1970, 164 ff.; s. a. H. BOLDT, in: 269, 1970, 119 ff.]. In den letzten Jahren dominieren allerdings eindeutig die Stimmen, die in der konstitutionellen Monarchie einen bloßen Übergangstyp zwischen monarchischem und parlamentarischen Regierungssystem sehen [bes. 1109: D. GRIMM, 1988, 110 ff.; 1078: E. FEHRENBACH, 1992, 79].

Hingegen sind Versuche, einen anderen Katalog von Verfassungstypen und Staatsformen zu etablieren, bisher weitgehend im Ansatz steckengeblieben und haben jedenfalls noch keine allgemeine Anerkennung gefunden. Ihren Ausgang nahmen derartige Versuche vor allem von dem plebiszitären Kaisertum Napo-

Andere Ansätze: leons I. und insbesondere Napoleons III., in dem schon die Zeitgenossen, und
Das Bonapartis- zwar sowohl auf der äußersten Rechten als auch auf der äußersten Linken, einen
muskonzept   besonderen Typus politischer Herrschaft erkennen zu können glaubten. Auf der Rechten waren es vor allem die preußischen Hochkonservativen um Leopold von Gerlach, die in dem sogenannten Bonapartismus eine andere Spielart der Herrschaft der „Revolution" und des mit ihren Prinzipien verbündeten Bürgertums sahen [1108: H. GOLLWITZER, 1952; 1105: L. GALL, 1976]. Dem entsprach mit umgekehrtem Vorzeichen die Deutung von K. MARX [Der achtzehnte Brumaire des Louis Bonaparte, 1852], der das autoritäre, auf Plebiszite gestützte System Napoleons III. und die Interessen des Bürgertums gleichfalls in engsten Zusammenhang brachte und den französischen Kaiser als die letzte Rettung der „bürgerlichen Gesellschaft", der „bürgerlichen Ordnung" angesichts der Bedrohung durch die wirtschaftlich-sozialen und die politischen Forderungen des Vierten Standes bezeichnete [dazu 1145: W. WIPPERMANN, 1983].

Diese Deutung ist im 20. Jahrhundert vor allem in der Auseinandersetzung mit Faschismus und Nationalsozialismus aufgegriffen und dabei zugleich auf sie, als vergleichbare Typen bürgerlicher Herrschaft, ausgedehnt worden [bes. A. THALHEIMER, Über den Faschismus (1930), in gekürzter Fassung, in: W. ABENDROTH (Hrsg.), Faschismus und Kapitalismus, 1967, 19 ff., u. F. BORKENAU, Zur Soziologie des Faschismus, 1933, jetzt in: E. NOLTE (Hrsg.), Theorien über den Faschismus, 1972³, 156 ff.]. In der marxistischen Geschichtsschreibung hat sie kanonische Geltung erlangt [s. etwa 1077: E. ENGELBERG, 1974; s. a. 1102: DERS., 1956]. Aber auch in der westlichen, zumal in der westdeutschen Geschichtswissenschaft hat man vielfach versucht, die Marxsche Bonapartismustheorie auf das Bismarcksche Herrschaftssystem zu übertragen. Auch hier war von einem speziellen Herrschaftstypus „Bonapartismus" die Rede, (H.-U. WEHLER, H. BÖHME, M. STÜRMER, H.-J. PUHLE), ohne daß dieser freilich jemals systematisch entfaltet und in seinen verschiedenen Erscheinungsformen auch in anderen Ländern, auf die dabei oft verwiesen wurde, im einzelnen analysiert worden wäre [vgl. 1105: L. GALL, 1976; E. FEHRENBACH, in: 1081, 1977, 39 ff., sowie diesen Band insgesamt]. Mittlerweile ist die Bonapartismustheorie denn auch von ihren ursprünglichen Verfechtern im Kern revidiert worden. H.-U. WEHLER spricht nun lediglich noch von einer „engen Verwandtschaft" zwischen der Herrschaft Bismarcks und der Napoleons III. und unterscheidet streng zwischen Herrschaftssystem und Herrschaftsmethodik. Es habe sich in diesem Sinn bei der „Kanzlerdiktatur" Bismarcks zwar um eine „bewußte Imitation der bonapartistischen Herrschaftstechnik" gehandelt, ein „bonapartistisches Regime" sei sie jedoch nicht gewesen [zuerst in: 1190, 1988, 463; jetzt auch 280, Bd. 3, 1995, 367 f.].

WEHLER verfolgt nun in Anschluß an M. WEBER eine andere Linie, die sich freilich in manchen Punkten mit der Bonapartismusdiskussion berührt. M. WEBER hatte versucht, Herrschaft – auch und nicht zuletzt mit Blick auf das 19. Jahrhundert und seine eigene Zeit – im wesentlichen auf drei Typen zurückzuführen: auf den Typus der traditionalen Herrschaft, den der rationalen oder auch legalen und auf einen vor allem in Übergangszeiten angesiedelten der charismatischen Herrschaft [Wirtschaft und Gesellschaft, 1. Teil, Kap. 3]. Von diesen Überlegungen sind schon in der Vergangenheit stärkste Anregungen ausgegangen, und die wissenschaftliche Diskussion hat von ihnen in den verschiedensten Bereichen profitiert. Das gilt für die Soziologie und für die politische Wissenschaft ebenso wie für die Geschichtswissenschaft und speziell die Rechts- und Verfassungsgeschichte. WEHLER hat den WEBERSCHEN Idealtypus der charismatischen Herrschaft nun herangezogen, um „nicht nur die spezifische Bedeutung Bismarcks begrifflich und inhaltlich besser erfassen, sondern auch den Charakter des politischen Regimes genauer bestimmen" zu können [1190, 1988, 464; ausführlich in: 280: DERS., Bd. 3, 1995, 368–376]. Da allerdings Bismarcks Herrschaft, wie WEHLER selbst einräumt, in einer Reihe von Punkten vom Idealtypus abwich, scheint es eher zweifelhaft, ob dieses Konzept tatsächlich trägt.

Starken Einfluß haben Versuche gehabt, den Verfassungsbegriff auch für das 19. und 20. Jahrhundert weiter zu fassen, ihn nicht, wie ein großer Teil der älteren Verfassungsgeschichte, allzu ausschließlich an die Staatsverfassung im engeren Sinne oder gar nur an die „Konstitution" im Verständnis des 19. Jahrhunderts zu binden. So hat vor allem E.-W. BÖCKENFÖRDE mit Nachdruck dafür plädiert, unter Verfassung durchgängig, also auch im Hinblick auf die letzten 150 Jahre, „die politisch-soziale Bauform einer Zeit" zu verstehen [1093, 1972, 11], also noch über das hinauszugehen, was in Westeuropa in dem weiteren Rahmen der „histoire des institutions" gefaßt und insofern auch begrifflich schärfer von der „histoire constitutionelle" abgehoben wird. Allerdings warnt BÖCKENFÖRDE gleichzeitig davor, nun alle Einschränkungen aufzugeben und unter Verfassung mit E. R. HUBER das „Gesamtgefüge von Ideen und Energien, von Interessen und Aktionen, von Institutionen und Normen" einer Zeit [Dokumente zur deutschen Verfassungsgeschichte, Bd. 1, 1961, V] zu verstehen. In der Tat umgreift dann, wie HUBERS darauf gegründete Darstellung deutlich macht, die Verfassungsge-

Max Weber (margin)

Ausweitung des Verfassungsbegriffs (margin)

Grenzen (margin)

schichte praktisch die gesamte Geschichte, soweit diese als Geschichte einer politisch und sozial verfaßten Gemeinschaft zu verstehen ist, und verliert damit jede spezifische Kontur. Demgegenüber bewahrt der Begriff der „Bauform", wenn man ihn streng handhabt und nicht, wie es leicht geschieht, metaphorisch auflöst, stärker den Zusammenhang mit dem jeweils institutionell Verfaßten, der Einbindung in eine klar fixierte und fixierbare Ordnung und Struktur. In der Praxis handelt es sich denn auch in erster Linie um eine Ausweitung der Betrachtung von dem traditionellen Feld der „konstitutionellen" Verfassungsgeschichte im engeren Sinne auf das der institutionellen und gesetzlichen Voraussetzungen der „sozialen Verfassung" sowie auf die spezifischen Probleme der Nationalstaatsbildung. Eine solche an dem Begriff der „politisch-sozialen Bauform" orientierte Verfassungsgeschichte fügt sich also, unter Betonung des institutionellen und rechtlichen Moments, ein in Bestrebungen, zu einer allgemeinen Strukturgeschichte zu gelangen, Bestrebungen, die, was den politisch-staatlichen Bereich angeht, in Gestalt und Werk O. Hintzes in Deutschland eine spezielle, nach dem Zweiten Weltkrieg verstärkt aufgegriffene Tradition haben.

Dabei hat weniger Hintzes These von dem engen Zusammenhang zwischen außenpolitischer Lage und innerer Verfassung und das, was er dazu inhaltlich darlegte, meinungsbildend gewirkt als eben sein grundsätzlicher, strukturanalytischer Ansatz. Er leistete nach inzwischen verbreiteter Auffassung (G. Oestreich, J. Kocka) für den politisch-staatlichen Bereich das, was die „École des Annales" dann für den gesellschaftlichen und zum Teil auch für den wirtschaftlichen Bereich in Angriff nahm, und vermittelte hier, auf einem in Deutschland besonders gepflegten Gebiet, methodisch den Anschluß an die moderne westeuropäische, speziell französische Forschung. Allerdings gilt das bisher weitgehend nur für die Theorie. In der Praxis der verfassungsgeschichtlichen Forschung hat der Hintzesche Ansatz, was das 19. Jahrhundert und speziell seine zweite Hälfte angeht, bisher kaum Schule gemacht. Man wird im Gegenteil sagen können, daß diese Forschung entweder weitgehend an ihm vorbeigegangen oder durch ihn sogar in einer rein nationalgeschichtlichen bzw. machtpolitischen Betrachtungsweise bestärkt worden ist. Die Frage nach den strukturellen Gemeinsamkeiten in der Entwicklung der europäischen Staaten und ihren Bestimmungsgründen, auf die ja ein strukturanalytischer Ansatz nicht zuletzt zielen müßte, ist eher weiter in den Hintergrund geraten – was freilich einer Grundtendenz der Forschung auch in anderen Bereichen, nicht zuletzt auch dem der Wirtschafts- und Sozialgeschichte entspricht.

In den Grenzen einer solchen vorwiegend nationalgeschichtlichen Ausrichtung hat sich die Forschung in den letzten Jahrzehnten auf breiter Front entfaltet. Für fast alle europäischen Länder besitzen wir inzwischen neben einer Fülle von Einzelstudien zusammenfassende moderne Verfassungsgeschichten, die über eine bloße Geschichte der Institutionen und der verfassungsrechtlichen Entwicklung im engeren Sinne hinaus den Strukturwandel des jeweiligen Staates als ganzes, seinen Ausbau und die Erweiterung seines Eingriffsbereichs wie die Veränderung

Otto Hintze und der strukturanalytische Ansatz

der Herrschaftsmechanismen ins Auge fassen. Dabei steht vor allem der Prozeß der zunehmenden Parlamentarisierung des politischen Lebens und der Ausweitung der politischen Mitbestimmungsrechte über die verschiedenen Wahlrechtsreformen im Zentrum [1086: G. A. RITTER, 1962; 1129: M. RAUH, 1977 (dazu 1121: D. LANGEWIESCHE, 1979); 1125: W. J. MOMMSEN, 1978; 1147: R. v. ALBERTINI, 1959; F. GOGUEL, in: 1083, 1967, 161 ff.; I. JENNINGS, G. A. RITTER, Das britische Regierungssystem, 1958; 1178: D. NOHLEN, 1970] sowie, unmittelbar damit verknüpft, die Entstehung und Entwicklung moderner Parteien [s. o. II, 3]. Besondere Bedeutung kommt in diesem Zusammenhang dem 1972 von G. A. RITTER initiierten Projekt eines „Handbuchs der Geschichte des deutschen Parlamentarismus" zu [1130: G. A. RITTER (Hrsg.), 1974, u. 1131: DERS. (Hrsg.), 1983; 692: G. GRÜNTHAL, 1982; 1128: K. E. POLLMANN, 1985; 1098: H. BRANDT, 1987]. Da hier die Repräsentativkörperschaften „in ihrer Funktion als Vermittler zwischen Regierung und Volk, [...] also im Rahmen des Verfassungs- und Gesellschaftssystems der jeweiligen Zeit" [1130: G. A. RITTER (Hrsg.), 1974, 11] untersucht werden, wird nicht nur die enge Verzahnung zwischen Staat und Gesellschaft deutlich, sondern auch eine Annäherung an sozialgeschichtliche Problemstellungen erreicht. Die 1987 in diesem Rahmen erschienene Studie von H. BRANDT über Württemberg [1098] geht insofern noch ein Stück weiter, als sie „das Handeln in ‚Verfassung'", „den Alltag der Politik" [16], kurz, die Alltagsgeschichte zum Thema macht. Aber auch die politische Geistes- und Ideengeschichte bleibt ein vielfältig gepflegtes Feld [1784: L. KRIEGER, 1957; 1760: J. TOUCHARD, 1971–73; 1747: G. H. SABINE, 1973; 1840: A. VUCINICH, 1974; 1726: D. G. LAVROFF, 1978]; nur die deutsche Geschichtswissenschaft, an sich gerade hier Erbe einer besonders reichen Tradition, hat auf diesem Gebiet unter dem Eindruck der sehr entschiedenen Warnungen vor einer Überschätzung jenes Bereichs etwas den Anschluß verloren.

Parlamentarismusforschung

Politische Geistesund Ideengeschichte

Eine wesentliche Grundlage für die tiefere historische Durchdringung und Erforschung der fortschreitenden „Verstaatlichung" immer weiterer Bereiche des gesellschaftlichen und öffentlichen Lebens bildet die erste Gesamtdarstellung der Verwaltungsentwicklung in Deutschland überhaupt, die „Deutsche Verwaltungsgeschichte" von K. G. A. JESERICH, H. POHL und G.-CHR. VON UNRUH [1115]. Symptomatisch für den Stand der Forschungen im Hinblick auf den Bürokratisierungsprozeß ist allerdings, daß der Schwerpunkt auch dieses neuen Standardwerks noch ganz auf der Darstellung des Institutionengefüges liegt. Dagegen stellen systematische Analysen der verschiedenen staatlichen Tätigkeitsfelder, etwa der Hauhalte, der Zunahme und wachsenden „Dichte" von Gesetzen und Verordnungen oder der Auffächerung der Zuständigkeiten innerhalb der staatlichen Verwaltung nach wie vor seltene Ausnahmen dar [1126: R. MORSEY, 1957; s. a. 1171: P. LEGENDRE, 1969]. Ähnlich verhält es sich mit der Erforschung der Geschichte der Beamtenschaft und speziell der Sozialstruktur der Bürokratie [den Stand der Forschungen resümierend: 1146: H. WUNDER, 1986], die zumeist über die Behandlung von Einzelaspekten nicht hinauskommt bzw. nur Inhaber von

Verwaltungsgeschichte

Defizite

Spitzenfunktionen in den Blick nimmt [so etwa die neuere Studie von 771: B. WALTER, 1987]. Allein für das Herzogtum Nassau liegt mit E. TREICHEL [1141, 1991] eine Arbeit vor, die detaillierte Aufschlüsse über die Verstaatlichung der Gesellschaft auf institutioneller wie auf personeller Ebene, von der Verwaltungsspitze bis hinab zur Lokalverwaltung bietet.

Daß der Staat der wachsenden Bürokratisierung „ein eigenwüchsiges und eigenständiges Phänomen" ist [so 254: TH. NIPPERDEY, 1992, 474] und sein aktiver Part demnach weit größer war, als man lange Zeit angenommen hat, erschließt sich vor allem aus der Rolle, die er in den großen, vielfach sehr bewußt ins Grundsätzliche getriebenen Konflikten mit bestimmten gesellschaftlichen Gruppen, Kräften und Institutionen spielte. An der Spitze standen hier in der zweiten Hälfte des 19. Jahrhunderts die Auseinandersetzung mit den Kirchen, insbesondere mit der katholischen Kirche, und der Konflikt mit der sozialistischen Arbeiterbewegung. Beides waren nicht speziell nationale Erscheinungen, die sich damit allein aus den jeweiligen besonderen Bedingungen und Umständen erklären ließen, sondern sie spiegeln durchaus eine gesamteuropäische Entwicklung wider. Ihr gemeinsames Charakteristikum war nicht zuletzt und jenseits aller Einzelheiten ein enorm gesteigerter und erweiterter politischer Monopolanspruch des Staates, der sich ebenso gegen konkurrierende Kräfte auf der Rechten des politischen und weltanschaulichen Spektrums richtete wie gegen solche auf der Linken. Das vertrug sich nur schwer mit den Prinzipien einer liberalen Staatsanschauung, die sich im Grundsatz zu einem Pluralismus der Werte und Überzeugungen bekannte. Daraus mag sich erklären, daß Staatslehre und Verfassungsgeschichte diesen ganzen Komplex lange Zeit eher zurückhaltend und wenn, dann nicht selten harmonisierend behandelt haben: stand doch die überwiegende Mehrzahl ihrer Vertreter in der Tradition jener Prinzipien. Damit aber blieb nicht nur die Spannung, ja, Diskrepanz zwischen Theorie und Praxis liberaler Staatsauffassung weitgehend unerörtert, die in der zweiten Hälfte des 19. Jahrhunderts so deutlich zutage trat. Es nährten sich daraus zugleich mancherlei Illusionen über den Charakter des modernen Staates und das Wesen der Macht, die vor jenem Hintergrund durchaus vermeidbar gewesen wären. Auch scharf kritische Analysen, wie sie vor allem von marxistischer Seite vorgetragen wurden [zusammenfassend: N. POULANTZAS, R. MILIBAND, Kontroverse über den kapitalistischen Staat, 1976; W.-D. NARR (Hrsg.), Politik und Ökonomie – autonome Handlungsmöglichkeiten des politischen Systems, 1975, 19 ff.], konzentrierten sich unter dem Stichwort vom „Klassenstaat" vor allem auf den gesellschaftlichen Prozeß und vernachlässigten wie ihre Antipoden auf der bürgerlich-liberalen Seite die Tatsache, daß die Tendenz zur ständigen Erweiterung des Monopolanspruchs des Staates sich aus ganz unterschiedlichen Quellen nährte und jedenfalls nicht linear aus einer erklärt werden kann. So standen sie der Steigerung der Macht des Staates ins Totalitäre, wie sie das 20. Jahrhundert unter sehr verschiedenen Formen und Bedingungen brachte [zu Substanz und Diskussion der Totalitarismuskonzeption zusammenfassend: L. B. SHAPIRO, Totalitarismus, in: Sowjet-

Die großen Konflikte

Charakter des modernen Staates

system und demokratische Gesellschaft 6 (1972), 466 ff.], ebenso hilflos gegenüber wie die meisten ihrer nichtmarxistischen Kollegen, mit denen sie vom ursprünglichen Ansatz her durchaus die Distanz zu der fortschreitenden Machtentfaltung des Staates teilten.

Die Neigung, das Verhältnis zwischen dem Staat und der Gesellschaft bzw. den verschiedenen gesellschaftlichen Gruppen und Kräften vorwiegend aus der Perspektive der letzteren zu betrachten, läßt sich schließlich auch an der Diskussion über die Entstehung des modernen Interventionsstaats in der zweiten Hälfte des 19. Jahrhunderts beobachten [1080: L. GALL, 1978]. Auch hier erschienen, sei es in der marxistischen Konzeption des „staatsmonopolistischen Kapitalismus", sei es in den Überlegungen von nichtmarxistischer Seite über eine spezielle Phase eines „organisierten Kapitalismus" (dazu oben II, 2), die gesellschaftlichen, zumal die wirtschaftlichen Kräfte als die eigentlich dynamischen, der Staat als der bloß Reagierende. Daß die Ausweitung staatlicher Interventionen im wirtschaftlichen, im sozialen, auch im geistig-kulturellen Bereich zumal in den kontinentaleuropäischen Staaten eine spezifische, nur kurzfristig unterbrochene Tradition hatte [461: R. BENDIX, 1966; H.-U. WEHLER, in: 505, 1974, 35 ff.; 1080: L. GALL, 1978], trat dabei oft ebenso in den Hintergrund wie die Tatsache, daß, wie etwa A. J. TAYLOR gezeigt hat [1186, 1972], bei vielen konkreten Interventionen, die dann zu einer dauerhaften Ausweitung des Bereichs staatlicher Eingriffe und staatlicher Leitung und Kontrolle führten, ein massiver oder gar unwiderstehlicher Druck aus dem Bereich der Gesellschaft nur schwer nachzuweisen ist. Das gilt für den Bereich der mit Bismarck seit Beginn der achtziger Jahre in Gang gekommenen staatlichen Sozialgesetzgebung ebenso wie für einen großen Teil der wirtschaftspolitischen Grundsatzentscheidungen in Richtung Protektionismus und Begünstigung der wirtschaftlichen Konzentration. Hier wie dort verfügten alternative Konzepte über zumindest gleichstarke, wenn nicht sogar, wie im Fall der Bismarckschen Sozialgesetzgebung, zunächst über weit stärkere Unterstützung aus dem Lager der gesellschaftlichen Interessen und Überzeugungen [speziell zu den industriellen Interessen: 1143: H. P. ULLMANN, 1979]. Den Ausschlag gab letztlich das Machtinteresse des Staates und seiner unmittelbaren Träger. Sie setzten auf ein System des, wie Bismarck es unbekümmert formulierte, „Staatssozialismus", das, indem es die Erwartungen bündelte und in eine ganz bestimmte Richtung lenkte, geeignet schien, den Staat endgültig zur schlechthin beherrschenden Instanz im Leben der Gemeinschaft zu machen – zu einer Instanz, die mit den Rahmenbedingungen und der Fixierung der Normen faktisch alle gesellschaftliche Ordnung kontrollierte und zu regulieren imstande war. Diesen Vorgang in seinen sehr verschiedenen Erscheinungsformen über seine ganze Breite zu behandeln, zählt sicherlich zu den größten Verdiensten der „Deutschen Gesellschaftsgeschichte" von H.-U. WEHLER [280, Bd. 3, 1995] und zu den zentralen Zukunftsaufgaben der Verfassungsgeschichte.

Wichtige Fortschritte in diese Richtung sind vor allem auf dem Gebiet der Geschichte der Sozialpolitik und der Entwicklung zum modernen Wohlfahrtsstaat

Entstehung des Interventionsstaates

Geschichte der Sozialpolitik

zu verzeichnen. Hier ist die Forschung in jüngster Zeit auf breiter Front vorangekommen [zusammenfassend 1084: P. KÖHLER, H. F. ZACHER (Hrsg.), 1980; 1085: W. J. MOMMSEN, W. MOCK (Hrsg.), 1981; 1087: G. A. RITTER, 1983; 1113: H. G. HOCKERTS, 1983; 1088: G. A. RITTER, 1989; 1104: J. FRERICH, M. FREY, 1993]. Sie hat dabei, neben den konkreten Bezügen und Entwicklungen, zunehmend auch die grundsätzlichen Probleme des damit verbundenen Prozesses der Veränderung von Struktur und Stellung des Staates und des Verhältnisses des einzelnen und der Gesellschaft ins Auge gefaßt [s. bes. die Beiträge in dem von H. F. ZACHER hrsg. Sammelband: 1090, 1979; ferner 1167: H. HATZFELD, 1971; 1159: D. FRASER, 1973; 1157: K. EBERT, 1975; 1140: F. TENNSTEDT, 1981; 1135: M. STOLLEIS, 1982; 650: P. BALDWIN, 1993].

Bedeutung der
Gemeinden

Als eine neue Untersuchungsebene sind in den letzten Jahren dann verstärkt auch die städtischen Gemeinden in den Blick gekommen. „Es war nicht der Staat, es waren die Kommunen, welche die ‚sozialstaatliche' Hauptlast der gesellschaftlichen Entwicklung zu tragen hatten", so die pointierte These D. LANGEWIESCHES [1122, 1989, 623], was in der Konsequenz bedeutet, daß sich Möglichkeiten und Grenzen staatlichen Handelns aus kommunalen Reaktionen ableiten lassen. Aus dieser Tatsache erhellt sich, daß die Bürgertumsforschung, die sich im letzten Jahrzehnt geradezu stürmisch entwickelt hat, auch neue Erkenntnisse über das Wesen und insbesondere die Reichweite staatlichen Handelns verspricht [s. etwa 725: R. KOCH, 1983, sowie 1116: DERS., 1983, und 716: H.-W. HAHN, 1991].

5. NATIONALSTAAT UND NATIONALBEWEGUNGEN

Die Geschichte der wissenschaftlichen Beschäftigung mit Wurzeln und Ausprägungen der nationalen Idee und der verschiedenen nationalen Bewegungen ist, was ihre modernen Erscheinungsformen seit dem 18. Jahrhundert angeht, so alt wie die Geschichte dieser Phänomene selber. Ja, man kann sagen, daß die Wissenschaft, speziell die Geschichtswissenschaft, eine zentrale Rolle bei ihrer Ausbildung gespielt hat, so wie sie ihrerseits dem Vorgang einen erheblichen Teil ihrer über- und außerwissenschaftlichen Bedeutung verdankte. Nicht zuletzt über ihre Geschichte wurden sich die europäischen Nationen ihrer Identität bewußt, zumal diejenigen, die bis dahin nicht zu einer staatlichen Einheit gelangt waren. Und die Historiker, die das gemeinsame geistig-kulturelle und politische Erbe aufdeckten – gelegentlich auch konstruierten –, wurden nicht selten zu förmlichen „Erwekkern der Nation". Das gilt für Palacky in Böhmen ebenso wie für Mickiewicz in Polen, für den Pater Paisij, den Mönch vom Berge Athos, in Bulgarien ebenso wie hundert Jahre später für Hurmuzaki in Rumänien oder Stojanovič in Serbien.

Geschichtswissenschaft und Nationalgedanke

War es, der historischen Entwicklung entsprechend, in Westeuropa vor allem die gemeinsame politische Vergangenheit, über die sich die Nationen ihrer Einheit und Besonderheit bewußt wurden, so ging der entsprechende Impuls in Mittel- und besonders in Osteuropa zunächst vornehmlich von der Gemeinsamkeit der Sprache, der Kultur, zum Teil auch der Religion aus. Daraus ist eine sehr unterschiedliche, in der Forschung bisweilen wohl überbetonte Akzentuierung des Nationsbegriffs erwachsen. Sie hat nicht nur, etwa im Fall von Elsaß-Lothringen, zu einer zusätzlichen Verschärfung der nationalen Gegensätze beigetragen. Vielmehr sind davon im weiteren auch starke Impulse für eine vergleichende Analyse des Nationalismus ausgegangen, die den Gegenstand distanzierter und objektiver zu sehen lehrte. So hat sich vor allem die Unterscheidung zwischen einem stärker voluntaristischen Nationsbegriff, den der französische Religionshistoriker E. RENAN 1882 auf die Formel brachte, die Nation sei „un plébiscite de tous les jours" [Qu'est-ce qu'une nation? (1882)], und einem solchen, der mehr von Kriterien ausging, die wie die gemeinsame Sprache, die gemeinsame Kultur und Vergangenheit vom Willen des einzelnen relativ unabhängig sind, als außerordentlich fruchtbar erwiesen. Sie wurde zum Ausgangspunkt der modernen Nationalismusforschung, die sich nach dem Ersten Weltkrieg und in Reaktion auf ihn, auf die katastrophalen Konsequenzen einer ungehemmten Entfaltung des Nationalismus, zu einem eigenen Forschungszweig entwickelte.

Vergleichende Nationalismusforschung

Bahnbrechend hat dabei vor allem F. MEINECKES bereits 1907 erschienenes Werk „Weltbürgertum und Nationalstaat" gewirkt mit seiner Unterscheidung zwischen „Kulturnation" und „Staatsnation" [zu Meinecke jetzt 1268: S. MEINEKE, 1995]. Es wurde – auch was die vorwiegend geistesgeschichtliche Betrachtungsweise und Methode angeht – zur Basis aller weiteren Versuche, zu einer Typologie der Erscheinungsformen des Nationalismus zu gelangen. Unter ihnen ragt als einer der frühesten derjenige des amerikanischen Historikers C. J. H.

„Kulturnation" und „Staatsnation"

HAYES aus dem Jahre 1931 heraus, der, die damalige Forschung zusammenfassend, in der zeitlichen Reihenfolge der Entstehung zwischen einem humanitären, jakobinischen, traditionellen, liberalen und integralen Nationalismus unterschied [1236]. Der größte Einfluß ging dann jedoch von dem 1944 erschienenen Werk von H. KOHN über die „Idee des Nationalismus" aus [1251]. Direkt an MEINECKE anknüpfend, führte er den europäischen Nationalismus auf zwei Grundtypen zu-

Subjektiver und objektiver Nationsbegriff

rück, auf einen subjektiv-politischen, der sich vor allem im Westen Europas ausgebildet habe und wesentlich hier beheimatet geblieben sei und für den die Verbindung mit liberalen und demokratischen, zukunftsweisenden Ideen als typisch gelten könne, und auf einen in erster Linie in Mittel- und Osteuropa anzutreffenden objektiv-kulturellen Typus, dessen Signum, neben einer starken Vergangenheitsorientierung, ein irrationaler und antiindividualistischer Grundzug sei.

KOHNS Thesen haben sowohl die Einzelforschung außerordentlich stimuliert als auch eine breite wissenschaftliche Diskussion entfacht. Dabei sind sein Ansatz

Einschränkungen und Differenzierungen

und seine Thesen einer immer stärkeren Differenzierung unterworfen worden bis hin zu dem Punkt, daß sie nur noch als Ausgangspunkt und Argumentationsrahmen dienten, innerhalb dessen von ihnen inhaltlich kaum noch etwas übrigblieb. So hat der Finne A. KEMILÄINEN [1249, 1964] herausgearbeitet, daß auch in Frankreich, sozusagen dem klassischen Land des „westlichen" Nationsbegriffs, das plebiszitäre Element nur ein Strang unter anderen gewesen sei. Belgien, Irland, die Autonomiebewegungen der Basken, Katalanen, Waliser oder Schotten sowie die regionalistischen Bestrebungen der jüngsten Zeit wurden als Belege für die Stärke kulturnationaler Tendenzen auch im westlichen Europa ins Feld geführt [1248: G. A. KELLY, 1969; J. WILLEQUET, in: 1294, 1974, 47 ff.; K. B. NOWLAN, in: 1297, 1971, 53 ff.; 1196: P. ALTER, 1971; DERS., in: 1212, 1978, 49 ff.; 1282: S. PAYNE, 1971; J. LINZ, in: 1219, 1973, 32 ff.; 1275: K. O. MORGAN, 1981; 1222: Y. FOUÉRÉ, 1977; J. C. D. CLARK, in: 1265, 1992, 57 ff.; G. LOTTES, in: 1265, 1992, 85 ff.]. Auf der anderen Seite bieten Ungarn und auch Rußland in Osteuropa Beispiele eines staatlich fundierten Nationalismus, und Finnen, Polen und Tschechen wie Serben und Kroaten sind Zeugen dafür, daß ein ursprünglich sprachlich-kulturell begründeter Nationalgedanke durchaus nicht notwendigerweise antidemokratische und irrational-fortschrittsfeindliche Züge tragen muß [1200: G. BARANY, 1969; 1302: L. B. SHAPIRO, 1967; 1472: D. GEYER, 1977; K. G. HAUSMANN, in: 1212, 1978, 23 ff.; 1202: W. D. BEHSCHNITT, 1980; 1267: A. S. MARKOVITS, F. E. SYSYN, 1980; s. a. 1200: P. F. SUGAR, J. LEDERER (Hrsg.), 1969]. Schließlich hat man zu Recht darauf hingewiesen, daß die Begründungen oft je nach Interessenlage bei derselben Nation und demselben nationalen Staat wechselten, so wenn das Deutsche Reich im Fall der Masuren das subjektiv-politische

Mischformen

Moment betonte und im Fall der Elsässer und Lothringer das objektiv-kulturelle [1289: H. ROTHFELS, 1956; ferner 1274: H. MOMMSEN, A. MARTINY, 1971; 1237: F. H. HINSLEY, 1973]. H. SCHULZE sieht auch die westeuropäischen Nationen als Kulturnationen; allein ihre Kohärenz sei infolge ihrer Staatlichkeit größer gewesen als beispielsweise in Deutschland [1300: H. SCHULZE, 1995, 126 ff.]. Ohnehin ist – nicht zuletzt im Lichte der neueren Entwicklung in Ost- und Südosteuropa – die Bereitschaft gesunken, räumlich oder chronologisch zwischen „guten" und „bösen" Formen der Nationsbildung zu unterscheiden. Dafür ist die Sensibilität für die Ambivalenz von Entstehungsbedingungen und Erscheinungsformen solcher Prozesse gewachsen, und man hat immer wieder darauf hingewiesen, daß die demokratisierenden Folgewirkungen von Nationsbildung nicht im Widerspruch zu ihren kriegerischen Wurzeln liegen; ein Großteil der neuen Forschung sieht im Gegenteil in der Gewaltanwendung nach außen und in der Kultivierung eines Feindbildes einen der „effizientesten" Nationsbildner [am Beispiel Großbritanniens: 1210: L. COLLEY, 1992; am Beispiel Deutschlands: 1244: M. JEISMANN, 1992; Beiträge in: 1292: R. SAMUEL (Hrsg.), 1989; allgemein 1300: H. SCHULZE, 1995, 126].

Unbeschadet dieser neuen skeptischen Sichtweise bleibt es das Verdienst von KOHN, nicht nur einen weitgespannten Interpretationsrahmen geliefert zu haben, in dem sich ein großer Teil der Forschung bis heute bewegt, sondern zugleich derjenige gewesen zu sein, der mit besonderem Nachdruck auf der Notwendigkeit der Typisierung des jeweiligen historischen Bedingungsgeflechts des Nationalismus insistiert hat. Insofern weist sein Werk auch entschieden über sich selbst, über die von KOHN bevorzugte geistes- und ideengeschichtliche Betrachtungsweise und Methode, hinaus. Vor allem TH. SCHIEDER hat diesen Impuls aufgegriffen und in mehreren Studien und Untersuchungen herausgearbeitet, daß sich in dem Geflecht sehr unterschiedlicher historischer Bedingungen und Entwicklungsabläufe drei Typen erkennen lassen, die zugleich bestimmten Phasen des historischen Prozesses und bestimmten geschichtlichen Räumen zuzuordnen sind: 1. der auf Westeuropa konzentrierte, zeitlich erste Typus einer Nations- und Nationalstaatsbildung auf der Basis bereits vorhandener Staaten im Zuge eines inneren Revolutionierungs- und Emanzipationsprozesses; 2. der vor allem in Mitteleuropa und Italien zu beobachtende Typus der Nationalstaatsbildung durch Zusammenschluß bisher getrennter Teile, deren in dieser Hinsicht führenden Gruppen die Nation „als eine vor dem Staat gegebene, entweder historisch oder kulturell oder als sozialer Verband begründete Größe" erschien; und schließlich 3. der vor allem in Osteuropa zu beobachtende Typus der Nationalstaatsbildung durch Sezession von größeren, in erster Linie dynastisch verklammerten Staatsgebilden wie dem russischen und dem osmanischen Reich, der Habsburger und auch der preußischen Monarchie, wobei sich in den einzelnen Sezessionsbewegungen die verschiedenen Momente des Nationalismus in sehr unterschiedlicher Form und Gewichtung verbanden [1296, 1992; 1293, 1966; Probleme der Nationalismusforschung, in: 1297, 1971, 9 ff.; TH. SCHIEDERS Beiträge jetzt neu gesammelt in: 1295, 1991].

Ein neuer Anlauf hierzu ist schließlich in einer vergleichenden Studie L. GREENFELDS unternommen worden: Sie beobachtet bei den von ihr untersuchten Nationen des europäischen Kontinents (Frankreich, Rußland, Deutschland) eine gegenüber dem englischen Vorbild „nachholende" und stärker ressentimentgela-

Versuche der
Typologisierung

dene Ausprägung, die sich deutlich absetzt von der modern-individualistisch konturierten Nationsbildung nicht nur Großbritanniens, sondern auch der Vereinigten Staaten [1230: L. GREENFELD, 1992].

In den Rahmen einer solchen Typologie der Erscheinungsformen des Nationalstaats in Europa lassen sich, auch ohne die Möglichkeiten „einer politisch-institutionellen Funktionsanalyse" zu überschätzen und ihre Grenzen zu verkennen – so warnend H. A. WINKLER [Der Nationalismus und seine Funktionen, in: 1318, 1978, 9 f.] –, zwei Fragenkomplexe sehr gut einfügen, deren weitere Erforschung und Durchdringung zu den großen Desiderata in diesem Bereich gehören.

Gesamtgesell-
schaftliche Bedin-
gungen und soziale
Grundlagen

Es handelt sich dabei einmal um die Frage der spezifischen Bedingungen für die Entstehung des Nationalismus im gesamtgesellschaftlichen Gefüge und seine sozialen Grundlagen und zum anderen um den Funktionswandel des Nationalismus seit dem 18. Jahrhundert [L. GALL, Die Nationalisierung Europas seit der Französischen Revolution, in: W. FELDENKIRCHEN, F. SCHÖNERT-RÖHLK, G. SCHULZ (Hrsg.), Wirtschaft, Gesellschaft, Unternehmen. Festschrift für Hans Pohl zum 60. Geburtstag, 1995, 568 ff.].

Beide Fragen hängen eng miteinander zusammen, und die jeweiligen Antworten bedingen einander in vielfältiger Hinsicht. Zu dem ersten Komplex sind vor allem starke Impulse von den systematischen Sozialwissenschaften ausgegangen, ohne daß sie bisher in größerem Umfang von empirisch arbeitenden Historikern aufgenommen wurden. Das gilt insbesondere für das sehr einflußreich gewordene Buch von K. W. DEUTSCH über „Nationalism and Social Communication" [1214, 1953], das das Phänomen des Nationalismus, zumal des frühen Nationalismus,

Modernisierungs-
theoretische
Ansätze

ganz in den Zusammenhang eines allgemeinen Modernisierungsprozesses stellte und aus diesem Zusammenhang zu erklären suchte. Der Nationalismus, so DEUTSCH, sei die Antwort auf eine außerordentlich gesteigerte soziale Mobilität, die die bis dahin weitgehend auf den engsten lokalen Bereich beschränkten Kommunikationsstrukturen zunehmend als unzureichend erscheinen ließ und das Bedürfnis nach gesteigerter „Komplementarität oder kommunikativer Effizienz" weckte. In diesem Sinne gründe das Bewußtsein der „Mitgliedschaft in einem Volk", der Zugehörigkeit zu einer Nation „wesentlich in einer weitgehenden Komplementarität der gesellschaftlichen Kommunikation": „Sie besteht in der Fähigkeit, wirksamer zu kommunizieren, und zwar über eine Vielzahl von Gegenständen und mit Mitgliedern einer großen Gruppe mehr als mit Außenstehenden." Hierein fügen sich auch Theorien wie die von D. KATZ über eine sozialpsychologische Erweiterung des Gefühlshaushalts des einzelnen [„enhanced psychic income": The Psychology of Nationalism, in: J. P. GUILFORD (Hrsg.), Fields of Psychology, 1949[12], 163 ff.] oder von A. D. SMITH über den Nationalismus als „Mythos der historischen Erneuerung", als Produkt der Krise des traditionellen Werte- und Normensystems [1304, 1971]. In dem Bestreben, diese Krise zu überwinden und die verlorengegangene Einheit des Systems in neuer Form wiederherzustellen, sah schon D. FRÖHLICH einen wesentlichen Antrieb für die Entstehung des Nationalismus zunächst der Intellektuellen und Gebildeten [Nationalismus und Nationalstaat in Entwicklungsländern, 1970], während E. GELLNER Nationalismus vor allem als Reaktion auf das Gefühl der Rückständigkeit in wirtschaftlicher und gesellschaftlicher Hinsicht interpretierte [Thought and Change, 1964].

Zu den wenigen, die die Frage nach den sozialen Grundlagen und gesamtgesellschaftlichen Bedingungen des Nationalismus im Sinne DEUTSCHS bisher nicht nur als interessante Hypothesen – die dann leicht den Charakter bereits zweifelsfrei erwiesener Tatsachen annehmen – aufgenommen, sondern versucht haben, ihr empirisch, aber zugleich in dem systematischen Bezugsrahmen nachzugehen, gehört M. HROCH. In einer vergleichenden Untersuchung über die Entwicklung der nationalen Bewegung bei einigen kleineren Völkern Europas – neben Böhmen und Mähren behandelt er das Baltikum, Finnland, Norwegen und Flandern – hat M. HROCH dabei drei Phasen dieser Entwicklung herausgearbeitet [1241, 1968; 1242, 1985; Nationales Bewußtsein zwischen Nationalismustheorie und der Realität der nationalen Bewegungen, in: 1298: E. SCHMIDT-HARTMANN (Hrsg.), 1994, 39ff.]: eine erste, in der sich der nationale Gedanke auf eine relativ kleine Gruppe von Intellektuellen beschränkt, die aus Sprache, Kultur und Geschichte des betreffenden Volkes das Bild einer potentiellen größeren Kommunikationseinheit erstehen läßt; eine zweite Phase, in der dieses Bild von bereits größeren Gruppen agitatorisch verbreitet, die Nation „erweckt" wird; und schließlich eine dritte, in der die Agitation im großen Stil Erfolg hat, die Nationalbewegung zur Volksbewegung wird. *(margin: Empirische Anwendung)*

Entscheidende Bedeutung kommt in diesem Zusammenhang nach HROCH in Bestätigung der Thesen DEUTSCHS der Kommunikationsstruktur zu: wo sie bereits hoch entwickelt und weitverzweigt ist, wie in den Zentren von Handel und Dienstleistung, ist auch der Grad der Nationalisierung hoch, während das flache Land erst vergleichsweise spät erreicht wird. Die Frage, ob dem auch die Funktion des Nationalismus in den untersuchten Gebieten entspricht, die nationale Bewegung also zugleich, wie R. A. BERDAHL es mit Blick auf Deutschland als zentrale Problemstellung formuliert hat [Der deutsche Nationalismus in neuer Sicht, in: 1318, 1978, 138ff.], als Teil der Modernisierungsbewegung anzusprechen ist [zu dem Zusammenhang von Nationalismus und sozialem Wandel auch: 1212: O. DANN (Hrsg.), 1978], läßt HROCH allerdings dahingestellt. Eine eindeutige Antwort fällt angesichts nicht zu übersehender traditionalistischer Elemente in den einzelnen nationalen Bewegungen offenkundig schwer [vgl. in diesem Zusammenhang auch 1253: J. KOŘALKA, 1991].

Das von HROCH offengelassene Problem der Funktion und des Funktionswandels des Nationalismus ist zunächst gleichfalls vor allem im Bereich der mehr systematisch als historisch orientierten Sozialwissenschaften aufgeworfen, inzwischen jedoch auch von vielen Historikern aufgegriffen worden. Eine wichtige Vermittlungsrolle übernahm dabei das unter dem Eindruck des Zweiten Weltkriegs und der Herrschaft von Faschismus und Nationalsozialismus geschriebene Buch von E. H. CARR mit dem ganz auf Gegenwart und Zukunft zielenden Titel *(margin: Funktionswandel des Nationalismus)*

„Nationalism and After" [1968]. CARR unterschied darin drei inhaltlich sehr verschieden akzentuierte Phasen in der Entwicklung des Nationalismus: neben der im wesentlichen auf eine intellektuelle Oberschicht und auf deren spezielle Bedürfnisse beschränkten Bewußtwerdungsphase vor 1789 die Phase des eigentlichen „nation-building" bis 1870, in der der nationale Gedanke demokratisiert und zugleich zum Vehikel und Instrument der Demokratisierung wurde. Ihr sei dann als dritte Periode eine Phase der „Sozialisierung" des Nationalismus bis 1939, bis zum Ausbruch des Zweiten Weltkriegs, gefolgt.

Dabei hatte CARR vor allem die Verbindung von Nationalismus und Sozialismus vor Augen unter Voranstellung der wirtschaftlichen Gesichtspunkte und der Befriedigung der Bedürfnisse der breiten Massen der jeweiligen Nation. Schutz der wirtschaftlichen Interessen der Nation, aggressive Abgrenzung nach außen und Betonung der nationalen Eigenart seien dabei Hand in Hand gegangen und hätten dem Nationalismus seine ursprüngliche politische Zielrichtung genommen, die bis dahin durch die Verbindung mit liberalen und demokratischen Bestrebungen charakterisiert gewesen sei. Dieser Ansatz ist seither, meist ganz unabhängig von CARR, in verschiedenster Richtung ausgebaut und erweitert worden. Er zielt auf den in der Tat in den meisten Ländern Europas unübersehbaren Übergang von einem bis dahin vorwiegend „linken" zu einem „rechten Nationalismus" [1319: H. A. WINKLER, 1978] in den Jahren nach 1870, der offenkundig in engem Zusammenhang mit der tiefgreifenden wirtschaftlichen Wachstums- und Strukturkrise mitsamt ihren vielfältigen sozialen Folgen stand, die jene Länder damals, wenngleich in sehr unterschiedlichem Ausmaß, erfaßte. ST. ROKKAN [Dimensions of State Formation and Nation-Building, in: 1312, 1975, 562 ff.] hat in diesem Zusammenhang, in Zusammenfassung einer großen Zahl entsprechender strukturanalytischer Untersuchungen, von dem Zusammentreffen einer „Standardisierungskrise" und einer „Partizipationskrise" gesprochen. Die Art, wie diese doppelte Krise jeweils angegangen worden sei, habe die Entwicklung des Nationalismus entscheidend geprägt. In die Sprache des Historikers übersetzt heißt dies, daß der Kampf um die Durchsetzung einer neuen wirtschaftlichen und gesellschaftlichen Ordnung, wie er vor allem vom Bürgertum geführt wurde, überlagert worden sei durch den politischen Gleichberechtigungsanspruch neuer sozialer Schichten, vor allem der Arbeiterschaft [siehe auch H. MOMMSEN, J. KOŘALKA, Ungleiche Nachbarn. Demokratische und nationale Emanzipation bei Deutschen, Tschechen und Slowaken (1815–1914), 1993]. Von einer nach vorne gerichteten Integrationsideologie, deren Ziel- und Bezugspunkt jene neu zu etablierende Ordnung war, sei der Nationalismus damit vielerorts zu einem Instrument der Abwehr eines solchen Anspruchs geworden – neben die Dichotomie von „Staatsnation" und „Kulturnation" sei damit, so M. R. LEPSIUS, die weitere Dichotomie von „Volksnation" und „Klassennation" getreten [Nation und Nationalismus in Deutschland, in: H. A. WINKLER (Hrsg.), Nationalismus in der Welt von heute, 1982, 12 ff.]. Dagegen hat D. LANGEWIESCHE relativierend darauf hingewiesen, daß eine zeitliche Unterteilung in eine frühe emanzipatorische Na-

Vom „linken" zum „rechten" Nationalismus

Kritische Einschränkungen

tionsidee und einen späteren „entarteten Nationalismus" – wie unlängst wieder
bei O. Dann [1213, 1994] – der historischen Überprüfung nicht standhält: ein
„spezifisches Gemisch von Partizipation und Aggression kennzeichnet die Berufung auf die Nation... zu allen Zeiten" [1260, 1994, 12]. Das Bedürfnis zur Abgrenzung vom Fremden sei dem Nationsdenken inhärent [ähnlich auch schon B.
Vogel, in: 1317, 1992, 97 ff.]

Dieses Urteil Langewiesches steht am Ende einer deutlich intensivierten Nationsforschung seit Mitte der 1980er Jahre. Auf der Ebene der Theoriebildung
lassen sich drei Impulse unterscheiden. Zum einen wurde bei der empirischen
Überprüfung allgemeiner Aussagen nicht mehr in gleichem Maße wie in den vorangegangenen Jahrzehnten auf Beispiele aus der Dritten Welt Bezug genommen,
sondern wieder verstärkt die europäische Entwicklung insbesondere auch des 19.
Jahrhunderts ins Auge gefaßt [vgl. als Bilanz: 1298: E. Schmidt-Hartmann
(Hrsg.), 1994].

Zugleich wurde eine neue und diesmal besonders ausgeprägte Skepsis gegenüber den sogenannten objektiven Faktoren der Nationsbildung deutlich. Zwar
hielt etwa A. D. Smith [1306, 1986] an seinen Thesen einer ethnischen Basis der
Nationsbildung fest. Doch es war insbesondere B. Andersons Modell der „Imagined Communities" – im Deutschen bezeichnenderweise unter dem Titel „Die
Erfindung der Nation" erschienen –, das großen Einfluß auf die Geschichtswissenschaft gewann. Zusammen mit anderen Theoretikern [1239: E. Hobsbawm, T.
Ranger (Hrsg.), 1983; 1226: E. Gellner, 1995] betonte diese Denkrichtung das
„Gemachte" und „Künstliche" der jeweiligen Nationsbildung. Erst die Vorstel-
lung von Nationen bewirke, daß diese geschichtsmächtige Realität erlangen. Eine
ethnische Basis, aber auch eine Kommunikationsbasis im Sinne Deutschs wird
von Anderson verworfen. Schien dies im Falle der jungen Nationen der Dritten
Welt plausibel, mußte die Übertragung dieses Modells auf die europäischen Nationen in seiner Radikalität provozierend wirken [vgl. etwa die Kritik von J.
Breuilly, in: 1298, 1994, 15 ff.], gewann aber im Zuge der neuen europäischen
Staatsbildungen seit 1990 auch hier an Erklärungskraft. Die Behauptung einer objektiven Substanzlosigkeit der jeweiligen Nationsbildungen ist dabei durchaus
vereinbar mit der Frage nach der Funktion solcher Prozesse, wobei der Schwerpunkt einmal mehr auf den wirtschaftlichen Zwängen zur Bildung größerer Ein-
heiten [1226: E. Gellner, 1995], ein andermal mehr auf den Bedürfnissen einer
sozialpsychologischen Kompensation im Prozeß der Auflösung lokaler, regionaler und religiöser Gemeinschaften liegt [1273: H. Mommsen, 1986].

Ein dritter Trend betraf die auch auf anderen Feldern der Geschichtswissenschaft zu beobachtende Hinwendung zu Erscheinungsformen des Kulturellen,
Symbolischen, Diskursiv-„Zeichenhaften" und Emotional-Mentalen. Auf der
Ebene der Nationsforschung sind dabei weniger die klassischen subjektiven Faktoren im Sinne Kohns wie Sprache, Geschichte usw. gemeint, sondern vielmehr
die konkrete symbolische Umsetzung der jeweiligen nationalen Idee und damit
ihre Vermittlung in breite Bevölkerungsschichten. Damit konnte sich diese Rich-

*Neue Ansätze seit
Mitte der 1980er
Jahre*

*Kulturwissen-
schaftliche und
mentalitäts-
geschichtliche
Perspektiven*

tung durchaus mit ANDERSONS Idee einer „Imaginierten Gemeinschaft" treffen, da diese symbolischer, vermittelnder Elemente zwischen den Eliten und der Masse der Angehörigen einer Nation bedarf. Das Forschungsinteresse reicht von der eher sozialpsychologisch grundierten Analyse kollektiver Bewußtseinsformen [1227: B. GIESEN (Hrsg.), 1991; 1203: H. BERDING (Hrsg.), 1994, und 1298: E. SCHMIDT-HARTMANN (Hrsg.), 1994] bis zur Auflistung und Entschlüsselung von „Zeichen" nationaler Symbolsprache [1280: P. NORA (Hrsg.), 1984–1992; DERS., in: 1223, 1995, 85 ff.].

Dieser Trend hat mittlerweile eine ganze Reihe von Studien hervorgebracht, die auf der Ebene einzelner Nationen wie im binationalen Vergleich die jeweiligen nationalen Symbolsprachen zu entschlüsseln suchen. Dies reicht von der Untersuchung nationaler Denkmäler [1255: R. KOSELLECK, M. JEISMANN, 1994; 1235: W. HARDTWIG, 1994; 1311: CH. TACKE, 1995], Symbole und Mythen [1225: L. GALL, 1993; 1201: F. J. BAUER, 1992; 1234: W. HARDTWIG, 1990; 1264: J. LINK, W. WÜLFING, 1991; 1203: H. BERDING (Hrsg.), 1996; 1217: A. DÖRNER, 1996], bis hin zur Anlage von Riten, Festen und Stereotypen, wobei hier auffallenderweise dem deutsch-französischen Vergleich eine neue Bedeutung zukommt [1223: E. FRANÇOIS, H. SIEGRIST, J. VOGEL (Hrsg.), 1995; 1311: CH. TACKE, 1995]. Die Tatsache, daß in diesem Bereich eine Fülle neuer Arbeiten entstanden ist, läßt aber bisweilen übersehen, daß auch sie auf einer Basis von Vorläufern aufbauen konnte [1221: E. FEHRENBACH, 1971; 1279: TH. NIPPERDEY, 1968; 1276: G. L. MOSSE, 1976].

Neuere Überblicksdarstellungen   Mittlerweile liegen auch von deutschen Autoren Überblicksdarstellungen unterschiedlicher theoretischer Reichweite vor [1197: P. ALTER, 1985; 1213: O. DANN, 1994; 1300: H. SCHULZE, 1995]. ALTER versucht eine Kombination von theoretischem Zugang mit knappem chronologischen Überblick über die verschiedenen Erscheinungsformen des Nationalen zu geben; DANN beschränkt sich auf die deutsche Entwicklung seit 1770, während SCHULZE Gesamteuropa seit dem Mittelalter ins Auge faßt und dabei übergreifende Kategorien und Interpretationen sehr geschickt mit zahlreichen Einzelbeispielen verbindet. Auch die begriffsgeschichtliche Forschung hat sich auf diesem Feld als sehr ertragreich erwiesen [1254: R. KOSELLECK, 1992].

Epochenspezifische Ausprägung des Nationalismus   Neben diesen meist zeitlich übergreifenden und vielfach systematisch orientierten Arbeiten ist nach wie vor die Erörterung von Kernproblemen der Deutung der Entwicklung der zweiten Hälfte des 19. Jahrhunderts von zentraler Bedeutung. Sie verbindet sich hier mit sehr konkreten Fragen der Ereignisgeschichte wie auch mit spezifischen wirtschafts-, sozial- und parteigeschichtlichen Fragestellungen. Vor allem H. A. WINKLER hat beides am deutschen Beispiel, aber stets mit Blick auf vergleichbare Entwicklungen in anderen europäischen Ländern zusammenzuführen gesucht [1319, 1978; Der Nationalismus und seine Funktionen, in: 1318, 1978, 5 ff.]. Zu ähnlichen Ergebnissen wie er gelangen, was die Hauptthese von dem epochenspezifischen und zugleich epochencharakteristischen Funktionswandel des Nationalismus in jener Zeit angeht, auch D. GEYER für den russischen Nationalismus [1472, 1977], W. SCHIEDER für den italienischen [Aspekte des italienischen Imperialismus vor 1914, in: 1358, 1971, 140 ff.] und W. J. MOMMSEN und K. ROHE für den englischen [1494, 1968; Ursachen und Bedingungen des modernen britischen Imperialismus vor 1914, in: 1358, 1971, 60 ff.]. Gegenüber einer solchen auf Vergleich und Typisierung angelegten, stark an Theorien und systematischen Überlegungen orientierten historischen Nationalismusforschung bewegt sich allerdings ein großer Teil der einschlägigen Arbeiten zu konkreten Fragen der Nationalstaatsbildung und zu Charakter und Entwicklung des Nationalismus und der nationalen Bewegungen in der zweiten Hälfte des 19. Jahrhunderts nach wie vor in eher herkömmlichen Bahnen. Sie konzentrieren sich, so sehr sie im einzelnen von den Fragestellungen und Begriffsbildungen übergreifender Ansätze profitieren, vornehmlich auf die jeweiligen Nationalgeschichten und die hier wirksamen spezifischen Antriebe und Entwicklungstendenzen. Das gilt vor allem für Deutschland und Italien, also für die beiden Länder, die in jener Zeit zu ihrer nationalen Einheit gelangten und in denen die damit zusammenhängenden Fragen und Probleme naturgemäß seit langem im Zentrum der historischen Forschung stehen.

Die deutsche und die italienische Nationalstaatsgründung

Hier wie dort wurde die Diskussion dabei zugleich in starkem Maße durch die Erfahrung des weiteren Gangs der Entwicklung bestimmt, also durch die Tatsache, daß diese beiden großen Nationalstaatsbildungen des 19. Jahrhunderts in ihrer inneren Entwicklung schließlich nicht in die Bahnen der beiden westlichen Nationalstaaten England und Frankreich gelangten, sondern verhängnisvolle Entwicklungen, „Sonderwege" eröffneten. Das lud zunächst, wenn überhaupt, nur zum negativen Vergleich, also dazu ein, nicht nach dem Gemeinsamen, sondern dem Abweichenden von der – vor allem vom englischen und französischen Beispiel abgeleiteten – Norm nationalstaatlicher Entwicklung zu fragen. Im Zentrum stand in Italien und mehr noch in Deutschland eine breit angelegte Revision der bisherigen Einschätzungen und Urteilskategorien bei der Betrachtung und Entwicklung des jeweiligen Nationalstaats.

Revisionistische Sicht nach 1945

Einen gleichsam natürlichen Mittel- und Bezugspunkt fand ein derartiger Revisionsprozeß in beiden Ländern zunächst einmal in der Person des jeweiligen „Reichsgründers". Sie wurde in zunehmendem Maße als Chiffre für „ihr" Werk, den Nationalstaat, und für dessen spezifische Probleme verstanden – nicht zufällig wurde schließlich nach jahrzehntelangen Diskussionen sowohl in der italienischen als auch in der deutschen Geschichtswissenschaft versucht, eine Bilanz jenes Revisionsprozesses in breitangelegten Biographien Cavours bzw. Bismarcks zu ziehen [398: R. ROMEO, 1969–1977; 1266: D. MACK SMITH, 1985; 379: H. HEARDER, 1994; 226: L. GALL, 1995[8]; zur Bismarck-Diskussion nach 1945: 225: DERS. (Hrsg.), 1971; 228: H. HALLMANN, 1972; 221: E. ENGELBERG, 1985]. Von hier ausgehend konzentrierte sich die Forschung in beiden Ländern zunehmend auf die Defizite des Prozesses der nationalen Einigung wie der weiteren Entwicklung, eines Prozesses und einer Entwicklung, die man bis dahin, bei aller Kritik im einzelnen, zumeist unter dem Aspekt einer Erfolgsgeschichte zu betrachten gewohnt gewesen war [zur Geschichtsschreibung bis 1945: R. ROMEO, in: 1395, 1970, 9 ff.; E. FEHRENBACH, in: 1440, 1970, 259 ff.; B. FAULENBACH, Ideologie des deutschen Weges. Die deutsche Geschichte in der Historiographie zwischen Kaiserreich und Nationalsozialismus, 1980]. Unter dem Stichwort der „rivoluzione mancata" [P. GOBETTI, La Rivoluzione liberale, 1924] bzw. des „unvollendeten Nationalstaats" [1296: TH. SCHIEDER, 1992] wurden vor allem die begrenzte soziale Integrationskraft der nationalen Bewegung und des jeweiligen Nationalstaats erörtert, der autoritäre Charakter beider Staatsgründungen, die Reformversäumnisse, die fortdauernde Machtstellung der alten Eliten und die mangelnde Kohärenz und Geschlossenheit der liberalen Kräfte, die Problematik rückständiger Gebiete und die im Blick auf sie besonders deutlich hervortretende „Gleichzeitigkeit des Ungleichzeitigen", die beide Staaten aufs stärkste belastete.

Die „innere Reichsgründung"

In Deutschland rückte dabei zunächst der innere Strukturwandel des Kaiserreichs Ende der siebziger Jahre als die „zweite, innere Reichsgründung" (H. BÖHME) ganz ins Zentrum des Forschungsinteresses, nachdem die äußere Reichsgründung über so viele Jahrzehnte im Mittelpunkt gestanden hatte. Hier, so die Grundthese von W. SAUER [Das Problem des deutschen Nationalstaates (1962), in: 772, 1973, 407 ff.], H. ROSENBERG [258, 1967], H. BÖHME [214, 1966], H.-U. WEHLER [278, 279: 1969, 1994] u. a., sei in dem Bündnis zwischen den industriellen Eliten vor allem aus dem Bereich der Schwerindustrie und den alten aristokratisch-agrarischen Führungsgruppen endgültig jener verhängnisvolle deutsche Sonderweg eingeschlagen worden, der schließlich ins Dritte Reich mündete.

Sonderwegsdiskussion

Es handelte sich dabei in vieler Hinsicht um eine Umkehrung der positiv akzentuierten deutschen Sonderwegsideologie des Kaiserreichs und der Weimarer Zeit [B. FAULENBACH, Ideologie des deutschen Weges, 1980], wie sie in den zwanziger Jahren bereits von J. ZIEKURSCH, F. SCHNABEL und V. VALENTIN vorgenommen worden war. Daran hatten dann H. PLESSNER mit seiner These von der „verspäteten Nation" und vor allem R. STADELMANN mit seinem Buch über „Deutschland und die westeuropäischen Revolutionen" (1948) angeknüpft: Der deutsche Sonderweg bestehe in der unheilvollen Abweichung von der parlamentarisch-demokratischen Entwicklung Westeuropas [zusammenfassend zuletzt: J. KOCKA, in: DERS., Geschichte und Aufklärung, 1989, 101 ff.; J. BREUILLY, in: EHQ 22, 1992, 257 ff.; B. J. WENDT, in: 1317, 1992, 111 ff.; W. HARDTWIG, in: 232, 1993, 165 ff.; 280: H.-U. WEHLER, Bd. 3, 1995, 449 ff.]. Dabei ist unverkennbar, daß diese Deutung mittlerweile stark an Boden verloren hat, ja von kaum einem Historiker noch vorbehaltlos vertreten wird. An ihre Stelle traten Konzeptionen wie die eines deutschen „Sonderbewußtseins", der „Sonderung" oder des „Eigenweges", oder es wurde im Gegenteil der vermeintliche englische Normalweg nun als der eigentliche Sonderweg qualifiziert [B. WEISBROD, in: GG 16 (1990), 232 ff.]. In diesem Zusammenhang ist auch die – nicht eigentlich im Rahmen der Sonderwegsdebatte vorgebrachte – These zu sehen, die Fixierung auf eine – wenn auch verschieden interpretierbare – „Reichsnation" sei ein zentrales Kontinuum des deutschen Nationsverständnisses [1259: D. LANGEWIESCHE, 1992; 1213: O.

DANN, 1994; DERS., Nationale Fragen in Deutschland: Kulturnation, Volksnation, Reichsnation in: 1223, 1995, 39 ff.], dem in der französischen Nationsideologie die „république" entspräche [M. AGULHON, Die nationale Frage in Frankreich. Geschichte und Anthropologie, in: 1223, 1995, 56 ff.]. In jedem Fall hatte die Sonderwegsdebatte zur Folge, daß die innere Geschichte des Reiches, unter Einsatz wirtschafts- und sozialgeschichtlicher Kategorien und Methoden und unter Betonung strukturgeschichtlicher Aspekte, in einer Fülle von Arbeiten neu oder erneut untersucht worden ist. Aus ihnen ist in den letzten Jahrzehnten Zug um Zug ein grundlegend anderes Bild des Kaiserreiches erwachsen.

Oft hiervon positiv oder auch kritisch ausgehend ist zugleich die eigentliche Entstehungsphase des deutschen Kaiserreichs nun nicht mehr unter außen- und machtpolitischen, sondern vorwiegend unter wirtschaftlichen, sozialen und parteipolitischen Gesichtspunkten und mit strukturanalytischen Fragestellungen ins Zentrum gerückt. Wichtige Schrittmacherdienste auf wirtschaftlichem Gebiet hatten dabei schon sehr früh die Arbeiten von W. ZORN geleistet, der in einer ganzen Reihe einander ergänzender Aufsätze die wirtschaftliche und wirtschaftspolitische Konstellation der Reichsgründungszeit beleuchtete [563, 1963; Wirtschaft und Gesellschaft in Deutschland in der Zeit der Reichsgründung, in: 1440, 1970, 197 ff.; 564, 1973; 565, 1978]. Sein Aufriß der „sozialgeschichtlichen Probleme der nationalen Bewegung in Deutschland" [in: 1297, 1971, 97 ff.] ist seither vor allem von der Grundlage parteipolitischer bzw. gruppenspezifischer Arbeiten ausgefüllt und ergänzt worden, die in den letzten zwei Jahrzehnten in großer Zahl und Breite entstanden sind. So liegen heute über die Stellung und Haltung der meisten politischen und gesellschaftlichen Gruppen in und zum nationalen Einigungsprozeß Untersuchungen vor, angefangen von der katholischen Bewegung [G. G. WINDELL, The Catholics and German Unity 1866–1871, 1954; 1286: W. REAL, 1966; R. LILL, in: 1440, 1970, 345 ff.; 943: R. MORSEY, 1970; 932: A. LANGNER (Hrsg.), 1985; 923: F. HARTMANNSGRUBER, 1986; 1307: H. W. SMITH, 1995], dem Bürgertum und den verschiedenen liberalen Richtungen [982: H. A. WINKLER, 1964; 1301: H. SCHWAB, 1966; 223: K.-G. FABER, 1966; 913; 1224: L. GALL, 1968, 1978; 1256: K. KUPISCH, 1970; 930: D. LANGEWIESCHE, 1974; 965: H. SEIER, 1974; 921: M. GUGEL, 1975; 967: J. J. SHEEHAN, 1978; 931: D. LANGEWIESCHE, 1988], über die Demokraten [1315: R. WEBER, 1962; DERS., in: 1380, 1971, Bd. 1, 411 ff.; 918: J. L. SNELL, 1976] und die Arbeiterbewegung [1316: H.-U. WEHLER, 1962; 895: W. CONZE, D. GROH, 1966; H. BARTEL, in: 1390, 1971, Bd. 2, 21 ff.; H.-J. STEINBERG, Sozialismus, Internationalismus und Reichsgründung, in: 1440, 1971, 319 ff.; 912: D. FRICKE, 1987; 218: F. L. CARSTEN, 1991; 920: D. GROH, 1992] bis hin zu der höchst materialreichen zweibändigen Analyse von T. S. HAMEROW über „The Social Foundations of German Unification 1858–1871" [230, 1969–72] auf der Basis seiner früheren Arbeit über die wirtschaftlichen Zusammenhänge der Reichsgründungszeit [229, 1958]. Auch für den Nationalverein wie für das nationalpolitische Engagement des Bürgertums insgesamt liegen mittlerweile gründliche Studien vor [1278: SH. NA'AMAN, 1987; 1205: A. BIEFANG, 1994], wäh-

Sozial- und parteigeschichtliche Grundlagen der Nationalstaatsbildung

Deutschland

rend eine modernen Fragestellungen entsprechende Gesamtuntersuchung über den großdeutschen Reformverein [zuletzt 1286: W. REAL, 1966; 1240: N. M. HOPE, 1973] noch aussteht.

Gegenüber der für die westeuropäisch-amerikanische Geschichtswissenschaft der letzten Jahrzehnte gerade auf diesem Feld charakteristischen Verbindung von politischer Geschichte und Sozialgeschichte ist in der marxistischen Geschichtswissenschaft insbesondere auch der ehemaligen DDR die Bedeutung des im engeren Sinne politischen Elements erst relativ spät entdeckt worden. Über sie, den Stellenwert des Politischen und der politischen Herrschaft für die Etablierung bürgerlicher Gesellschaftsstrukturen, kam es zu der kontrovers zugespitzten

„Revolution von oben" und „innere Nationsbildung" Frage, inwieweit eine „Revolution von oben" oder die „innere Nationsbildung" letztlich entscheidend für die Entwicklung zum Nationalstaat gewesen seien [zunächst anhand der preußischen Reformen: W. SCHMIDT, Waren die preußischen Reformen eine Revolution von oben?, in: ZfG 32, 1984, 986 ff.; E. ENGELBERG, Bismarck und die Revolution von oben, 1987]. Diese Frage aufgreifend hat D. LANGEWIESCHE in einem grundlegenden Aufsatz zu verdeutlichen versucht, daß jedes der beiden Konzepte der Relativierung durch sein Gegenmodell bedürfe, um dem Geschichtsverlauf gerecht zu werden, daß somit die Reichsgründung als eine „Symbiose der von Bismarck geführten Revolution von oben und den gesellschaftlichen Bewegungen zu verstehen" sei [1257: D. LANGEWIESCHE, 1989].

Alternativen zur Bismarckschen Lösung Neben der Betonung der gesellschaftlichen Nationsbildung hat die Frage nach den Alternativen zu der Bismarckschen Lösung des deutschen Problems auch nochmals den Blick auf die staatliche Ordnung vor 1866 gelenkt. Der Deutsche Bund ist dabei, unter Hervorhebung der Schwächen und Defizite des Kaiserreichs, immer wieder einmal als mögliches Modell einer friedlicheren und historisch adäquateren Gestaltung Mitteleuropas ins Blickfeld gerückt worden [Bilanz diesbezüglicher Erörterungen bei 1290: H. RUMPLER (Hrsg.), 1990; vgl. auch W. D. GRUNER, in: 1317, 1992, 49 ff.]. In einer neueren Studie wird sogar die These vertreten, Bismarck habe bis 1866 ernsthaft Pläne einer Bundesreform verfolgt [1245: A. KAERNBACH, 1991]. Andererseits hatte sich in einem Mittelstaat wie Bayern nach der Revolution von 1848/49 in den politischen Führungsgruppen das Bedürfnis nach staatlich-dynastischer Legitimitätsstiftung, ja nach eigener Nationsbildung deutlich verstärkt [1233: M. HANISCH, 1991].

Dem Kaiserreich ist es aber offensichtlich aufgrund seiner föderativen Struktur gelungen, solche Regionalidentitäten einzubinden, ohne das System zu gefährden. In neueren Untersuchungen wird dargelegt, wie Heimatbewußtsein in Deutschland zu einem nationsstützenden und nicht nationssprengenden Faktor wurde: Das Kaiserreich habe sich als einziger europäischer Nationalstaat aus Regionalstaaten zusammengesetzt und war so zugleich Rahmen für den „Patchwork-Charakter des deutschen Nationalbewußtseins" [1211: A. CONFINO, 1996; vgl. zum Wandel des Pfälzer Regionalbewußtseins 1199: C. APPLEGATE, 1990; zum Verhältnis von lokaler, nationaler und internationaler Identität am Beispiel Bremens 1209: D. K. BUSE, 1993].

Ausgehend von der Frage nach den Wurzeln des Faschismus in Form und   Italien
Struktur der italienischen Nationalstaatsbildung, die vor allem der englische Historiker D. MACK SMITH mit seiner These einer autoritären Kontinuität vom Risorgimento zum Faschismus scharf akzentuiert hat [384, 1954; 385, 1969; 386, 1971; 387, 1978; dagegen, unter Akzeptierung einer ganzen Reihe der kritischen Überlegungen von MACK SMITH, in der Tradition Croces und der liberalen Nationalstaatsidee insbes. 398: R. ROMEO, 1969–77], hat sich die Aufmerksamkeit hier schon früh auf das Problem der sozialen Zusammensetzung und den Charakter der Nationalbewegung und die in vielfältiger Weise damit verschränkte Nord-   Verbindung mit
Süd-Problematik gerichtet. Zumal in der Debatte über die Motive, die die neue   der Nord-Süd-Problematik
bürgerlich-agrarische Führungsschicht im Süden [zu ihr v. a. 396: R. ROMEO, 1950; 411: R. VILLARI, 1961; 410: P. VILLANI, 1962; G. GALASSO, in: 1395, 1970, 44 ff.; 373: J. A. DAVIS (Hrsg.), 1991; 407: G. TALAMO, 1993] veranlaßte, sich der nationalen Bewegung anzuschließen – die auch im Norden in sozialer Hinsicht weit stärker agrarisch fundiert war als man lange Zeit angenommen hat [so v. a. 377: K. R. GREENFIELD, 1978] –, treten die Kernfragen prägnant hervor: Ging es in erster Linie um soziale Veränderungen oder vor allem um verfassungspolitische Reformen [so 391, 392: R. MOSCATI, 1960, 1970; G. GALASSO, in: 1395, 1970, 44 ff.]? Hätte die Nationalbewegung hier auch eine andere soziale Basis in den Massen der ländlichen Bevölkerung gewinnen und damit eine wirkliche, auch soziale Erneuerung herbeiführen können [so 411: R. VILLARI, 1961, gegen 396: R. ROMEO, 1950; 410: P. VILLANI, 1962; G. GALASSO, in: 1395, 1970, 44 ff.]? Bildete die zentralstaatliche Organisation des neuen Italien ein bewußt etabliertes Bollwerk gegen soziale Veränderungen oder stellte sie angesichts der starken zentrifugalen Kräfte die einzige Möglichkeit dar, die nationale Einheit zu bewahren? Und schließlich und vor allem: Läßt sich die nationale Bewegung in Italien überhaupt im marxistischen oder auch modernisierungstheoretischen Sinne als eine ökonomische bzw. Klassenbewegung deuten – sei es mit A. GRAMSCI [376, 1949] als eine gescheiterte agrarische Massenbewegung, sei es als eine Bewegung zur Durchsetzung des bürgerlich-kapitalistischen Systems und Klasseninteresses – oder sind dies Kategorien, die, wie vor allem R. ROMEO [zusammenfassend in: 1297, 1971, 39 ff.; s. a. in: 1395, 1970, 9 ff.] und H. ULLRICH [in: 1212, 1978, 129 ff.] betont haben, angesichts der wirtschaftlichen Rückständigkeit Italiens in der Mitte des 19. Jahrhunderts den Blick auf die historische Realität und die eigentlichen Probleme verstellen. Das nationale und liberale Programm, so ULLRICH, sei einem noch ganz schwachen, regional zersplitterten Bürgertum „von einer politisch-kulturellen Elite aus modernisierenden Minderheiten teils aristokratischer, teils bürgerlicher Herkunft aufoktroyiert" worden: „Nicht der Sieger eines sozialen Wandlungsprozesses hat sich am Ende einen adäquaten Staat konstruiert, sondern eine modernisierende politisch-kulturelle Elite hat erst einen modernen Staat errichtet, um dann mit diesem Instrument eine moderne Gesellschaft zu formen" [1212, 1978, 135 u. 149]. Und selbst diese Elite, so lassen neuere Forschungsergebnisse erkennen, blieb auch nach der Einigung noch stark dem Kleinräumigen verhaftet,

wie sich etwa an der Dominanz lokaler Interessen im Parlament, an der regionalen Orientierung der Universitäten und generell an der anhaltenden städtischen Verwurzelung des Bürgertums ablesen läßt [hierzu der Sammelband 1269: H. MERIGGI, P. SCHIERA (Hrsg.), 1993].

Der „neue Nationalismus"

Im Falle Italiens wie auch im Falle Deutschlands scheint es verständlich, daß hier in der Diskussion über Nationalismus und Nationalstaatsbildung die nationalgeschichtliche Perspektive eindeutig überwiegt. Auch dort jedoch, wo sich, wie in den etablierten Nationalstaaten West- und Nordeuropas, die Nationalismusfrage nicht in gleicher Weise mit einer speziellen nationalgeschichtlichen Problematik verbindet, dominiert weithin, bei freilich insgesamt deutlich geringerem Interesse an dem ganzen Komplex, die nationalhistorische Betrachtungsweise. So wird zwar auch hier das Vordringen eines rechten Nationalismus in den letzten Jahrzehnten des 19. Jahrhunderts herausgearbeitet [als Überblick 1197: P. ALTER, 1985]. Aber der Vorgang erscheint vielfach – das zeigt etwa die breit gefächerte Forschung über Frankreich [zur neueren Forschung: H.-G. HAUPT, in: 1223, 1995, 39 ff., u. M. AGULHON, in: ebd., 56 ff.] – vor dem Hintergrund besonderer, epochenübergreifender Traditionen im eigenen Land und nicht so sehr als gesamteuropäisches und zugleich epochenspezifisches Phänomen. Hinzu kommt, daß gerade in vielen dieser Länder um die Jahrhundertwende ein abermaliger, oft einschneidender politischer Kurswechsel erfolgte. Daher drängt es sich hier nicht im gleichen Maße wie etwa im Falle des Deutschen Reiches, aber auch Rußlands auf, den „neuen Nationalismus" als Indikator eines grundlegenden inneren Systemwechsels zu interpretieren.

Bedeutung des übernationalen Vergleichs

Im Zuge der in den letzten Jahren stärker hervortretenden kulturanthropologischen Fragestellungen wird hier möglicherweise der übernationale Vergleich wieder an Gewicht gewinnen, wie dies für Deutschland und Frankreich bereits zu beobachten ist. Dabei wird es allerdings entscheidend darauf ankommen, daß diese neue Richtung stärker als bisher die Ergebnisse der Forschung auf dem Gebiet der Sozial- und Politikgeschichte miteinbezieht.

6. Kirche und Religion

Zwei Faktoren haben nicht nur die Ausgangslage, sondern über viele Jahre auch den Gang der Forschung auf dem Gebiet Kirche und Religion im 19. Jahrhundert bestimmt: die Einschätzung der Rolle und der Zukunft der Kirchen und der Religion durch eine zunächst vorherrschend aufklärerisch-liberale Geschichtswissenschaft und die vielfältigen Konflikte zwischen Kirche und Staat, insbesondere in der zweiten Hälfte des Jahrhunderts. Der eine dieser Faktoren hat bewirkt, daß die Kirchen- und Religionsgeschichtsschreibung zu dieser Epoche, von wenigen Ausnahmen abgesehen [besonders F. SCHNABEL, Deutsche Geschichte, Bd. 4, 1936, für die erste Hälfte des Jahrhunderts], lange Zeit hindurch eine von der allgemeinen Geschichte – auch und gerade von der politischen Geschichte isolierte Existenz geführt hat. Sie war „Kirchengeschichte" in dem doppelten Sinne, daß sie vielfach direkt oder indirekt in Abhängigkeit und im Dienste der jeweiligen Kirche und Konfession stand und daß sie sich vornehmlich mit deren innerkirchlichen Problemen, Diskussionen und Kontroversen befaßte. Dem trat, flankierend und jene Entwicklung noch verstärkend, als der andere Faktor zur Seite, daß Kirche und Religion in der allgemeinen Geschichtswissenschaft, die sich mit dem 19. Jahrhundert befaßte, vorwiegend in der Perspektive des Konflikts, sehr weitreichender und tiefgreifender Auseinandersetzungen erschienen. In ihnen neigte die „Kirchengeschichtsschreibung", oft in Reaktion auf entgegengesetzte Tendenzen in der allgemeinen Geschichtsschreibung, zur rückblickenden Verteidigung der Position der jeweiligen Amtskirche und isolierte sich damit noch zusätzlich. Erst in den letzten Jahrzehnten ist, vor allem in der englischen, aber auch in der französischen Forschung das Thema Kirche und Religion im 19. Jahrhundert in der Breite seiner lebensweltlichen Aspekte in den Blick gekommen, insbesondere auch hinsichtlich der tatsächlichen Bedeutung und Funktion, die dieser Bereich im Rahmen des gesellschaftlichen Prozesses besaß [für Deutschland vgl. besonders 254: TH. NIPPERDEY, Bd. 1, 1990, 428 ff.; auch 1570: DERS., 1988; und 280: H.-U. WEHLER, Bd. 3, 1995, 379 ff.].

Dominanz der „Kirchengeschichte"

Diesem generellen Befund entspricht die Verteilung der Gewichte, der Schwerpunkte und der Akzente in der bisherigen Forschung. Am besten informiert sind wir, insgesamt gesehen, über die innere Geschichte der großen Amtskirchen, ihre institutionelle Entwicklung, ihre tragenden Persönlichkeiten, die theologischen Kontroversen in ihrem Schoß und die Auseinandersetzung mit den zentralen politischen und geistig-kulturellen Vorgängen und Prozessen der Zeit. Das sind, in Zusammenfassung einer großen Zahl von Einzeluntersuchungen, die Hauptthemen der in den letzten drei Jahrzehnten für fast alle europäischen Länder erschienenen Gesamtdarstellungen. Zu nennen sind hier, als Zusammenfassung von katholischer Seite, vor allem das große mehrbändige Werk, das H. JEDIN herausgeben hat [1520, hier Bd. 6: Die Kirche in der Gegenwart, 1971–73], von protestantischer die Abschnitte von F. HEYER, K. KUPISCH und G. MARON in: Die Kirche in ihrer Geschichte [1581, 1963 ff.; siehe auch 1563: K. KUPISCH, 1960; für

Gesamtdarstellungen

Österreich 1674: K. Vocelka, 1978 u. 443: G. Mayer, 1989; für Frankreich A. Dansettes „Histoire religieuse de la France contemporaine" [1612, 1965], sowie die „Histoire religieuse de la France contemporaine" von G. Cholvy und Y.-M. Hilaire [1606, 1985] und R. Gibsons „Social History of French Catholicism 1789–1914" [1621, 1989], die beide vor allem die sozialgeschichtlichen Forschungsergebnisse der letzten Jahre berücksichtigen [siehe auch 1649: Chr. Modehn, 1993; für England: 1651: J. R. H. Moorman 1953; und speziell für das 19. Jahrhundert: 1605: O. Chadwick, 1966–70].

Hier ist, so umstritten vieles im einzelnen noch sein mag, das Feld im großen und ganzen bestellt und Neues nur noch im Detail zu erwarten. Hingegen sind *Die kleineren Religionsgemeinschaften* die kleineren Religionsgemeinschaften, ungeachtet ihrer zum Teil erheblichen Bedeutung für das religiöse und geistig-kulturelle Leben der Zeit, bisher vielfach vernachlässigt worden. So gibt es etwa über die verschiedenen nonkonformistischen Gruppen in England neben der nach wie vor als Standardwerk anzusehenden Darstellung von H. W. Clark aus der Zeit vor dem Ersten Weltkrieg [History of English Nonconformity, 1911–13] und neben dem Überblick von J. T. Wilkinson [1676, 1962] nur einige wenige Arbeiten [1631: R. T. Jones, 1962; 1597: Ch. G. Bolam, 1968; 1628: E. Isichei, 1970], unter denen die Studie von R. Currie über die Methodisten [1610, 1968] aufgrund ihres dezidiert sozialgeschichtlichen Ansatzes heraussticht [zur Organisation und den damit verbundenen kirchlichen Erfolgen der anglikanischen Erweckungsbewegung in Westengland in der zweiten Hälfte des 19. Jahrhunderts jetzt 1632: J. Kent, 1990; zu der entschieden evangelikanischen und zugleich massiv antikatholischen Position der Protestanten in Nordirland 1623: D. Hempton, 1990]. Ähnliches gilt für die sogenannten Altkatholiken in Deutschland [1540: V. Conzemius, 1969; R. Lill, in: 520, Bd. 6, 1, 1971, 792 ff.] – der englische Katholizismus ist hingegen, nicht zuletzt mit Blick auf den zum Katholizismus konvertierten Führer der Oxford-Bewegung, John H. Newman, recht gut erforscht [1608: J. Coulson, A. M. Allekin (Hrsg.), 1967] – und für eine Reihe protestantischer Sekten. Die reiche Sektenforschung der Frühen Neuzeit findet bisher im 19. Jahrhundert noch kaum eine Fortsetzung.

Die Konzentration der religions- und kirchengeschichtlichen Forschung auf die beiden großen christlichen Konfessionen hatte auch zur Folge, daß die Geschichte der Juden als eine sich gerade in der zweiten Hälfte des 19. Jahrhunderts *Die Juden* ausdifferenzierende Religionsgemeinschaft kaum berücksichtigt wurde. Hinzu kam, daß die Stellung der Juden in den europäischen Gesellschaften zumeist als Minderheitengeschichte geschrieben wurde [s. allgemein den Forschungsstand und die Forschungsdiskussion zusammenfassend: 1589: S. Volkov, 1994]. Erst mit der Antisemitismusforschung der letzten Jahrzehnte ist auch das Verhältnis von Christentum und Judentum wieder kritisch untersucht worden. Grundlegend für die europäische Antisemitismusforschung ist das umfassende Werk von L. Poliakov „Histoire de l'antisemitisme" [in deutscher Übersetzung: 1573, 1977–87] sowie die Untersuchung von J. Katz [1559, 1989], die sich räumlich auf

Deutschland, Frankreich, Ungarn und Österreich erstreckt und inhaltlich vor allem die religiös-ideologischen Aspekte des Antisemitismus in den christlichen Gesellschaften analysiert. Eine umfassende Studie über die Entwicklung und Ausdifferenzierung des jüdischen Gemeindelebens in Europa steht aber ebenso noch aus wie eine vergleichende Analyse des europäischen Antisemitismus.

Ähnlich breit entwickelt dagegen wie die Forschung zur Geschichte der großen Amtskirchen ist die zu der Geschichte ihrer Konflikte mit dem Staat bzw. mit kirchenkritischen und kirchenfeindlichen Gruppen der Gesellschaft. Allerdings ist hier noch eine ganze Reihe von Fragen offen, was außer auf den bis in die Gegenwart fortwirkenden Gegensatz der verschiedenen politischen und weltanschaulichen Positionen auch auf den unterschiedlichen Ansatz und die unterschiedliche Perspektive von Kirchengeschichte und allgemeiner Geschichte zurückzuführen ist. Einen sehr interessanten Versuch, beide Bereiche in kulturgeschichtlicher und lebensweltlicher Perspektive zusammenzuführen, bietet die Untersuchung von H. W. Smith, der jüngst der Frage nachgegangen ist, welche Auswirkungen der Konflikt zwischen Protestantismus und Katholizismus auf die beiderseitigen Vorstellungen und Erwartungen hinsichtlich der Nation als sozialer und als Wertegemeinschaft gehabt hat [1307, 1995]. Im Zentrum der wissenschaftlichen Diskussionen in diesem Bereich steht jedoch immer noch der Konflikt zwischen der katholischen Kirche und dem Staat bzw. den verschiedenen Strömungen und Richtungen des Liberalismus, der sich zunächst auf die beiden neuentstehenden Nationalstaaten Deutschland und Italien konzentrierte, dann aber zunehmend auch andere Länder mit Frankreich an der Spitze erfaßte [zur Haltung und Politik der Kurie v. a. 1511: R. Aubert, 1964; und 1512: ders., 1964; sowie die freilich in manchem umstrittene Untersuchung von A. B. Hasler: 1519, 1977].

(Randnotiz rechts: Konflikte zwischen Staat und Kirche)

Über die tieferen Ursachen dieses Konflikts, über seinen Stellenwert in der allgemeinen politischen und gesellschaftlichen Entwicklung und über seine Rückwirkungen auf diese gibt es bis heute selbst im Hinblick auf die einzelnen Länder und die dortigen Konfliktherde keine einheitliche Meinung, von einer allgemeineren, länderübergreifenden Deutung, die verbreitet akzeptiert wäre, ganz zu schweigen. So stehen sich hinsichtlich des deutschen Kulturkampfes, jenes Gegenstandes, der aus der Kirchen- und Religionsgeschichte der zweiten Hälfte des Jahrhunderts hier bei weitem das meiste Interesse auf sich gezogen hat, in dieser Beziehung nach wie vor unterschiedliche Positionen und Deutungsansätze gegenüber [vgl. die Forschungsberichte von R. Morsey, in: AKG 39 (1957), 232 ff.; und 1568, 1963; siehe auch seine Zusammenfassung in: 1575, 1981, Bd. 1, 72 ff.]. Dem entspricht, daß es bisher noch keine die verschiedenen Richtungen und standortgebundenen Interpretationen, sei es aus katholischer Sicht [1514: W. Becker, 1981; jüngst kritisch 1515: G. Besier, 1988/89], sei es aus liberaler [1542: G. Franz, 1954] oder „staatskirchlicher" [1583: E. Schmidt-Volkmar, 1962; dazu v. a. R. Lill, in: QuFiAB 42/48 (1963), 571 ff.], übergreifende, wissenschaftlichen Ansprüchen genügende Gesamtdarstellung gibt. Die zusammenfassenden Problemaufrisse von R. Lill, E. Heinen und R. Morsey [R. Lill, in: 1520, Bd. 6,

(Randnotiz rechts: Kulturkampf in Deutschland)

2, 1973; 1549: E. HEINEN, 1969–79; R. MORSEY, in: 1575, 1981; siehe auch immer noch 1537: H. BORNKAMM, 1950] können und wollen, so verdienstvoll und anregend sie sind, diese Lücke nicht schließen.

Innerkirchliche Differenzierungen   Einen neuen vielversprechenden Ansatz, der auf die konfessionsinternen Differenzen eingeht, hat G. HÜBINGER in seiner 1994 erschienenen Studie „Kulturprotestantismus und Politik" entwickelt [1554]. „Staatskirche" und Protestantismus werden hier nicht als monolithischer Block verstanden, vielmehr werden die kirchenreformerischen Bestrebungen liberaler protestantischer Kreise herausgearbeitet und akzentuiert. Auch das Bild vom Katholizismus erscheint in jüngster Zeit unter der Forschungsperspektive „einer modernen Bewegung gegen die Moderne" [939: W. LOTH, 1991, 11] in neuer Beleuchtung, wobei sich das Augenmerk zunehmend auch auf liberale Bewegungen innerhalb des Katholizismus richtet. So etwa wenn die Anstrengungen eines Kirchenreformers wie des Würzburger Reformtheologen Hermann Schell oder des „liberalen" Katholiken und Kirchenhistorikers Franz Xaver Kraus analysiert werden, oder aber der „Ultramontanismus" als „katholischer Fundamentalismus" [980: CHR. WEBER, 1991], als eine Variante des Katholizismus beschrieben wird.

Immer noch steht jedoch eine Gesamtdarstellung des Kulturkampfes aus, die in diesem Zusammenhang auch die Ergebnisse der Untersuchungen zum Antisemitismus und zur Entwicklung des Judentums mit einbeziehen müßte. Als relativ **Staatliche Maßnahmen** abgeschlossen kann am ehesten noch die Erforschung der staatlichen Maßnahmen im Kulturkampf und der damit zusammenhängenden staatsrechtlichen Probleme gelten [zusammenfassend 1114: E. R. HUBER, Verfassungsgeschichte, Bd. 4, 1969, sowie 54: DERS., W. HUBER (Hrsg.), 1976; ferner als Einzelstudie (preußische Strafjustiz) 1584: M. SCHOLLE, 1974]. Auch die innerkirchliche Diskussion ist vor allem durch die Veröffentlichung der Akten der Fuldaer Bischofskonferenz [durch E. GATZ: 46, 1977–79; dazu a. dessen Aufsatz: 1545, 1972] in **Beilegung des Konflikts** entscheidenden Punkten geklärt worden. Ähnliches gilt für die Beilegung des Kulturkampfes, wobei R. LILL [1565, 1973] anhand der vatikanischen Akten vor allem die diplomatischen Verhandlungen zwischen Berlin und Rom untersucht hat, während CHR. WEBER [1590, 1970; s. a. 1523, 1973] den innerkirchlichen Diskussionen und Auseinandersetzungen im Zusammenhang mit jenem Annäherungsprozeß nachgegangen ist [dazu auch die knappe biographische Skizze von R. MORSEY über Kardinal Kopp, in: Wichmann-Jahrbuch für Kirchengeschichte im Bistum Berlin, 1967/69, 42 ff.; sowie die Untersuchung von H. WOLF: 1593, 1992, die anhand der Biographie des Tübinger Theologen Johannes von Kuhn auch die innerkirchlichen Auseinandersetzungen in Württemberg beleuchtet, und die Regionalstudie (Baden) v. M. STADELHOFER: 1587, 1969]; sowohl LILL als auch WEBER kommen zu dem Ergebnis, daß der schließliche Ausgleich im wesentlichen im Zusammenspiel zwischen dem Vatikan, der Berliner Regierung und den deutschen Bischöfen erzielt worden ist, daß er also in entscheidenden Punk-**Vorgeschichte und Motive** ten über den Kopf des Zentrums ausgehandelt wurde.

Noch weitgehend umstritten sind hingegen die Vorgeschichte des Kulturkampfs und die Motive der an der Auseinandersetzung Beteiligten – nicht zuletzt diejenigen Bismarcks (trotz der wichtigen Aktenedition von A. CONSTABEL [33, 1956]). Zwar ist die ältere These vom Primat außenpolitischer Motive bei Bismarck (Polenfrage, Furcht vor einer katholischen Allianz zur Revision der „Ordnung von 1871" unter Einschluß Frankreichs [so bes. A. WAHL, Vom Bismarck der 70er Jahre, 1920]) heute weithin aufgegeben [dagegen insbes. 1537: H. BORNKAMM, 1950, 283 ff.]. Aber auch die seit Beginn der sechziger Jahre in Anknüpfung an liberale Zeitgenossen (Eduard Lasker, Franz von Roggenbach) entwickelte These, der Kulturkampf sei in erster Linie ein taktisches Manöver Bismarcks gewesen, mit dem er die Liberalen von ihren eigentlichen Zielen, insbesondere auch von ihrer Forderung nach Parlamentarisierung der Reichsexekutive, habe ablenken wollen [so W. SAUER (1962), in: 772, 1973, 409 ff.; M. STÜRMER, in: 269, 1970, 149; sowie in abgeschwächter Form auch J. BECKER: 1530, 1973, 375 f.], hat sich nur begrenzt durchgesetzt [zur Kritik bes. 962: G. SCHMIDT, 1973]. Mit H. BORNKAMM [1537, 1950, 301] wird in der Forschung zumeist wieder die Vielschichtigkeit der Ursachen und Motive betont [bes. 1565: R. LILL, 1973, 572, und R. MORSEY, in: 1575, 1981, Bd. 1, 75 ff.].

Noch immer ganz in den Anfängen steckt schließlich die Erforschung der partei- und sozialgeschichtlichen Hintergründe und Auswirkungen des Kulturkampfes. Die von L. GALL [1544, 1965] und J. BECKER [1530, 1973] am badischen Beispiel entwickelte These, daß die spezifische Dynamik und der Charakter des Kulturkampfes nicht so sehr aus den Spannungen zwischen Staat und Kirche als vielmehr aus den wirtschaftlichen und sozialen Problemen der Zeit und den aus ihnen resultierenden Parteikämpfen zu erklären seien, ist bisher kaum aufgegriffen worden [für das württembergische Zentrum seit den neunziger Jahren: 888: D. BLACKBOURN, 1980]. Weitere Regionalstudien [1524, 1525: H.-G. ASCHOFF, 1976, 1979 (Hannover), und 1594: Z. ZIELINSKI, 1981 (Posen)] behandeln in traditioneller Form primär den Kulturkampf als solchen und die dabei im Vordergrund stehenden Streitfragen.

Partei- und sozialgeschichtliche Hintergründe

Dem unterschiedlichen Verlauf der Auseinandersetzung und der Konzentration auf von Fall zu Fall verschiedene Streitpunkte entsprechend standen und stehen in Österreich, in Italien und in Frankreich als den Hauptzentren des Konflikts zwischen dem Staat und der katholischen Kirche neben dem Deutschen Reich und Preußen jeweils etwas andere Problemfelder im Zentrum einer insgesamt breit aufgefächerten Forschung. So erscheint der Konflikt in Frankreich [Zusammenfassungen: 1655: M. OZOUT, 1963; 1644: J. MACMANNERS, 1972], aber auch in Italien [s. 1629: A. C. JEMOLO, 1963; 1663: P. SCOPPOLA, 1967] vor allem als der Kampf zweier Weltanschauungen (Klerikalismus/Antiklerikalismus), die zugleich mit konträren politischen – in Frankreich nicht zuletzt in der Frage der Staatsform – und sozialen Ordnungsvorstellungen verbunden waren. Dementsprechend stehen den Darstellungen der Geschichte der katholischen Kirche und des Katholizismus als politischer und sozialer Bewegung und Richtung [beste knappe Zusammenfassung f. Frankreich 1636: A. LATREILLE, R. RÉMOND, 1962;

Frankreich und Italien

für die Zeit der Dritten Republik immer noch grundlegend: L. LECANUET, L'Église de France sous la IIIᵉ République, 1907–30; für die Zeit davor jetzt 1657: P. PIERRARD, 1974; für Italien 1056: G. DE ROSA, 1970; 1668: G. SPADOLINI, 1961; 1617: F. FONZI, 1977; 1662: P. SCOPPOLA, 1963; vom marxistischen Standpunkt: 1602: G. CANDELORO, 1953] entsprechende Darstellungen des „Laizismus" oder des „Antiklerikalismus" als quasi dritter großer Konfession gegenüber [G. WEILL, Histoire de l'idée laïque en France au XIXᵉ siècle, 1925; 1603: L. CAPÉRAN, 1959–61 (aus katholischer Sicht); 1660: R. RÉMOND, 1976; faktenreich, aber begrifflich unscharf und historisch zu weitgespannt: A. MELLOR, Histoire de l'anticléricalisme français, 1978; exemplarisch aus einer ganzen Reihe von Regionalstudien 1616: J. FANOY, 1980]. Staat und Kirche erscheinen vor diesem Hintergrund in Fortschreibung zeitgenössischer Positionen vielfach als die natürlichen Bollwerke beider Richtungen, der in Italien durch den Gang der Entwicklung heraufgeführte, in Frankreich in den achtziger und neunziger Jahren immer nachdrücklicher geforderte laizistische Staat als der logische Endpunkt der Auseinandersetzung.

Die daran geknüpften Untersuchungen und wissenschaftlichen Diskussionen sind zugleich Teil eines sehr deutlich erkennbaren Schwerpunktes der religions- und kirchengeschichtlichen Forschung, wobei diese freilich auch hier weitgehend in dem jeweiligen nationalen bzw. einzelstaatlichen Rahmen verharrt. Überall hat das Verhältnis der Kirchen und ihrer politisch aktiven Anhängerschaft zu dem modernen, zunehmend konstitutionell und auf der Basis neuer, nationaler Loyalitäten organisierten Staat besondere Aufmerksamkeit auf sich gezogen und eine große Zahl von entsprechenden Studien hervorgebracht. Das gilt vor allem für jene Länder, in denen der neue, national fundierte Staatsgedanke in speziellem Maße konstitutiv (wie in Deutschland und Italien) bzw. destruktiv wirkte (wie in Österreich-Ungarn). So ist das Verhältnis der katholischen Kirche und der ihr politisch nahestehenden Kräfte zu der deutschen Nationalstaatsbildung in vielfältiger Weise untersucht worden [1286: W. REAL, 1966; 943: R. MORSEY, 1970; R. LILL, Die deutschen Katholiken und Bismarcks Reichsgründung, in: 1440, 1970, 345 ff.; 1532: A. M. BIRKE, 1971; 1530: J. BECKER, 1973; 1586: CHR. STACHE, 1981; sowie das Verhältnis beider christlicher Milieus und ihrer politischen Repräsentanten zum Staat beschreibend 1570: TH. NIPPERDEY, 1988]. Ähnliches gilt für Italien [1617: F. FONZI, 1954; 1668: G. SPADOLINI, 1961; 1629: A. C. JEMOLO, 1963; 1663: P. SCOPPOLA, 1967; 1056: G. DE ROSA, 1970]. Hier wie dort ist das gemeinsame Ergebnis, daß der nationale Integrationsprozeß ungeachtet aller anfänglichen Spannungen und Gegensätze in zunehmendem Maße auch die Kirche und ihre aktive Anhängerschaft erfaßte und an ihrer nationalen Loyalität schließlich auch im Lager der Gegner kaum noch ein Zweifel laut wurde [943: R. MORSEY, 1970]. Ähnliches gilt, bei von vornherein etwas anderer Ausgangslage, für die protestantische Kirche [1527: E. BAMMEL, 1973; 1538: G. BRAKELMANN, 1976, beide in mancher Hinsicht ergänzungsbedürftig], deren Verhältnis zum Staat in der Kulturkampfzeit G. BESIER [1531, 1980; dazu a. die Dokumentation 22, 1980]

Kirche und
Nationalstaat

nach der älteren, mehr theologisch orientierten Studie von E. BAMMEL [1526, 1949] in einer umfangreichen Monographie untersucht hat [zu den charakteristischen Debatten über die Ausdehnung der preußischen Kirchenverfassung auf die 1866 annektierten Gebiete: 1574: K. E. POLLMANN, 1979].

Neben diesen beiden durchgehend breit aufgefächerten Schwerpunkten der Forschung, der inneren Geschichte der großen Kirchengemeinschaften und ihrem Verhältnis zum Staat, tritt die Frage nach der Stellung der Kirche in der Gesellschaft und vor allem nach der Bedeutung der Religion für das politische und gesellschaftliche Verhalten vielfach noch sehr zurück. Ihren Schwerpunkt haben entsprechende Forschungen bisher vor allem in England, wo G. KITSON CLARK 1960 [345: The Making of Victorian England] in gewisser Weise den Ausgangspunkt markierte, wenn er in Übereinstimmung mit einer weitverbreiteten Meinung [charakteristisch: 1605: O. CHADWICK, 1966–70; 1600: D. BOWEN, 1968] die These formulierte, „that probably in no other century, except the seventeenth and perhaps the twelfth, did the claims of religion occupy so large a part in the nation's life, or did men speaking in the name of religion contrive to exercise so much power" (S. 20).

Dieser These ist seither in einer Fülle von Untersuchungen nachgegangen worden, wobei sie immer weitergehende Einschränkungen oder jedenfalls doch sehr starke Differenzierungen erfuhr. In den Vordergrund rückte dabei mehr und mehr die Frage, welche Einflüsse von den grundlegenden sozialen Veränderungen im Gefolge von Industrialisierung und Urbanisierung auf das religiöse Leben ausgingen, in welchem spezifischen sozialen Umfeld die einzelnen Kirchen und religiösen Gruppen agierten und wie sich die verschiedenen sozialen Schichten religiös verhielten. Stark stimulierend wirkte hier neben der Diskussion um die These von KITSON CLARK und der bis dahin vorherrschenden Richtung der Religions- und Kirchengeschichtsschreibung eine Pionierarbeit des anglikanischen Bischofs E. R. WICKHAM. Dieser hatte bereits 1957 in einer lokalgeschichtlichen Studie über Sheffield [1675], in der er der Frage der praktischen Rolle und Bedeutung der Kirchen nachging, deren nur noch geringen Einfluß vor allem auf die Arbeiterschaft konstatiert.

Einen ausgeprägten Schwerpunkt der sich in den sechziger und siebziger Jahren auf breiter Front entwickelnden Forschung bilden quantitative Analysen, die vor allem durch die „Wiederentdeckung" des nationalen religiösen Zensus von 1851 [1625: K. S. INGLIS, 1960] großen Auftrieb erhielten. Eine Sammlung der Zensus-Ergebnisse zusammen mit einer Reihe von Statistiken, die von einigen nonkonformistischen Kirchen veröffentlicht wurden, sowie weiteren Daten für die Zeit seit 1700 haben R. CURRIE u. a. 1977 vorgelegt [1611]. Den ersten Versuch einer umfassenden Auswertung veröffentlichte A. D. GILBERT 1976 [1622]. GILBERT unterscheidet zwei Phasen: die Zeit bis 1840, die durch eine rapide Zunahme der Zahl der Nonkonformisten auf Kosten der anglikanischen Kirche geprägt war, und die Jahrzehnte danach, in denen die Zuwachsraten jener Gruppen deutlich zurückgingen und die Hochkirche sich merklich erholte, ohne jedoch

Die Kirche in der Gesellschaft

England

Einfluß von Industrialisierung und Urbanisierung

Quantitative Analysen

das verlorene Terrain zurückgewinnen zu können. Der langfristige Trend sei die auch auf das religiöse Verhalten immer mehr durchschlagende Säkularisierung der Gesellschaft gewesen (so auch in seiner Studie von 1980 [The Making of Post-Christian Britain. A History of the Secularization of Modern Society], in der GILBERT – zeitlich weiter ausgreifend – eine Gesamtinterpretation auf der Grundlage der Säkularisierungsthese versucht). Die Kritik an diesem Ansatz geht vor allem in zwei Richtungen. Zum einen verweist sie auf die Unzulänglichkeiten des Zensus von 1851 [1656: W. S. F. PICKERING, 1967; 1671: D. M. THOMPSON, 1967/68] sowie auf die Probleme der Statistik-Auswertung generell. Zum anderen bemängelt sie, daß der „nationale" Ansatz gerade nicht in der Lage sei, unterschiedliche Entwicklungen in den verschiedenen sozialen Milieus zu erfassen [so besonders D. M. THOMPSON, in: HJ 22 (1979), 479].

Kritik

Diesem Problemkreis, der Erfassung religiöser Entwicklungen vor dem Hintergrund der Rekonstruktion lokaler oder regionaler Sozialmilieus, ist in den letzten Jahren eine beträchtliche Zahl von Studien gewidmet worden. Im Vordergrund standen dabei bisher Städte und städtische Regionen [I. SELLERS, in: Hist. Soc. Lancs. and Clus. Trans. 114 (1962), 215 ff. (Liverpool); P. A. WELSBY, in: Church Quarterly Review 164 (1963), 207 ff. (Ipswich); 1613: E. T. DAVIES, 1965 (Südwales); R. B. WALKER, in: JEcclH 19 (1968), 195 ff. (Liverpool); A. WARNE, Church and Society in Nineteenth Century Devon, 1969; 1642: A. A. MacLAREN, 1974 (Aberdeen); 1643: H. MacLEOD, 1974 (London)]; die Verhältnisse in ländlichen Gesellschaften sind noch weniger erforscht [z. B. 1654: J. OBELKE-VICH, 1976; eine nützliche Quellensammlung: 106: R. J. HELMSTADTER, 1986]. „The results", so R. A. SOLOWAY in einer Art Zwischenbilanz [1667, 1972, 151], „are very uneven, but indicate a pattern of diversity that encourage caution in drawing sweeping conclusions about patterns of religious behavior."

Religiöses Verhalten und Sozialmilieu

Am intensivsten erforscht ist bisher das religiöse Verhalten der englischen Arbeiterschaft [zusammenfassend 840: S. POLLARD, 1979, 156 ff.]. K. S. INGLIS, der sich als einer der ersten Historiker nach WICKHAM diesem Bereich zuwandte, hat 1963 die vielfach vergeblichen Versuche beschrieben, die Arbeiterschaft anzusprechen [1626]. S. MAYOR hat [1648, 1967] anhand der konfessionellen Presse das Verhältnis von Kirchen und Arbeiterschaft analysiert und dabei insbesondere die Verbindungen zwischen Nonkonformisten und Arbeiterbewegung hervorgehoben, denen seither in einer ganzen Reihe von Arbeiten nachgegangen worden ist [1642: A. A. MacLAREN, 1974; 1650: R. MOORE, 1974; 1664: B. SEMMEL, 1974]. Daneben wird besonders die Rolle der Kirchen als Faktor der „social control" intensiv erforscht [1613: E. T. DAVIES, 1965; J. H. S. KENT, The Role of Religion in the Cultural Structure of the Later Victorian City, in: Transaction of the British Historical Society 23 (1973), 153 ff.; 1642: A. A. MACLAREN, 1974]. Dabei wirkten Historiker, die speziell von der Religionsgeschichte herkommen, höchst fruchtbar mit solchen zusammen, deren Schwerpunkt auf der Geschichte der Arbeiterschaft und der Arbeiterkultur liegt [programmatisch für letztere 849: E. P. THOMPSON, 1963].

Die englische Arbeiterschaft

Eine ähnliche Breite der Forschung hinsichtlich des religiösen Verhaltens einzelner sozialer Gruppen und Schichten und hinsichtlich des Einflusses von Religion und Kirche auf die Gesellschaft läßt sich, was die zweite Hälfte des 19. Jahrhunderts angeht, in keinem anderen europäischen Land beobachten. Vergleichbare Ansätze gibt es noch am ehesten in jenen Ländern, in denen, wie in Frankreich und in Italien, der Konflikt zwischen Katholizismus und tendenziell laizistischem Liberalismus zugleich wesentlich als Konflikt zweier politisch-sozialer Grundströmungen in der entstehenden modernen Gesellschaft mit entsprechenden sozialen Schwerpunkten und sozialen Verankerungen verstanden wird. Dabei haben vor allem die bereits in den fünfziger Jahren erschienenen Arbeiten über den sozialen Katholizismus [1614: J.-B. DUROSELLE, 1951; 1661: H. ROLLET, 1951–58], aber auch die Studien über die Ursprünge der christlichen Demokratie [1673: M. VAUSSARD, 1956; 1041: H. MAIER, 1965; 1668: G. SPADOLINI, 1961; 1662: P. SCOPPOLA, 1963] wichtige Schrittmacherdienste geleistet. Einen entschiedenen Fortschritt brachten die religionssoziologischen Arbeiten von G. LE BRAS und seiner Schule. Indem sich LE BRAS unter Ausklammerung der Komplexe „Glaube" und „Sittlichkeit" im wesentlichen auf die empirisch erfaßbare religiöse Praxis (Kirchenbesuch, Empfang der Sakramente etc.) konzentrierte, fand er einen gangbaren Weg, den Faktor Religiosität quantifizierend zu erfassen und insgesamt zu brauchbaren, Entwicklungsstand wie Trends signalisierenden Daten zu gelangen [der erste programmatische Aufsatz bereits 1931, die beiden Hauptwerke 1637, 1942–45 und 1638, 1955/56]. LE BRAS selber hat diesen Ansatz, der mit seiner Grundannahme einer weitgehenden Identität zwischen Glaubensüberzeugung und religiöser Praxis im übrigen ganz auf den Katholizismus zugeschnitten ist, in zwei Richtungen anzuwenden versucht: In Richtung einer über mehrere Jahrhunderte reichenden Analyse der Kirchlichkeit des französischen Volkes und – zusammen mit F. BOULARD [s. a. dessen Einführung in die Religionssoziologie: 1598, 1956] – in Richtung einer sozialgeographischen Darstellung der gegenwärtigen „pratique religieuse" der französischen Bevölkerung [Carte de la pratique religieuse dans les campagnes, in: Cahiers du Clergé rural, Nov. 1947]. Seither ist eine beträchtliche Zahl von Regional- und Lokalstudien erschienen, die in der Regel einzelne Diözesen mit den von LE BRAS entwickelten Methoden im Hinblick auf das 19. und das 20. Jahrhundert untersucht haben [L. GROS, 1945 (Marseille); Y. DANIEL, 1952 u. 1957 (Paris); E. PIN, 1956 (Lyon); C. MARCILHACY, 1963 u. 1964 (Orléans); J. JEANNIN, 1964 (Anjou); F. CHARPIN, 1964 (Marseille); G. CHOLVY, o. J. u. 1968 (Montpellier und Herault); S. BONNET, 1972 (Lothringen); 1599: F. BOULARD, 1976 (Pays de Loire); 1596: M. BÉE u. a., 1976 (Westfankreich); 1624: Y.-M. HILAIRE, 1976 (Arras); ebenfalls von der „histoire religieuse" die Arbeit von U. ALTERMATT zur Sozial- und Mentalitätsgeschichte Schweizer Katholiken: 1595, 1989]. Das Bild, das diese Forschungen von der religiösen Praxis im Frankreich des 19. Jahrhunderts bieten [erste Zusammenfassungen Y.-M. HILAIRE, in: L'information historique 25 (1963), 57 ff., 29 (1967), 31 ff.; und R. AUBERT, in: 1520, Bd. 6, 1, 1971, 526 ff.], ist zwar noch fragmentarisch,

Frankreich und Italien

Religionssoziologie: Le Bras und seine Schule

„Pratique religieuse"

aber es zeichnet sich doch schon relativ klar ab, daß bei aller regionalen Verschiedenheit weite Teile Frankreichs um die Mitte des 19. Jahrhunderts „der religiösen Indifferenz verfallen" waren, „einer Indifferenz, die in den meisten Fällen Hand in Hand ging mit einer unerbittlichen Feindschaft gegen die Kirche" (R. Aubert). Die sozialgeographische Erforschung der religiösen Praxis, die durch G. Le Bras und seine Schule so eindrucksvoll vorangetrieben worden ist, hat selbstverständlich auch eine ganze Reihe von schichtenspezifischen Ergebnissen zutage gefördert. Insgesamt gesehen bleibt jedoch die französische Forschung in dieser Hinsicht hinter der englischen zurück – wie umgekehrt der sozialgeographische Ansatz bisher in England weniger Beachtung und Anwendung gefunden hat [s. jedoch 1620: J. D. Gay, 1971, und 1607: B. I. Coleman, 1980]. Eine Ausnahme bildet die Arbeiterschaft, deren Verhältnis zu Kirche und Religion auch in Frankreich schon relativ gut erforscht ist [s. neben dem Standardwerk von F. Isambert: 1627, 1961, v. a. das von R. Rémond 1966 hrsg. Themenheft „Église et monde ouvrier en France" der Zeitschrift „Le Mouvement social": 1659]. Nach diesen Forschungen hat sich auch die französische Arbeiterschaft seit der Mitte des Jahrhunderts der Kirche stark entfremdet. Die religiöse Betätigung beschränkte sich in der Regel auf die Hauptereignisse des Lebens, von einigen regionalen Ausnahmen insbesondere im Norden des Landes abgesehen, wobei eine wesentliche Ursache für die steigende Kirchenfeindschaft in der Arbeiterschaft die Position war, die Klerus und katholisches Bürgertum in der sozialen Frage einnahmen [R. Aubert, in: 1520, Bd. 6, 1, 1971, 527 f.].

Die französische Arbeiterschaft

Dem Problemkreis „Kirche und soziale Frage" ist auch im deutschsprachigen Raum wie in England [1630: P. D. A. Jones, 1967; 1666: R. A. Soloway, 1969; 1633: G. S. R. Kitson Clark, 1973; 1653: E. R. Norman, 1976] eine ganze Reihe von Arbeiten gewidmet worden, mit Schwerpunkt auf dem Sozialkatholizismus und hier insbesondere auf Ideenwelt und Wirken des Mainzer Bischofs W. E. von Ketteler [1532: A. M. Birke, 1971; 1564: A. Langner, 1974; 1548: E. Hanisch, 1975; 1555, 1556: E. Iserloh, 1975, 1977; 1543: W. Friedberger, 1978; über das Verhältnis zum Wirtschaftsliberalismus: K. H. Gruner, Wirtschaftsliberalismus und katholisches Denken, 1967. Zur evangelischen Kirche: 1585: W. O. Shanahan, 1962; 1539: G. Brakelmann, 1977; die Parallelen von protestantischen und sozialistischen Zukunftserwartungen analysierend 1552: L. Hölscher, 1989]. Allerdings beschränkten sie sich fast durchweg auf einen ideengeschichtlichen Ansatz. Die vielfältigen Versuche in England und auch in Frankreich, die Veränderungen, denen Kirche und Religion unter dem Einfluß des wirtschaftlichen und gesellschaftlichen Wandels im 19. Jahrhundert unterworfen waren, sozialgeschichtlich zu erfassen, finden im deutschsprachigen Raum über das Postulatorische [1578: W. Schieder, 1977; 1541: R. van Dülmen, 1980] bzw. die Veröffentlichung von anregenden Aufsatzsammlungen hinaus [1579: W. Schieder (Hrsg.), 1986; 1580: ders. (Hrsg.), 1993] nach wie vor kaum ein Pendant [eine große Ausnahme auf der Ebene der Überblicks- und Gesamtdarstellungen: 1518: M. Greschat, 1980]. Symptomatisch für diese Vernachlässigung des Faktors Religion ist

Deutschland

Kirche und soziale Frage

Vernachlässigung der sozialgeschichtlichen Perspektive

die Tatsache, daß in der geradezu lawinenartig angewachsenen Forschung zur Lebenswelt der Arbeiterschaft die Frage nach dem religiösen Verhalten, die in England einen so wichtigen Platz einnimmt, fast völlig ausgeklammert wird – mit Ausnahme einiger älterer Problemaufrisse [W. TRILLHAAS, in: Die Sammlung 3 (1948), 662 ff.; 1551: J. HÖFFNER, 1961] und einer knappen Detailstudie aus der ehemaligen DDR [1553: G. HOLTZ, 1975/76].

Vermittelt nicht zuletzt durch volkskundliche Forschungen und die „Mikrogeschichte", ist der Versuch unternommen worden, mit Hilfe der Analyse von Wallfahrten und anderen Formen populärer Frömmigkeit [1572: F. M. PHAYER, 1970; 1560, 1561, 1562: G. KORFF, 1973, 1976 u. 1977; W. SCHIEDER, Kirchen und Religion. Sozialgeschichtliche Aspekte der Trierer Wallfahrt von 1844, in: AfS 14 (1974), 419 ff.] den engen Rahmen traditioneller Kirchengeschichte zu sprengen. In diesem Zusammenhang gehört auch die Pionierstudie von M. WELTI [1592, 1977], der als erster im deutschsprachigen Raum in diesem Bereich mit quantifizierenden Methoden (Abendmahlsfrequenzen) gearbeitet hat, sowie als erste größere Monographie die Arbeit von W. K. BLESSING über Staat und Kirche in der bayerischen Gesellschaft des 19. Jahrhunderts [1536, 1982] und die Arbeit von TH. MERGEL über das katholische Bürgertum im Rheinland [1567, 1994], in der die neuere Bürgertumsgeschichte mit der Geschichte der konfessionellen Gegensätze des 19. Jahrhunderts und ihren speziellen Wurzeln im sozialen, geistesgeschichtlichen und lebensweltlichen Bereich verbunden wird. *Studien zur Volksfrömmigkeit*

Methoden und Ansätze der „Mikrogeschichte" aufgreifend hat jüngst D. BLACKBOURN [1534, 1994] die innerkirchlichen Auseinandersetzungen mit den vielfältigen Formen der Volksfrömmigkeit im Kaiserreich untersucht und sie zugleich in den politik-, sozial- und alltagsgeschichtlichen Kontext eingebettet. Auf die Tatsache, daß Formen der Volksfrömmigkeit für Frauen im 19. Jahrhundert eine besondere, auch emanzipatorische Rolle spielten, hat in Deutschland vor allem S. PALETSCHEK [1571, 1990] hingewiesen. Inwiefern die Teilnahme an Wallfahrten oder aber das selbstverständliche öffentliche Auftreten und Arbeiten von Frauen in kirchlichen Zusammenhängen emanzipatorische oder domestizierende Effekte hatte, ist in der spärlichen, das Verhältnis von Frauen, Religion und Kirche beleuchtenden Forschung umstritten [siehe 1521: H. MacLEOD, 1988, 134 ff.; 1634: C. LANGLOIS, 1984; 1546: M. DE GIORGIO, 1994]. Alle diese Forschungen stecken jedoch besonders im deutschsprachigen Raum noch so sehr in den Anfängen, daß anders als in England und Frankreich von weiterreichenden Ergebnissen bisher kaum die Rede sein kann. *Haltung der Kirchen*

7. Alltag und Lebenswelt

In den zurückliegenden drei Jahrzehnten ist in der „westlichen" Geschichtswissenschaft eine Vielzahl neuer Strömungen festzustellen gewesen, die auf den ersten Blick nur aus methodischen Neuansätzen und inhaltlichen Themenverschiebungen im Rahmen der bis dahin geführten wissenschaftlichen Grundsatzdebatten zu bestehen scheinen. Dennoch bündeln sich diese neuen Fragestellungen, die zu einem guten Teil von anderen Wissensgebieten – etwa der Ethnologie, der Sozialanthropologie und Soziologie – angestoßen worden sind, zu einer neuen Richtung innerhalb der Geschichtswissenschaft. Ihr gemeinsamer Ausgangspunkt ist ein Perspektivenwechsel von der Ebene des Politischen, Wirtschaftlichen und Sozialen, von der Macht- und Strukturgeschichte, hin zum kulturellen Kontext menschlichen Handelns, zur Geschichte der individuellen Bewältigung und Erfahrung des Alltags. Der von Vertretern der „Annales"-Schule geprägte Begriff der „longue durée" wies bereits auf die Existenz verschiedener Zeitstrukturen oder -ebenen innerhalb des historischen Prozesses hin, die durch unterschiedliche Wahrnehmungen und Sinngebungen einzelner Individuen oder sozialer Gruppen zustande kommen. Michel Vovelle, Emmanuel Le Roy Ladurie, Natalie Zemon Davis – als Exponentin einer „new social history" –, Carlo Ginzburg und andere sind den Mentalitäten und kollektiven Bewußtseinslagen der „einfachen" Menschen nachgegangen. Allen Studien dieser Art ist ein Rückgriff – oder Rückzug, wie die Kritiker aus dem Lager der „Historischen Sozialwissenschaft" sagen – auf das Individuum, den Mikrokosmos überschaubarer Lebenszusammenhänge, und nicht zuletzt auf narrative Darstellungsformen eigen: zwei Bauernsöhne, die den Bauern der Languedoc repräsentieren, der Müller Menocchio usw.

In der deutschen Geschichtswissenschaft ist diese neue Richtung unter dem Etikett der „Alltagsgeschichte" rezipiert worden, „einem durchaus ungenauen, dafür aber bequemen Oberbegriff für alle jene Richtungen des Fragens..., die in den letzten Jahren methodisches Neuland zu betreten glaubten" [1949: W. Schulze (Hrsg.), 1994, 11]. Sie verstand sich von Anfang an als bewußte Gegenbewegung zur Strukturgeschichte der „Historischen Sozialwissenschaft", deren führende Exponenten wiederum den von der Alltagsgeschichte propagierten Erklärungsansatz besonders heftig und unter dem Vorwurf eines angeblich naiven Wissenschaftsverständnisses zurückwiesen. Unbeschadet dieser mittlerweile abgeebbten Kontroverse sind eine Reihe bemerkenswerter Alltagsstudien entstanden, die sich im wesentlichen auf die Phase der Industrialisierung, auf die Zeit des Nationalsozialismus und auf die frühe Nachkriegszeit und die Gründerjahre der Bundesrepublik konzentrieren [Forschungsüberblick: 1915: A. Lüdtke (Hrsg.), 1989]. Regionale und lokale Untersuchungen sozialer Milieus geben den bevorzugten Rahmen für alltagsgeschichtliche Fragestellungen [2069: R. Braun, 1979²; 2023: W. Kaschuba, C. Lipp, 1982; 1994: F.-J. Brüggemeier, 1983].

Im Zentrum des Forschungsinteresses stehen jene alltäglichen Vorgänge, in denen das „Repetitive", „Routinierte" – und damit auch Stabilität Verheißende –

(Marginalien):
Die anthropologische Wende in der Geschichtswissenschaft

Alltagsgeschichte versus Strukturgeschichte

vorherrscht. Dieser Ansatz trennt also analytisch zwischen Alltäglichem und Nichtalltäglichem. Methodisch setzt eine solche Unterscheidung aber das Erkennen einer den Alltag ordnenden sozialen Struktur voraus, so daß Verbindungslinien zur älteren Sozialgeschichte durchaus bestehen. Ein entscheidender Anstoß, das Alltagshandeln anonymer Menschenmengen nicht als irrationale Handlungsweisen, sondern als Ergebnis erfahrungsbestimmter Rationalität zu deuten, ist vom Nestor der englischen Arbeiter- und Popular Culture-Forschung, E. P. THOMPSON, ausgegangen [vgl. v. a. seinen Sammelband 850, 1980 (engl. 1971)]. *Konzeptionen und Methoden der Alltagsgeschichte*

Neu ist also vor allem die Tendenz, das einzelne Individuum stärker als handelnden Akteur zu begreifen, der die säkularen Umwälzungen seiner Lebensspanne nicht passiv erduldet oder „über-lebt", sondern seine individuellen Erfahrungen in alltägliches Verhalten „umsetzt". Diese Konzeption hat also eine dynamische Vorstellung von der sozialen Praxis im Alltag. Sie kritisiert die auf objektive Strukturen fixierte Schule der „Historischen Sozialwissenschaft", die, unter dem Aspekt der Modernisierung und Emanzipation, einen linearen Verlauf des historischen Prozesses unterstellt. Die Wahrnehmung lebensweltlicher Wirklichkeit, der „Eigen-Sinn" menschlichen Handelns komme dabei zu kurz. Entscheidend für die Möglichkeit, Alltagsgeschichte zu schreiben, ist, methodisch betrachtet, die Rekonstruktion von Deutungs-, Wahrnehmungs- und Orientierungsweisen. Dieser Ansatz geht vor allem auf den französischen Soziologen P. BOURDIEU zurück [1855, 1976 (frz. 1972)].

Mit der Kategorie „Lebenswelten" oder „Lebensformen", obwohl älter und in einer anderen Disziplin entwickelt [1948: A. SCHÜTZ, T. LUCKMANN, 1979/84; 1947: A. SCHÜTZ, 1981], ist in jüngster Zeit versucht worden, die aus der Alltagsforschung kommenden Impulse theoretisch zu formulieren [Überblick und Diskussion: 1973: R. VIERHAUS, 1995; zuvor schon A. BORST, Lebensformen im Mittelalter, 1973]. Der zu zentraler Bedeutung aufgewertete Begriff der „Formen", in denen Menschen sich ihre Lebenswelt „aneignen", verweist auf die Ausbildung von Handlungsstrukturen und deren zeitliche Verfestigung. Die immer wiederkehrende, tagtägliche Orientierung, als „Alltagswissen" sozusagen gespeichert, prägt relativ beständige Verhaltensweisen, „Lebensformen" aus. Die inhaltliche Flexibilität der Konzeption „Lebensformen" bringt nach dem Eingeständnis eines ihrer Protagonisten [2032: A. LÜDTKE, 1991, 57] allerdings auch eine gewisse terminologische Unschärfe mit sich, die in der häufigen Verwendung synonymer Bezeichnungen wie „Lebensstil" [1849: U. BECHER, 1990], „Lebenswelten" [2032: A. LÜDTKE, 1991] oder „Verhaltensweise" bzw. „Verhaltenskultur" [H. BAUSINGER, in: 729, 1987, 121–143] zum Ausdruck kommt. *Die Kategorie der „Lebensformen"*

Flexibilität und Unschärfe des Begriffs

In anderem Zusammenhang und ohne direkten Bezug auf diese Debatte haben sich vor allem die historische Bevölkerungs- und die historische Familienforschung intensiv mit dem Wandel festgefügter Lebens- und Verhaltensweisen während der Industrialisierung befaßt. Unter dem Eindruck aktueller Debatten über die dramatische Veränderung der Altersstruktur der europäischen Bevölkerung [2067: J. N. BIRABEN, J. DUPÂQUIER, 1981; 2004: C. DIENEL, 1995] finden *Historische Demographie* demographische Langzeituntersuchungen, die nach den historischen Ursachen des Phänomens fragen, erhöhte Aufmerksamkeit. Die berühmte, bereits 1964 gegründete „Cambridge Group for the History of Population and Social Structure" um P. LASLETT und E. A. WRIGLEY hat über drei Jahrzehnte Daten gesammelt, die unser Wissen über die demographische Entwicklung in Europa entscheidend verbessert haben [für Deutschland vgl. das Berliner Forschungsprojekt A. E. IMHOFS „Lebenserwartungen in Deutschland vom 17. bis 19. Jahrhundert", 1990]. Die

„Demographische Transition" Annahme einer fundamentalen „demographischen Transition", einer „säkularen Verwerfung" (LASLETT) aufgrund des stark ansteigenden Bevölkerungsanteils der Älteren als Folge des demographischen Strukturwandel um 1870/80, ist Allgemeingut der Forschung geworden. IMHOF verwendet das Bild der „gewonnenen Lebensjahre" zur Charakterisierung der langfristigen Entwicklung von der „unsicheren zur sicheren Lebenszeit" [2017, 1992, 18].

Ursachen Eine Fülle von Einzelstudien erhellt, daß dieser Prozeß durch eine stark verminderte Sterblichkeit, vor allem aber durch eine kontinuierliche Geburtenbeschränkung in den europäischen Bevölkerungen verursacht wurde [grundlegende Darstellung: 1896: N. E. HIMES, 1970 (erstmals 1936); Deutschland: 2030: U. LINSE, 1972; 2024: J. E. KNODEL, 1974; 2033: P. MARSCHALCK, 1984; Frankreich: 1845: A. ARMENGAUD, 1966; 2081: M. DUPÂQUIER, 1988; zu England: 2100: A. MACLAREN, 1978; 2120: R. A. SOLOWAY, 1982; 2116: S. SEIDMAN, 1990; vergleichend: 1918: A. MACLAREN, 1990; 2004: C. DIENEL, 1995]. Nur wenige Autoren gelangen über die Konstatierung des Faktischen hinaus und fragen nach den Motiven des säkularen Verhaltenswandels. J. DUPÂQUIER, M. LACHIVER [2082, 1969] gehen von einem reaktiven, auf Gesundheitsschutz zielenden Verhalten der Frauen aus, J. E. KNODEL [1903, 1981] und C. DIENEL [2004, 1995] vermuten eine wohlstandsorientierte Kinderplanung; den Zusammenhang zwischen Populationsweise und freizügigerer Einstellung zur Sexualität thematisiert P. GAY [1882, 1986].

Natürlich ist die Debatte um die Ursachen des demographischen Wandels während der Industrialisierung nicht zu trennen von den Ergebnissen der historischen Familienforschung. Während diese die Erkenntnisse der Historischen Demographie ihren Betrachtungen zugrunde legt, ist dies umgekehrt kaum der Fall.

Historische Familienforschung Angestoßen durch die bahnbrechenden Forschungen PH. ARIÈS' hat sich eine historische Familienforschung etabliert, die von der statischen, auf „Typen" rekurrierenden Betrachtung der älteren Familiensoziologie Abstand nimmt und unter „Familie" einen Prozeß „of the family's interaction" versteht [Literaturüberblick bei 1891: T. K. HAREVEN, 1991; von Ariès beeinflußt 1953: E. SHORTER, 1977; 2122: L. STONE, 1977]. Im Mittelpunkt steht nun eine dynamische Vorstellung von Familienzyklen, in denen sich entscheidende Veränderungsprozesse zwischen Generationen und Individuen vollziehen. Zunehmendes Interesse bean-

Funktionswandel der Familie sprucht der Funktionswandel der Familie. Es herrscht Übereinstimmung darüber, daß die Produktionsform „Ganzes Haus" mit der Industrialisierung und Arbeitsteilung von einem modernen „privaten" Klein-Familientypus abgelöst worden ist, in der die Bedürfnisse des Individuums vor denen der Gemeinschaft

Vorrang haben. Dieser Auffassung steht allerdings die Erkenntnis entgegen, daß die Familie gerade während des Wandels in der Industrialisierung eine kollektive Sicherungsfunktion erfüllte, daß sie allen Mitgliedern eine „Institution des Schutzes und der Krisenbewältigung" bot [1954: R. SIEDER, 1987, 288 f.].

In der historischen Familienforschung, der Kulturanthropologie und in der demographischen Forschung gelten die sich seit dem späten 18. Jahrhundert entwikkelnde bürgerliche Klein- oder Kernfamilie und die proletarische Familie des späten 19. Jahrhunderts als „Prototypen der ‚modernen Familie'". Ihre soziale Lebensweise und ihre Leitbilder unterscheiden sie von der „älteren", traditionsbestimmten ländlich-bäuerlichen Lebenswelt [2044: H. ROSENBAUM, 1982; 1954: R. SIEDER, 1987]. Die wichtigste Voraussetzung für die Ausprägung des modernen Familientyps war die Trennung von Erwerbsarbeit und Haushaltsführung: Die industriellen Arbeitsbedingungen beeinflußten die Familienbeziehungen demnach tiefgreifend, indem sie die Auflösung der einheitlichen Lebens- und Produktionsform des „Ganzen Hauses", die Neuordnung der Geschlechterbeziehungen und die Ausgliederung des Dienstpersonals aus der „engeren" Familie herbeiführten.

Das Bild von der vorkapitalistischen Großfamilie [1886: W. GOODE, 1963; 1906: R. KÖNIG, 1974] wird mittlerweise in den Bereich der Mythenbildung verwiesen, aber die gegenteilige Annahme eines schon im Spätmittelalter ausgebildeten historischen Strukturtypus der „Zwei-Generationen-Kleinfamilie", einer Kernfamilie [1910: P. LASLETT, 1965; 1911: P. LASLETT, R. WALL (Hrsg.), 1972], ist nicht unumstritten. P. LASLETT und R. WALL haben eine Typologie von „household types" entwickelt [1911, 1972; 1912, 1983] und damit die Vorstellung zu entkräften versucht, daß erst die Industrialisierung die Kernfamilie („nuclear family form") hervorgebracht habe. Beide Autoren gehen soweit, einen „Western Family"-Typ zu konstruieren mit folgenden Kennzeichen: Kernfamilien-Haushalt, relativ spät geborene Kinder, geringer Altersabstand zwischen den Ehegatten und die Zugehörigkeit von „life cycle servants", die getrennt von der Familie leben. Der mediterrane Haushalt sei dagegen komplexer, also größer und differenzierter, und durch frühes Heiraten und frühen Nachwuchs gekennzeichnet. Kritiker haben dagegen nachgewiesen, daß LASLETTS Annahmen nicht generalisierbar sind. Die Haushaltsgröße hänge vielmehr entscheidend von der beruflich-sozialen Position ihres Vorstandes ab [1920: H. MEDICK, 1977; 2095: D. I. KETZER, D. HOGAN, 1989].

Lasletts „household types"

Aus modernisierungskritischer Perspektive werden generell lineare Verlaufsmodelle zurückgewiesen, die einen gleitenden Übergang zur „modernen Familie" unterstellen. Die Kritik öffnet den Blick für eine an Familienzyklen orientierte dynamische Dimension: Nicht die statische Momentaufnahme, sondern die Annahme eines ständigen Wandels, einer dauernden Fluktuation sei für das Verständnis von historischen Familienstrukturen entscheidend. Dies gelte besonders für die Familien in der Industrialisierung, die den sozialen Wandel mitvollziehen und -beeinflussen [2091: T. K. HAREVEN, 1982]. Eine weitere, vermittelnde Position geht davon aus, daß es temporär Dreigenerationen-Familien gegeben habe. Diese seien aber aus der Not geborene Zwangsgemeinschaften gewesen, etwa von

Zurückweisung linearer Entwicklungsmodelle

hausindustriellen Unterschichten, die durch Zusammenlegung ihrer ökonomischen Ressourcen der Verelendung zu entgehen hofften [2045: H. ROSENBAUM, 1987, 189 ff.].

Einen entscheidenden Impuls für das Verständnis der Bewältigung des sozialen Wandels in der modernen Familie brachte die Einbeziehung des Netzwerkes der Verwandtschaftsbeziehungen, das diese umgibt. E. LE ROY LADURIES Studie über Montaillou ist zum Vorbild dieser Art von Sozial- und Familienforschung geworden [vgl. für Deutschland: 708: L. GALL, 1989]. Vergleichende Untersuchungen in der Sozialgeschichte arbeiten mittlerweile mit Netzwerk-Analysen [1939: A. PLAKANS, 1984], andere betonen stärker die diachronische Erzählperspektive [2114: M. SEGALEN, 1985]. Alle Studien weisen die eminente Stabilisierungsfunktion nach, die „kinship-networks" vor allem während der Industrialisierung erfüllten. Sie zeigen, daß die Familie eine zentrale Rolle bei der individuellen wie gesellschaftlichen Bewältigung des Modernisierungsprozesses spielte. Die Theorie der „sozialen Entwurzelung", des „social breakdown", den die in die Großstädte abwandernden ländlichen Unterschichten erlitten hätten [849: E. P. THOMPSON, 1963], wird durch den Befund korrigiert, daß die Familien als „active agents" auf die Steuerung von Migrationsprozessen während der Industrialisierung einwirkten [778: M. ANDERSON, 1971, der die Rekrutierung von Landarbeitern durch städtische Anverwandte für das ganze 19. Jahrhundert in Lancashire nachweist; 1956: N. SMELSER, 1975; 1925: M. MITTERAUER, J. EHMER (Hrsg.), 1986].

Insgesamt herrscht heute die Vorstellung einer kontinuierlichen und flexiblen Entwicklung der Familie als „work unit" und zentrale soziale Lebensform vom Spätmittelalter bis ins 20. Jahrhundert vor. Ihre erstaunliche Beständigkeit hängt wohl entscheidend damit zusammen, daß sie den sozialen Wandel – gerade während der Industrialisierung – flexibel zu beantworten und zu gestalten wußte: „The family was both a custodian of tradition and an agent of change" [1891: T. K. HAREVEN, 1991, 115].

Zu einem Schwerpunkt der Sozialgeschichte und insbesondere auch der Familienforschung hat sich in den letzten zwei Jahrzehnten das Thema der Geschlechterbeziehungen entwickelt. In der älteren Sozialhistorie ist das Verhältnis der Geschlechter entweder überhaupt nicht beachtet oder nur als eine von den Klassenverhältnissen abhängige Variable behandelt worden. Zweifellos hat die „Frauenforschung" mit der Untersuchung der familiären Binnenbeziehungen auch den Kenntnisstand über die bürgerliche Gesellschaft erheblich erweitert. Herrschten anfangs noch recht schlichte Stereotype der Interpretation vor, die auf das schwarzweiße Gemälde eines patriarchalischen Unterwerfungsverhältnisses hinausliefen, so ist die „Polarisierung der Geschlechtscharaktere" [1892: K. HAUSEN, 1976] heute sehr viel differenzierter untersucht. Ausgehend von einer „Theorie der zwei Sphären", bestehend aus einer „öffentlichen", durch Beruf und Arbeit bestimmten männlichen Welt und einer weiblichen „privaten" Lebenswelt, ist konsequent danach gefragt worden, welche zentralen Funktionen diese Familienbinnenstruktur für beide Geschlechter erfüllte und wie das patriarchalische Herr-

Verwandtschafts-
und Klientel-
beziehungen

Beständigkeit der
Lebensform
Familie

Geschlechter-
verhältnisse

schaftsverhältnis konkret beschaffen war. L. DAVIDOFF [2079, 1973] und B. SMITH [2119, 1981] haben für England und Frankreich gezeigt, daß das patriarchalische Strukturmuster im Dienste einer „höheren" Familienideologie von beiden Geschlechtern gestützt wurde. Zum anderen wiesen beide nach, daß der weibliche Part zumindest in der Oberschicht – hier liegen auch die Grenzen der Aussagekraft der erwähnten Studien – auch beträchtliche Macht „as arbiters of high society" ausübte. Frauen entschieden laut DAVIDOFF, wer in die viktorianischen „best circles" aufgenommen wurde. Nichtsdestotrotz befestigte sich eine männlich bestimmte, autoritäre Familienstruktur, existierte ein auch rechtlich begründetes Vormundschaftsverhältnis des männlichen Familienoberhauptes [dies betonen besonders 1884: U. GERHARD, 1978; 1995: G.-F. BUDDE, 1994; 1866: G. DUBY, M. PERROT (Hrsg.), 1993–95]. Relativierung patriarchalischer Strukturmodelle

Die Feststellung einer verspäteten Anpassung der ländlichen Familien an die Strukturen der industriellen Gesellschaft, eines „cultural lag" also, wirft die Frage auf, inwieweit Industrialisierung und Urbanisierung zu einer Angleichung der Lebensverhältnisse geführt haben. Vor allem die Ergebnisse der Erforschung der Arbeitswelt, besonders der durch die arbeitsteilige Produktionsweise bewirkten Rationalisierung der Zeitstrukturen und Arbeitsverhältnisse, legt diesen Schluß in mehrfacher Hinsicht nahe. Begriffsgeschichtliche Studien arbeiten heraus, daß „Arbeit" im 19. Jahrhundert einen Bedeutungszuwachs erfährt und zu einer Leitkategorie der industriellen Gesellschaft wird. Noch immer grundlegend ist hierfür der Artikel „Arbeit" von W. CONZE [1999, Bd. 1, 1972, 154–215]. Er verdeutlicht, daß die biblisch-christliche Sinngebung und -deutung als „Not, Mühsal und Pein" lange nachwirkte. Erst die „politische" Nationalökonomie habe den modernen Arbeitsbegriff entwickelt, der den Gedanken der Leistung und Wertschöpfung durch Arbeit zum Angelpunkt einer ökonomisch und moralisch begründeten Wohlstandsphilosophie erhob [siehe v. a. A. SMITH, Wealth of Nations, 1776; ein historisch-genetisch angelegter Überblick: 1904: H. KÖNIG (Hrsg.), 1990, darin v. a. R. WALTHER, Arbeit – ein begriffsgeschichtlicher Überblick]. Im Zusammenhang mit der Untersuchung der gesellschaftlichen Bewertung von Arbeit stehen Studien zur konkreten Realität der Arbeitswelt: die tatsächlichen Arbeitszeiten in den unterschiedlichen Epochen [K. A. OTTO, in 1904, 1990, 51–76] und die Zeitwahrnehmung des arbeitenden Menschen [auf vergleichender europäischer Basis, jedoch im wesentlichen auf literarischen Quellen fußend: 1848: W. ASHOLT, W. FÄHNDERS (Hrsg.), 1991]. Dabei ist ein Zug zur Romantisierung vorindustrieller Arbeitsbedingungen und -zeiten unverkennbar, indem das harmonisierende Bild von Arbeitsformen, die im Einklang mit dem Rhythmus der Natur stünden, vorgespiegelt wird [K. A. OTTO, in: 1904, 1990; dagegen stärker die fortschreitende Reduktion von Arbeitszeiten betonend: 2003: CHR. DEUTSCHMANN, 1985]. Die Schaffung neuer, „künstlicher" Zeitstrukturen steht bei E. P. THOMPSON und V. STAMM im Zeichen der Sozialdisziplinierung und Herrschaftsbildung in Staat und Wirtschaft. E. P. THOMPSON [1968, 1973] hat dabei mit Blick auf die Fabrikarbeit einen urwüchsigen, dem rationalen Wirtschaftsleben inhärenten Erforschung der Arbeitswelt Vorindustrielle und moderne Zeitstrukturen

Vorgang vor Augen, der sich über Generationen hinzog und auch zunehmend von den „Opfern" als quasi-natürliches Element rationaler Lebensführung hingenommen wurde [so jetzt auch 1990: R. BIERNACKI, 1995, in seinem kulturgeschichtlich angelegten, deutsch-britischen Vergleich der Textilindustrie]. V. STAMM [1959, 1982] dagegen pflegt ein instrumentelles Verständnis einer durch ein Herrschaftsbündnis von Staat und Industriekapitalismus durchgesetzten „rationalen Anordnung" der Menschen im Arbeitsprozeß, die zunehmend einem Diktat der Zeit unterworfen worden seien.

In jüngster Zeit sind fruchtbare Versuche unternommen worden, die industriellen Arbeitsverhältnisse auf lokaler Basis genauer zu betrachten. Während ältere unternehmensgeschichtliche Studien vor allem den Prozeß der Organisation und Rationalisierung untersuchen [herausragend: 726: J. KOCKA, 1969; 2052: G. SCHULZ, 1979], befassen sich Arbeiten zum Fabrikalltag [1916: A. LÜDTKE, 1992] und zur Arbeiter- und Angestelltenschaft [2056: K. TENFELDE (Hrsg.), 1986] mit der mentalen Bewältigung dieser Vorgänge. M. SCHARFE [2048, 1986] relativiert die gängige Vorstellung, daß erst die Industrialisierung einen abrupten Wandel der Zeiterfahrung und Arbeitsverhältnisse herbeigeführt habe. Er zeigt, daß die Agrarwirtschaft kontinuierlichen Rationalisierungsschüben ausgesetzt war, die das vorgeblich „gemüthliche Knechtschaftsverhältnis" (K. MARX) lange vor der Industrialisierung durch Arbeitsintensivierung dynamisierten.

Lokalstudien zum industriellen Arbeitsalltag

R. WIRTZ [2061, 1982] relativiert das Bild einer einheitlichen, rationalen Zeiterfahrung und weist darauf hin, daß der Fabrikalltag mit seiner den Tagesablauf reglementierenden und disziplinierenden Ordnung auf Widersetzlichkeit stieß, und daß diese Ordnung durch Beharrungskräfte teilweise gebrochen worden sei.

Wohn- und Strukturgeschichtsforschung

Auch auf anderen, stärker spezialisierten Gebieten wie zum Beispiel der Wohn- und Sachkulturforschung [2002: B. DENEKE, 1973; 1850: G. BENKER, 1984; für Ungarn: 2090: P. HANÁK (Hrsg.), 1994] und in der Erforschung der Konsumgewohnheiten ist die Angleichung der Lebensverhältnisse und die Rationalisierung der Lebensführung beobachtet worden. Dieser Prozeß sei als eine Art kulturellen Transfers zwischen sozialen Schichten und von der Stadt auf das Land, als eine „Rezeption bürgerlicher Lebensformen" bei Bauern und Arbeitern im Zuge der Industrialisierung vorzustellen. Bei aller schichtenspezifischen Differenzierung seien „Grundformen" des Wohnens [1964: H. J. TEUTEBERG, 1985; 2058: DERS., C. WISCHERMANN, 1985], des Konsumverhaltens oder der Freizeitgestaltung entwickelt worden, die dem Rationalismus und Funktionalismus des industriellen Zeitalters zu entsprechen schienen.

Insgesamt handelt es sich um ein Forschungsgebiet, das sich in einer immer stärkeren Ausdifferenzierung befindet und eine Fülle neuer Bereiche wissenschaftlich erschlossen hat, auf dem systematische Zusammenfassungen und übergreifende Synthesen jedoch eher noch die Ausnahme darstellen.

8. Bedeutung und Rolle der Wissenschaft

Die wachsende Bedeutung, die die Wissenschaft im Verlauf des 19. Jahrhunderts für immer weitere Bereiche des wirtschaftlichen, des gesellschaftlichen, des geistig-kulturellen Lebens erlangt hat, ist als eine Grundtatsache der historischen Entwicklung oft unterstrichen worden. Sie ist in der Tat unübersehbar, der Gang der Entwicklung ohne die Entfaltung der Wissenschaft, ihre Ausdehnung auf immer neue Gebiete und ihren zunehmenden Einfluß gar nicht vorstellbar und verständlich. Um so erstaunlicher ist es, daß dieser Vorgang über die speziellen Disziplingeschichten hinaus – die ihrerseits vielfach noch sehr lückenhaft sind – erst verhältnismäßig spät und auch dann meist nur in Teilbereichen zum Gegenstand wissenschaftlicher Untersuchungen geworden ist. Einen Grund dafür mag man darin sehen, daß der vielbeschworene Siegeszug der Wissenschaften, vor allem natürlich der Naturwissenschaften, verbunden war nicht nur mit ihrer immer weiteren Differenzierung, sondern zugleich mit der Auflösung ihres Zusammenhangs im Zeichen des Positivismus und dem weitgehenden Verzicht auf Versuche, ihre Hauptergebnisse in einen größeren Rahmen und Kontext einzuordnen und zu verankern – sieht man von hochspekulativen Ansätzen wie dem des Zoologen E. HAECKEL [Welträtsel, 1899] einmal ab. Der Positivismus wurde dabei, und darin steckt wohl ein zweiter Grund, zunehmend zugleich zu einem Schutzwall gegenüber dem, wie viele ihrer Vertreter meinten, die Wissenschaft und ihren Wahrheitsanspruch bedrohenden wachsenden Fortschrittspessimismus, wie er auf der anderen Seite geeignet schien, die These vom Klassencharakter auch der Wissenschaft abzuwehren: Indem man sowohl die Auswahl des jeweiligen Gegenstandes wissenschaftlicher Forschung als auch den Fortgang der Forschung selber weitgehend linear im Sinne des Fortschrittsgedanken interpretierte und in diesem Sinne von einer quasi eigengesetzlichen „Logik der Forschung" sprach, schirmte man sich nach der einen wie nach der anderen Seite hin ab. Das aber ließ sich im wesentlichen nur auf dem immer schärfer eingegrenzten Gebiet der Einzeldisziplin durchhalten – und von hier aus dann in formalisierter Form zum allgemeinen Prinzip erheben. Sobald man diesen scheinbar sicheren Boden verließ, erhoben sich in zunehmendem Maße Fragen, die das Selbstverständnis des einzelnen Wissenschaftlers, gerade des durch den Positivismus geprägten und an ihm orientierten, auf das schwerste bedrohten.

Diese Fragen hat, parallel zu den wissenschaftstheoretischen Überlegungen der „Wiener Schule", in den zwanziger Jahren unseres Jahrhunderts im Anschluß an Max Weber vor allem K. MANNHEIM formuliert. Sein wissenssoziologischer und zugleich ideologiekritischer Ansatz [1737, 1929] hat, nachdem er zunächst heftigen Widerständen begegnete, im weiteren immer mehr Einfluß gewonnen, zunächst in den angelsächsischen Ländern, dann aber auch zunehmend über diese hinaus [1738: K. MANNHEIM, 1970]. Allerdings blieb die Vorstellung von einer gewissen Linearität des Forschungsprozesses, eines Fortschreitens in eine Richtung ungeachtet aller ideologischen und interessenbedingten Hemmnisse hier noch

Zögernde Entwicklung einer übergreifenden Wissenschaftsgeschichte

Gründe

Wissenssoziologie Karl Mannheims

weitgehend erhalten; M. WEBER sprach von dem „Fortschritt ins Unendliche" als dem Wesen der modernen Wissenschaft. Von dieser Vorstellung ist dann erst TH. S. KUHN entscheidend abgewichen, indem er am Beispiel der Naturwissenschaften die seither viel diskutierte These entwickelte, der wissenschaftliche Fortschritt verlaufe kaum je linear, sondern gleichsam in Sprüngen: In einem sowohl von endogenen, wissenschaftsimmanenten als auch von exogenen Faktoren bestimmten Prozeß wechsele in den einzelnen Wissenschaftsdisziplinen vielfach schubweise das „Paradigma", die „disziplinäre Matrix", die etablierte Einheit von Gegenstandsbereich und Perspektive. Es vollziehe sich damit quasi eine Revolution, der „Fortschritt" der Wissenschaft sei von daher in den entscheidenden Stationen weniger als ein evolutionärer Vorgang als vielmehr als ein revolutionärer zu verstehen [1722, 1970; 1723, 1978; zur Diskussion: 1724: I. LAKATOS, A. MUSGRAVE, 1970; 1755: E. STRÖKER, 1981; 1680: G. ANDERSSON 1988].

Während die Thesen KUHNS lebhafte Auseinandersetzungen auf wissenschaftstheoretischen, ja, bisweilen wissenschaftspolitischen Feldern hervorriefen [s. dazu 1732: P. C. LUDZ, 1979; K. REPGEN, in: J. KOCKA, K. REPGEN, S. QUANDT (Hrsg.), Theoriedebatte und Geschichtsunterricht, 1982, 29 ff.], in die das historische Material nur beispielhaft und oft sehr zielgerichtet eingebracht wurde [Überblicke bei 1695: W. DIEDERICH (Hrsg.), 1974; 1754: E. STRÖKER, 1976²; 1696, 1697: A. DIEMER (Hrsg.), 1977, 1978], wurde die Erforschung der Wissenschaftsgeschichte zunächst auf eher traditionellen Wegen vorangetrieben: außer durch die allgemeine Geistesgeschichte und durch Studien zur Geschichte einzelner Disziplinen vor allem durch die Universitäts- und Bildungsgeschichte und, aufs engste damit zusammenhängend, durch eine vertiefte Analyse der Wissenschafts- und Bildungspolitik des Staates.

Mit Blick auf das letztere kann man dabei freilich auch von einer Art Paradigmawechsel sprechen. Stand, wie schon gesagt, im Bereich der auf einzelne Disziplinen konzentrierten Wissenschaftsgeschichte die Idee eines weitgehend linearen wissenschaftlichen Fortschritts im Zentrum, so ließ die Untersuchung der sich im Laufe des 19. Jahrhunderts, vor allem in seinem letzten Drittel, immer

mehr intensivierenden staatlichen Wissenschafts- und Bildungspolitik zunehmend deutlich werden, in welchem Ausmaß die Entwicklung der Wissenschaften, insbesondere ihrer Entfaltungsmöglichkeiten, zugleich von Faktoren abhängig war, die mit der „Logik der Forschung" wenig zu tun hatten. In dem Maße, wie der Staat immer mehr planend und organisierend in den gesellschaftlichen Prozeß eingriff, seine Strukturen zu bestimmen und, meist in Abwehr angeblicher oder tatsächlicher Gefahren im wirtschaftlichen, im gesellschaftlichen, im geistig-kulturellen und im politischen Bereich, seinen Verlauf zu steuern suchte, in dem Maße suchte er sich zugleich der Wissenschaften institutionell und dann auch inhaltlich zu bemächtigen und sie für seine Zwecke einzusetzen. Dieser Vorgang läßt sich an der Universitätsgeschichte des 19. Jahrhunderts [Überblick über die entsprechenden Arbeiten: N. HAMMERSTEIN, in: HZ 236 (1983), 601 ff.; 1803: G. SCHUBRING (Hrsg.), 1991] ebenso zeigen wie an der Entwicklung des

Technischen Hochschulwesens und ähnlicher Institutionen [Bibliographie bei: 1708: K. HAUSEN, R. RÜRUP (Hrsg.), 1975, 402 f.], an der Bildungs- und Schulpolitik [z. B. 1765: P. BAUMGART (Hrsg.), 1980; 1767: B. VOM BROCKE, 1981; 1817: R. D. ANDERSON, 1975] ebenso wie – als einem besonders aufschlußreichen Bereich – an der Rolle des Staates als Wissenschaftsorganisator und als direkter Auftraggeber der Forschung, zunächst auf dem Gebiet der Ökonomie und der Staatswissenschaften, dann auf immer weiteren Feldern [1679: E. AMBURGER, M. CIEŚLA, L. SZIKLAY (Hrsg.), 1976; 1770, 1771: R. VOM BRUCH, 1980, 1982; B. VOM BROCKE, in: 1765, 1980, 9 ff.; 1768: DERS., 1981; 1769: DERS. (Hrsg.), 1991; 1816: P. ALTER, 1982; 1789: P. LUNDGREEN u. a., 1986; 1796: F. R. PFETSCH, 1974; 1799: G. A. RITTER, 1992; 1790: CH. E. MACCLELLAND, 1980]. Die massive Begünstigung einzelner Disziplinen wie z. B. der praktischen Naturwissenschaften – wo neben dem Staat auch zunehmend die große Industrie als Förderer bis hin zur Grundlagenforschung auftrat [1761: W. TREUE, K. MANEL (Hrsg.), 1976; 1728: W. LEFÈVRE, 1978; aus wirtschaftsgeschichtlicher Perspektive: 1713: I. INKSTER, 1991] –, der Geographie [1699: T. W. FREEMAN, 1965; 1833: E. MEYNIE, 1969; 1804: F. J. SCHULTE-ALTHOFF, 1971; 1759: E. THOMALE, 1972; 1805: H.-D. SCHULTZ, 1980] und der Ethnologie [1741: W. E. MÜHLMANN, 1968; 1720: W. KONRAD, 1969; 1686: U. BITTERLI, 1976; speziell zum, im Fach vielumstrittenen, Zusammenhang von Ethnologie und Imperialismus: 1813: I. WINKELMANN, 1966; 1705: K. GOUGH, 1968; 1727: G. LECLERC, 1972], aber auch der Geschichtswissenschaft [1704: G. P. GOOCH, 1961; 1839: P. STADLER, 1958; 1824: CH.-U. CARBONNEL, 1965; 1831: W. R. KEYLOR, 1975; 1808: C. SIMON, 1988; 1832: P. LEVINE, 1986] führte zu Akzentuierungen und Schwerpunktbildungen, die sich in dieser Form weder aus der geistesgeschichtlichen Entwicklung im allgemeinen noch aus besonderen Fortschritten und spezieller Fruchtbarkeit einzelner Wissenschaftsbereiche erklären lassen. Daß Politik als Fach wissenschaftlicher Lehre und Forschung immer mehr zurücktrat [1826: P. FAVRE, 1989], daß die neuen Sozialwissenschaften mit der Soziologie an der Spitze lange Zeit ein Schattendasein führten [1800: U. SCHÄFER, 1971; 1779: I. GORGES, 1980], daß Psychologie und Psychiatrie zu den wissenschaftlichen Randbezirken gerechnet wurden – all das läßt sich nur zum Teil aus der Sache selbst, also aus wissenschaftsimmanenten Gründen erklären.

Allerdings wird man das Moment gezielter Steuerung auch wieder nicht überschätzen dürfen. Solche Steuerung folgte ihrerseits Bedürfnissen, Entwicklungen und Strömungen, die aus den unterschiedlichsten Quellen stammten und zusammen ein Geflecht von Anschauungen und vorherrschenden Meinungen wechselnder Art bildeten, das sich einer systematischen Erforschung nur über den Einzelfall und einen speziellen Komplex erschließt – die sogenannte Zeitgeistforschung ist bisher zu wenig überzeugenden Ergebnissen gelangt und steht methodisch immer noch auf eher schwachen Füßen. Der Vorgang als solcher aber ist unübersehbar und ebenso der Einfluß, der davon direkt oder indirekt auf die Wissenschaften, ihre Ausdifferenzierung und ihre Entwicklung ausging.

Begünstigung einzelner Disziplinen

Inspiriert durch die amerikanische Diskussion, die aus dem von KUHN eröffneten kritischen Blickwinkel den Wissenschaftsprozeß als ein originäres Geflecht interner kognitiver Entwicklungen und externer Einflüsse ernst nimmt [A. OLESON, J. VOSS (Hrsg.), The Organization of Knowledge in Modern America, 1860–1920, Baltimore 1979], sind diese Zusammenhänge dann auch vor allem anhand der Entwicklung einzelner wissenschaftlicher Disziplinen, Teildisziplinen oder Forschungsprogramme erhellt worden [1719: R. E. KOHLER, 1982; 1763: R. S. TURNER, 1987; 1786: T. LENOIR, 1992]. Staatliche Machtansprüche und wirtschaftliche Interessen gleichermaßen wie akademische Karrierestrategien und universitäre Strukturen, aber auch weit weniger konkret greifbare Faktoren konnten über Erfolg oder Mißerfolg wissenschaftlicher Geltungsansprüche in einem sehr weitreichenden Sinne entscheiden.

Herausragende
Stellung der
Biowissenschaften Besonders augenfällig wird das an der enormen Bedeutung, die Biologie, Zoologie und Botanik über einzelne, das bisherige vorwissenschaftliche wie auch das wissenschaftliche Weltbild revolutionierende Ergebnisse hinaus erlangten [1692: W. COLEMAN, 1971; 1701: E. J. GARDNER, 1972³; 1698: B. FANTINI, 1976; 1756: W. STRUBBE, 1977; 1683: H. B. BAUMEL, 1978; 1733: L. N. MAGNER, 1979; 1703: E. GOETZ, H. KNODEL, 1980; 1682: L. BARBER, 1980]. Diese Ergebnisse – die Abstammungslehre Charles Darwins, die Vererbungsgesetze Gregor Mendels, die Entwicklung der Bakteriologie durch Louis Pasteur und Robert Koch – waren für sich genommen bedeutsam genug. Viel gewichtiger noch aber waren die Wirkungen, die von ihnen auf das Weltbild ausgingen bzw. die Bestärkung, die dieses Weltbild dadurch erfuhr. Die rational-aufklärerische Vorstellungswelt mit ihrer Orientierung an Zwecken und allgemeinen Normen, die in der ersten Hälfte des 19. Jahrhunderts das Denken und die Auffassungen immer weiterer Kreise bestimmt hatte, wurde zunehmend abgelöst durch eine organologisch-biologistische, im weiteren stark vitalistische Betrachtungsweise auch und vor allem des menschlichen Daseins und seiner verschiedenen Erscheinungsformen und Lebensbereiche [1736: G. MANN (Hrsg.), 1973; 1730: W. LEPENIES, 1976; s. a. J. D. BERNAL, Die Wissenschaft in der Geschichte, 1967³; 1721: J. KUCZYNSKI, 1974; 1753: W. STEGMÜLLER, 1979; 1717: D. KNIGHT, 1986]. Der wachsenden Skepsis gegenüber dem Fortschrittsgedanken und einem damit Hand in Hand gehenden Wertrelativismus schien das evolutionistische, stark biologistisch orientierte Denken, das den Glauben an eine naturwissenschaftliche Weltdeutung mit weitgehender Indifferenz gegenüber der Sinnfrage und herkömmlichen religiösen, philosophischen und ethisch-moralischen Normen verband, offenkundig einen besseren Zugang zu den Problemen der Zeit und zu der Verarbeitung der jeweiligen persönlichen Erfahrungen zu bieten als das rationale System der Aufklärung. Der Zusammenhang von Wissenschaftsgeschichte im engeren Sinne und Mentalitätsgeschichte liegt hier unmittelbar auf der Hand, und er ist von den Zeitgenossen von Nietzsche bis Bergson, Sorel und Pareto auch deutlich erkannt und eingehend erörtert worden. Am klarsten tritt er natürlich in den Abseitigkeiten zutage, die die Entwicklung mit sich brachte und förderte – wie die Rassenlehren

Ihr Einfluß auf
das Weltbild

Rassenlehren und
Sozialdarwinismus

des Grafen Gobineau oder Houston Stewart Chamberlains oder der sogenannte Sozialdarwinismus. Hier ist er denn auch verschiedentlich behandelt worden, so am Beispiel des Sozialdarwinismus von H. G. ZMARZLIK [1815, 1963] und von A. KELLY [1783, 1981]. Im Bereich der ernstzunehmenden Wissenschaft ist diese Wechselwirkung jedoch bisher noch kaum systematisch untersucht worden. Zu den bereits genannten Gründen kommen dabei noch solche, die aus der Sozialgeschichte der Wissenschaften und der damit eng zusammenhängenden Mentalität eines großen Teils ihrer Vertreter stammen: Als typischer sozialer Aufstiegsberuf [1777: C. C. DIEHL, 1975; 1731: R. LERSCH, 1975; 1749: J. SCHRIEWER u. a., 1993; 1837: R. N. SOFFER, 1994] schien die Stellung des Wissenschaftlers und Gelehrten nur dann ein gesichertes gesellschaftliches Prestige und eine dauerhafte Verankerung in der sozialen Hierarchie zu versprechen, wenn sein Gegenstandsbereich als solcher, Dignität und Bedeutung des jeweiligen Faches, aller Diskussion entzogen war und als Objekt eines von wechselnden Anschauungen oder gar Moden weitgehend unabhängigen, mit den höchsten Kulturwerten verbundenen und sie erhaltenden Interesses gelten konnte [1694: A. DEMANDT, 1983; 1707: W. HARDTWIG, 1991; 1764: V. ANCARANI, 1986; 1802: P. SCHIERA, 1987]. Dieser Zusammenhang ist in jüngerer Zeit unter dem Aspekt der Professionalisierung akademischer Berufsgruppen, in der sich der Anspruch auf Wissenschaftlichkeit mit sozialem Prestige verband, auch für die Sozialgeschichte im engeren Sinne fruchtbar gemacht worden [Literaturbericht P. LUNDGREEN, in: HZ 254 (1992), 657 ff.]. Wissenschaft und Gesellschaft

Hinzu kam die zunehmend enge Verbindung zwischen Wissenschaft und Nationalgedanke, nicht nur über die streng nationale Gesinnung der Mehrzahl ihrer Vertreter – ein pazifistischer „Weltbürger" wie Albert Einstein war in dieser Beziehung ein völliger Außenseiter –, sondern auch insofern, als Prestige und Erfolge einer bestimmten Disziplin bzw. einzelner ihrer Vertreter der jeweiligen Nation zugerechnet wurden. Damit aber erhielt Kritik an Ergebnissen und Richtung dieser Disziplin, auch und gerade wenn sie von Fachkollegen geäußert wurde, zugleich leicht den Anschein des Antinationalen – was für Ansehen und Karriere des Kritikers tödlich sein konnte. In dem Streit um Karl Lamprecht und um seine „Geschichtsauffassung", deren kultur- und sozialgeschichtliche Akzentuierung der der großen Mehrzahl seiner Kollegen widersprach, sind solche Töne unüberhörbar [1795: G. OESTREICH, 1969; 1792: K. H. METZ, 1975; 1798: L. RAPHAEL, 1990]. Auch der Lebensweg Ludwig Quiddes (1858–1941), des Friedensnobelpreisträgers von 1927, liefert dafür ein anschauliches Beispiel [U. F. TAUBE, Ludwig Quidde, 1963; R. RÜRUP, Ludwig Quidde, in: H.-U. WEHLER (Hrsg.), Deutsche Historiker, Bd. 3, 1972, 124 ff.]; ähnliches gilt dann später auch für Veit Valentin [zu den Zusammenhängen allgemein: 1750: E. SCHULIN, 1975]. Vieles davon wirkt, wenngleich in seinen ursprünglichen Antriebskräften oft kaum noch bewußt, bis heute fort, wobei das gegenüber früher weit stärker ausgeprägte organisierte Fachinteresse vielfach zusätzlich abschirmende Funktionen übernommen hat. Wissenschaft und Nationalgedanke

Damit aber droht das, was die eigenständige und zugleich übergreifende Bedeutung von Wissenschaftsgeschichte jenseits von Traditionspflege ausmachen könnte, weiterhin verstellt zu bleiben – zumal spezifisch geistesgeschichtliche Arbeiten und Untersuchungen, denen wir bisher die meisten Einsichten in die betreffenden Zusammenhänge verdanken, deutlich zurückgegangen sind. Es ist der Prozeß der ständigen Veränderung der Fragestellungen, der Akzentsetzungen, der bevorzugten Gegenstandsbereiche nicht nur in den einzelnen etablierten Disziplinen und Wissenschaftsbereichen, sondern in dem Kosmos der Wissenschaften insgesamt und das, was er über die politische, die soziale und natürlich vor allem auch über die geistig-kulturelle Entwicklung einer Gesellschaft und einer ganzen Zivilisation aussagt. Ansätze zu einer so verstandenen, in Fragen und Ergebnissen weitausgreifenden Wissenschaftsgeschichte finden sich bezeichnender-

Pionierfunktion
der Technik-
geschichte weise vor allem dort, wo, wie in der Technikgeschichte, der ins Auge gefaßte Wissens- und Wissenschaftsbereich einerseits aufs engste und praktischste mit der politischen, gesellschaftlichen und wirtschaftlichen Entwicklung verknüpft ist [1825: P. A. DAVID, 1975; 1681: W. H. G. ARMYTAGE, 1976; 1762: U. TROITZSCH, G. WOHLAUF, 1980; 1797: J. RADKAU, 1989; 470: Y. COHEN, K. MANFRASS (Hrsg.), 1990; 1718: W. KÖNIG, W. WEBER, 1990], andererseits seine besten Köpfe, noch unbelastet von speziellen Fachdogmatiken, den Platz ihrer jeweiligen Disziplin im Gesamtzusammenhang wissenschaftlicher Welterkennenis zu bestimmen suchen – ein Vorgang, den F. SCHNABEL vor mehr als sechzig Jahren am Beispiel Ferdinand Redtenbachers eindrucksvoll herausgearbeitet hat [Die Anfänge des Technischen Hochschulwesens, in: Festschrift zum 100jährigen Bestehen der Technischen Hochschule Karlsruhe, 1925, 1 ff.; zu dieser Art der Technikgeschichte v. a. die Einleitung und die Beiträge des von K. HAUSEN u. R. RÜRUP hrsg. Sammel-

Architektur-
geschichte bandes: 1708, 1975]. Ähnliches gilt für den Bereich der Architekturgeschichte, die, wie etwa auch die intensive Beschäftigung mit Gestalt und Werk Karl Friedrich Schinkels in den letzten Jahrzehnten gezeigt hat, tiefe Einblicke in die Zusammenhänge und Wechselwirkungen zwischen politischen und sozialen Veränderungen und dem wissenschaftlichen und künstlerischen Weltbild zu erschließen vermag [1684: L. BENEVOLO, 1964; 1745: M. RAGON, 1971; 1702: G. GERMANN, 1973; 1740: R. MIDDLETON, D. WATKIN, 1980; 1744: M. ONSELL, 1981; 1807: M. SCHWARZER, 1995]. Sie nimmt in dieser Hinsicht zugleich eine Art Mittelstellung ein zwischen einer stark praxis- und in besonderem Maße auf Politik und Gesellschaft bezogenen Perspektive wie der der Technikgeschichte und einer an Grundfragen des wissenschaftlichen Weltbilds orientierten, wie sie im Bereich der Geschichte der großen wissenschaftlichen Disziplinen aus unmittelbar ver-

Geschichte der
Physik ständlichen Gründen am stärksten auf dem Gebiet der Geschichte der Physik ausgebildet ist [1706: P. GUAYDIER, 1964; 1678: E. S. ABERS, 1977; 1758: J. TEICHMANN, 1980; 1716: A. KLEINERT (Hrsg.), 1980; 1710: A. HERMANN, 1981²; 1809: R. STICHWEH, 1984]. Hier hat sich der Zusammenhang zwischen speziellen wissenschaftlichen Problemstellungen und Erkenntnisfortschritten, allgemeiner Weltsicht – samt ihrer Vorahnung wie Widerspiegelung in Kunst und Literatur –

und den Veränderungen des politischen und gesellschaftlichen Umfeldes schon den großen Vertretern des Fachs in der Zeit selbst unmittelbar aufgedrängt. Dies ist seither sowohl in mehr essayistischer Form, in reflektierenden Betrachtungen und Rückblicken bedeutender Physiker, als auch in systematischer Analyse immer mehr vertieft worden, so daß heute die Geschichte der Physik, auch im allgemeinen Bewußtsein, geradezu das klassische Beispiel für die Entwicklung der modernen Wissenschaft liefert und in diesem Sinne als exemplarisch verstanden wird. Ob, was daraus an Verallgemeinerungen abgeleitet wird, wirklich zutrifft, steht freilich durchaus dahin. Trotz der von hier wie auch von der Technikgeschichte und der Architekturgeschichte ausgehenden Impulse sind wir von der Möglichkeit fächerübergreifender Aussagen, also einer wirklichen Synthese auf der Basis entsprechender Arbeiten zur Geschichte anderer Disziplinen bzw. Disziplingruppen noch weit entfernt. Das Forschungsfeld, das sich hier eröffnet, zeichnet sich gerade erst ab – mit erheblichen Ertragsaussichten für das Verständnis des historischen Prozesses insgesamt wie auch für das der Rolle und Funktion der Wissenschaft in der gegenwärtigen und in der zukünftigen Gesellschaft.

9. Grundprobleme des internationalen Systems und der internationalen Beziehungen

Wechselbeziehung zwischen wissenschaftlicher Theorie und politischer Praxis

In kaum einem Bereich der Geschichtswissenschaft sind Theorie und Praxis seit Jahrhunderten enger verbunden als auf dem Gebiet der internationalen Beziehungen. Und in kaum einem Bereich treten zugleich die Probleme einer solchen engen Verbindung deutlicher hervor. Stets bestand hier die Gefahr, daß die Wissenschaft zur bloßen Dienstmagd der Praxis wurde. Auf der anderen Seite drohten die Kategorien und Deutungskonzepte der Wissenschaft der Praxis nicht selten den Blick auf die Realität zu verstellen.

Eine erhebliche Rolle hat dabei die Tatsache gespielt, daß die theoretische Beschäftigung mit Geschichte und Struktur des europäischen Staatensystems lange vor der Ausbildung der Geschichtswissenschaft im modernen Sinne einsetzte und daß sie von daher wesentlich anderen Denkmodellen und Kategorien verpflichtet war und noch lange verpflichtet blieb. Statt des genetischen herrschte hier vielfach das systematische, das systemorientierte Denken vor. Mit ihm verband sich zugleich die Neigung, auf das Typische, auf die ständige Wiederkehr eines wenn nicht Gleichen, so doch Ähnlichen unter wechselnden Erscheinungsformen, auf die strukturbildenden Elemente abzuheben.

In zwei seiner Hauptwerke, der „Idee der Staatsräson in der neueren Geschichte" (1924) und der „Entstehung des Historismus" (1936) hat F. Meinecke diese Unterschiede sozusagen von beiden Blickwinkeln her herausgearbeitet. Er hat dabei zugleich, vor allem unter dem Eindruck der Arbeiten von O. Hintze, das spezifisch Moderne betont, das in einem, aus heutiger Perspektive, noch vorwissenschaftlichen Gewande in jener typisierenden und systematisierenden Betrachtungsweise steckte. Allerdings hat er sich gleichzeitig, wenn auch in der ihm eigenen vorsichtigen und zurückhaltenden Art, dagegen gewandt, aus dieser spezifischen Modernität methodisch und dann etwa auch sachlich zu weitgehende Schlüsse zu ziehen und hier wie dort wieder eine Art Primatanspruch anzumelden.

Meinecke verwies damit auf einen Zusammenhang, der eine scheinbar so eindeutig auf die Realitäten der Macht und nur auf sie bezogene Disziplin wie die Geschichte der internationalen Beziehungen entgegen ihrem eigenen Anspruch schon sehr früh in starkem Maße ideologieanfällig gemacht und von daher das Verhältnis zwischen Theorie und Praxis sehr stark belastet hat. Es war der Zusammenhang zwischen methodischer Betrachtungsweise, politischer Grundhaltung und Bewertung des Gegenstandes. Indem man Machterweiterung bzw. Machterhalt nach außen zum Kern aller Politik, zum eigentlichen Strukturprinzip im Leben der Völker und Staaten erklärte, das zu allen Zeiten das Dasein der Gemeinschaften gleichsam gesetzgeberisch bestimmt habe, erschienen Bewahrung, Erhaltung des Bestehenden, vor allem was die staatlichen Machtpositionen anging, als die vornehmste Aufgabe, als Voraussetzung jeder gesunden Entwicklung im Sinne des jeweiligen Staates und der jeweiligen Nation. In diesem Sinne

„Primat der Außenpolitik"

verband sich die Lehre vom „Primat der Außenpolitik", der mit der großen Mehrheit ihrer Ratgeber schon die meisten Monarchen des frühneuzeitlichen Europa huldigten, nach der Überwindung der konfessionellen Bürgerkriege und der letzten Adelsfronden zunehmend mit konservativen Positionen im Bereich der inneren Politik. Das europäische Staatensystem erschien schließlich, am Ausgang des 18. Jahrhunderts und vor allem dann unter dem Eindruck seiner Bedrohung durch die Französische Revolution und durch Napoleon – ungeachtet der oft dramatischen und tiefeinschneidenden Veränderungen, die es immer wieder erfahren hatte – als eine Bastion geschichtlich begründeter und legitimierter, Ruhe und Sicherheit versprechender Ordnung gegenüber den irritierenden Herausforderungen wachsender politisch-sozialer Unruhe und eines grundlegenden wirtschaftlichen und gesellschaftlichen Strukturwandels. Verbindung mit konservativen Positionen

Auf solche Weise hat etwa, ganz in der Tradition des 18. Jahrhunderts, der Göttinger Historiker A. H. L. HEEREN in seiner dann immer wieder aufgelegten, höchst einflußreichen „Geschichte des europäischen Staatensystems und seiner Kolonien" (1809) dieses System zu sehen gelehrt – nicht zuletzt den vielleicht größten Außenpolitiker des 19. Jahrhunderts, Otto von Bismarck, der während seines Studiums in Göttingen Anfang der 1830er Jahre zu seinen Hörern zählte. Und von diesem Ansatz her hat dann vor allem einer der Väter der modernen Geschichtswissenschaft, L. RANKE, die Geschichte der großen europäischen Staaten analysiert und beschrieben. Heeren

RANKE begründete damit eine Tradition methodisch und wissenschaftstheoretisch hochmoderner, politisch konservativer Geschichtsschreibung, der die aus der Aufklärungshistorie stammende liberale Geschichtsschreibung auf dem Feld der Geschichte der internationalen Beziehungen nichts Vergleichbares entgegenzustellen hatte [zu der Konzeption und Schule im einzelnen: 1341: F. H. HINSLEY, 1963; 1338: H. GOLLWITZER, 1972–82; 1343: C. HOLBRAAD, 1970]. So konnte in unseren Tagen die wissenschaftsgeschichtlich unhaltbare Behauptung formuliert werden, die „Beziehungen zwischen den Staaten" hätten „bis vor wenigen Jahren nur einen weißen Fleck auf der Landkarte des menschlichen Wissens" gebildet [1330: E.-O. CZEMPIEL, 1969, VII]. Gemeint war, daß auch die modernen Sozialwissenschaften in der Tradition der liberalen Geschichts- und Politikwissenschaft des 19. Jahrhunderts diesen Bereich erst spät zum Gegenstand eigener Forschung gemacht haben. Diese datiert in der Tat im wesentlichen erst seit der Zeit nach dem Ersten Weltkrieg. Damals erfolgte mit der Gründung des Völkerbundes und der von Mitgliedern der amerikanischen und englischen Delegation auf der Pariser Friedenskonferenz in seinem Geist beschlossenen Errichtung zweier entsprechender Institute, des „British" bzw. des „American Institute of International Affairs" [beide 1920; B. PORTER (Hrsg.), The Aberstwyth Papers. International Politics 1919–1969, 1972; 1329: E.-O. CZEMPIEL, 1965, 270 ff.] ein grundlegender, freilich in der angelsächsischen Tradition (Th. Morus, R. Cobden) durchaus angelegter Perspektivenwechsel von einer den Machtstaat und seine Grundlagen im Prinzip bejahenden Analyse des auf ihn begründeten und von ihm bestimmten Ranke Perspektiven-wechsel nach dem Ersten Weltkrieg internationalen Systems zu einer diesem Machtstaat gegenüber im wesentlichen kritischen Betrachtungsweise, die in seiner überlieferten Form eher eine Gefahr für den Frieden und einen Herd von Konfliken zu sehen geneigt war. Was bisher einen untrennbaren, nur utopisch, niemals aber in der konkreten Analyse aufzulösenden Zusammenhang zu bilden schien, nämlich der überlieferte, historisch gewachsene Machtstaat und das internationale System, sollte nun doch analytisch getrennt werden mit dem Ziel, gleichsam einzelne Elemente zu isolieren, die einer künftigen Politik der kollektiven Friedenssicherung und der Konfliktvermeidung dienstbar gemacht werden könnten.

Die „Idealistische
Schule der Inter-
nationalen
Beziehungen"

Diese in bewußter Antithese zur bisher gängigen Betrachtungsweise der internationalen Beziehungen und des internationalen Systems konstituierte „Idealistische Schule der Internationalen Beziehungen" [1356: R. MEYERS, 1981², 37 ff.], die zugleich für eine „neue Diplomatie", eine „Diplomatie der Völker" eintrat, hat angesichts der realen Entwicklung, der praktisch ungebrochenen Vorherrschaft des Machtstaatsgedankens in Europa und des Versagens des Völkerbundes, über die Vereinigten Staaten hinaus, sieht man von dem Kreis um das englische Institut ab, nur wenig Widerhall gefunden. Dabei kam noch hinzu, daß die Kriegsschuldfrage, die einen erheblichen Teil der europäischen und amerikanischen Historiker in der einen oder anderen Form beschäftigte, den Blick nachdrücklich auf den machtpolitischen und machtstaatlichen Untergrund der Außenpolitik lenkte; gerade die Zeit seit der Mitte des 19. Jahrhunderts erschien nun in außenpolitischer Hinsicht fast ausschließlich in der Perspektive der Vorgeschichte des Weltkriegs, also von der Sache her unter ganz eindeutig machtpolitischen und machtstaatlichen Aspekten.

Die „Realistische
Schule der Inter-
nationalen
Beziehungen"

Auch nach dem Zweiten Weltkrieg, im Zeichen des sich verschärfenden Gegensatzes der beiden Supermächte kam der Einfluß der „Idealistischen Schule" nur zögernd voran. Es etablierte sich sogar im Gegenteil auch im Bereich der Sozialwissenschaften eine „Realistische Schule der Internationalen Beziehungen" [1356: R. MEYERS, 1981², 45 ff.]. Ihre Vertreter (J. H. HERZ, H. MORGENTHAU, G. SCHWARZENBERGER, H. A. KISSINGER) betonten mit Nachdruck die Kontinuität der außenpolitischen Grundstrukturen und ihrer bestimmenden Faktoren über alle Systemwechsel und äußeren Veränderungen hinaus und knüpften dabei sehr bewußt an die entsprechenden europäischen Denktraditionen an, wobei die Vermittlung durch die europäische Emigration eine nicht unerhebliche Rolle spielte [s. J. RADKAU, Die europäische Emigration in den USA. Ihr Einfluß auf die amerikanische Europapolitik 1933–1945, 1971]. Der große Einfluß, den die Wortführer der „Realistischen Schule", gipfelnd in KISSINGER, auf die amerikanische Außenpolitik erlangten, hat dann sehr stark auch auf die Wissenschaft zurückgewirkt [vgl. jetzt bes. 1347: H. A. KISSINGER, 1994]. Er hat hier die Position der „Idealistischen Schule" ungeachtet der Förderung, die diese von mancherlei Seite erfuhr, und ungeachtet der außerordentlichen Herausforderungen, mit denen die Gegenwart gerade im Bereich der Außenpolitik konfrontiert ist, weiter geschwächt. Innerhalb der Geschichtswissenschaft, die in diesem Sektor sowieso weit stärker als in anderen an älteren Traditionen festzuhalten geneigt war, hat sie angesichts dessen über einige eher formelhafte Bekenntnisse hinaus kaum an Boden gewonnen. Von einer wissenschaftlich fundierten historischen Friedens- und Konfliktforschung kann praktisch keine Rede sein.

Das heißt nicht, daß nicht auch in der Geschichtswissenschaft mit der Kritik an der immer stärker machtstaatlich orientierten Außenpolitik des 19. und dann auch des 20. Jahrhunderts zugleich die Kritik an einer Betrachtungsweise gewachsen sei, die sich ganz daran orientierte und sie letztlich bejahte. Aber diese Kritik ging, in der Tradition der liberalen Geschichtswissenschaft des 19. Jahrhunderts, zumeist andere Wege. Sie betonte die innenpolitischen Determinanten der jeweiligen Außenpolitik bis hin zur Konstatierung eines förmlichen „Primats der Innenpolitik" [E. KEHR, H.-U. WEHLER] und warf den Vertretern der herkömmlichen Betrachtungsweise vor, durch Isolierung einzelner Faktoren die Zusammenhänge zu verzerren und außenpolitische Sach- und Handlungszwänge zu konstruieren, die es in dieser Form oft gar nicht gegeben habe [Bündelung solcher Argumente etwa bei 1435: H. MÜLLER-LINK, 1977]. Allerdings ist dieser Revisionismus seinerseits vielfach sehr stark von – gelegentlich dogmatisch verhärteten – Vorannahmen über die prägenden Faktoren des historischen Prozesses bestimmt. Er neigt von da ausgehend dazu, mit der Kritik an der bisherigen Deutung des Gegenstandsbereichs auch den Bereich als solchen zu unterschätzen, wenn der Zusammenhang mit gesellschaftlichen Kräften und Bewegungen nicht, wie im Fall des Imperialismus, unmittelbar evident ist.

So ist die epochenspezifische wie die epochenübergreifende Analyse des außenpolitischen Systems als solchem wie die der meisten zentralen Vorgänge und Entwicklungen im wesentlichen die Domäne einer bestimmten Richtung geblieben, die sich im Kern, bei aller Offenheit gegenüber neuen Ansätzen und Fragestellungen, den Traditionen des Neurankeanismus der Jahrhundertwende und der klassischen außenpolitischen Denkschulen verpflichtet weiß, ja sie hat sich im letzten Jahrzehnt noch derartig verstärkt, daß quellengesättigte Detailstudien zu zentralen Aspekten der Außenpolitik und des internationalen Systems nahezu ausschließlich von Vertretern dieser Richtung vorgelegt worden sind. Das gilt, was die hier behandelte Epoche angeht, in besonderem Maße für die Komplexe Krimkrieg und außenpolitisches System der Bismarckzeit, während die Prozesse der nationalstaatlichen Einigung Deutschlands und Italiens (s. dazu oben II.5.) und die erste Phase des Imperialismus im engeren Sinne in den achtziger Jahren stärker auch von anderen Forschungsrichtungen behandelt und aus jeweils unterschiedlicher Perspektive beleuchtet worden sind.

Schon viele Zeitgenossen mit dem damaligen preußischen Bundestagsgesandten Otto von Bismarck an der Spitze haben im Krimkrieg eine Art außenpolitische Wasserscheide gesehen, die Geburtsstunde einer grundlegend veränderten außenpolitischen Konstellation, die dann sowohl die italienische wie die deutsche Nationalstaatsbildung und die mit ihnen verbundenen sehr grundlegenden Gewichtsverschiebungen ermöglicht habe. Diese Auffassung hat sich bis heute ge-

„Primat der Innenpolitik"

Fortdauernde Dominanz des tradionellen Ansatzes

Der Krimkrieg

halten: A. HILLGRUBER beispielsweise spricht von einer „Krimkriegssituation", die in entscheidenden Grundzügen bis 1945 Bestand gehabt habe und der von daher epochenbestimmende Bedeutung zukomme [238, 1978, 100 ff.]. Das bildet den Rahmen für die anhaltende internationale Diskussion über den Krimkrieg, seine Ursachen, seine Anlässe, seinen Verlauf und vor allem seine Folgen und für die damit verbundene intensive Quellen- und Detailforschung. Allein für das Jahrzehnt zwischen 1961 und 1970 hat man nicht weniger als 334 einschlägige Arbeiten gezählt [1323: W. BAUMGART, 1971; zur Forschungsgeschichte a. B. D. GOOCH, in: AHR 112 (1956/57), 33 ff., und E. HÖSCH, in: JbbGOE 9 (1961), 399 ff.].

Angelsächsische Forschung   Vor allem die angelsächsische Forschung hat sich, getragen von einem bis heute erstaunlich hohen Interesse einer breiteren Öffentlichkeit, dem Gegenstand in immer neuen Anläufen gewidmet. Dabei ist in jüngerer Zeit mit besonderer Intensität dem Zusammenhang zwischen der innenpolitischen Situation und dem Krimkrieg, nicht zuletzt der Kriegsführung, nachgegangen worden [1453: O. ANDERSON, 1967; A. DOWTY, The Limits of American Isolation. The United States and the Crimean War, 1971]. In diesem Kontext hat auch die traditionelle Einschätzung der britischen Gleichgewichtspolitik eine kritische Überprüfung erfahren [1367: P. W. SCHROEDER, 1972; 1510: H. WENTKER, 1993]. Die hier in intensivem Quellenstudium erzielten Ergebnisse berühren sich auf das engste mit dem, was W. BAUMGART, der wohl beste Kenner der gesamten Krimkriegsproblematik und -literatur im deutschsprachigen Raum, als Resultat seiner vielfältigen Forschungen [1323, 1971; 1324, 1972; 1326, 1981] und seiner intimen Kenntnis der Quellen als Herausgeber der großen Aktenedition zur Geschichte des Krimkriegs [bisher erschienen: 3: W. BAUMGART, 1979–94] formuliert hat. Der Krimkrieg erscheint danach als ein, ja vielleicht als der entscheidende Wendepunkt in der Geschichte der internationalen Beziehungen der letzten 150 Jahre. Von ihm her datierte jene Konstellation, die das internationale System in den Grundzügen bis 1945 bestimmte. Als „unvollendeter, unausgefochtener Weltkrieg" [3: W. BAUMGART, Serie 1, Bd. 1, 1980] gehöre er bereits unmittelbar in die so viel umstrittene Vorgeschichte des Ersten und damit letztlich auch des Zweiten Weltkriegs.

Solche weitausgreifende Deutung ist vor allem mit Blick auf den Imperialismus nicht unwidersprochen geblieben, tendiert sie doch dazu, diesen in erster Linie aus den sich ständig steigernden Mächterivalitäten zu erklären und in den wirtschaftlichen, sozialen und innerstaatlichen Entwicklungen, die damit Hand in Hand gingen, zwar nicht bloß Epiphänomene, aber doch Vorgänge von weniger ausschlaggebender Bedeutung zu sehen. Hingegen besteht weitgehende Einigkeit darüber, daß der Krimkrieg und sein Ausgang entscheidende Voraus-

Die italienische und die deutsche Nationalstaatsbildung   setzungen sowohl für die italienische als auch für die deutsche Nationalstaatsbildung und damit zugleich für die internationale Situation zumindest bis in die 1880er Jahre geschaffen haben. Allerdings ist die Beschäftigung mit beiden Vorgängen, was speziell die Mächtebeziehungen angeht (zu den anderen Problemen und Aspekten s. oben II.5.), in den letzten Jahren und Jahrzehnten im Vergleich zu früher stark zurückgegangen [umfassend zuletzt: 1385: O. BECKER, 1958; zusammenfassend zuletzt: 1396: A. DOERING-MANTEUFFEL, 1993]. Die Jubiläumsjahre von 1959/61, 1966 und 1971 brachten zwar, zumindest in Aufsatzsammlungen, auch auf dieser Ebene neben der Zusammenfassung des Forschungsstandes im einzelnen und vor allem in der Bewertung mancherlei neue Aspekte [1374: A. WANDRUSZKA, 1966; 1403, 1404: W. VON GROOTE, U. VON GERSDORFF (Hrsg.), 1966, 1970; 1332: R. DIETRICH (Hrsg.), 1968; 1342: W. HOFER (Hrsg.), 1970; 1440: TH. SCHIEDER, E. DEUERLEIN (Hrsg.), 1970; 1380: H. BARTEL, E. ENGELBERG (Hrsg.), 1971]. Insgesamt gesehen aber blieb der Impuls, der davon ausging, eher gering. Neben E. KOLBS bisher nur in Teilen veröffentlichter Monographie über die diplomatische und politische Vorgeschichte und Geschichte des Krieges von 1870/71 [ms. Habilitationsschrift 1968, daraus vor allem: 1421, 1970; 1424, 1989] und der breit angelegten Studie von H. LUTZ über die Rolle Österreich-Ungarns im europäischen System nach 1866 [1490, 1979; vgl. auch die Gesamtdarstellung von LUTZ: 246: Zwischen Habsburg und Preußen, 1985] konzentrierte sich die über Detailstudien hinausgehende Forschung vor allem auf solche Punkte, in denen sich wie bei der Frage nach Motiven und Konsequenzen der Annexion des Elsaß und eines Teils von Lothringen [1430, 1431: W. LIPGENS, 1964, 1968; 1400: L. GALL, 1968; DERS., in: 1440, 1970, 366ff.; 1383: J. BECKER, 1968; 1421, 1423: E. KOLB, 1969, 1973; 1446: A. WAHL, 1971], nach der Entwicklung des deutsch-englischen Verhältnisses [1479: G. HOLLENBERG, 1974; 1492: J. MANDER, 1974; 1475: K. HILDEBRAND, 1977; 1483: P. M. KENNEDY, 1980; 1457: A. M. BIRKE, M.-L. RECKER (Hrsg.), 1990] oder nach der neuen Rolle der Presse im außenpolitischen Meinungsbildungs- und Entscheidungsprozeß [1454: A. ARMENGAUD, 1962; 1491: K. MALETTKE, 1966; 1436: E. NAUJOKS, 1968; 1478: G. HOLLENBERG, 1974; 1500: W. RADEWAHN, 1977; 1503: K. SANDIFORD, 1975; 1504: TH. SCHAARSCHMIDT, 1993; 1373: G. VILLE, 1982] innen- und außenpolitische Probleme in charakteristischer Weise verbanden [so auch, die Forschung der letzten Jahre zusammenfassend, durchgängig die Beiträge in den von E. KOLB hrsg. Bänden: 1348, 1980, u. 1350, 1987]. Sie spiegelt damit auch ihrerseits die schon im einzelnen geschilderte (s. oben II.5.) Tendenz wider, sowohl die italienische als auch die deutsche Nationalstaatsbildung vorwiegend unter innerstaatlichen und nationalen Aspekten zu betrachten und im Hinblick auf ihre spezifischen wirtschaftlichen, gesellschaftlichen und verfassungspolitischen Voraussetzungen und insbesondere auch Folgen zu untersuchen. Dabei treten in manchen der entsprechenden Arbeiten die außenpolitischen „Rahmenbedingungen" sehr zurück bis hin zu dem Punkt, daß von hier ausgehende Handlungszwänge kaum noch gesehen werden.

Ähnliches gilt auch für die eine oder andere Untersuchung über die innere Entwicklung der beiden neuen Nationalstaaten in den 1870er und 1880er Jahren [neuere Gesamtdarstellungen zur deutschen Außenpolitik: 1434: W. J. MOMMSEN, 1993; 1413: K. HILDEBRAND, 1994²; 1414: DERS., 1995; zur italienischen Au-

Verbindung von
innen- und
außenpolitischen
Problemen

ßenpolitik: 1462: F. CHABOD, 1990; 1507: E. SERRA, 1990]. Aufs Ganze gesehen aber läßt sich hier, und zwar nicht nur im Hinblick auf Deutschland und Italien, sondern auf alle größeren europäischen Mächte im Zeichen der Frage nach Vor- und Frühgeschichte des Imperialismus eine sehr viel engere Verzahnung von innen- und außenpolitischen Problemstellungen auch bei jenen beobachten, die im Grundsatz wenn nicht von einem Primat, so doch von einer gewissen Vorrangstellung der innenpolitischen Konstellation und der ihr zugrundeliegenden wirtschaftlichen und sozialen Machtverhältnisse ausgehen. Schulebildend haben hier im Bereich der deutschen Geschichtswissenschaft vor allem H. ROSENBERG [258, 1967] und H.-U. WEHLER [278, 1969; 279, 1994[7]] gewirkt. Sie wie auch H. BÖHME, der mit seinen Untersuchungen bis in die fünfziger Jahre zurückgriff [214, 1966; dazu L. GALL, Staat und Wirtschaft in der Reichsgründungszeit, in: HZ 209 (1969), 616 ff.], sahen es geradezu als ein Signum des neuen, des industriellen Zeitalters an, daß in ihm Wirtschafts-, Gesellschafts-, Verfassungs- und Außenpolitik wie die betreffenden Bereiche selber immer untrennbarer miteinander verschmolzen. Jeder Versuch einer isolierenden Betrachtungsweise verfehle damit unvermeidlicherweise das Eigentliche, den übergreifenden Zusammenhang. Darüber sind mit dem Argument, dieser Zusammenhang werde von vornherein inhaltlich einseitig festgeschrieben und es gehe in Wahrheit um den Aus-

Grundsatzdiskussionen schließlichkeitsanspruch einer bestimmten Betrachtungsweise, sehr grundsätzliche Auseinandersetzungen geführt worden [bes. A. HILLGRUBER, Politische Geschichte in moderner Sicht, in: HZ 216 (1973), 529 ff.; H.-U. WEHLER, Moderne Politikgeschichte oder „Große Politik der Kabinette"?, in: GG 1 (1975), 344 ff.; K. Hildebrand, Geschichte oder „Gesellschaftsgeschichte"?, in: HZ 223 (1976), 328 ff.; H.-U. WEHLER, Kritik und kritische Antikritik, in: HZ 225 (1977), 347 ff.; eine Zusammenfassung der Debatte jetzt bei 1413: K. HILDEBRAND, 1994[2]]. In der Sache freilich sind die Positionen oft weit weniger voneinander entfernt als es von jener Grundsatzdiskussion zunächst den Anschein haben mag. So sehr A. HILLGRUBER und K. HILDEBRAND im Prinzip auf einer relativen Selbständigkeit der internationalen Beziehungen und vor allem darauf beharren, daß die Konzentra-

Annäherung von Positionen tion auf sie die Möglichkeit eines selbständigen Erkenntnisfortschritts enthalte, so wenig bestreiten sie die Abhängigkeiten von dem jeweiligen inneren System, der Entwicklung der Wirtschaft, den besonderen sozialen Verhältnissen, ja, heben diese in ihren Arbeiten nachdrücklich hervor. So unterscheidet sich die Darstellung, die A. HILLGRUBER von der deutschen Rußlandpolitik in der späten Bismarckzeit gibt [1416, 1972, 175 ff.; 1417, 1976] zwar in den Einschätzungen und Bewertungen von derjenigen H.-U. WEHLERS [Bismarcks Imperialismus und späte Rußlandpolitik unter dem Primat der Innenpolitik, in: 277, 1970, 235 ff.; s. a. 1426: S. KUMPF-KORFES, 1968; 1435: H. MÜLLER-LINK, 1977; 1387: H. BÖHME, 1978; 1428: U. LAPPENKÜPER, 1990; zur russischen Beurteilung: 1398: E. FLEISCHHAUER, 1976; 1372: B. M. TUPOLEV, 1977], kaum jedoch in der Frage der bestimmenden Faktoren einschließlich der Bedeutung der agrarischen Konkurrenz. Ähnliches gilt mehr und mehr auch für die Behandlung der ersten Phase des

Imperialismus in den 1880er Jahren. Zwar bleibt die These H.-U. WEHLERS [278, 1969; DERS. in: 1375, 1983⁵, 83 ff.], die von Bismarck eingeleitete Politik kolonialer Expansion sei wesentlich innenpolitisch motiviert gewesen, habe vor allem das nach 1878/79 errichtete System des „Solidarprotektionismus" abstützen sollen, nach wie vor umstritten [1419: A. HILLGRUBER, 1980, 23 ff.; 226: L. GALL, 1995⁸, 614 ff.]. Aber es wird kaum noch grundsätzlich in Frage gestellt, daß die hierbei zur Debatte stehenden Antriebskräfte und Bestimmungsgründe von Fall zu Fall eine höchst gewichtige, ja, bisweilen entscheidende Rolle gespielt haben. Die Diskussion geht heute vorwiegend darum, wie bei Annahme einer „unauflöslichen Interdependenz von Innen- und Außenpolitik" [W. BAUMGART, Deutschland im Zeitalter des Imperialismus 1890–1914, 1972, 13] im einzelnen jeweils das Mischungsverhältnis war.

Dabei ist freilich nicht zu übersehen, daß die Beschäftigung mit den spezifisch außenpolitischen Vorgängen, den diplomatischen Verhandlungen und Auseinandersetzungen, der Bündnis- und Vertragspolitik und den jeweils aktuellen Konfliktsituationen und ihrer Überwindung auch hier – sieht man von der oft nationalgeschichtlich orientierten und akzentuierten Spezialforschung etwa im Zusammenhang mit der orientalischen Frage einmal ab [vgl. aber 1366: G. SCHÖLLGEN, 1984] – in den letzten Jahrzehnten sehr zurückgetreten ist. Damit hat sich der Akzent noch zusätzlich im Sinne einer vorwiegend innenpolitischen und systemanalytischen Betrachtungsweise verschoben, während gleichzeitig das Bild jener spezifisch außenpolitischen Vorgänge und Entwicklungen vielfach von der älteren Forschung bestimmt bleibt und von hier nicht selten versatzstückhaft in neuere Untersuchungen übernommen wird.

Rückgang der Diplomatiegeschichte

Versuche, diese Situation zu überwinden und damit die Geschichte der internationalen Beziehungen auch in jenen Bereichen in die Perspektive der Gegenwartserfahrung und moderner Problemstellungen zu rücken, die bisher aus dem Blickwinkel der Nationalismus-und der Imperialismusforschung nur zum Teil und aspekthaft erfaßt worden sind, sind relativ selten. Wo sie unternommen werden, gehen sie zumeist von einer Analyse zweiseitiger Beziehungen aus und gelangen von hier zu der Erörterung übergreifender Probleme und Zusammenhänge. Das gilt für R. POIDEVINS und J. BARIÉTYs Buch über die deutsch-französischen Beziehungen seit 1815 [1497, 1977] ebenso wie für G. F. KENNANS Untersuchung über die französisch-russischen in den entscheidenden fünfzehn Jahren zwischen 1875 und 1890 [1482, 1979; s. jetzt a. 1466: H. DEININGER, 1983], für die Arbeiten von K. HILDEBRAND [Von der Reichseinigung zur „Krieg-in-Sicht"-Krise. Preußen-Deutschland als Faktor der britischen Außenpolitik 1866–1875, in: 269, 1970, 205 ff.; 1477: DERS., 1982], von G. HOLLENBERG [1478, 1974], von P. M. KENNEDY [1483, 1980] ebenso wie für den Versuch, aus Anlaß des hundertjährigen Jubiläums des Berliner Kongresses von 1878 die Gesamtkonstellation der ausgehenden siebziger Jahre mosaikartig durch entsprechend weitgestreute Tagungsbeiträge zu rekonstruieren [1355: R. MELVILLE, H. J. SCHRÖDER (Hrsg.), 1982].

Vorrang bilateraler Untersuchungen

Fehlen neuerer
Analysen des
Gesamtsystems

Eine Analyse des Gesamtsystems im Sinne der älteren Arbeiten von W. L. LANGER [1352, 1962²], P. RENOUVIN [1363, 1954/55], A. J. P. TAYLOR [1371, 1954] oder N. MANSERGH [1353, 1948] ist hingegen nach TH. SCHIEDER [194, Bd. 6, 1968, 53 ff.] nicht mehr unternommen worden. Zugleich steht auch bei großangelegten neueren Gesamtdarstellungen zur Außenpolitik trotz aller Berücksichtigung der engen Verflechtungen des internationalen Systems der nationalstaatliche Fokus wieder stärker im Vordergrund [1414: K. HILDEBRAND, 1995]. Hierin spiegelt

Allgemeine
Renationalisierung
der historischen
Perspektive

sich neben vielem anderen nicht zuletzt eine Renationalisierung der historischen Perspektive, die auch sonst in vielen Bereichen der jüngeren historischen Forschung zutage tritt. Sie läßt das Interesse an den europäischen Zusammenhängen, ungeachtet aller Appelle zu vergleichender Geschichtsbetrachtung, spürbar zurücktreten und enthält speziell für die wissenschaftliche Beschäftigung mit der Geschichte der internationalen Beziehungen die Gefahr, daß diese mehr und mehr ihren spezifischen Gegenstandsbereich einbüßt, daß sie in der Konzentration auf die auswärtige Politik des jeweiligen einzelnen Staates den Charakter einer Aspektdisziplin annimmt. In der Auseinandersetzung ihrer Vertreter mit den Ansprüchen einer tendenziell alle Bereiche des staatlichen, wirtschaftlichen und sozialen Lebens der betreffenden nationalen bzw. einzelstaatlichen Gesellschaft übergreifenden und in gesamtgesellschaftlicher Perspektive zusammenfassenden „Historischen Sozialwissenschaft" ist dieser Gesichtspunkt bisher wohl über Gebühr zurückgetreten. An ihm dürfte sich jedoch mit ihrer Eigenständigkeit auch die Zukunft der Disziplin vor allem anderen entscheiden.

III. Quellen und Literatur

A. QUELLEN

1. QUELLENEDITIONEN UND STATISTIKEN ZUR EUROPÄISCHEN GESCHICHTE

1. R. ALBRECHT-CARRIÉ (Hrsg.), The Concert of Europe, London-Melbourne 1968.

2. M. S. ANDERSON (Hrsg.), The Great Powers and the Near East 1774–1923, London 1970.

3. W. BAUMGART (Hrsg.), Akten zur Geschichte des Krimkriegs. Serie 1: Österreichische Akten zur Geschichte des Krimkriegs, 3 Bde., München-Wien 1979/80; Serie 2: Preußische Akten zur Geschichte des Krimkriegs, 2 Bde., München 1990/91; Serie 3: Englische Akten zur Geschichte des Krimkriegs, Bd. 3 u. 4, München 1988/94.

4. C. ERICKSON (Hrsg.), Emigration from Europe, 1815–1914. Select Documents, London 1976.

5. G. FRANZ (Hrsg.), Staatsverfassungen. Eine Sammlung wichtiger Verfassungen der Vergangenheit und Gegenwart in Urtext und Übersetzung, 2. Aufl., Darmstadt 1964.

6. L. GALL, R. KOCH (Hrsg.), Der europäische Liberalismus im 19. Jahrhundert. Texte zu seiner Entwicklung, 4 Bde., Frankfurt/Main-Berlin-Wien 1981.

7. I. GEISS (Hrsg.), Der Berliner Kongreß 1878. Protokolle und Materialien, Boppard 1978.

8. W. G. GREWE (Hrsg.), Fontes Historiae Iuris Gentium. Quellen zur Geschichte des Völkerrechts, Bd. 2 u. 3 (1815–1945), Berlin-New York 1992.

9. G. A. KERTESZ (Hrsg.), Documents in the Political History of the European Continent 1815–1939, Oxford 1968.

10. J. LEPSIUS, A. MENDELSSOHN-BARTHOLDY, F. THIMME (Hrsg.), Die Große Politik der Europäischen Kabinette 1871–1914, 40 Bde., Berlin 1922–27.

11. G. F. v. MARTENS (Hrsg.), Nouveau Recueil général de traités, de conven-

tions et autres transactions remarquables. Serie 1: Verträge bis 1874, 20 Bde., Leipzig 1830–1876; Serie 2: Verträge bis 1907, hrsg. v. K. SAMWER u. J. HOPF, 35 Bde., Leipzig 1876–1910.

12. N. MIKO, Das Ende des Kirchenstaates, 4 Bde., Wien-München 1964–70.

13. B. R. MITCHELL, European Historical Statistics 1750–1970, 2., überarb. Aufl., London 1981.

14. B. R. MITCHELL, International Historical Statistics (Repr.), Cambridge 1990.

15. A. NOVOTNY, Quellen und Studien zur Geschichte des Berliner Kongresses 1878, Bd. 1: Österreich, die Türkei und das Balkanproblem im Jahre des Berliner Kongresses, Graz-Köln 1957.

16. S. POLLARD, C. HOLMES (Hrsg.), Documents of European Economic History, Bd. 1: The Process of Industrialization, 1750–1870, Bd. 2: Industrial Power and National Rivalry, 1870–1914, London 1968–72.

17. H. SCHULTHESS (Hrsg.), Europäischer Geschichtskalender, 31 Bde., Nördlingen-München 1861–91.

18. H. SCHULZE, U. PAUL (Hrsg.), Europäische Geschichte. Quellen und Materialien, München 1994.

19. W. TREUE, H. PÖNICKE, K.-H. MANEGOLD (Hrsg.), Quellen zur Geschichte der industriellen Revolution, Berlin-Frankfurt/Main-Zürich 1966.

2. QUELLENEDITIONEN UND STATISTIKEN ZUR DEUTSCHEN GESCHICHTE

20. Die Auswärtige Politik Preußens 1858–71: Diplomatische Akten, hrsg. v. d. Historischen Reichskommission, 10 Bde., Oldenburg 1931–41.

21. M. BERTHOLD, Die Schule in Staat und Gesellschaft. Dokumente zur deutschen Schulgeschichte im 19. und 20. Jahrhundert, Göttingen u. a. 1993.

22. G. BESIER (Hrsg.), Preußischer Staat und Evangelische Kirche in der Bismarckära, Gütersloh 1980.

23. Bevölkerung und Wirtschaft 1872–1972, hrsg. v. Statistischen Bundesamt, Stuttgart 1972.

24. A. BIEFANG (Bearb.), Der Deutsche Nationalverein 1859–1867. Vorstands- und Ausschußprotokolle, Düsseldorf 1995.

25. O. v. BISMARCK, Die politischen Reden des Fürsten Bismarck, hrsg. v. H. KOHL, 14 Bde., Stuttgart 1892–1905.

26. O. v. BISMARCK, Die gesammelten Werke, hrsg. v. H. v. PETERSDORFF, F. THIMME, W. FRAUENDIENST u. a., 15 Bde., Berlin 1924–35.

27. O. v. BISMARCK, Werke in Auswahl, 8 Bde., Darmstadt 1962–83.

28. H. BÖHME (Hrsg.), Die Reichsgründung, München 1967.

29. H. Boldt (Hrsg.), Reich und Länder. Texte zur deutschen Verfassungsgeschichte im 19. und 20. Jahrhundert, München 1987.

30. G. Bonnin (Hrsg.), Bismarck and the Hohenzollern Candidature for the Spanish Throne. The Documents in the German Diplomatic Archives, London 1957.

31. K. E. Born, H. Henning, F. Tennstedt (Hrsg.), Quellensammlung zur Geschichte der deutschen Sozialpolitik 1867 bis 1914; Abt. 1: Von der Reichsgründungszeit bis zur kaiserlichen Sozialbotschaft (1867–1881), Bd. 1 u. 3, Stuttgart-Jena-New York 1994–96; Abt. 2: Von der kaiserlichen Sozialbotschaft bis zu den Februarerlassen Wilhelms II. (1881–1890), Bd. 2, T. 1, Stuttgart-Jena-New York 1995.

32. W. Bussmann (Hrsg.), Staatssekretär Graf Herbert von Bismarck. Aus seiner politischen Privatkorrespondenz, Göttingen 1964.

33. A. Constabel (Bearb.), Die Vorgeschichte des Kulturkampfes. Quellenveröffentlichungen aus dem Deutschen Zentralarchiv, Berlin 1956.

34. H. Diwald (Hrsg.), Von der Revolution zum Norddeutschen Bund. Politik und Ideengut der preußischen Hochkonservativen 1848–1866. Aus dem Nachlaß von Ernst Ludwig von Gerlach, 2 Bde., Göttingen 1970.

35. K. Dombrowski (Bearb.), Quellensammlung zur Geschichte des Kampfes gegen das Sozialistengesetz im Regierungsbezirk Magdeburg (1878–1890), Magdeburg 1990.

36. G. Ebel (Hrsg.), Botschafter Paul Graf von Hatzfeldt. Nachgelassene Papiere 1838–1901, 2 Bde., Boppard 1976.

37. E. Engelberg (Hrsg.), Im Widerstreit um die Reichsgründung. Eine Quellensammlung zur Klassenauseinandersetzung in der deutschen Geschichte von 1849 bis 1871, bearb. v. R. Weber, Berlin 1970.

38. K.-G. Faber, Die nationalpolitische Publizistik Deutschlands von 1866 bis 1871. Eine kritische Bibliographie, 2 Bde., Düsseldorf 1963.

39. H. Fenske (Hrsg.), Der Weg zur Reichsgründung: 1850–1870, Darmstadt 1977.

40. H. Fenske (Hrsg.), Im Bismarckschen Reich 1871–1890, Darmstadt 1978.

41. I. Fischer, August Bebel und der Verband Deutscher Arbeitervereine 1867/68. Brieftagebuch und Dokumente, Berlin 1994.

42. W. Fischer, J. Krengel, J. Wietog, Sozialgeschichtliches Arbeitsbuch, Bd. 1: Materialien zur Statistik des Deutschen Bundes 1815–1870, München 1982.

43. W. Frauendienst (Hrsg.), Die geheimen Papiere Friedrich von Holsteins, 4 Bde., Göttingen-Berlin-Frankfurt/Main 1956–63.

44. D. Fricke, R. Knaack (Bearb.), Dokumente aus geheimen Archiven. Übersichten der Berliner politischen Polizei über die allgemeine Lage der sozialdemokratischen und anarchistischen Bewegung, Bd. 1: 1878–1889, Weimar 1983.

45. W. P. Fuchs (Hrsg.), Großherzog Friedrich I. von Baden und die Reichspolitik 1871–1907, 4 Bde., Stuttgart 1968–80.

46. E. Gatz (Bearb.), Akten der Fuldaer Bischofskonferenz, 2 Bde., Mainz 1977/79.

47. E. Heinen (Hrsg.), Staatliche Macht und Katholizismus in Deutschland, Bd. 2: Dokumente zum politischen Katholizismus von 1867 bis 1914, Paderborn 1979.

48. J. Heyderhoff, P. Wentzcke, Deutscher Liberalismus im Zeitalter Bismarcks. Eine politische Briefsammlung, 2 Bde., Bonn-Leipzig 1925/26 (ND Osnabrück 1967).

49. W. G. Hoffmann u. a., Das Wachstum der deutschen Wirtschaft seit der Mitte des 19. Jahrhunderts, Berlin-Heidelberg-New York 1965.

50. R. Hohe, I. Reiler, Quellensammlung zur österreichischen und deutschen Rechtsgeschichte, Wien u. a. 1993.

51. J. Hohlfeld (Hrsg.), Dokumente der Deutschen Politik und Geschichte von 1848 bis zur Gegenwart, Bd. 1: Die Reichsgründung und das Zeitalter Bismarcks 1848–1890, Berlin-München o. J. (1951).

52. G. Hohorst, J. Kocka, G. A. Ritter, Sozialgeschichtliches Arbeitsbuch. Materialien zur Sozialgeschichte des Kaiserreichs 1870–1914, 2. Aufl., München 1978.

53. E. R. Huber (Hrsg.), Dokumente zur deutschen Verfassungsgeschichte, Bd. 2: 1851–1900, 4. Aufl., Stuttgart 1986.

54. E. R. Huber, W. Huber (Hrsg.), Staat und Kirche im 19. und 20. Jahrhundert. Dokumente zur Geschichte des deutschen Staatskirchenrechts, Bd. 2 (1848–1890), Berlin 1976.

55. S. Jersch-Wenzel, J. Krengel (Bearb.), Die Produktion der deutschen Hüttenindustrie 1850–1914. Ein historisch-statistisches Quellenwerk, Berlin 1984.

56. H. Kaelble (Hrsg.), Soziale Mobilität in Berlin 1825–1957. Tabellen zur Mobilität, zu Heiratskreisen und zur Sozialstruktur, St. Katharinen 1990.

57. W. Köllmann (Hrsg.), Quellen zur Bevölkerungs-, Sozial- und Wirtschaftsstatistik Deutschlands, 1815–1875, 5 Bde., Boppard 1980–95.

58. K. Kupisch (Hrsg.), Quellen zur Geschichte des deutschen Protestantismus (1871–1945), 2. Aufl., München-Hamburg 1965.

59. R. Lill (Bearb.), Vatikanische Akten zur Geschichte des deutschen Kulturkampfes, T. 1: 1878–1880, Tübingen 1970.

60. H. O. Meisner (Hrsg.), Kaiser Friedrich III. Das Kriegstagebuch von 1870/71, Berlin-Leipzig 1926.

61. W. Mommsen (Hrsg.), Deutsche Parteiprogramme. Eine Auswahl vom Vormärz bis zur Gegenwart, 2. Aufl., München 1960.

62. D. K. Müller, Sozialgeschichte und Statistik des Schulsystems in den Staaten des deutschen Reiches 1800–1945, Göttingen 1987.

63. H. ONCKEN (Bearb.), Großherzog Friedrich I. von Baden und die deutsche Politik von 1854–1871. Briefwechsel, Denkschriften, Tagebücher, 2 Bde., Berlin-Leipzig 1927.

64. F. R. PFETSCH, Datenhandbuch zur Wissenschaftsentwicklung. Die staatliche Finanzierung der Wissenschaft in Deutschland 1850–1980, 2. Aufl., Stuttgart 1985.

65. W. PÖLS (Hrsg.), Deutsche Sozialgeschichte. Dokumente und Skizzen, Bd. 1: 1815–1870, München 1973.

66. K. POHLMANN (Bearb.), Vom Schutzjuden zum Staatsbürger jüdischen Glaubens. Quellensammlung zur Geschichte der Juden in einer deutschen Kleinstadt 1650–1900, Lippe 1990.

67. H. v. POSCHINGER (Hrsg.), Preußen im Bundestag 1851–1859. Dokumente der Königlich Preußischen Bundestagsgesandtschaft, 4 Bde., Leipzig 1882–85.

68. W. REAL (Hrsg.), Karl Friedrich von Savigny 1814–1875. Briefe, Akten, Aufzeichnungen aus dem Nachlaß eines preußischen Diplomaten der Reichsgründungszeit, 2 Teile, Boppard 1981.

69. W. REININGHAUS (Hrsg.), Quellen zur Geschichte des deutschen Industrie- und Handelstages in Kammerarchiven 1861 bis 1918, Bonn 1986.

70. M. RICHARZ (Hrsg.), Jüdisches Leben in Deutschland. Selbstzeugnisse zur Sozialgeschichte im Kaiserreich, Bd. 1: 1780–1871, Bd. 2: Selbstzeugnisse zur Sozialgeschichte im Kaiserreich, Stuttgart 1976/79.

71. M. RICHARZ (Hrsg.), Jewish Life in Germany. Memoirs from Three Centuries, Bloomington u. a. 1991.

72. G. A. RITTER (Hrsg.), Das Deutsche Kaiserreich 1871–1914, Göttingen 1975.

73. G. A. RITTER, Wahlgeschichtliches Arbeitsbuch: Materialien zur Statistik des Kaiserreichs 1871–1918, München 1980.

74. G. A. RITTER, J. KOCKA (Hrsg.), Deutsche Sozialgeschichte. Dokumente und Skizzen, Bd. 2: 1870–1914, München 1974.

75. C. G. RÖHL (Hrsg.), Philipp Eulenburgs politische Korrespondenz, Bd. 1: Von der Reichsgründung bis zum Neuen Kurs 1866–1891, Boppard 1976.

76. H. ROSENBERG, Die nationalpolitische Publizistik Deutschlands. Vom Eintritt der Neuen Ära in Preußen bis zum Ausbruch des Deutschen Krieges. Eine kritische Bibliographie, 2 Bde., München-Berlin 1935.

77. P. v. RÜDEN, K. KOSZYK (Hrsg.), Dokumente und Materialien zur Kulturgeschichte der deutschen Arbeiterbewegung, 1848–1918, Frankfurt/Main-Wien-Zürich 1979.

78. F. SALOMON (Hrsg.), Die deutschen Parteiprogramme vom Erwachen des politischen Lebens in Deutschland bis zur Gegenwart, H. 1: Bis zur Reichsgründung 1845–1871, H. 2: Im Deutschen Kaiserreich 1871–1918, 3. Aufl., Leipzig-Berlin 1924.

79. K. SAUL, J. FLEMMING u. a. (Hrsg.), Arbeiterfamilien im Kaiserreich. Materialien zur Sozialgeschichte in Deutschland 1871–1914, Düsseldorf 1982.

80. E. SCHRAEPLER (Hrsg.), Quellen zur Geschichte der sozialen Frage in Deutschland, 2 Bde., 2. Aufl., Göttingen-Berlin-Frankfurt/Main 1964.

81. W. STEGLICH, Eine Streiktabelle für Deutschland 1864 bis 1880, in: JbWG (1960), 235–283.

82. W. STEITZ (Hrsg.), Quellen zur deutschen Wirtschafts- und Sozialgeschichte im 19. Jahrhundert bis zur Reichsgründung, Darmstadt 1980.

83. K. STRATMANN (Hrsg.), Quellen und Dokumente zur Geschichte der Berufsbildung in Deutschland. Reihe C, Bd. 2 u. 3, Köln-Wien 1989.

84. M. STÜRMER (Hrsg.), Bismarck und die preußisch-deutsche Politik bis 1890, München 1970.

85. W. TREUE (Hrsg.), Deutsche Parteiprogramme von 1861 bis zur Gegenwart, 4. Aufl., Göttingen-Berlin-Frankfurt/Main 1968.

86. R. VIERHAUS (Hrsg.), Das Tagebuch der Baronin Spitzemberg geb. Freiin von Varnbüler. Aufzeichnungen aus der Hofgesellschaft des Hohenzollernreiches, 4. Aufl., Göttingen 1976.

87. P. WENDE (Hrsg.), Politische Reden: Die klassischen politischen Reden der Deutschen von der Französischen Revolution bis zum Ausbruch des Ersten Weltkriegs, Frankfurt/Main 1990.

3. QUELLENEDITIONEN UND STATISTIKEN ZUR ENGLISCHEN GESCHICHTE

88. A. C. BENSON, G. E. BUCKLE (Hrsg.), The Letters of Queen Victoria. A Selection from Her Majesty's Correspondence and Journals between the Years 1837–1901, 9 Bde., London 1907–32.

89. E. C. BLACK (Hrsg.), British Politics in the Nineteenth Century, New York 1969.

90. R. W. BREACH, R. M. HARTWELL (Hrsg.), British Economy and Society 1870–1970. Documents, Descriptions, Statistics, Oxford 1972.

91. B. W. CLAPP, H. E. S. FISCHER, A. R. J. JURICA (Hrsg.), Documents in English Economic History, Bd. 2: England since 1760, London 1976–77.

92. G. D. H. COLE, A. W. FILSON (Hrsg.), British Working Class Movements. Select Documents 1789–1875, London 1951.

93. J. P. CONACHER (Hrsg.), The Emergence of British Parliamentary Democracy in the Nineteenth Century. The Passing of the Reform Acts of 1832, 1867, and 1884/5, New York-London 1971.

94. W. C. COSTIN, J. STEVEN WATSON (Hrsg.), The Law and Working of the Constitution: Documents 1660–1914, Bd. 2: 1789–1914, 2. Aufl., London 1964.

95. W. H. B. COURT, British Economic History 1870–1914: Commentary and Documents, Cambridge 1965.

96. F. W. S. CRAIG (Hrsg.), British Parliamentary Election Results 1832–1885, London-Basingstoke 1977.

97. F. W. S. CRAIG (Hrsg.), British Parliamentary Election Results 1885–1918, London-Basingstoke 1974.

98. V. CROMWELL (Hrsg.), Revolution or Evolution. British Government in the Nineteenth Century, London 1977.

99. D. C. DOUGLAS (Hrsg.), English Historical Documents. Bd. 12, 1: 1833–1874, hrsg. v. G. M. YOUNG u. W. D. HANDCOCK, Bd. 12, 2: 1874–1914, hrsg. v. W. D. HANDCOCK, London 1956–77.

100. E. J. EVANS (Hrsg.), Social Policy 1830–1914. Individualism, Collectivism and the Origins of the Welfare State, London 1978.

101. M. R. D. FOOT, H. C. G. MATTHEW (Hrsg.), The Gladstone Diaries, 14 Bde., Oxford 1968–94.

102. M. GOODWIN (Hrsg.), Nineteenth-Century Opinion: An Anthology of Extracts From the First Fifty Volumes of The Nineteenth Century, 1877–1901, London 1951.

103. T. E. GREGORY, Statutes, Documents and Reports Relating to British Banking 1832–1928, 2 Bde., London 1929.

104. H. J. HANHAM (Hrsg.), The Nineteenth Century Constitution, 1815–1914. Documents and Commentary, Cambridge 1969.

105. J. F. C. HARRISON (Hrsg.), Society and Politics in England 1780–1960, New York 1965.

106. R. J. HELMSTADTER, Religion in Victorian Society. A Sourcebook of Documents, Lanham u. a. 1986.

107. I. W. JENNINGS, G. A. RITTER, Das britische Regierungssystem. Leitfaden und Quellenbuch, 2. Aufl., Köln-Opladen 1970.

108. P. LANE (Hrsg.), Documents on British Economic and Social History 1750–1967, 3 Bde., London 1968–69.

109. B. R. MITCHELL, PH. DEANE, Abstract of British Historical Statistics, Cambridge 1962.

110. B. R. MITCHELL, H. G. JONES, Second Abstract of British Historical Statistics, Cambridge 1971.

111. E. R. PIKE, Human Documents of the Industrial Revolution in Britain, London 1966.

112. E. R. PIKE, Human Documents of the Victorian Golden Age, 1850–1875, London 1974.

113. A. PRESCOTT, English Historical Documents, London 1988.

114. H. W. V. TEMPERLEY, L. M. PENSON, A Century of Diplomatic Blue Books 1814–1914, Cambridge 1938.

115. J. T. WARD, The Age of Change 1770–1870. Documents in Social History, London 1975.

116. J. T. WARD, W. H. FRASER (Hrsg.), Workers and Employers: Documents on Trade Unions and Industrial Relations in Britain since the Eighteenth Century, London 1980.

117. B. WATKIN (Hrsg.), Documents on Health and Social Services, 1834 to the Present Day, London 1975.

118. J. H. WIENER (Hrsg.), Great Britain: Foreign Policy and the Span of Empire 1689–1971. A Documentary History, 4 Bde., New York 1972.

4. QUELLENEDITIONEN UND STATISTIKEN
ZUR FRANZÖSISCHEN GESCHICHTE

119. P. BARRAL (Hrsg.), Les Fondateurs de la Troisième République. Textes choisis, Paris 1968.

120. J. BOUVIER, R. GIRAULT (Hrsg.), L'Impérialisme français d'avant 1914. Recueil de textes, Paris 1976.

121. L. CAHEN, A. MATHIEZ (Hrsg.), Les lois françaises de 1815 à 1914, accompagnées des documents politiques les plus importants, 4. Aufl., Paris 1933.

122. Documents diplomatiques français (1871–1914), hrsg. v. Ministère des Affaires Étrangères. Serie 1: 1871–1900, 16 Bde., Paris 1929–59.

123. B. GILLE, Les sources statistiques de l'histoire de France, des enquêtes du XVIIᵉ siècle à 1870, 2. Aufl., Genf 1980.

124. H. ONCKEN (Hrsg.), Die Rheinpolitik Kaiser Napoleons III. von 1863 bis 1870 und der Ursprung des Krieges von 1870/71. Nach den Staatsakten von Österreich, Preußen und den süddeutschen Mittelstaaten, 3 Bde., Stuttgart-Berlin-Leipzig 1926.

125. Les Origines diplomatiques de la guerre de 1870/71, Recueil de documents publié par le Ministre des Affaires Étrangères, 29 Bde., Paris 1910–32.

126. R. POIDEVIN, Peripéties franco-allemandes. Du milieu du XIXᵉ siècle aux années 1950. Recueil d'articles, Bern u. a. 1995.

127. E. PRÉCLIN, P. RENOUVIN, Textes et documents d'histoire, Bd. 4: L'époque contemporaine 1871–1919, 2. Aufl., Paris 1957.

128. Répertoire des sources statistiques françaises, hrsg. v. Institut national de la statistique et des études économiques, Paris 1962.

5. QUELLENEDITIONEN UND STATISTIKEN ZUR GESCHICHTE DER ÜBRIGEN
EUROPÄISCHEN LÄNDER

129. M. BENDISCIOLI, A. GALLIA (Hrsg.), Documenti di storia contemporanea 1815–1970, Mailand 1974.

130. L. Bittner, Chronologisches Verzeichnis der österreichischen Staatsverträge (1526 bis 1914), mit Bibliographie der gedruckten Vertragssammlungen, 4 Bde., Wien 1903–17.

131. F. Diaz-Plaja (Hrsg.), La Historia de España en sus documentos, Bd. 1: El siglo XIX, Madrid 1954.

132. F. Diaz-Plaja, Historia documental de España, Madrid 1973.

133. Diplomatische Dokumente der Schweiz 1848–1945, Bd. 1: 1848–1865, bearb. v. J. C. Biaudet u. a., Bern 1990, Bd. 2: 1866–1872, bearb. v. C. Altermatt u. a., Bern 1985, Bd. 3: 1873–1889, bearb. v. H. Krummenacher u. a., Bern 1987.

134. I Documenti diplomatici italiani, Serie 1: 1861–1870, Serie 2: 1870–1896, 28 Bde., Rom 1952–93.

135. Documenti per la storia delle relazioni diplomatiche fra le grandi potenze europee e gli stati Italiani, 1814–1860, Abt. 3, Rom 1962 ff.

136. Documents d'histoire de Belgique, Bd. 2: La Belgique contemporaine de 1830 à nos jours, Brüssel 1978.

137. F. Engel-Janosi (Hrsg.), Die politische Korrespondenz der Päpste mit den österreichischen Kaisern 1804–1860, Wien 1964.

138. O. Frass (Hrsg.), Quellenbuch zur österreichischen Geschichte, Bd. 3: Von Joseph II. bis zum Ende der Großmacht, Wien 1962.

139. B. Gaetano u. a. (Hrsg.), Fonti per la storia della scuola, Bd. 3: L'istruzione classica (1860–1910), Rom 1995.

140. J. Garamvölgyi (Hrsg.), Quellen zur Genesis des ungarischen Ausgleichgesetzes von 1867. Der „österreichisch-ungarische Ausgleich" von 1867, München 1979.

141. M. Garcia-Nieto, J. Donezar, L. Lopez Puerta (Hrsg.), Bases documentales de la España contemporanea, Bd. 2–4 (1833–1898), Madrid 1971–72.

142. Historisk statistik for Sverige, hrsg. v. Statistika Centralbyrân, 3 Bde., Stockholm 1955–60.

143. B. Jelavich (Hrsg.), Rußland 1852–1871. Aus den Berichten der bayerischen Gesandtschaft in St. Petersburg, Wiesbaden 1963.

144. H. R. Marraro (Hrsg.), L'Unificazione italiana vista dei diplomatici statunitensi, 4 Bde., Rom 1963–71.

145. Die Ministerratsprotokolle Österreichs und der österreichisch-ungarischen Monarchie 1848–1918, Serie 1: Die Protokolle des österreichischen Ministerrates 1848–1867, 6 Abt., 15 Bde., Wien 1970–1994; Serie 2: Die Protokolle des gemeinsamen Ministerrates der Österreichisch-Ungarischen Monarchie 1848–1914, Bd. 4: 1883–1895, Budapest 1993.

146. H. Nabholz, P. Kläni (Hrsg.), Quellenbuch zur Verfassungsgeschichte der Schweizerischen Eidgenossenschaft und der Kantone von den Anfängen bis zur Gegenwart, 3. Aufl., Aargau 1947.

147. A. F. Pribam (Hrsg.), Die politischen Geheimverträge Österreich-Ungarns 1879 bis 1914. Nach den Akten des Wiener Staatsarchivs, Leipzig-Wien 1920.

148. M. Raeff (Hrsg.), The Decembrist Movement, Eaglewood Cliffs (NJ) 1966.

149. M. Raeff (Hrsg.), Plans for Political Reform in Imperial Russia, 1730–1905, Eaglewood Cliffs (NJ) 1966.

150. G. Rochet (Hrsg.), Il colonialismo italiano, Turin 1973.

151. M. Roller (Hrsg.), Documente privind istoria Rominîniei. Râzboiu pentra Independentâ (1871–1881), 9 Bde., Bukarest 1952–55.

152. E. Rossi, G. P. Nitti (Hrsg.), Banche, governo e parlamento degli Stati Sardi. Fonti documentarie (1843–1861), 3 Bde., Turin 1968.

153. M. Salamesi (Bearb.), Documents d'histoire suisse, Bd. 5: 1848–1968, Sierre 1970.

154. Sommario di statistiche storiche italiane 1861–1955, hrsg. v. Istituto Centrale Di Statistica, Rom 1958.

155. H. Ritter von Srbik (Hrsg.), Quellen zur deutschen Politik Österreichs, 1859–1866, 5 Bde., Oldenburg-Berlin 1934–38 (ND Osnabrück 1967).

156. Time Series of Historical Statistics 1867–1992, hrsg. v. Hungarian Central Statistical Office, Bd. 1: Population, Vital Statistics, Budapest 1992.

157. G. Voigt, Rußland in der deutschen Geschichtsschreibung 1843–1945, Berlin 1994.

158. S. Wank (Hrsg.), Aus dem Nachlaß Aehrenthal. Briefe und Dokumente zur österreichisch-ungarischen Innen- und Außenpolitik 1885–1912, T. 1: 1885–1906, T. 2: 1907–1912, Graz 1994.

B. LITERATUR

1. Allgemeine Epochendarstellungen, Handbücher, Europäische Geschichte

159. J. Baechler, J. H. Hall, M. Mann (Hrsg.), Europe and the Rise of Capitalism, Oxford 1988.

160. T. G. Barnes, G. D. Feldman (Hrsg.), Nationalism, Industrialization and Democracy, 1815–1914, Boston 1972.

161. M. Beloff, P. Renouvin, F. Schnabel, F. Valsecchi (Hrsg.), L'Europe du XIXe et du XXe siècle, 7 Bde., Mailand 1959–67.

162. F. Braudel, Europa. Bausteine seiner Geschichte, Frankfurt/Main 1990.

163. The New Cambridge Modern History, Bd. 10: The Zenith of European Powers 1830–1870, hrsg. v. J. P. T. BURY, Cambridge 1960, Bd. 11: Material Progress and World-Wide Problems 1870–1898, hrsg. v. F. H. HINSLEY, Cambridge 1962.

164. CLIO: Introduction aux études historiques, Bd. 9: L'Époque contemporaine, 1815–1919, T. 1: Restaurations et révolutions 1815–1871, hrsg. v. J. DROZ, L. GENET, J. VIDALENC, T. 2: La Paix armée et la Grande Guerre 1871–1919, hrsg. v. P. RENOUVIN, E. PRÉCLIN, L. GENET, J. VIDALENC, 3. Aufl., Paris 1960.

165. G. A. CRAIG, Geschichte Europas im 19. und 20. Jahrhundert, Bd. 1: Vom Wiener Kongreß bis zum Ausbruch des Ersten Weltkrieges 1815–1914, München 1978.

166. G. A. CRAIG, Geschichte Europas 1815–1980. Vom Wiener Kongreß bis zur Gegenwart, 3. völlig überarb. Aufl., München 1989.

167. J. B. DUROSELLE, L'Europe de 1815 à nos jours. Vie politique et relations internationales, 4. Aufl., Paris 1975.

168. P. FLORA, State, Economy, and Society in Western Europe, Bd. 1: The Growth of Mass Democracies and Welfare States, Bd. 2: The Growth of Industrial Societies and Capitalist Economies, Frankfurt/Main 1983/87.

169. J. FONTANA, Europa im Spiegel. Eine kritische Revision der europäischen Geschichte, München 1995.

170. R. GIRAULT u. a. (Hrsg.), Les Europe des Européens, Paris 1993.

171. J. GODECHOT, R. R. PALMER, Le problème de l'Atlantique du XVIIIème au XXème siècle, in: Relazioni del X Congresso Internazionale di Scienze Storiche, Bd. 5, Florenz 1956, 173–229.

172. B. D. GOOCH, Europe in the Nineteenth Century, London 1970.

173. T. S. HAMEROW, The Birth of a New Europe. State and Society in the 19th Century, Chapel Hill 1983.

174. P. M. HAYES, The Nineteenth Century 1814–1880, London 1975.

175. H. HERZFELD, Die moderne Welt 1789–1945, T. 1: Die Epoche der bürgerlichen Nationalstaaten, 6. Aufl., Braunschweig 1969.

176. E. J. HOBSBAWM, The Age of Capital, London 1976 (dt.: Die Blütezeit des Kapitals, München 1977).

177. E. J. HOBSBAWM, Das imperiale Zeitalter, 1875–1914, Frankfurt/Main 1989.

178. H. HÖMIG, Von der Deutschen Frage zur Einheit Europas. Studien zur Geschichte des 19. und 20. Jahrhunderts, Bochum 1991.

179. D. JOHNSON, The Making of the Modern World, Bd. 1: Europe Discovers the World, Bd. 2: The World of Empires, London 1971/73.

180. J. JOLL, Europe since 1870. An International History, London 1973.

181. M. KOLINSKY, Continuity and Change in European Society. Germany, France and Italy since 1870, London 1974.

182. C. Lacche, Treni d'Europa. Dalla restaurazione alla grande guerra, Citta di Castello 1993.

183. J. Markmann, Das 19. Jahrhundert. Industrielle Revolution und soziale Frage, Berlin 1979.

184. A. J. Mayer, The Persistence of the Old Regime. Europe to the Great War, London 1981 (dt.: Adelsmacht und Bürgertum. Die Krise der europäischen Gesellschaft, München 1984).

185. I. B. Neumann, Russia and the Idea of Europe, London 1996.

186. F. Ó'hUallacháin, An Outline of Modern European History 1870–1950, Dublin 1978.

187. G. Palmade (Hrsg.), Das bürgerliche Zeitalter, Frankfurt/Main 1975.

188. H. L. Peacock, A History of Modern Europe 1789–1970, London 1971.

189. K. R. Perry, The Bourgeois Century. A History of Europe 1780–1870, Basingstoke 1972.

190. K. Pomian, Europa und seine Nationen, Berlin 1990.

191. N. J. G. Pounds, A Historical Geography of Europe 1800–1914, Cambridge-London-New York 1985.

192. N. Rich, The Age of Nationalism and Reform, 2. Aufl., London 1977.

193. J. M. Roberts, Europe 1880–1945, 2. Aufl., London-New York 1989.

194. Th. Schieder (Hrsg.), Handbuch der europäischen Geschichte, Bd. 5: Europa von der Französischen Revolution zu den nationalstaatlichen Bewegungen des 19. Jahrhunderts, hrsg. v. W. Bussmann, Stuttgart 1981, Bd. 6: Europa im Zeitalter der Nationalstaaten und der europäischen Weltpolitik bis zum Ersten Weltkrieg, hrsg. v. Th. Schieder, Stuttgart 1968.

195. Th. Schieder, Staatensystem als Vormacht der Welt 1848–1918, Frankfurt/Main-Berlin-Wien 1977.

196. G. Schöllgen, Das Zeitalter des Imperialismus, 2. Aufl., München 1991.

197. E. Schulin, Zeitgeschichtsschreibung im 19. Jahrhundert, in: Fs. f. H. Heimpel, Bd. 1, Göttingen 1971, 102–139.

198. N. Stone, Europe Transformed 1878–1919, London 1983.

199. M. Tacel, Restaurations, révolutions, nationalités 1815–1870, 2. Aufl., Paris 1975.

200. A. J. P. Taylor, From Napoleon to the Second International. Essays on Nineteenth Century Europe, London 1993.

201. A. Tchoubarian, The European Idea in History in the Nineteenth and Twentieth Centuries, Ilford u. a. 1994.

202. Ch., L. u. R. Tilly, The Rebellious Century 1830–1930, Cambridge 1975.

203. J. Vial, L'avènement de la civilisation industrielle de 1815 à nos jours, Paris 1973.

204. E. H. Woodward, Prelude to Modern Europe, 1815–1914, London 1972.

2. GESCHICHTE EINZELNER LÄNDER, ÜBERGREIFENDE DARSTELLUNGEN, BIOGRAPHIEN

a. Deutschland

205. J. v. ALTENBOCKUM, Wilhelm Heinrich Riehl 1823–1887. Sozialwissenschaft zwischen Kulturgeschichte und Ethnographie, Köln-Weimar-Wien 1994.

206. M. L. ANDERSON, Windthorst. Zentrumspolitiker und Gegenspieler Bismarcks. Eine politische Biographie, Düsseldorf 1988.

207. H. AUBIN, W. ZORN (Hrsg.), Handbuch der deutschen Wirtschafts- und Sozialgeschichte, Bd. 2: Das 19. und 20. Jahrhundert, Stuttgart 1976.

208. H.-J. BARTMUSS (Hrsg.), Deutsche Geschichte in 3 Bänden, Bd. 2: Von 1789 bis 1917, Berlin 1975.

209. W. BAUMANN, Zwischen Preußen und Deutschland. Friedrich Wilhelm IV. Eine Biographie, Berlin 1990.

210. V. R. BERGHAHN, Imperial Germany 1871–1914, Oxford 1994.

211. D. BLACKBOURN, Germany in the 19th Century, Oxford 1994.

212. D. BLASIUS, Friedrich Wilhelm IV. 1795–1861. Psychopathologie und Geschichte, Göttingen 1992.

213. H. BÖHME (Hrsg.), Probleme der Reichsgründungszeit 1848 bis 1879, Köln 1968.

214. H. BÖHME, Deutschlands Weg zur Großmacht. Studien zum Verhältnis von Wirtschaft und Staat während der Reichsgründungszeit 1848–1881, (1966), 3. Aufl., Köln 1974.

215. W. BUSSMANN, Das Zeitalter Bismarcks, in: Handbuch der Deutschen Geschichte, neu hrsg. von L. JUST, Bd. 3, T. 2, 4. Aufl., Frankfurt/Main 1968.

216. W. CARR, A History of Germany 1815–1990, 4. Aufl., London 1991.

217. W. CARR, The Origins of the Wars of German Unification, London-New York 1991.

218. F. L. CARSTEN, August Bebel und die Organisation der Massen, Berlin 1991.

219. G. A. CRAIG, Deutsche Geschichte, 1866–1945. Vom Norddeutschen Bund bis zum Ende des Dritten Reiches, München 1980.

220. E. ENGELBERG, Deutschland von 1849 bis 1891, 2 Bde., Berlin 1965.

221. E. ENGELBERG, Bismarck, 2 Bde., Berlin 1985 u. 1990.

222. E. ENGELBERG, Das Reich in der Mitte Europas, Berlin 1990.

223. K.-G. FABER, Realpolitik als Ideologie. Die Bedeutung des Jahres 1866 für das politische Denken in Deutschland, in: HZ 203 (1966), 1–45.

224. R. G. FOERSTER (Hrsg.), Generalfeldmarschall von Moltke. Bedeutung und Wirkung, München 1992.

225. L. GALL (Hrsg.), Das Bismarck-Problem in der Geschichtsschreibung nach 1945, Köln-Berlin 1971.

226. L. GALL, Bismarck. Der weiße Revolutionär, 8. Aufl., Berlin-Frankfurt/ Main 1995.

227. B. GEBHARDT, Handbuch der Deutschen Geschichte, hrsg. v. H. GRUND-MANN, Bd. 3: Von der Französischen Revolution bis zum Ersten Weltkrieg, 9. Aufl., Stuttgart 1970.

228. H. HALLMANN (Hrsg.), Revision des Bismarckbildes. Die Diskussion der deutschen Fachhistoriker, 1945–1955, Darmstadt 1972.

229. T. S. HAMEROW, Restoration, Revolution, Reaction. Economics and Politics in Germany 1855–1871, Princeton (NJ) 1958.

230. T. S. HAMEROW, The Social Foundations of German Unification 1858–1871, 2 Bde., Princeton (NJ) 1969–72.

231. W. HARDTWIG, Von Preußens Aufgabe in Deutschland zu Deutschlands Aufgabe in der Welt. Liberalismus und borussianisches Geschichtsbild zwischen Revolution und Imperialismus, in: HZ 231 (1980), 265–324.

232. W. HARDTWIG, H.-H. BRANDT (Hrsg.), Deutschlands Weg in die Moderne. Politik, Gesellschaft und Kultur im 19. Jahrhundert, München 1993.

233. D. HARGREAVES, Bismarck and the German Unification, Basingstoke u. a. 1991.

234. O. HAUSER, Preußen, Europa und das Reich, Köln-Wien 1987.

235. U. HERRMANN, V. EMMRICH, August Bebel. Eine Biographie, Berlin 1989.

236. D. HERTZ-EICHENRODE, Deutsche Geschichte 1871–1890. Das Kaiserreich in der Ära Bismarck, Stuttgart-Berlin-Köln 1992.

237. K. HILDEBRAND (Hrsg.), Symposium Wem gehört die deutsche Geschichte? Deutschlands Weg vom Alten Europa in die Europäische Moderne, Köln 1987.

238. A. HILLGRUBER, Otto von Bismarck. Gründer der europäischen Großmacht Deutsches Reich, Zürich-Frankfurt/Main 1978.

239. H. HOLBORN, Deutsche Geschichte in der Neuzeit, Bd. 2: Reform und Restauration. Liberalismus und Nationalismus (1790–1871), Bd. 3: Das Zeitalter des Imperialismus (1871–1945), München-Wien 1970/71.

240. W. JOCHMANN, Gesellschaftskrise und Judenfeindschaft in Deutschland 1870–1945, Hamburg 1988.

241. M. JOHN, The German Empire. Problems of Interpretation, London 1990.

242. W. JUNG, August Bebel. Deutscher Patriot und internationaler Sozialist. Seine Stellung zu Patriotismus und Internationalismus, Pfaffenweiler 1986.

243. H. KLUETING (Hrsg.), Nation, Nationalismus, Postnation. Beiträge zur Identitätsfindung der Deutschen im 19. und 20. Jahrhundert, Köln-Weimar-Wien 1992.

244. F.-L. KROLL, Friedrich Wilhelm IV. und das Staatsdenken der deutschen Romantik, Berlin 1990.

245. J. KUNISCH, Bismarck und seine Zeit, Berlin 1992.

246. H. LUTZ, Zwischen Habsburg und Preußen. Deutschland 1815–1866, Berlin 1985.

247. L. MACHTAN, D. MILLES, Die Klassensymbiose von Junkertum und Bourgeoisie: Zum Verhältnis von gesellschaftlicher und politischer Herrschaft in Preußen-Deutschland 1850–1878/79, Frankfurt/Main-Berlin-Wien 1980.

248. W. H. MAEHL, August Bebel: Shadow Emperor of the German Workers, Philadelphia 1980.

249. R. MELVILLE (Hrsg.), Deutschland und Europa in der Neuzeit. Fs. f. Karl Otmar Frhr. v. Aretin zum 65. Geburtstag, 2 Bde., Stuttgart 1988.

250. W. J. MOMMSEN, Der autoritäre Nationalstaat. Verfassung, Gesellschaft und Kultur des Deutschen Kaiserreichs, Frankfurt/Main 1990.

251. W. J. MOMMSEN, Das Ringen um den nationalen Staat. Die Gründung und der innere Ausbau des Deutschen Reiches unter Otto von Bismarck 1850 bis 1890, Berlin 1993.

252. J. A. NICHOLS, The Year of the Three Kaisers. Bismarck and the German Succession, 1887–1888, Urbana 1987.

253. TH. NIPPERDEY, Deutsche Geschichte 1800–1866. Bürgerwelt und starker Staat, München 1983.

254. TH. NIPPERDEY, Deutsche Geschichte 1866–1918, 2 Bde., München 1990 u. 1992.

255. O. PFLANZE, Bismarck and the Development of Germany, 3 Bde., Princeton 1963–1990.

256. P. PULZER, The Rise of Political Anti-Semitism in Germany and Austria, New York 1964 (dt.: Die Entstehung des politischen Antisemitismus in Deutschland und Österreich 1807–1914, Gütersloh 1966).

257. W. REAL, Karl-Friedrich von Savigny 1814–1875. Ein preußisches Diplomatenleben im Jahrhundert der Reichsgründung, Berlin 1990.

258. H. ROSENBERG, Große Depression und Bismarckzeit. Wirtschaftsablauf, Gesellschaft und Politik in Mitteleuropa (1967), 3. Aufl., Berlin 1976.

259. R. RÜRUP, Emanzipation und Antisemitismus. Studien zur „Judenfrage" der bürgerlichen Gesellschaft, Göttingen 1975.

260. R. RÜRUP, Deutschland im 19. Jahrhundert. 1815–1871, 2. Aufl., Göttingen 1992.

261. M. SALEWSKI, Deutschland. Eine politische Geschichte, Bd. 2: 1815–1992, München 1993.

262. W. SCHIEDER, Karl Marx als Politiker, München-Zürich, 1991.

263. B. SEEBACHER-BRANDT, Bebel. Künder und Kärrner im Kaiserreich, 2. Aufl., Bonn 1990.

264. J. J. SHEEHAN (Hrsg.), Imperial Germany, New York 1976.

265. J. J. SHEEHAN, German History 1770–1866, Oxford 1989 (dt.: Der Ausklang des Alten Reiches. Deutschland seit dem Ende des Siebenjährigen Krieges bis zur gescheiterten Revolution 1763 bis 1850, Berlin 1994).

266. W. SIEMANN, Gesellschaft im Aufbruch. Deutschland 1849–1871, Frankfurt/Main 1990.

267. W. SIEMANN, Vom Staatenbund zum Nationalstaat. Deutschland 1806–1871, München 1995.

268. F. STERN, Gold and Iron. Bismarck, Bleichröder, and the Building of the German Empire, New York 1977 (dt.: Gold und Eisen. Bismarck und sein Bankier Bleichröder, 3. Aufl., Frankfurt/Main-Berlin 1978).

269. M. STÜRMER (Hrsg.), Das kaiserliche Deutschland. Politik und Gesellschaft 1870–1918, Düsseldorf 1970.

270. M. STÜRMER, Regierung und Reichstag im Bismarckstaat 1871–1880. Cäsarismus oder Parlamentarismus, Düsseldorf 1974.

271. M. STÜRMER. Das ruhelose Reich 1866–1918, Berlin 1983.

272. M. STÜRMER. Bismarck. Die Grenzen der Politik, München-Zürich 1987.

273. H.-P. ULLMANN, Das Deutsche Kaiserreich 1871–1918, Frankfurt/Main 1995.

274. M. VASOLD, Rudolf Virchow. Der große Arzt und Politiker, Stuttgart 1988.

275. S. VOLKOV, Jüdisches Leben und Antisemitismus im 19. und 20. Jahrhundert, München 1990.

276. M.-L. WEBER, Ludwig Bamberger. Ideologie statt Realpolitik, Wiesbaden-Stuttgart 1987.

277. H.-U. WEHLER, Krisenherde des Kaiserreichs von 1871–1918. Studien zur Sozial- und Verfassungsgeschichte, Göttingen 1970.

278. H.-U. WEHLER, Bismarck und der Imperialismus (1969), 4. Aufl., München 1976.

279. H.-U. WEHLER, Das Deutsche Kaiserreich 1871–1918, 7. Aufl., Göttingen 1994.

280. H.-U. WEHLER, Deutsche Gesellschaftsgeschichte, Bd. 1: Vom Feudalismus des Alten Reiches bis zur defensiven Modernisierung der Reformära 1700–1815, München 1987; Bd. 2: Von der Reformära bis zur industriellen und politischen „Deutschen Doppelrevolution" 1815–1845/49, München 1987; Bd. 3: Von der „Deutschen Doppelrevolution" bis zum Beginn des Ersten Weltkrieges 1849–1914, München 1995.

b. Frankreich

281. D. AMSON, Gambetta ou le rêve brisé, Paris 1994.

282. R. D. ANDERSON, France 1870–1914. Politics and Society, London-Henley-Boston 1977.

283. M. AGULHON, La République. De Jules Ferry à François Mitterand. 1880 à nos jours, Paris 1990.

284. M. AGULHON, La République. T. 1: L'élan fondateur et la grande blessure 1880–1932, Paris 1992.

285. J.-P. AZÉMA, M. WINOCK, La IIIᵉ République, Paris 1969.

286. J. BIERMAN, Napoléon III. and his Carnival Empire, Basingstoke 1989.

287. C. BLOCH, Die Dritte Französische Republik 1870–1940, Stuttgart 1972.

288. P. M. BOUJU, H. DUBOIS, La IIIᵉ République (1870–1940), 12. Aufl., Paris 1992.

289. J. P. T. BURY, Gambetta and the Making of the Third Republic, London 1973.

290. J. P. T. BURY, Gambetta's Final Years: ‚The Era of Difficulties‘, 1877–1882, London-New York 1982.

291. E. CAHM, Politique et société. La France de 1814 à nos jours, Paris 1977.

292. F. CARON, La France des Patriotes de 1851 à 1918, Paris 1985 (dt.: Frankreich im Zeitalter des Imperialismus 1851–1918, Stuttgart 1991).

293. A. CASTELOT, Napoléon III. et le Second Empire, 6 Bde., Paris 1975–76.

294. A. DANSETTE, Le second Empire, 3 Bde., Paris 1972–77.

295. R. DUBOIS, A l'assant du ciel: La Commune racontrée, Paris 1991.

296. G. DUBY (Hrsg.), Histoire de la France, Bd. 3: Les Temps nouveaux. De 1852 à nos jours, Paris 1972.

297. S. ELWITT, The Making of the Third Republic. Class and Politics in France 1868–1884, Baton Rouge 1975.

298. M. ERBE, Geschichte Frankreichs von der Großen Revolution bis zur Dritten Republik 1789–1884, Stuttgart-Berlin-Köln-Mainz 1982.

299. J. GARRIGUES, Le Général Boulanger, Paris 1991.

300. J. GARRIGUES, Le Boulangisme, Paris 1992.

301. A. GÉRARD, Le Second Empire, innovation et réaction, Paris 1973.

302. H.-G. HAUPT, K. HAUSEN, Die Pariser Kommune. Erfolg und Scheitern einer Revolution, Frankfurt/Main 1979.

303. H. S. JONES, French State in Question: Public Law and Political Argument in the Third Republic, Cambridge 1992.

304. D. I. KULSTEIN, Napoleon III. and the Working Class. A Study of Government Propaganda under the Second Empire, San José (CA) 1969.

305. J. LEDUC, L'enracinement de la République 1879–1918, Paris 1991.

306. D. LEJEUNE, La France des débuts de la IIIᵉ République 1870–1896, Paris 1994.

307. Y. LEQUIN (Hrsg.), Histoire des Français. XIXᵉ-XXᵉ siècles, 3 Bde., Paris 1983–1984.

308. R. R. Locke, French Legitimists and the Politics of Moral Order in the Early Third Republic, Princeton 1974.

309. J. F. MacMillan, Napoleon III., London-New York 1991.

310. J. M. Mayeur, Les Débuts de la Troisième République 1871–1898, Paris 1973.

311. P. Miquel, Le Second Empire, Paris 1992.

312. A. Olivesi, A. Nouschi, La France de 1848 à 1914, Paris 1970.

313. P. Olivier, Histoire de la Commune de 1871, Paris 1990.

314. F. Pisani-Ferry, Le Général Boulanger, Paris 1969.

315. A. Plessis, De la fête impériale au mur des fédéres, 1852–1871, Paris 1979.

316. G. Pradalie, Le Second Empire, Paris 1974.

317. J. Rougerie, La Commune de 1871, 2. Aufl., Paris 1992.

318. C. Salles, La Troisième République à ses débuts, 1870–1893, Paris 1992.

319. F. Seager, The Boulanger Affair, Ithaca (NY) 1969.

320. P. Seguin, Louis Napoléon le Grand, Paris 1990.

321. J. Tulard, Dictionaire du Second Empire, Paris 1995.

322. Th. Zeldin, France 1848–1945, 2 Bde., 2. Aufl., Oxford 1980.

323. G. Ziebura, Frankreich 1789–1870. Entstehung einer bürgerlichen Gesellschaftsformation, Frankfurt/Main-New York 1979.

c. Großbritannien

324. M. Barker, Gladstone and Radicalism. The Reconstruction of Liberal Policy in Britain 1885–94, Brighton 1975.

325. G. Best, Mid-Victorian Britain, 1851–1875, London 1971.

326. R. Blake, Disraeli, London 1966 (dt.: Frankfurt/Main 1980).

327. R. Blake, Gladstone, Disraeli, and Queen Victoria, Oxford 1993.

328. G. D. Boyce, Ireland, 1828–1923: From Ascendancy to Democracy, Oxford 1992.

329. A. Briggs, The Age of Improvement 1783–1867, London-New York 1979.

330. The Cambridge History of the British Empire, Bd. 2: 1783–1870, 2. Aufl., Cambridge 1961, Bd. 3: 1870–1919, Cambridge 1959.

331. S. Checkland, British Public Policy 1776–1939. An Economic, Social and Political Perspective, Cambridge 1983.

332. S. Checkland, O. Checkland, Industry and Ethos. Scotland 1832–1914, London 1984.

333. A. B. Cooke, J. R. Vincent, The Governing Passion: Cabinet Government and Party Politics in Britain, 1885–1886, London 1974.

334. L. E. DAVIS, R. A. HUTTENBACK, Mammon and the Pursuit of Empire. The Political Empire of British Imperialism, 1860–1912, Cambridge 1987.

335. R. J. EVANS, The Victorian Age, 1815–1914, London 1969.

336. P. O'FARRELL, England and Ireland since 1800, London 1975.

337. E. J. FEUCHTWANGER, Gladstone, London 1976.

338. E. J. FEUCHTWANGER, Democracy and Empire. Britain 1865–1914, London 1985.

339. N. GASH, Aristocracy and People. Britain 1815–1865, London 1979.

340. W. L. GUTTSMAN, The British Political Elite, London 1963.

341. D. A. HAMER, Liberal Politics in the Age of Gladstone and Roseberry, Oxford 1972.

342. R. JAY, Joseph Chamberlain: A Political Study, Oxford 1981.

343. D. JUDD, Palmerston, London 1975.

344. G. S. R. KITSON CLARK, An Expanding Society: Britain 1830–1900, Cambridge-Melbourne 1967.

345. G. S. R. KITSON CLARK, The Making of Victorian England (1960), 3. Aufl., London 1970.

346. S. J. LEE, Aspects of British Political History, 1815–1914, London 1994.

347. I. MACHIN, Disraeli, London 1994.

348. N. MacCORD, British History 1815–1906, New York-Oxford 1991.

349. P. T. MARSH, Joseph Chamberlain. Entrepreneur in Politics, New Haven-London 1994.

350. R. MILNER, Charles Darwin: Evolution of a Naturalist, New York 1994.

351. G. NIEDHART, Geschichte Englands im 19. und 20. Jahrhundert, München 1987.

352. B. PORTER, Britain, Europe and the World 1850–1982. Delusions of Grandeur, London 1983.

353. M. PUGH, State and Society: British Political and Social History, 1870–1992, London 1993.

354. D. READ, England 1868–1914. The Age of Urban Democracy, London 1979.

355. K. ROBBINS, The Eclipse of a Great Power. Modern Britain 1870–1975, London-New York 1983.

356. R. E. ROTBERG, The Founder. Cecil Rhodes and the Pursuit of Power, New York-Oxford 1988.

357. L. SEAMAN, Victorian England. Aspects of English and Imperial History 1837–1901, London 1973.

358. R. SHANNON, The Age of Disraeli, 1861–1888. The Rise of Democracy, London-New York 1992.

359. D. G. Southgate, „The most English minister…". The Policies and Politics of Palmerston, London 1966.

360. R. Taylor, Lord Salisbury, London 1976.

361. J. Vernon, Politics and the People: Study in English Political Culture, 1815–1867, Cambridge 1993.

362. E. Walker, Struggle for the Reform of Parliament 1853–1867, New York 1977.

363. S. Weintraub, Disraeli, London 1993.

364. P. Wende, Geschichte Englands, 2., überarb. u. erw. Aufl., Stuttgart 1995.

365. J. Winter, Robert Lowe, Toronto-Buffalo 1976.

366. E. L. Woodward, The Oxford History of England, Bd. 13: The Age of Reform 1815–1870, 2. Aufl., Oxford 1962.

d. Italien

367. R. Absalom, Italy since 1800. A Nation in the Balance, London 1995.

368. D. Beales, The Risorgimento and the Unification of Italy, 2. Aufl., London-New York 1981.

369. G. Candeloro, Storia dell'Italia moderna, Bde. 4–6, Mailand 1964–70.

370. A. Caracciolo, Stato e società civile. Problemi dell'unificazione italiana, 2. Aufl., Turin 1977.

371. R. Chiarini (Intr.), La costruzione dello Stato in Italia e Germania, Manduri-Bari-Rom 1993.

372. M. Clark, Modern Italy 1871–1982, London 1984.

373. J. A. Davis (Hrsg.), Society and Politics in the Age of the Risorgimento, Cambridge 1991.

374. R. de Felice, Storia dell'Italia contemporanea, Bd. 1: Stato e società 1870–1898, Neapel 1976.

375. C. Ghisalberti, Istituzioni e Risorgimento. Idee e protagonisti, Florenz 1991.

376. A. Gramsci, Il Risorgimento, Turin 1949.

377. K. R. Greenfield, Economics and Liberalism in the Risorgimento. A Study of Nationalism in Lombardy, 1814–1848 (1934), 3. Aufl., Westport 1978.

378. H. Hearder, Italy in the Age of Risorgimento, 1790–1870, London 1983.

379. H. Hearder, Cavour, London 1994.

380. A. Lepre, Il Risorgimento, Turin 1978.

381. U. Levra, Fare gli Italiani. Memoria e celebrazione del Risorgimento, Turin 1992.

382. R. Lill, Geschichte Italiens vom 16. Jahrhundert bis zu den Anfängen des Faschismus, Darmstadt 1980.

383. R. LILL, Geschichte Italiens in der Neuzeit, 4. Aufl., Darmstadt 1988.

384. D. MACK SMITH, Cavour and Garibaldi 1860. A Study in Political Conflict, Cambridge 1954.

385. D. MACK SMITH, Italy. A Modern History, Ann Arbor (MI) 1969.

386. D. MACK SMITH, Victor Emanuel, Cavour and the Risorgimento, London-New York-Toronto 1971.

387. D. MACK SMITH, The Making of Italy 1796–1870, London 1978.

388. D. MACK SMITH, Cavour, London 1985.

389. E. MORELLI, 1849–1859. I dieci anni che fecero l'Italia, Florenz 1977.

390. E. MORELLI, G. Mazzini. Quasi una biografia, Rom 1984.

391. R. MOSCATI, La fine del Regno di Napoli, Florenz 1960.

392. R. MOSCATI, I Borboni in Italia, Neapel 1970.

393. B. PAULS, Giuseppe Verdi und das Risorgimento. Ein politischer Mythos im Prozeß der Nationenbildung, Berlin 1996.

394. R. ROMANELLI, L'Italia liberale (1861–1900), Bologna 1979.

395. R. ROMANI, L'economia politica del Risorgimento italiano, Turin 1994.

396. R. ROMEO, Il Risorgimento in Sicilia, Bari 1950.

397. R. ROMEO, Risorgimento e capitalismo, Bari 1959.

398. R. ROMEO, Cavour e il suo tempo, Bd. 1: 1810–1842, Bd. 2: 1842–1854, Rom-Bari 1969/77.

399. R. ROMEO, C. VIVANTI (Hrsg.), Storia d'Italia, 6 Bde., Turin 1972–76.

400. A. SCIROCCO, Il Mezzogiorno nell'Italia unita (1861–1865), Neapel 1979.

401. A. SCIROCCO, L'Italia del Risorgimento, 1800–1860, Bologna 1990.

402. I. SCOTT, The Rise of the Italian State. A Study of Italian Politics during the Period of Unification, Meernt 1980.

403. M. SEIDELMEYER, Geschichte Italiens. Vom Zusammenbruch des Römischen Reiches bis zum Ersten Weltkrieg, Stuttgart 1989.

404. C. SETON-WATSON, Italy from Liberalism to Fascism, 1870–1925, London 1967.

405. G. SPADOLINI, Autunno del Risorgimento, 2. Aufl., Florenz 1972.

406. G. SPADOLINO, Senato vecchio e nuovo. Dal Risorgimento alla Republica, Florenz 1993.

407. G. TALAMO, Storia e cultura nel Risorgimento italiano, Rom 1993.

408. F. VALSECCHI, L'Italia del Risorgimento e l'Europa della nazionalità, Mailand 1978.

409. A. VENTURI, Garibaldi, Novara 1977.

410. P. VILLANI, Mezzogiorno tra riforme e rivoluzione, Bari 1962.

411. R. VILLARI, Mezzogiorno e contadini nell'età moderna, Bari 1961.

e. Übriges Europa

412. S. Bensidoun, Alexandre III., 1881–1894, Paris 1994.

413. J. Bérenger, Die Geschichte des Habsburger Reiches 1273–1918, Wien u. a. 1995.

414. W. Bihl, Von der Donaumonarchie zur Zweiten Republik. Daten zur österreichischen Geschichte seit 1867, Wien u. a. 1989.

415. M. B. Biskupski (Hrsg.), Poland and Europe. Historical Dimensions, New York u. a. 1993.

416. K. Bosl (Hrsg.), Handbuch der Geschichte der böhmischen Länder, Bd. 3: Die böhmischen Länder im Habsburgerreich 1848–1919. Bürgerlicher Nationalismus und Ausbildung der Industriegesellschaft, Stuttgart 1968.

417. M. J. Calic, Sozialgeschichte Serbiens 1815–1941. Der aufhaltsame Fortschritt während der Industrialisierung, München 1994.

418. C. Calmes, D. Bossaert, Histoire du Grand-Duché de Luxembourg. De 1815 à nos jours, Luxemburg 1995.

419. R. Carr, Spain 1808–1975, 2. Aufl., Oxford 1982.

420. D. Dakin, The Unification of Greece 1770–1923, London 1972.

421. J. Danstrup, H. Koch (Hrsg.), Danmarks Historie, Bd. 11: Folkestyrets Fødsel 1830–1870, Bd. 12: De nye Klasser 1870–1913, Kopenhagen 1964 u. 1965.

422. T. K. Derry, A History of Modern Norway 1814–1972, Oxford 1973.

423. B. Ehlof, J. Bushnell, L. Zakharova (Hrsg.), Russia's Great Reforms, 1855–1881, Bloomington 1994.

424. J. J. Fol, Les Pays nordiques aux XIXᵉ et XXᵉ siècles, Paris 1978.

425. R. W. Fuhrmann, Polen. Geschichte, Politik, Wirtschaft, Hannover 1990.

426. M. Artola Gallego, Los origines de la España contemporánea, 2 Bde., 2. Aufl., Madrid 1975–76.

427. J. Gérard, La Belgique 1830–1980, Brüssel 1979.

428. F. Gottas, Ungarn im Zeitalter des Hochliberalismus. Studien zur Tisza-Ära (1875–1890), Wien 1976.

429. H. von Greyerz, Der Bundesstaat seit 1848, in: Handbuch der Schweizer Geschichte, Bd. 2, Zürich 1977, 1019–1246.

430. C. de Grundwald, Société et civilisation russes au XIXᵉ siècle, Paris 1975.

431. H. Hellmann, K. Zernack u. a. (Hrsg.), Handbuch der Geschichte Rußlands, Bd. 2: Vom Randstaat zur Hegemonialmacht, hrsg. v. K. Zernack, Bd. 3: Von den autokratischen Reformen zum Sowjetstaat (1856–1945), hrsg. v. G. Schramm, Stuttgart 1981/82.

432. K. Hitchins, Rumania 1866–1947, Oxford 1994.

433. J. K. Hoensch, Geschichte Böhmens. Von der slavischen Landnahme bis ins 20. Jahrhundert, München 1987.

434. L. HOLOTILE (Hrsg.), Der österreichisch-ungarische Ausgleich 1867, Preßburg 1971.

435. M. HUBER, Grundzüge der Geschichte Rumäniens, Darmstadt 1973.

436. B. JELAVICH, Modern Austria. Empire and Republic, 1815–1986, Cambridge-London-New York 1987.

437. R. A. KANN, A History of the Habsburg Empire 1526–1918, New York 1974 (dt.: Wien-Köln-Graz 1982).

438. J. D. KLIER, Imperial Russia's Jewish Question, 1855–1881, Cambridge 1995.

439. K. LASZLO (Hrsg.), Die Ungarn, ihre Geschichte und Kultur, Budapest 1994.

440. R. F. LESLIE, The History of Poland since 1863, Cambridge-London-New York 1980.

441. T. LUYKX, Politieke geschiedenis van Belgie, Bd. 1: Van 1789 tot 1944, neu bearb. v. M. PLATEL, 5. Aufl., Antwerpen 1985.

442. G. M. MACMILLAN, State, Society and Authority in Ireland: The Foundations of the Modern State, Dublin 1993.

443. G. MAYER, Österreich als „katholische Großmacht". Ein Traum zwischen Revolution und liberaler Ära, Wien 1989.

444. A. MAYR-HARTING, Der Untergang Österreich-Ungarns 1848–1922, Wien u. a. 1988.

445. F. PRINZ, Geschichte Böhmens 1848–1948, München 1988.

446. F. PRINZ, Böhmen und Mähren, Berlin 1993.

447. L. A. PUNTILA, The Political History of Finland 1809–1966, London 1975.

448. L. RERUP, Danmarks historie, Bd. 6: Tiden 1864–1914, Kopenhagen 1989.

449. D. SAUNDERS, Russia in the Age of Reaction and Reform 1801–1881, London-New York 1994.

450. F. SEIBT (Hrsg.), Böhmen im 19. Jahrhundert. Vom Klassizismus zur Moderne, Berlin 1995.

451. J. A. SEIP, Utsikt over Norges historie, Bd. 2: Tidsrommet ca. 1850–1884, Oslo 1981.

452. A. SKED, The Decline and Fall of the Habsburg Empire 1815–1918, London-New York 1989 (dt.: Der Fall des Hauses Habsburg. Der unzeitige Tod eines Kaiserreichs, Berlin 1993).

453. G. SZABAD, Hungarian Political Trends between the Revolution and the Compromise (1849–1867), Budapest 1977.

454. E. TÉMIME, A. BRODER, G. CHASTAGNARET, Histoire de l'Espagne contemporaine de 1808 à nos jours, Paris 1979.

455. H. TE VELDE, Gemeenschapszin en pflichtbesef. Liberalisme en Nationalisme in Nederland, 1870–1918, 's-Gravenhage 1992.

456. F. WALTER, La suisse urbaine 1750–1950, Genf 1994.

457. A. WANDRUSZKA, P. URBANITSCH (Hrsg.), Die Habsburgermonarchie 1848–1918, 3 Bde., Wien 1973–80.

458. E. WITTE, J. CRAEYBECKX, Politieke geschiedenis van Belgie sinds 1830. Spanningen in een burgelijke democratie, 2. Aufl., Antwerpen 1983 (frz.: La Belgique politique de 1830 à nos jours, Brüssel 1987).

3. Die wirtschaftliche Entwicklung

a. Allgemeines, Europa insgesamt

459. W. ASHWORTH, A Short History of the International Economy, 1850–1950, 2. Aufl., London 1970.

460. P. BAIROCH, Europe's Gross National Product: 1800–1975, in: JEEH 5 (1976), 273–339.

461. R. BENDIX, Towards a Definition of Modernization. Paper Delivered at the 6th World Congress of Sociology, Evian 1966.

462. I. T. BEREND, G. RÁNKI, The European Periphery and Industrialization 1780–1914, Cambridge 1982.

463. M. BERG (Hrsg.), Markets and Manufactures in Early Industrial Europe, London-New York 1991.

464. H. BÖHME, Industrielle Revolution, in: C. D. KERNIG (Hrsg.), Sowjetsystem und demokratische Gesellschaft, Bd. 3, Freiburg-Basel-Wien 1969, 115–130.

465. J. BORCHART, Der europäische Eisenbahnkönig Bethel Henry Strousberg, München 1991.

466. R. BRAUN, W. FISCHER, H. GROSSKREUTZ, H. VOLKMANN (Hrsg.), Industrielle Revolution. Wirtschaftliche Aspekte, Köln 1972.

467. O. BÜSCH, W. FISCHER, H. HERZFELD (Hrsg.), Industrialisierung und „Europäische Wirtschaft" im 19. Jahrhundert. Ein Tagungsbericht, Berlin-New York 1976.

468. C. M. CIPOLLA, The Economic History of World Population, 3. Aufl., Harmondsworth 1965 (dt.: Wirtschaftsgeschichte und Weltbevölkerung, München 1972).

469. C. M. CIPOLLA (Hrsg.), The Fontana Economic History of Europe, Bd. 3 u. 4, London 1973 (dt.: K. BORCHARDT (Hrsg.), Europäische Wirtschaftsgeschichte, Bd. 3 u. 4, Stuttgart 1977).

470. Y. COHEN, K. MANFRASS (Hrsg.), Frankreich und Deutschland. Forschung, Technologie und industrielle Entwicklung im 19. und 20. Jahrhundert, München 1990.

471. W. FISCHER (Hrsg.), Europäische Wirtschafts- und Sozialgeschichte von der Mitte des 19. Jahrhunderts bis zum Ersten Weltkrieg, Stuttgart 1985.

472. R. FREMDLING, P. O'BRIEN, Productivity in the Economies of Europe in the 19th and 20th Centuries, Stuttgart 1983.

473. D. GALENSON (Hrsg.), Markets in History. Economic Studies of the Past, Cambridge 1989.

474. A. GERSCHENKRON, Economic Backwardness in Historical Perspective, 2. Aufl., Cambridge (MA) 1965.

475. A. GERSCHENKRON, Continuity in History and Other Essays, Cambridge (MA) 1968.

476. H. J. HABAKKUK, Population Growth and Economic Development since 1750, Leicester 1972.

477. H. J. HABAKKUK, M. POSTAN (Hrsg.) The Cambridge Economic History of Europe, Bd. 6 u. 7, Cambridge 1966/78.

478. R. M. HARTWELL, The Industrial Revolution, Oxford 1970.

479. J. R. T. HUGHES, Industrialization and Economic History, New York 1970.

480. T. KEMP, Industrialization in 19th Century Europe, 4. Aufl., London 1973.

481. A. G. KENWOOD, A. L. LOUGHEED, The Growth of the International Economy, 1820–1960, London 1971.

482. J. KOCKA, G. RÁNKI (Hrsg.), Economic Theory and History, Budapest 1985.

483. S. KUZNETS, Economic Growth and Structure: Selected Essays, London 1966.

484. S. KUZNETS, Modern Economic Growth: Findings and Reflections, in: American Economic Review 63 (1973), 247–258.

485. D. S. LANDES, The Unbound Prometheus, Cambridge 1969 (dt.: Der entfesselte Prometheus. Technologischer Wandel und industrielle Entwicklung in Westeuropa von 1750 bis zur Gegenwart, Köln 1973).

486. P. MATHIAS, The Industrial Revolution – Concept and Reality, in: A. M. BIRKE, L. KETTENACKER (Hrsg.), Wettlauf in die Moderne. England und Deutschland seit der Industriellen Revolution, München 1988, 11–30.

487. A. S. MILWARD, S. B. SAUL, The Development of the Economies of Continental Europe 1850–1914, London 1977.

488. M. MÜLLER (Hrsg.), Structure and Strategy of Small and Medium-Size Enterprises since the Industrial Revolution, Stuttgart 1994.

489. D. C. NORTH, R. P. THOMAS, The Rise of the Western World: A New Economic History, Cambridge 1973.

490. W. N. PARKER, Europe, America, and the Wider World. Essays on the Economic History of Western Capitalism, Bd. 1: Europe and the World Economy, Cambridge-London-New York 1984.

491. T. PIERENKEMPER (Hrsg.), Landwirtschaft und industrielle Entwicklung. Zur ökonomischen Bedeutung von Bauernbefreiung, Agrarreform und Agrarrevolution, Stuttgart 1989.

492. T. Pierenkemper, Gewerbe und Industrie im 19. und 20. Jahrhundert, München 1994.

493. R. Poidevin, Finances et relations internationales 1887–1914, Paris 1970.

494. S. Pollard (Hrsg.), Region und Industrialisierung. Studien zur Rolle der Region in der Wirtschaftsgeschichte der letzten zwei Jahrhunderte, Göttingen 1980.

495. S. Pollard, Peaceful Conquest. The Industrialization of Europe 1760–1970, Oxford 1981.

496. S. Pollard, The Integration of the European Economy since 1815, London 1981.

497. M. R. Reinhard, A. Armengaud, J. Dupâquier, Histoire générale de la population mondiale, Paris 1968.

498. W. W. Rostow, The Stages of Economic Growth. A Non-communist Manifesto, Cambridge (MA) 1960 (dt.: Stadien wirtschaftlichen Wachstums. Eine Alternative zur marxistischen Entwicklungstheorie, 2. Aufl., Göttingen 1967).

499. W. W. Rostow, The Economics of Take-Off into Sustained Growth, 6. Aufl., London 1971.

500. S. B. Saul, The Myth of the Great Depression, 1873–1896, London 1969.

501. J. J. Sheehan (Hrsg.), Industrialization and Industrial Labor in 19th Century Europe, New York 1973.

502. P. N. Stearns, The Industrial Revolution in World History, Boulder-San Francisco-Oxford 1993.

503. R. Sylla, G. Toniolo (Hrsg.), Patterns of European Industrialization. The Nineteenth Century, London-New York 1993.

504. C. Trebilcock, The Industrialization of the Continental Powers, 1780–1914, London-New York 1981.

505. H. A. Winkler (Hrsg.), Organisierter Kapitalismus. Voraussetzungen und Anfänge, Göttingen 1974.

506. W. Woodruff, The Emergence of an International Economy, 1700–1914, London 1971.

b. Deutschland

507. W. Abel, Geschichte der deutschen Landwirtschaft vom frühen Mittelalter bis zum 19. Jahrhundert, 3. Aufl., Stuttgart 1978.

508. D. André, Indikatoren des technischen Fortschritts. Eine Analyse der Wirtschaftsentwicklung in Deutschland 1850–1913, Hamburg 1971.

509. E. Bäumler, Die Rotfabriker. Familiengeschichte eines Weltunternehmens, München-Zürich 1988.

510. E. Bäumler, Farben, Formeln, Forscher. Hoechst und die Geschichte der industriellen Chemie in Deutschland, München-Zürich 1989.

511. B. BALKENHOL, Armut und Arbeitslosigkeit in der Industrialisierung – dargestellt am Beispiel Düsseldorf 1850–1900, Düsseldorf 1976.

512. V. v. BERG, Bildungsstruktur und industrieller Fortschritt: Essen (Ruhr) im 19. Jahrhundert, Stuttgart 1979.

513. W. BERG, Wirtschaft und Gesellschaft in Deutschland und Großbritannien im Übergang zum „organisierten Kapitalismus". Unternehmer, Angestellte, Arbeiter und Staat im Steinkohlenbergbau des Ruhrgebiets und von Südwales 1850–1914, Berlin 1984.

514. J. BERGMANN, R. SPREE, Die konjunkturelle Entwicklung der deutschen Wirtschaft, 1840–1864, in: H.-U. WEHLER (Hrsg.), Sozialgeschichte heute. Fs. f. H. Rosenberg, Göttingen 1974, 289–326.

515. J. BERGMANN u. a., Regionen im historischen Vergleich. Studien zu Deutschland im 19. und 20. Jahrhundert, Opladen 1989.

516. D. BLACKBOURN, Handwerker im Kaiserreich: Gewinner oder Verlierer?, in: U. WENGENROTH (Hrsg.), Präre Selbständigkeit. Zur Standortbestimmung von Handwerk, Hausindustrie und Kleingewerbe im Industrialisierungsprozeß, Stuttgart 1989, 7–21.

517. G. BONDI, Deutschlands Außenhandel 1815–1870, Berlin 1958.

518. K. BORCHARDT, Die industrielle Revolution in Deutschland, München 1972.

519. O. DASCHER, C. KLEINSCHMIDT (Hrsg.), Die Eisen- und Stahlindustrie im Dortmunder Raum. Wirtschaftliche Entwicklung, soziale Strukturen und technologischer Wandel im 19. und 20. Jahrhundert, Dortmund 1992.

520. R. VAN DÜLMEN (Hrsg.), Industriekultur an der Saar: Leben und Arbeit in einer Industrieregion 1840–1914, München 1989.

521. K.-P. ELLERBROCK, Geschichte der deutschen Nahrungs- und Genußmittelindustrie 1750–1914, Stuttgart 1993.

522. W. FACH, H. A. WESSEL (Hrsg.), Hundert Thaler Preußisch Courant: Industriefinanzierung in der Gründerzeit, Wien-München-Zürich-New York 1981.

523. W. FISCHER, Wirtschaft und Gesellschaft im Zeitalter der Industrialisierung, Göttingen 1972.

524. R. FREMDLING, Eisenbahnen und deutsches Wirtschaftswachstum 1840–1879, Dortmund 1973.

525. H.-W. HAHN, Wirtschaftliche Integration im 19. Jahrhundert. Die hessischen Staaten und der Deutsche Zollverein, Göttingen 1982.

526. K. W. HARDACH, Die Bedeutung wirtschaftlicher Faktoren bei der Wiedereinführung der Eisen- und Getreidezölle in Deutschland 1879, Berlin 1967.

527. F.-W. HENNING, Die Industrialisierung in Deutschland 1800 bis 1914, 8. Aufl., Paderborn 1993.

528. W. v. HIPPEL, Industrieller Wandel im ländlichen Raum. Untersuchungen im Gebiet des mittleren Neckar 1850–1914, in: AfS 19 (1975), 43–122.

529. W. G. HOFFMANN (Hrsg.), Untersuchungen zum Wachstum der deutschen Wirtschaft, Tübingen 1971.

530. C.-L. HOLTFRERICH, Quantitative Wirtschaftsgeschichte des Ruhrkohlenbergbaus im 19. Jahrhundert. Eine Führungssektoranalyse, Dortmund 1973.

531. W. HOTH, Die Industrialisierung einer rheinischen Gewerbestadt – dargestellt am Beispiel Wuppertal, Köln 1975.

532. H. KAELBLE, Der Mythos von der rapiden Industrialisierung in Deutschland, in: GG 9 (1983), 106–118.

533. U. KESSLER, Zur Geschichte des Managements bei Krupp, Stuttgart 1995.

534. H. KIESEWETTER, Industrialisierung und Landwirtschaft. Sachsens Stellung im regionalen Industrialisierungsprozeß Deutschlands im 19. Jahrhundert, Köln-Wien 1988.

535. H. KIESEWETTER, Industrielle Revolution in Deutschland 1815–1914, Frankfurt/Main 1989.

536. M. KITCHEN, The Political Economy of Germany 1815–1914, London 1978.

537. E. KLEIN, Geschichte der deutschen Landwirtschaft im Industriezeitalter, Wiesbaden 1973.

538. J. KOCKA, Unternehmer in der deutschen Industrialisierung, Göttingen 1975.

539. J. KOCKA, H. SIEGRIST, Die hundert größten deutschen Industrieunternehmen im späten 19. und frühen 20. Jahrhundert. Expansion, Diversifikation und Integration im internationalen Vergleich, in: N. HORN, J. KOCKA (Hrsg.), Recht und Entwicklung der Großunternehmen im 19. und frühen 20. Jahrhundert. Wirtschafts-, sozial- und rechtshistorische Untersuchungen zur Industrialisierung in Deutschland, Frankreich, England und den USA, Göttingen 1979, 55–122.

540. M. KÖHLER (Hrsg.), Banken, Konjunktur und Politik. Beiträge zur Geschichte der deutschen Banken im 19. und 20. Jahrhundert, Essen 1995.

541. P. KRIEDTE, Eine Stadt am seidenen Faden. Haushalt, Hausindustrie und soziale Bewegung in Krefeld in der Mitte des 19. Jahrhunderts, Göttingen 1991.

542. E. L. KUHN, Industrialisierung in Oberschwaben und am Bodensee, Friedrichshafen 1984.

543. I. N. LAMBI, Free Trade and Protection in Germany, 1868–1879, Wiesbaden 1963.

544. E. MASCHKE, J. SYDOW (Hrsg.), Zur Geschichte der Industrialisierung in den südwestdeutschen Städten, Sigmaringen 1977.

545. K. MEGERLE, Württemberg im Industrialisierungsprozeß Deutschlands, Stuttgart 1982.

546. H. MOTTEK, Wirtschaftsgeschichte Deutschlands, Bd. 2: Von der Zeit der Französischen Revolution bis zur Zeit der Bismarckschen Reichsgründung, 2. Aufl., Berlin 1974; Bd. 3: Von der Zeit der Bismarckschen Reichsgründung 1871 bis zur Niederlage des faschistischen deutschen Imperialismus 1945, 2. Aufl., Berlin 1975.

547. R. MUHS, Englische Einflüsse auf die Frühphase der Industrialisierung in Deutschland, in: A. M. BIRKE, L. KETTENACKER (Hrsg.), Wettlauf in die Moderne. England und Deutschland seit der Industriellen Revolution, München 1988, 31–50.

548. T. PIERENKEMPER (Hrsg.), Industriegeschichte Oberschlesiens im 19. Jahrhundert. Rahmenbedingungen, gestaltende Kräfte, infrastrukturelle Voraussetzungen, regionale Diffusion, Wiesbaden 1992.

549. T. PIERENKEMPER, R. TILLY, Die Geschichte der Drahtweberei. Dargestellt am Beispiel der Firma Haver & Boecker, Stuttgart 1987.

550. W. PYTA, Landwirtschaftliche Interessenpolitik im Deutschen Kaiserreich. Der Einfluß agrarischer Interessen auf die Neuordnung der Finanz- und Wirtschaftspolitik am Ende der 1870er Jahre am Beispiel von Rheinland und Westfalen, Stuttgart 1991.

551. R. SPREE, Die Wachstumszyklen der deutschen Wirtschaft von 1840 bis 1880, mit einem konjunkturstatistischen Anhang, Berlin 1977.

552. G. STOLPER, K. HÄUSER, K. BORCHARDT, Deutsche Wirtschaft seit 1870, 2. Aufl., Tübingen 1966.

553. M. STÜRMER, G. TEICHMANN, W. TREUE, Wägen und Wagen. Sal. Oppenheim jr. & Cie. Geschichte einer Bank und einer Familie, München-Zürich 1989.

554. W. TELTSCHIK, Geschichte der deutschen Großchemie. Entwicklung und Einfluß in Staat und Gesellschaft, Weinheim-New York-Basel 1992.

555. I. THIENEL, Städtewachstum im Industrialisierungsprozeß des 19. Jahrhunderts, Berlin 1973.

556. R. H. TILLY, Vom Zollverein zum Industriestaat. Die wirtschaftliche Entwicklung Deutschlands 1834 bis 1914, München 1990.

557. F. B. TIPTON, Regional Variations in the Economic Development of Germany during the 19th Century, Middletown 1976.

558. V. WELLHÖNER, Großbanken und Großindustrie im Kaiserreich, Göttingen 1989.

559. U. WENGENROTH, Unternehmensstrategien und technischer Fortschritt. Die deutsche und die britische Stahlindustrie 1865–1895, Göttingen-Zürich 1986.

560. U. WENGENROTH (Hrsg.), Prekäre Selbständigkeit. Zur Standortbestimmung von Handwerk, Hausindustrie und Kleingewerbe im Industrialisierungsprozeß, Stuttgart 1989.

561. H. A. WESSEL, Die Entwicklung des elektrischen Nachrichtenwesens in Deutschland und die rheinische Industrie von den Anfängen bis zum Ausbruch des Ersten Weltkriegs, Wiesbaden 1983.

562. H. WINKEL (Hrsg.), Vom Kleingewerbe zur Großindustrie. Quantitativ-regionale und politisch-rechtliche Aspekte zur Erforschung der Wirtschafts- und Gesellschaftsstruktur im 19. Jahrhundert, Berlin 1975.

563. W. ZORN, Wirtschafts- und sozialgeschichtliche Zusammenhänge der deutschen Reichsgründungszeit, 1850–1870, in: HZ 197 (1963), 314–342.

564. W. ZORN, Die wirtschaftliche Integration Kleindeutschlands in den 1860er Jahren und die Reichsgründung, in: HZ 216 (1973), 304–334.

565. W. ZORN, Industrialisierung und soziale Mobilität in Deutschland 1861–1914, in: Deutschland und Rußland im Zeitalter des Kapitalismus, 1861–1914, Wiesbaden 1977, 123–135.

566. W. ZORN, Zwischenstaatliche wirtschaftliche Integration im Deutschen Zollverein 1867–1870. Ein quantitativer Versuch, in: VSWG 65 (1978), 38–76.

c. Großbritannien und Frankreich

567. D. BAINES, Migration in a Mature Economy. Emigration and Internal Migration in England and Wales, 1861–1900, Cambridge-London-New York 1985.

568. C. BEHAGG, Politics and Production in the Early Nineteenth Century, London-New York 1990.

569. H. BONIN, Histoire économique de la France depuis 1880, Paris 1988.

570. K. BORCHARDT, Probleme der ersten Phase der Industriellen Revolution in England. Ein bibliographischer Bericht über wirtschaftsgeschichtliche Publikationen und den Stand der Forschung im englischen Sprachraum, in: VSWG 55 (1968), 1–62.

571. J. BOUVIER, Un siècle de banque française, Paris 1973.

572. J. BURNETT, A History of the Cost of Living, Harmondsworth 1969.

573. B. W. CLAPP, An Environmental History of Britain since the Industrial Revolution, London 1994.

574. N. F. R. CRAFTS, British Economic Growth during the Industrial Revolution, Oxford 1985.

575. F. CROUZET, Britain Ascendant: Comparative Studies in Franco-British History, Cambridge-Paris 1990.

576. R. P. T. DAVENPORT-HINES, G. JONES (Hrsg.), British Business in Asia since 1860, Cambridge u. a. 1989.

577. E. J. EVANS, The Forging of the Modern State. Early Industrial Britain 1783–1870, London-New York 1983.

578. C. H. FEINSTEIN, S. POLLARD (Hrsg.), Studies in Capital Formation in the United Kingdom 1750–1920, Oxford 1988.

579. D. K. Fieldhouse, Economics and Empire 1830–1914, London 1973.

580. C. Fohlen, L'industrie textile au temps du Second Empire, Paris 1956.

581. B. Gille, La Banque en France au XIXᵉ siècle. Recherches historiques, Genf 1970.

582. S. Glynn, Modern Britain. An Economic and Social History, London 1996.

583. R. M. Hartwell (Hrsg.), The Causes of the Industrial Revolution in England, London 1967.

584. M. Hau, L'industrialisation de l'Alsace (1803–1939), Straßburg 1987.

585. J. J. van Helten, Y. Cassis (Hrsg.), Capitalism in a Mature Economy: Financial Institutions, Capital Exports and British Industry, 1870–1939, London 1990.

586. W. O. Henderson, Britain and Industrial Europe, 3. Aufl., Atlantic Highlands (NJ) 1972.

587. E. J. Hobsbawm, Industry and Empire, London 1968 (dt.: Industrie und Empire. Britische Wirtschaftsgeschichte seit 1750, Frankfurt/Main 1972).

588. E. L. Jones, The Development of English Agriculture 1815–1873, London 1968.

589. G. Jones, British Multinational Banking, 1830–1890, Oxford 1993.

590. T. Kemp, Economic Forces in French History, London 1971.

591. N. Koning, The Failure of Agrarian Capitalism: Agrarian Politics in the United Kingdom, Germany, the Netherlands and the USA, 1846–1919, London 1994.

592. D. S. Landes, French Entrepreneurship and Industrial Growth in the Nineteenth Century, in: JEH 9 (1949), 45–61.

593. A. Leménorel, L'impossible révolution industrielle? Economie et sociologie minières en Basse-Normandie, 1800–1914, Caen 1988.

594. M. Lévy-Leboyer, Capital Investment and Economic Growth in France 1820–1930, in: Cambridge Economic History of Europe, Bd. 7, 1, Cambridge 1978, 231–295.

595. M. Lévy-Leboyer, F. Bourguignon, L'économie française au XIXᵉ siècle: Analyse macro-économique, Paris 1985 (engl.: The French Economy in the Nineteenth Century: An Essay in Econometric Analysis, Cambridge 1990).

596. T. J. Markovitch, L'industrie française de 1789 à 1964, 4 Bde., Paris 1965–66.

597. P. Mathias, The First Industrial Nation. An Economic History of Britain 1700–1914, London 1969.

598. B. R. Mitchell, Economic Development of the British Coal Industry, 1800–1914, Cambridge 1984.

599. J. Mokyr, The Economics of the Industrial Revolution, Totowa (NJ) 1985.

600. J. Mokyr (Hrsg.), The British Industrial Revolution: An Economic Perspective, Boulder-San Francisco-Oxford 1993.

601. C. More, The Industrial Age. Economy and Society in Britain 1750–1985, London 1989.

602. P. O'Brien, R. Quinault (Hrsg.), The Industrial Revolution and British Society, Cambridge 1993.

603. G. P. Palmade, Capitalisme et capitalistes français au XIXᵉ siècle, Paris 1961.

604. P. J. Perry (Hrsg.), British Agriculture 1875–1914, London 1973.

605. A. Plessis, La politique de la Banque de France de 1851 à 1870, Genf, 1985.

606. A. Plessis, Régents et gouverneurs de la Banque de France, Genf 1985.

607. S. Pollard, Britain's Prime and Britain's Decline: The British Economy 1870–1914, London 1989.

608. R. Price, An Economic History of Modern France, 1730–1914, London 1981.

609. W. W. Rostow, The British Economy of the Nineteenth Century, Oxford 1948.

610. A. J. Taylor (Hrsg.), The Standard of Living in Britain in the Industrial Revolution, London 1975.

611. G. Ziebura, H. G. Haupt (Hrsg.), Wirtschaft und Gesellschaft in Frankreich seit 1789, Köln 1975.

d. Übriges Europa

612. P. M. Acena, The Economic Development of Spain since 1870, Aldershot u. a. 1995.

613. E. Amburger, Die Anwerbung ausländischer Fachkräfte für die Wirtschaft Rußlands vom 15. bis ins 19. Jahrhundert, Wiesbaden 1968.

614. R. P. Amdam, E. Lang (Hrsg.), Crossing the Borders. Studies in Norwegian Business History, Oslo 1994.

615. Y. Bard, Le développement économique de la Russie tsariste, Paris 1968.

616. I. T. Berend, G. Ránki, Underdevelopment and Economic Growth. Studies in Hungarian Social and Economic History, Budapest 1979.

617. W. L. Blackwell, The Industrialization of Russia. A Historical Perspective, New York 1970.

618. K. Bruland, British Technology and European Industrialization. The Norwegian Textile Industry in the Mid-Nineteenth Century, Cambridge u. a. 1989.

619. A. Caracciolo (Hrsg.), La formazione dell'Italia industriale, 2. Aufl., Bari 1971.

620. V. CASTRONOVO, The Italian Take-off: A Critical Reexamination of the Problem, in: JItalH 1 (1978), 492–510.

621. A. DEWERPE, L'industrie aux champs. Essai sur la proto-industrialisation en Italie du Nord (1800–1880), Rom 1985.

622. M. E. FALKUS, The Industrialization of Russia before 1914, London 1971.

623. A. GERSCHENKRON, Problems and Patterns of Russian Economic Development, in: C. E. BLACK (Hrsg.), Transformation of Russian Society, Cambridge (MA) 1960, 42–72.

624. D. GEYER (Hrsg.), Wirtschaft und Gesellschaft im vorrevolutionären Rußland, Köln 1975.

625. P. GREGORY, Economic Growth and Structural Change in Tsarist Russia: A Case of Modern Economic Growth?, in: Soviet Studies 23 (1972), 418–434.

626. E. GRUNER (Hrsg.), Arbeiterschaft und Wirtschaft in der Schweiz 1880–1914. Soziale Lage, Organisation und Kämpfe von Arbeitern und Unternehmern, politische Organisation und Sozialpolitik, 2 Bde. Zürich 1987/88.

627. G. GUROFF, F. V. CARSTENSEN (Hrsg.), Entrepreneurship in Imperial Russia and the Soviet Union, Princeton 1983.

628. A. HAUSER, Schweizerische Wirtschafts- und Sozialgeschichte, Erlenbach-Zürich-Stuttgart 1961.

629. P. HERTNER, Italien 1850–1914, in: W. FISCHER (Hrsg.), Europäische Wirtschafts- und Sozialgeschichte von der Mitte des 19. Jahrhunderts bis zum Ersten Weltkrieg, Stuttgart 1985, 705–776.

630. A. KAHAN, Rußland und Kongreßpolen 1860–1914, in: W. FISCHER (Hrsg.), Europäische Wirtschafts- und Sozialgeschichte von der Mitte des 19. Jahrhunderts bis zum Ersten Weltkrieg, Stuttgart 1985, 512–600.

631. A. KAHAN, Russian Economic History. The Nineteenth Century, hrsg. v. R. WEISS, Chicago-London 1989.

632. W. KIRCHNER, Die deutsche Industrie und die Industrialisierung Rußlands 1815–1914, St. Katharinen 1986.

633. J. KOMLOS, Die Habsburgermonarchie als Zollunion. Die Wirtschaftsentwicklung Österreich-Ungarns, Wien 1986.

634. M. LARSSON, En svensk ekonomisk historia 1850–1985, Stockholm 1991.

635. B. LÖHR, Die „Zukunft Rußlands". Perspektiven russischer Wirtschaftsentwicklung und deutsch-russischer Wirtschaftsbeziehungen vor dem Ersten Weltkrieg, Stuttgart 1985.

636. H. MATIS, Österreichs Wirtschaft 1848–1913, Berlin 1972.

637. J. NADAL, An Economic History of Spain, Princeton 1969.

638. M. NORTH (Hrsg.), Nordwesteuropa in der Weltwirtschaft 1750–1950, Stuttgart 1993.

639. R. PORTAL, La Russie industrielle de 1871 à 1914, Paris 1960.

640. J.-L. VAN REGEMORTER, D'une perestroïka à l'autre. L'évolution économique de la Russie de 1860 à nos jours, Paris 1990.

641. R. ROMEO, Breve storia della grande industria in Italia, 3. Aufl., Rocca San Casciano 1967.

642. N. SÁNCHEZ-ALBORNOZ (Hrsg.), La modernacíon económica de España 1830–1930, Madrid 1985.

643. P. SCHEIBERT, Die russische Agrarreform von 1861, Köln-Wien 1973.

644. G. TONIOLO, Storia economica dell'Italia liberale (1850–1918), Bologna 1988 (engl.: An Economic History of Liberal Italy 1850–1918, London-New York 1990).

645. G. TORTELLA CASARES, La desarollo de la Espana contemporanea: Historia economica de los siglos XIX y XX, Madrid 1994.

646. J. WYSOCKI, Infrastruktur und wachsende Staatsausgaben. Das Fallbeispiel Österreich 1868–1913, Stuttgart 1975.

647. V. ZAMAGNI, The Economic History of Italy 1860–1990. Recovery after Decline, Oxford 1993.

4. SOZIALE SCHICHTUNG UND SOZIALER WANDEL

a. Allgemeines, Europa insgesamt

648. P. BAIROCH (Hrsg.), The Working Population and its Structure, Brüssel 1968.

649. P. BAIROCH, Population urbaine et tailles des villes en Europe de 1600 à 1970. Présentation de séries statistiques, in: Revue d'histoire économique et sociale 54 (1976), 304–335.

650. P. BALDWIN, The Politics of Social Solidarity. Class Bases of the European Welfare State 1875–1975, Cambridge-New York-Port Chester 1993.

651. J.-E. BERGIER, The Industrial Bourgeoisie and the Rise of the Working Class 1700–1914, London 1971.

652. R. BRAUN, W. FISCHER, H. GROSSKREUTZ, H. VOLKMANN (Hrsg.), Gesellschaft in der industriellen Revolution, Köln 1973.

653. P. BURKE, Soziologie und Geschichte, Hamburg 1989.

654. C. CALHOUN, The Question of Class Struggle: Social Foundations of Popular Radicalism during the Industrial Revolution, Oxford 1982.

655. J. EHMER, Soziale Traditionen in Zeiten des Wandels. Arbeiter und Handwerker im 19. Jahrhundert, Frankfurt/Main-New York 1994.

656. C. EISENBERG, Deutsche und englische Gewerkschaften, Göttingen 1986.

657. Europa im Zeitalter des Industrialismus. Zur „Geschichte von unten" im europäischen Vergleich, hrsg. v. Museum der Arbeit, Hamburg 1993.

658. D. GEARY, European Labour Protest 1848–1939, London 1981.

659. W. JACOBEIT, J. MOOSER, B. STRÅTH (Hrsg.), Idylle oder Aufbruch? Das Dorf im bürgerlichen 19. Jahrhundert. Ein europäischer Vergleich, Berlin 1990.

660. H. KAELBLE (Hrsg.), Geschichte der sozialen Mobilität seit der industriellen Revolution, Königstein 1978.

661. H. KAELBLE, Historische Mobilitätsforschung. Westeuropa und die USA im 19. und 20. Jahrhundert, Darmstadt 1978.

662. H. KAELBLE, Industrialisierung und soziale Ungleichheit. Europa im 19. Jahrhundert. Eine Bilanz, Göttingen 1983.

663. H. KAELBLE, Soziale Mobilität und Chancengleichheit im 19. und 20. Jahrhundert. Deutschland im internationalen Vergleich, Göttingen 1983.

664. H. KAELBLE, Auf dem Weg zu einer europäischen Gesellschaft. Sozialgeschichte Westeuropas 1880–1980, München 1987.

665. J. KOCKA, Angestellte zwischen Faschismus und Demokratie. Zur politischen Sozialgeschichte der Angestellten: USA 1890–1940 im internationalen Vergleich, Göttingen 1977.

666. J. KOCKA (Hrsg.), Angestellte im europäischen Vergleich, Göttingen 1981.

667. J. KOCKA (Hrsg.), Arbeiter und Bürger im 19. Jahrhundert. Varianten ihres Verhältnisses im europäischen Vergleich, München 1986.

668. J. KOCKA, Bürgertum im 19. Jahrhundert. Deutschland im europäischen Vergleich, 3 Bde., München 1988.

669. J. KOCKA (Hrsg.), Sozialgeschichte im internationalen Vergleich. Ergebnisse und Tendenzen der Forschung, Darmstadt 1989.

670. J. KOCKA, Arbeitsverhältnisse und Arbeiterexistenzen. Grundlagen der Klassenbildung im 19. Jahrhundert, Bonn 1990.

671. R. KOSELLECK, K. SCHREINER (Hrsg.), Bürgerschaft. Rezeption und Innovation der Begrifflichkeit vom Hohen Mittelalter bis ins 19. Jahrhundert, Stuttgart 1994.

672. J. KUCZYNSKI, Die Geschichte der Lage der Arbeiter unter dem Kapitalismus, 38 Bde., Berlin 1961–72.

673. E. LABROUSSE, Voies nouvelles vers une histoire de la bourgeoisie occidentale aux XVIIIième et XIXième siècles (1700–1850), in: Relazioni del X congresso internazionale di scienze storiche, Bd. 4, Florenz 1955, 365–396.

674. D. LIEVEN, The Aristocracy in Europe, 1815–1914, London 1992.

675. P. LUNDGREEN, M. KRAUL, K. DITT, Bildungschancen und soziale Mobilität in der städtischen Gesellschaft, Göttingen 1988.

676. M. MANN, The Sources of Social Power, Bd. 2: The Rise of Classes and Nation States, 1760–1914, Cambridge 1994.

677. A. MILES, V. DAVIS (Hrsg.), Building European Society: Occupational Change and Social Mobility in Europe, 1840–1940, Manchester 1992.

678. H. POHL (Hrsg.), Sozialgeschichtliche Probleme in der Zeit der Hochindustrialisierung (1870–1914), Paderborn-München-Wien-Zürich 1979.

679. F. PONTEIL, Les classes bourgeoises et l'avènement de la démocratie 1815–1914, Paris 1968.

680. N. V. PRERADOVICH, Die Führungsschichten in Österreich und Preußen, 1804–1918, 2. Aufl., Wiesbaden 1966.

681. H.-J. PUHLE (Hrsg.), Bürger in der Gesellschaft der Neuzeit. Wirtschaft, Politik, Kultur, Göttingen 1991.

682. G. A. RITTER (Hrsg.), Arbeiterkultur, Königstein/Ts. 1979.

683. W. SCHIEDER, V. SELLIN (Hrsg.), Sozialgeschichte in Deutschland. Entwicklung und Perspektiven im internationalen Zusammenhang, 4 Bde., Göttingen 1986–87.

684. G. SCHILDT, Frauenarbeit im 19. Jahrhundert, Pfaffenweiler 1993.

685. R. SCHÜREN, Soziale Mobilität. Muster, Veränderungen und Bedingungen im 19. und 20. Jahrhundert, St. Katharinen 1990.

686. H.-U. WEHLER (Hrsg.), Europäischer Adel 1750–1950, Göttingen 1990.

687. E. A. WRIGLEY (Hrsg.), Nineteenth-Century Society: Essays in the Use of Quantitative Methods for the Study of Social Data, Cambridge 1972.

b. Deutschland

688. P. AYÇOBERRY, Cologne entre Napoléon et Bismarck. La croissance d'une ville rhénane, Paris 1981 (dt.: Köln zwischen Napoleon und Bismarck. Das Wachstum einer rheinischen Stadt, Köln 1996).

689. K. J. BADE, Massenwanderung und Arbeitsmarkt im deutschen Nordosten von 1880 bis zum Ersten Weltkrieg. Überseeische Auswanderung, interne Abwanderung und kontinentale Auswanderung, in: AfS 20 (1980), 265–323.

690. A. BARKAI, Jüdische Minderheit und Industrialisierung. Demographie, Berufe und Einkommen der Juden in Westdeutschland 1850–1914, Tübingen 1988.

691. A. M. BIRKE, L. KETTENACKER, Bürgertum, Adel und Monarchie. Wandel der Lebensformen im Zeitalter des bürgerlichen Nationalismus, München 1989.

692. D. BLACKBOURN, The Mittelstand in German Society and Politics 1871–1914, in: SH 2 (1977), 409–433.

693. R. BOCH, Handwerker-Sozialisten gegen Fabrikgesellschaft. Lokale Fachvereine, Massengewerkschaft und industrielle Rationalisierung in Solingen 1870 bis 1914, Göttingen 1985.

694. E. BOLENZ, Vom Baubeamten zum freiberuflichen Architekten. Technische Berufe im Bauwesen (Preußen/Deutschland 1799–1931), Frankfurt/Main-Bern-New York-Paris 1991.

695. P. Borscheid, Textilarbeiterschaft in der Industrialisierung. Soziale Lage und Mobilität in Württemberg (19. Jahrhundert), Stuttgart 1978.

696. W. Buschmann, Linden: Geschichte einer Industriestadt im 19. Jahrhundert, Hildesheim 1981.

697. F. L. Carsten, Geschichte der preußischen Junker, Frankfurt/Main 1988.

698. M. Ceteruzza, Arbeiter und Unternehmer auf den Werften des Kaiserreichs, Stuttgart 1988.

699. W. Conze, U. Engelhardt (Hrsg.), Arbeiter im Industrialisierungsprozeß. Herkunft, Lage, Verhalten, Stuttgart 1979.

700. W. Conze, U. Engelhardt (Hrsg.), Arbeiterexistenz im 19. Jahrhundert: Lebensstandard und Lebensgestaltung deutscher Arbeiter und Handwerker, Stuttgart 1981.

701. D. F. Crew, Bochum: Sozialgeschichte einer Industriestadt 1860–1914, Frankfurt/Main-Berlin-Wien 1980.

702. A. Drees, Die Ärzte auf dem Weg zu Prestige und Wohlstand. Sozialgeschichte der württembergischen Ärzte im 19. Jahrhundert, Münster 1988.

703. U. Engelhardt (Hrsg.), Handwerker in der Industrialisierung. Lage, Kultur und Politik vom späten 18. bis ins frühe 19. Jahrhundert, Stuttgart 1984.

704. R. Engelsing, Zur Sozialgeschichte deutscher Mittel- und Unterschichten, Göttingen 1973.

705. K.-G. Faber, Mitteleuropäischer Adel im Wandel der Neuzeit, in: GG 7 (1981), 276–296.

706. E. Fehrenbach (Hrsg.), Adel und Bürgertum in Deutschland, München 1994.

707. I. Fischer, Industrialisierung, sozialer Konflikt und politische Willensbildung in der Stadtgemeinde. Ein Beitrag zur Sozialgeschichte Augsburgs 1840–1914, Augsburg 1977.

708. L. Gall, Bürgertum in Deutschland, Berlin 1989.

709. L. Gall (Hrsg.), Stadt und Bürgertum im 19. Jahrhundert, München 1990.

710. L. Gall (Hrsg.), Vom alten zum neuen Bürgertum. Die mitteleuropäische Stadt im Umbruch. 1780–1820, München 1991.

711. L. Gall (Hrsg.), Stadt und Bürgertum im Übergang von der traditionalen zur modernen Gesellschaft, München 1993.

712. H. Gollwitzer, Die Standesherren. Die politische und gesellschaftliche Stellung der Mediatisierten 1815–1918. Ein Beitrag zur deutschen Sozialgeschichte, Stuttgart 1957.

713. C. Gotthardt, Industrialisierung, bürgerliche Politik und proletarische Autonomie. Voraussetzungen und Varianten sozialistischer Klassenorganisationen in Nordwestdeutschland 1863 bis 1875, Bonn 1992.

714. H. Grebing, Arbeiterbewegung zwischen Revolution, Reform und Etatismus, Mannheim 1993.

715. D. Gross, Die schwierige Professionalisierung der deutschen Zahnärzteschaft (1867–1919), Frankfurt/Main 1994.

716. H.-W. Hahn, Altständisches Bürgertum zwischen Beharrung und Wandel. Wetzlar 1689–1870, München 1991.

717. E. Hamburger, Juden im öffentlichen Leben Deutschlands, 1848–1914, Tübingen 1968.

718. H. Helbig, Führungskräfte der Wirtschaft im 19. Jahrhundert 1790–1914, T. 2, Limburg 1977.

719. H. Henning, Das westdeutsche Bürgertum in der Epoche der Hochindustrialisierung 1860–1914. Soziales Verhalten und soziale Strukturen, Wiesbaden 1971.

720. H. Henning, Die deutsche Beamtenschaft im 19. Jahrhundert. Zwischen Stand und Beruf, Wiesbaden 1984.

721. A. Jeck, Wachstum und Verteilung des Volkseinkommens. Untersuchungen und Materialien zur Entwicklung der Einkommensverteilung in Deutschland 1870–1913, Tübingen 1970.

722. H. Kaelble, Social Stratification in Germany in the 19th and 20th Centuries: A Survey of Research since 1845, in: JSocH 10 (1976), 144–165.

723. I. Kaltwasser, Häusliches Gesinde in der Freien Stadt Frankfurt am Main. Rechtsstellung, soziale Lage und Aspekte des sozialen Wandels 1815–1866, Frankfurt/Main 1989.

724. M. A. Kaplan, Jüdisches Bürgertum. Frauen, Familie und Identität im Kaiserreich, Hamburg 1995.

725. R. Koch, Grundlagen bürgerlicher Herrschaft. Studien zur bürgerlichen Gesellschaft in Frankfurt am Main 1612–1866, Wiesbaden 1983.

726. J. Kocka, Unternehmensverwaltung und Angestelltenschaft am Beispiel Siemens 1847–1914. Zum Verhältnis von Kapitalismus und Bürokratie in der deutschen Industrialisierung, Stuttgart 1969.

727. J. Kocka, Die Angestellten in der deutschen Geschichte 1850–1980. Vom Privatbeamten zum angestellten Arbeitnehmer, Göttingen 1981.

728. J. Kocka, Lohnarbeit und Klassenbildung: Arbeiter und Arbeiterbewegung in Deutschland 1800–1875, Berlin-Bonn 1983.

729. J. Kocka (Hrsg.), Bürger und Bürgerlichkeit im 19. Jahrhundert, Göttingen 1987.

730. J. Kocka (Hrsg.), Bildungsbürgertum im 19. Jahrhundert, Bd. 4: Politischer Einfluß und gesellschaftliche Formation, Stuttgart 1989.

731. J. Kocka, Weder Stand noch Klasse. Unterschichten um 1800, Bonn 1990.

732. J. Kocka, R. Vogelsang, Bielefelder Unternehmer des 18. bis 20. Jahrhunderts, Münster 1991.

733. W. Köllmann, Sozialgeschichte der Stadt Barmen im 19. Jahrhundert, Tübingen 1960.

734. J. Kuczynski, Geschichte des Alltags des deutschen Volkes, Bd. 3: 1810–1870, Köln 1981, Bd. 4: 1871–1918, Köln 1982.

735. H. Kutz-Bauer, Arbeiterschaft, Arbeiterbewegung und bürgerlicher Staat in der Zeit der Großen Depression. Eine regional- und sozialgeschichtliche Studie zur Geschichte der Arbeiterbewegung im Großraum Hamburg 1873 bis 1890, Bonn 1988.

736. D. Langewiesche, K. Schönhoven, Arbeiter in Deutschland. Studien zur Lebensweise der Arbeiterschaft im Zeitalter der Industrialisierung, Paderborn 1981.

737. F. Lenger, Zwischen Kleinbürgertum und Proletariat. Studien zur Sozialgeschichte der Düsseldorfer Handwerker, Göttingen 1986.

738. F. Lenger, Sozialgeschichte der deutschen Handwerker seit 1800, Frankfurt/Main 1988.

739. G. Martin, Die bürgerlichen Exzellenzen. Zur Sozialgeschichte der preußischen Generalität 1812–1918, Düsseldorf 1979.

740. H. Matzerath, Urbanisierung in Preußen, 1815–1914, Stuttgart-Berlin-Köln-Mainz 1985.

741. K. Möckl (Hrsg.), Hof und Hofgesellschaft in den deutschen Staaten im 19. und beginnenden 20. Jahrhundert, Boppard 1990.

742. W. E. Mosse, The German-Jewish Economic Elite 1820–1935. A Socio-Cultural Profile, Oxford 1989.

743. G. W. Pedlow, The Survival of Hessian Nobility 1770–1870, Princeton 1988.

744. T. Pierenkemper, Arbeitsmarkt und Angestellte im Deutschen Kaiserreich 1880–1913. Interessen und Strategien als Elemente der Integration eines segmentierten Arbeitsmarktes, Wiesbaden 1987.

745. H. Pohl (Hrsg.), Forschungen zur Lage der Arbeiter im Industrialisierungsprozeß, Stuttgart 1978.

746. S. Quandt, Sozialgeschichte der Stadt Langenberg und der Landgemeinde Hardenberg-Neviges unter besonderer Berücksichtigung der Periode 1850–1914, Neustadt 1971.

747. H. Reif, Westfälischer Adel 1770–1860. Vom Herrschaftsstand zur regionalen Elite, Göttingen 1979.

748. J. Reulecke (Hrsg.), Die deutsche Stadt im Industriezeitalter, Wuppertal 1978.

749. J. Reulecke, Geschichte der Urbanisierung in Deutschland, 3. Aufl., Frankfurt/Main 1992.

750. G. A. Ritter, K. Tenfelde, Arbeiter im Deutschen Kaiserreich 1871–1914, Bonn 1991.

751. H. ROSENBERG, Probleme der deutschen Sozialgeschichte, Frankfurt/Main 1969.

752. L. ROTHERT, Umwelt und Arbeitsverhältnisse von Ruhrbergleuten in der 2. Hälfte des 19. Jahrhunderts, Münster 1976.

753. H. J. RUPIEPER, Arbeiter und Angestellte im Zeitalter der Industrialisierung. Eine sozialgeschichtliche Studie am Beispiel der Maschinenfabriken in Augsburg und Nürnberg M.A.N., Frankfurt/Main 1982.

754. K. SCHAMBACH, Stadtbürgertum und industrieller Umbruch. Dortmund 1780–1870, München 1996.

755. G. SCHILDT, Tagelöhner, Gesellen, Arbeiter. Sozialgeschichte der vorindustriellen und industriellen Arbeiter in Braunschweig 1830–1880, Stuttgart 1986.

756. G. SCHILDT, Die Arbeiterschaft im 19. und 20. Jahrhundert, München 1996.

757. L. SCHOFER, The Formation of a Modern Labor Force. Upper Silesia 1865–1914, Berkeley 1975.

758. H. SCHOMERUS, Die Arbeiter der Maschinenfabrik Esslingen. Forschungen zur Lage der Arbeiterschaft im 19. Jahrhundert, Stuttgart 1977.

759. D. SCHUMANN, Bayerns Unternehmer in Gesellschaft und Staat, Göttingen 1992.

760. G. SCHWARZ, „Nahrungsstand" und „erzwungener Gesellenstand". Mentalité und Strukturwandel des bayerischen Handwerks im Industrialisierungsprozeß um 1860, Berlin 1974.

761. H. STÜBIG, Bildung, Militär und Gesellschaft in Deutschland. Studien zur Entwicklung im 19. Jahrhundert, Köln 1994.

762. K. TENFELDE, Wege zur Sozialgeschichte der Arbeiterschaft und Arbeiterbewegung. Regional- und lokalgeschichtliche Forschungen (1945–1975) zur deutschen Arbeiterbewegung bis 1914, in: H.-U. WEHLER (Hrsg.), Die moderne deutsche Geschichte in der internationalen Forschung 1945–1975, Göttingen 1978, 197–225.

763. K. TENFELDE, Sozialgeschichte der Bergarbeiterschaft an der Ruhr im 19. Jahrhundert, 2. Aufl., Bonn 1981.

764. K. TENFELDE, Großstadtjugend in Deutschland vor 1914. Eine historisch-demographische Annäherung, in: VSWG 69 (1982), 182–218.

765. K. TENFELDE, G. A. RITTER (Hrsg.), Bibliographie zur Geschichte der deutschen Arbeiterschaft und Arbeiterbewegung 1863–1914. Berichtszeitraum 1945–1975. Mit einer forschungsgeschichtlichen Einleitung, Bonn 1981.

766. K. TENFELDE, H. VOLKMANN (Hrsg.), Streik. Zur Geschichte des Arbeitskampfes in Deutschland während der Industrialisierung, München 1981.

767. H. VOLKMANN, Die Arbeiterfrage im preußischen Abgeordnetenhaus 1848–1869, Berlin 1968.

768. H. VOLKMANN, J. BERGMANN (Hrsg.), Sozialer Protest. Studien zu traditoneller Resistenz und kollektiver Gewalt vom Vormärz bis zur Reichsgründung, Opladen 1984.

769. S. VOLKOV, The Rise of Popular Antimodernism in Germany. The Urban Master Artisans 1873–1896, Princeton 1978.

770. M. WALKER, German Home Towns. Community, State, and General Estate 1618–1871, Ithaca-London 1971.

771. B. WALTER, Die Beamtenschaft in Münster zwischen ständischer und bürgerlicher Gesellschaft. Eine personengeschichtliche Studie zur staatlichen und kommunalen Beamtenschaft in Westfalen (1800–1850), Münster 1987.

772. H.-U. WEHLER (Hrsg.), Moderne deutsche Sozialgeschichte, 4. Aufl., Köln 1973.

773. V. WEISS, Bevölkerung und soziale Mobilität. Sachsen 1550–1880, Berlin 1993.

774. W. ZORN, Typen und Entwicklungskräfte deutschen Unternehmertums im 19. Jahrhundert, in: VSWG 44 (1957), 57–77.

775. F. ZUNKEL, Der Rheinisch-Westfälische Unternehmer 1834–1879, Köln 1962.

776. H. ZWAHR, Zur Herausbildung der deutschen Arbeiterklasse. Ein stadial-regionaler Vergleich, Berlin 1977.

c. Übriges Europa

777. M. AGULHON, Une ville ouvrière au temps du socialisme utopique, Toulon de 1815 à 1851, Paris 1970.

778. M. ANDERSON, Family Structure in Nineteenth-Century Lancashire, Cambridge 1972.

779. J. BENSON, British Coalminers in the Nineteenth Century: A Social History, Dublin 1980.

780. H. BERGHOFF, Englische Unternehmer 1870–1914. Eine Kollektivbiographie in Birmingham, Bristol und Manchester, Göttingen 1991.

781. A. BRIGGS, Victorian Cities, London 1963.

782. E. BRUCKMÜLLER, U. DÖCKER, H. STEHL (Hrsg.), Bürgertum in der Habsburger Monarchie, Wien-Köln 1990.

783. D. CANNADINE, Aspects of Aristocracy, New Haven 1994.

784. E. CANTORA-ARGANDOÑA, R. H. GUERRAN, La répartition de la population, les conditions de logement des classes ouvrières à Paris au XIXe siècle, Paris 1976.

785. J. P. CHALINE, Les bourgeois de Rouen: Une élite urbaine au XIXe siècle, Paris 1982.

786. C. CHARLE, Histoire sociale de la France au XIXe siècle, Paris 1991.

787. C. Chinn, Poverty amidst Prosperity. The Urban Poor in England 1834–1914, Manchester u. a. 1995.

788. G. C. Clifton, Professionalism, Patronage and Public Service in Victorian London: The Staff of the Metropolitan Board of Works, 1856–1889, London 1992.

789. F.-P. Codaccioni, De l'inégalité sociale dans une grande ville industrielle. Le drame de Lille de 1850–1914, Lille 1976.

790. G. Crossick (Hrsg.), The Lower Middle Class in Britain 1870–1914, London 1977.

791. G. Crossick, An Artisan Elite in Victorian Society, London 1978.

792. A. Daumard, La bourgeoisie parisienne de 1815 à 1848, Paris 1963.

793. A. Daumard, L'évolution des structures sociales en France à l'époque de l'industrialisation, 1815–1914, in: RH 247 (1972), 325–346.

794. A. Daumard (Hrsg.), Les fortunes françaises au XIXᵉ siècle. Enquête sur la répartition et la composition des capitaux privés à Paris, Lyon, Lille, Bordeaux et Toulouse d'après l'enregistrement des déclarations de succession, Paris 1973.

795. I. Deák, Beyond Nationalism. A Social and Political History of the Habsburg Officer Corps, 1848–1918, New York-Oxford 1990.

796. G. Dupeux, La société française 1789–1970, Paris 1972.

797. H. J. Dyos, M. Wolff (Hrsg.), The Victorian City: Images and Realities, 2 Bde., London-Boston 1973.

798. H. Feigl, W. Rosner (Hrsg.), Adel im Wandel, Wien 1991.

799. D. Feldman, Englishmen and Jews. Social Relations and Political Culture 1840–1914, New Haven 1994.

800. D. V. Glass (Hrsg.), Social Mobility in Britain, London 1954.

801. E. Gruner, Die Arbeiter in der Schweiz im 19. Jahrhundert, Bern 1968.

802. P. Guiral, La vie quotidienne en France à l'âge d'or du capitalisme 1852–1879, Paris 1976.

803. M. Hanagan, Nascent Proletarians. Class Formation in Post-Revolutionary France, Oxford 1989.

804. G. H. Hardach, Der soziale Status des Arbeiters in der Frühindustrialisierung, 1800–1870, Berlin 1969.

805. J. Harris, Private Lives, Public Spirit. A Social History of Britain, 1870–1914, New York-Oxford 1993.

806. U. Helmich, Arbeitskämpfe in Frankreich. Ein Beitrag zur Sozial- und Rechtsgeschichte (1789–1939), Meisenheim 1977.

807. D. Higgs, Nobles in Nineteenth-Century France. The Practice of Inegalitarianism, Baltimore-London 1987.

808. M. HILDERMEIER. Bürgertum und Stadt in Rußland. Rechtliche Lage und soziale Struktur, Köln-Wien 1986.

809. M. HILEY, Victorian Working Women: Portraits from Life, London 1979.

810. E. HOBSBAWM, Labouring Men: Studies in the History of Labour, London 1964.

811. E. HOPKINS, A Social History of the English Working Classes 1815–1945, London 1979.

812. A. HOWKINS, Reshaping Rural England. A Social History 1850–1925, London 1991.

813. V. HUNECKE, Arbeiterschaft und Industrielle Revolution in Mailand 1859–1892. Zur Entstehungsgeschichte der italienischen Industrie und Arbeiterbewegung, Göttingen 1978.

814. E. H. HUNT, British Labour History, 1815–1914, London 1981.

815. K. ITTMANN, Work, Gender and Family in Victorian England, London 1994.

816. R. JAUN, Management und Arbeiterschaft. Verwissenschaftlichung, Amerikanisierung und Rationalisierung der Arbeitsverhältnisse in der Schweiz 1873–1959, Zürich 1986.

817. J. H. JOHNSON, C. G. POOLEY (Hrsg.), The Structure of Nineteenth Century Cities, London-New York 1982.

818. R. E. JOHNSON, Peasant and Proletarian. The Working Class of Moscow in the Late Nineteenth Century, Leicester 1979.

819. G. S. JONES, Outcast London. A Study in the Relations between Classes in Victorian Society, Oxford 1971.

820. D. KYNASTON, King Labour: The British Working Class, 1850–1914, London 1976.

821. D. LANGEWIESCHE, Zur Freizeit der Arbeiter. Bildungsbestrebungen und Freizeitgestaltung österreichischer Arbeiter im Kaiserreich und in der Ersten Republik, Stuttgart 1979.

822. P. LEON, Géographie de la fortune et structures sociales à Lyon au XIXe siècle (1815–1914), Lyon 1974.

823. Y. LEQUIN, Les ouvriers de la région Lyonnaise (1848–1914), 2 Bde., Lyon 1977.

824. R. LEWIS, A. MAUDE, The English Middle Classes, London 1949.

825. H.-D. LÖWE, Die Lage der Bauern in Rußland 1880–1905. Wirtschaftliche und soziale Veränderungen in der ländlichen Gesellschaft des Zarenreiches, St. Katharinen 1988.

826. T. LUMMIS, The Labour Aristocracy, 1851–1914, Aldershot 1994.

827. R. MAGRAW, A History of the French Working Class, 2 Bde., Oxford 1992.

828. R. MAGRAW, Workers and the Bourgeois Republic, Oxford 1992.

829. P. MacPhee, A Social History of France 1780–1880, London-New York 1992.

830. J. M. Merriman (Hrsg.), French Cities in the Nineteenth Century, London 1982.

831. D. R. Mills, Lord and Peasant in 19th Century Britain, London 1982.

832. G. E. Mingay, Rural Life in Victorian England, London 1977.

833. E. O'Connor, A Labour History of Ireland, 1824–1960, Dublin 1992.

834. T. C. Owen, Capitalism and Politics in Russia. A Social History of the Moscow Merchants, 1855–1905, Cambridge 1981.

835. H. Perkin, The Origins of Modern English Society, 1780–1880, 4. Aufl., London 1972.

836. M. Perrot, Enquêtes sur la condition ouvrière en France au XIXe siècle, Paris 1972.

837. M. Perrot, Les ouvriers en grève. France 1871–1890, 2 Bde., Paris 1974.

838. P. Pierrard, La vie quotidienne dans le Nord au XIXe siècle (Artois, Flandre, Hainaut, Picardie), Paris 1976.

839. S. Pollard, A History of Labour in Sheffield, 1850–1939, Liverpool 1959.

840. S. Pollard, Englische Arbeiterkultur im Zeitalter der Industrialisierung: Forschungsergebnisse und Forschungsprobleme. Ein bibliographischer Aufsatz, in: GG 5 (1979), 150–166.

841. R. Price, The French Second Republic. A Social History, London 1972.

842. J. Roebuck, The Making of Modern English Society from 1850, New York 1973.

843. R. Samuel (Hrsg.), Village Life and Labour, London 1975.

844. P. Sarasin, Stadt der Bürger. Struktureller Wandel und bürgerliche Lebenswelt. Basel 1870–1900, Basel-Frankfurt/Main 1990.

845. M. Savage, A. Miles, The Remaking of the British Working Class, 1850–1940, London 1994.

846. E. Shorter, C. Tilly, Strikes in France 1830–1968, London 1974.

847. H. Siegrist, Vom Familienbetrieb zum Managerunternehmen. Angestellte und industrielle Organisation am Beispiel der Georg Fischer AG in Schaffhausen 1797–1930, Göttingen 1981.

848. P. Sorlin, La société française, T. 1: 1840–1914, Paris 1969.

849. E. P. Thompson, The Making of the English Working Class, London 1963 (dt.: Die Entstehung der englischen Arbeiterklasse, 2 Bde., Frankfurt/Main 1987).

850. E. P. Thompson, Plebejische Kultur und moralische Ökonomie. Aufsätze zur englischen Sozialgeschichte des 18. und 19. Jahrhunderts, Frankfurt/Main-Berlin-Wien 1980.

851. F. M. L. Thompson, English Landed Society in the Nineteenth Century, 3. Aufl., London 1969.

852. J. H. Treble, Urban Poverty in Britain, 1830–1914, London 1979.

853. R. Trempé, Les mineurs de Carmaux 1848–1914, 2 Bde., Paris 1971.

854. C. M. Truant, The Rites of Labour. Brotherhoods of Campognonnage in Old and New Regime France, Ithaca u. a. 1994.

855. D. Valenze, The First Industrial Women, New York u. a. 1995.

856. W. Vucinich (Hrsg.), The Peasant in 19th Century Russia, Stanford 1968.

857. K. Williams, From Pauperism to Poverty, London 1981.

858. C. Wynn, Workers, Strikes, and Progroms: The Donbass-Dnjepr Bend in Late Imperial Russia. 1870–1905, Princeton 1992.

859. R. Zelnik, Labour and Society in Tsarist Russia, Stanford 1971.

5. Parteien und Verbände

a. Allgemeines, Europa insgesamt

860. J. L. Abbelán, Historia crítica del pensiamento, Bd. 4: Liberalismo y Romanticisimo (1808–1974), Madrid 1984.

861. A. Andreasi, L'anarco-sindicalismo in Francia, Italia e Spagna, Mailand 1981.

862. E. Bendikat, Wahlkämpfe in Europa 1884 bis 1889. Parteisysteme und Politikstile in Deutschland, Frankreich und Großbritannien, Wiesbaden 1988.

863. J. Braunthal, Geschichte der Internationale, 3 Bde., Hannover 1961–71.

864. J. Breuilly (Hrsg.), Labour and Liberalism in 19th Century Europe: Essays in Comparative History, Manchester 1992.

865. O. Büsch (Hrsg.), Wählerbewegungen in der europäischen Geschichte, Berlin 1980.

866. W. J. Crotty (Hrsg.), Approaches to the Study of Party Organization, Boston 1968.

867. J. Droz, Geschichte des Sozialismus, Bd. 3: Sozialismus und Arbeiterbewegung bis zum Ende der 1. Internationale, Berlin 1975.

868. M. Duverger, Les partis politiques (1951), 2., erw. Aufl., Paris 1954 (dt.: Tübingen 1959).

869. M. Economopoulou, Parties and Politics in Greece 1844–1855, Athen 1984.

870. L. Gall (Hrsg.), Liberalismus, Königstein/Ts. 1980.

871. D. Geary (Hrsg.), Labour and Socialist Movements in Europe before 1914, Oxford-New York-München 1989.

872. H. Haas (Hrsg.), Vereinswesen und politische Partizipation im liberalen Zeitalter, Salzburg 1994.

873. W. Kendall, The Labour Movement in Europe, London 1975.

874. M. van der Linden, J. Rojahn (Hrsg.), The Formation of Labour Movements 1870–1914. An International Perspective, 2 Bde., Leiden 1990.

875. S. M. Lipset, Political Man. The Social Bases of Politics, Garden City 1960 (dt.: Soziologie der Demokratie, Neuwied 1962).

876. S. M. Lipset, St. Rokkan (Hrsg.), Party Systems and Voter Alignments. Cross-National Perspectives, New York 1967.

877. G. Schmidt, Politischer Liberalismus, „Landed interests" und organisierte Arbeiterschaft, 1850–1880. Ein deutsch-englischer Vergleich, in: H.-U. Wehler (Hrsg.), Sozialgeschichte heute. Fs. f. H. Rosenberg, Göttingen 1974, 266–288.

878. H. G. Schumann (Hrsg.), Konservatismus, Köln 1974.

879. H. Siegrist (Hrsg.), Bürgerliche Berufe. Zur Sozialgeschichte der freien und akademischen Berufe im internationalen Vergleich, Göttingen 1988.

880. G. Ziebura (Hrsg.), Beiträge zur allgemeinen Parteienlehre. Zur Theorie, Typologie und Vergleichung politischer Parteien, Darmstadt 1969.

b. Deutschland

881. W. Albrecht, Fachverein – Berufsgewerkschaft – Zentralverband. Organisationsprobleme der deutschen Gewerkschaften, 1870–1890, Bonn 1982.

882. R. Aldenhoff, Schulze-Delitzsch. Ein Beitrag zur Geschichte des Liberalismus zwischen Revolution und Reichsgründung, Baden-Baden 1984.

883. F. Balser, Sozial-Demokratie, 1848–1863, 2 Bde., 2. Aufl., Stuttgart 1965.

884. W. Becker (Hrsg.), Die Minderheit als Mitte. Die deutsche Zentrumspartei in der Innenpolitik des Reiches 1871–1933, Paderborn 1986.

885. R. M. Berdahl, The Transformation of the Prussian Conservative Party, 1866–1876, Diss. Minnesota 1965.

886. L. Bergsträsser, Geschichte der politischen Parteien in Deutschland, 11. Aufl., München 1965.

887. K. Birker, Die deutschen Arbeiterbildungsvereine, 1840–1870, Berlin 1973.

888. D. Blackbourn, Class, Religion and Local Politics in Wilhelmine Germany. The Center Party in Württemberg before 1914, Wiesbaden 1980.

889. F. Blaich, Staat und Verbände in Deutschland 1871–1945, Wiesbaden 1979.

890. E. O. Bräunche, Parteien und Reichstagswahlen in der Rheinpfalz von der Reichsgründung bis zum Ersten Weltkrieg. Eine regionale partei- und wahlhistorische Untersuchung im Vorfeld der Demokratie, Speyer 1982.

891. K. Buchheim, Ultramontanismus und Demokratie. Der Weg der deutschen Katholiken im 19. Jahrhundert, München 1963.

892. O. Büsch, Parteien und Wahlen in Deutschland bis zum Ersten Weltkrieg, in: Abhandlungen aus der Pädagogischen Hochschule in Berlin 1 (1974), 178–264.

893. O. Büsch u. a. (Hrsg.), Wählerbewegung in der deutschen Geschichte. Analysen und Berichte zu den Reichstagswahlen 1871–1933, Berlin 1978.

894. W. Conze, Möglichkeiten und Grenzen der liberalen Arbeiterbewegung in Deutschland. Das Beispiel Schulze-Delitzschs, Heidelberg 1965.

895. W. Conze, D. Groh, Die Arbeiterbewegung in der nationalen Bewegung. Die deutsche Sozialdemokratie vor, während und nach der Reichsgründung, Stuttgart 1966.

896. O. Dann (Hrsg.), Vereinswesen und bürgerliche Gesellschaft in Deutschland, München 1984.

897. K. Ditt, Industrialisierung, Arbeiterschaft und Arbeiterbewegung in Bielefeld 1850–1914, Dortmund 1982.

898. E. Dittrich, Arbeiterbewegung und Arbeiterbildung im 19. Jahrhundert, Bensheim 1980.

899. G. Eisfeld, Die Entstehung der liberalen Parteien in Deutschland 1858–1870, Hannover 1969.

900. B. Emig, Die Veredelung des Arbeiters. Die Sozialdemokratie als Kulturbewegung, Frankfurt/Main-New York 1980.

901. U. Engelhardt, „Nur vereinigt sind wir stark". Die Anfänge der deutschen Gewerkschaftsbewegung 1862/63–1869/70, 2 Bde., Stuttgart 1977.

902. G. Erdmann, Die deutschen Arbeitgeberverbände im sozialgeschichtlichen Wandel der Zeit, Neuwied-Berlin 1966.

903. M. Erdmann. Die verfassungspolitische Funktion der Wirtschaftsverbände in Deutschland, 1815–1871, Berlin 1968.

904. A. L. Evans, The German Center Party 1870–1933. A Study in Political Catholicism, Carbondale-Edwardsville 1981.

905. K.-G. Faber, Strukturprobleme des deutschen Liberalismus im 19. Jahrhundert, in: Der Staat 14 (1975), 201–227.

906. E. Fehrenbach, Die Anfänge der Parteiengeschichtsforschung in Deutschland, in: H. Ludat, R. C. Schwinges (Hrsg.), Politik, Gesellschaft, Geschichtsschreibung. Fs. f. F. Graus, Köln-Wien 1982, 403–426.

907. H. Fenske, Strukturprobleme der deutschen Parteiengeschichte, Frankfurt/Main 1974.

908. G. Fesser, Linksliberalismus und Arbeiterbewegung. Die Stellung der Deutschen Fortschrittspartei zur Arbeiterbewegung 1861–1866, Berlin 1976.

909. W. Fischer, Unternehmerschaft, Selbstverwaltung und Staat. Die Handelskammern in der deutschen Wirtschafts- und Staatsverwaltung des 19. Jahrhunderts, Berlin 1964.

910. A. F. Flynn, At the Treshold of Dissolution: The National Liberals and Bismarck 1877/78, in: HJ 31 (1988), 319–340.

911. D. Fricke (Hrsg.), Die bürgerlichen Parteien in Deutschland. Handbuch der Geschichte der bürgerlichen Parteien und anderer bürgerlicher Interessenorganisationen vom Vormärz bis zum Jahre 1945, 2 Bde., Leipzig 1968–70.

912. D. Fricke, Handbuch zur Geschichte der deutschen Arbeiter 1869 bis 1917, 2 Bde., Berlin 1987.

913. L. Gall, Der Liberalismus als regierende Partei. Das Großherzogtum Baden zwischen Restauration und Reichsgründung, Wiesbaden 1968.

914. L. Gall, Liberalismus und „bürgerliche Gesellschaft", in: HZ 220 (1975), 324–356.

915. L. Gall, D. Langewiesche (Hrsg.), Liberalismus und Region, München 1995.

916. Geschichte der deutschen Arbeiterbewegung, hrsg. v. Institut des Marxismus-Leninismus beim ZK der SED, 8 Bde., Berlin 1966.

917. H. Grebing, Geschichte der deutschen Parteien, Wiesbaden 1962.

918. H. Grebing, Geschichte der deutschen Arbeiterbewegung (1970), 7. Aufl., München 1976.

919. H. Grebing, Arbeiterbewegung, sozialer Protest und kollektive Interessenvertretung bis 1914, 3. Aufl., München 1992.

920. D. Groh, „Vaterlandslose Gesellen". Sozialdemokratie und Nation 1860–1990, München 1992.

921. M. Gugel, Industrieller Aufstieg und bürgerliche Herrschaft. Sozioökonomische Interessen und politische Ziele des liberalen Bürgertums in Preußen zur Zeit des Verfassungskonfliktes 1857–1867, Köln 1975.

922. W. L. Guttsmann, The German Social Democratic Party, 1875–1933, London 1981.

923. F. Hartmannsgruber, Die Bayerische Patriotenpartei 1868–1887, München 1986.

924. V. Hentschel, Die deutschen Freihändler und der volkswirtschaftliche Kongreß 1850–1885, Stuttgart 1975.

925. K. Holl, G. Trautmann, H. Vorländer (Hrsg.), Sozialer Liberalismus, Göttingen 1986.

926. E. R. Huber, Das Verbandswesen des 19. Jahrhunderts und der Verfassungsstaat, in: H. Spanner u. a. (Hrsg.), Fs. f. T. Maunz, München 1971, 173–198.

927. H. Kaack, Geschichte und Struktur des deutschen Parteiensystems, Köln 1971.

928. H. KAELBLE, Industrielle Interessenpolitik in der Wilhelminischen Gesellschaft. Centralverband Deutscher Industrieller 1895–1914, Berlin 1967.

929. H. KAELBLE, Industrielle Interessenverbände vor 1914, in: W. RÜEGG, O. NEULOH (Hrsg.), Zur soziologischen Theorie und Analyse des 19. Jahrhunderts, Göttingen 1971, 180–192.

930. D. LANGEWIESCHE, Liberalismus und Demokratie in Württemberg zwischen Revolution und Reichsgründung, Düsseldorf 1974.

931. D. LANGEWIESCHE, Liberalismus in Deutschland, Frankfurt/Main 1988.

932. A. LANGNER (Hrsg.), Katholizismus, nationaler Gedanke und Europa seit 1800, Paderborn 1985.

933. M. R. LEPSIUS, Parteiensystem und Sozialstruktur: Zum Problem der Demokratisierung der deutschen Gesellschaft, in: W. ABEL u. a. (Hrsg.), Wirtschaft, Geschichte und Wirtschaftsgeschichte. Fs. f. F. Lütge, Stuttgart 1966, 371–393.

934. R. G. LEVY, The Downfall of Anti-Semitic Political Parties in Imperial Germany, New Haven 1975.

935. V. L. LIDTKE, The Outlawed Party: Social Democracy in Germany, 1878–1890, Princeton 1966.

936. V. L. LIDTKE, The Alternative Culture. Socialist Labour in Imperial Germany, New York-Oxford 1985.

937. I. S. LORENZ, Eugen Richter: Der entschiedene Liberalismus in wilhelminischer Zeit 1871 bis 1906, Husum 1981.

938. K.-E. LÖNNE, Politischer Katholizismus im 19. und 20. Jahrhundert, Frankfurt/Main 1986.

939. W. LOTH (Hrsg.), Deutscher Katholizismus im Umbruch zur Moderne, Stuttgart-Berlin-Köln 1991.

940. S. MIELKE, Der Hansa-Bund für Gewerbe, Handel und Industrie 1909–1914. Der gescheiterte Versuch einer antifeudalen Sammlungspolitik, Göttingen 1976.

941. U. MITTMANN, Fraktion und Partei. Ein Vergleich von Zentrum und Sozialdemokratie im Kaiserreich, Düsseldorf 1976.

942. H. MOMMSEN (Hrsg.), Arbeiterbewegung und industrieller Wandel. Studien zu gewerkschaftlichen Organisationsproblemen im Reich und an der Ruhr, Wuppertal 1980.

943. R. MORSEY, Die deutschen Katholiken und der Nationalstaat zwischen Kulturkampf und Erstem Weltkrieg, in: HJb 90 (1970), 31–64.

944. J. A. MOSES, German Trade Unionism from Bismarck to Hitler 1869–1933, 2 Bde., London 1981–82.

945. S. NA'AMAN, H.-P. HARPSTICK, Die Konstituierung der deutschen Arbeiterbewegung 1862/63, Assen 1975.

946. Th. Nipperdey, Die Organisation der deutschen Parteien vor 1918, Düsseldorf 1961.

947. Th. Nipperdey, Verein als soziale Struktur in Deutschland im späten 18. und frühen 19. Jahrhundert, in: H. Boockmann u. a., Geschichtswissenschaft und Vereinswesen im 19. Jahrhundert, Göttingen 1972, 1–44.

948. T. Offermann, Arbeiterbewegung und liberales Bürgertum in Deutschland, 1850–1863, Bonn 1979.

949. U. Olliges-Wieczorek, Politisches Leben in Münster – Parteien und Vereine im Kaiserreich (1871–1914), Münster 1995.

950. B.-C. Padtberg, Rheinischer Liberalismus in Köln während der politischen Reaktion in Preußen 1848/49, Köln 1985.

951. K.-H. Pohl, Die Nationalliberalen – eine unbekannte Partei?, in: JbLibF 3 (1991), 82–112.

952. H.-J. Puhle, Agrarische Interessenpolitik und preußischer Konservatismus im Wilhelminischen Reich (1893–1914) (1967), 2. Aufl., Bonn 1975.

953. W. Renzsch, Handwerker und Lohnarbeiter in der frühen Arbeiterbewegung: Zur sozialen Basis von Gewerkschaften und Sozialdemokratie im Reichsgründungsjahrzehnt, Göttingen 1980.

954. G. A. Ritter (Hrsg.), Deutsche Parteien vor 1918, Köln 1973.

955. G. A. Ritter, Die sozialdemokratische Arbeiterbewegung Deutschlands bis zum Ersten Weltkrieg, in: ders., Arbeiterbewegung, Parteien, Parlamentarismus, Göttingen 1976, 21–54.

956. G. A. Ritter, Staat, Arbeiterschaft und Arbeiterbewegung in Deutschland. Vom Vormärz bis zum Ende der Weimarer Republik, Berlin-Bonn 1980.

957. G. A. Ritter, Die deutschen Parteien, 1830–1914. Parteien und Gesellschaft im konstitutionellen Regierungssystem, Göttingen 1985.

958. G. A. Ritter, K. Tenfelde, Der Durchbruch der Freien Gewerkschaften Deutschlands zur Massenbewegung im letzten Viertel des 19. Jahrhunderts, in: H. O. Vetter (Hrsg.), Vom Sozialistengesetz zur Mitbestimmung. Zum 100. Geburtstag von H. Böckler, Köln 1975, 61–120.

959. K. Rohe, Wahlen und Wählertradition in Deutschland, Frankfurt/Main 1992.

960. T. Rohkrämer, Der Militarismus der „kleinen Leute". Die Kriegervereine im Deutschen Kaiserreich 1871–1914, München 1990.

961. J. Schmädeke, Wählerbewegung im wilhelminischen Deutschland, Berlin 1995.

962. G. Schmidt, Die Nationalliberalen – eine regierungsfähige Partei? Zur Problematik der inneren Reichsgründung 1870–1878, in: G. A. Ritter (Hrsg.), Deutsche Parteien vor 1918, Köln 1973, 208–223.

963. K. Schönhoven, Die deutschen Gewerkschaften, Frankfurt/Main 1987.

964. G. Seeber, Zwischen Bebel und Bismarck. Zur Geschichte des Linksliberalismus in Deutschland 1871–1893, Berlin 1965.

965. H. Seier, Liberalismus und Staat in Deutschland zwischen Revolution und Reichsgründung, in: ArchFfmG 54 (1974), 69–95.

966. F. Sell, Die Tragödie des deutschen Liberalismus, 2. Aufl. Mit einer Einf. v. R. Koch, Baden-Baden 1981.

967. J. J. Sheehan, German Liberalism in the Nineteenth Century, Chicago-London 1978 (dt.: Der deutsche Liberalismus. Von den Anfängen im 18. Jahrhundert bis zum Ersten Weltkrieg 1770–1914, München 1983).

968. J. L. Snell, The Democratic Movement in Germany, 1789 to 1914, Chapel Hill 1976.

969. J. Sperber, Popular Catholicism in Nineteenth-Century Germany, Princeton 1984.

970. G. P. Steenson, „Not One Man! Not One Penny!" German Social Democracy 1863–1914, Pittsburgh 1981.

971. D. Stegmann, Die Erben Bismarcks. Parteien und Verbände in der Spätphase des Wilhelminischen Deutschlands. Sammlungspolitik 1897–1918, Köln-Berlin 1970.

972. H. J. Steinberg, Sozialismus und deutsche Sozialdemokratie. Zur Ideologie der Partei vor dem 1. Weltkrieg, 4. Aufl., Berlin-Bad Godesberg 1976.

973. C. Stephan, „Genossen, wir dürfen uns nicht von der Geduld hinreißen lassen!" Aus der Urgeschichte der Sozialdemokratie 1862–1878, Frankfurt/Main 1977.

974. G. Trautmann, Zwischen Fortschritt und Restauration. Liberale Doktrin und Parteientwicklung in Deutschland 1861–1933, Hamburg 1975.

975. H.-P. Ullmann, Der Bund der Industriellen. Organisation, Einfluß und Politik klein- und mittelbetrieblicher Industrieller im Deutschen Kaiserreich 1895–1914, Göttingen 1976.

976. H.-P. Ullmann, Zur Rolle industrieller Interessenorganisationen in Preußen und Deutschland bis zum Ersten Weltkrieg, in: H.-J. Puhle, H.-U. Wehler (Hrsg.), Preußen im Rückblick, Göttingen 1980, 300–323.

977. H.-P. Ullmann, Interessenverbände in Deutschland, Frankfurt/Main 1988.

978. H. J. Varain (Hrsg.), Interessenverbände in Deutschland, Köln 1973.

979. H. Wachenheim, Die deutsche Arbeiterbewegung von 1844 bis 1914, 2. Aufl., Köln 1971.

980. Chr. Weber, „Eine stark geschlossene Phalanx". Der politische Katholizismus und die erste deutsche Reichstagswahl 1871, Essen 1992.

981. H.-U. Wehler, Zur Funktion und Struktur der nationalen Kampfverbände im Kaiserreich, in: W. Conze u. a. (Hrsg.), Modernisierung und nationale Gesellschaft im ausgehenden 18. und im 19. Jahrhundert, Berlin 1979, 113–124.

982. H. A. Winkler, Preußischer Liberalismus und deutscher Nationalstaat. Studien zur Geschichte der Deutschen Fortschrittspartei, 1861–1866, Tübingen 1964.

983. H. A. Winkler, Der rückversicherte Mittelstand: Die Interessenverbände von Handwerk und Kleinhandel im deutschen Kaiserreich, in: W. Rüegg, O. Neuloh (Hrsg.), Zur soziologischen Theorie und Analyse des 19. Jahrhunderts, Göttingen 1971, 163–179.

984. H. A. Winkler, Pluralismus oder Protektionismus? Verfassungspolitische Probleme des Verbandswesens im Deutschen Kaiserreich, Wiesbaden 1972.

985. J. R. Winkler, Sozialstruktur, politische Tradition und Liberalismus. Eine empirische Längsschnittstudie zur Wahlentwicklung in Deutschland 1871–1933, Opladen 1995.

986. E. J. Yonke, The Emergence of a Roman Middle Class and Nineteenth-Century Germany. Catholic Associations in the Prussian Rhine Province, 1837–1876, Chapel Hill 1990.

987. G. Zang (Hrsg.), Provinzialisierung einer Region. Regionale Unterentwicklung und liberale Politik in der Stadt und im Kreis Konstanz im 19. Jahrhundert. Untersuchungen zur Entstehung der bürgerlichen Gesellschaft in der Provinz, Frankfurt/Main 1978.

c. Übriges Europa

988. H. Aigueperse, Cent ans de syndicalisme, Paris 1977.

989. R. v. Albertini, Parteiorganisation und Parteibegriff in Frankreich 1789–1940, in: HZ 193 (1961), 529–600.

990. U. Altermatt, Der Weg der Schweizer Katholiken ins Ghetto. Die Entstehungsgeschichte der nationalen Volksorganisation im Schweizer Katholizismus 1848–1919, Zürich-Einsiedeln-Köln 1972.

991. D. Beales, The Political Parties of Nineteenth-Century Britain, London 1971.

992. S. Beer, Modern British Politics: A Study of Parties and Pressure Groups (1965), 2. Aufl., London 1969.

993. G. Beuret, Die katholisch-soziale Bewegung in der Schweiz 1848–1919, Winterthur 1959.

994. K. v. Beyme, Politische Soziologie im zaristischen Rußland, Wiesbaden 1965.

995. E. F. Biagini, Liberty, Retrenchment and Reform. Popular Liberalism in the Age of Gladstone 1860–1880, Cambridge 1992.

996. R. Blake, The Conservative Party from Peel to Churchill, London 1970.

997. H. Böschenstein, 1878 bis 1978: Ein Jahrhundert Freisinnig-Demokratische Fraktion der Bundesversammlung, in: Politische Rundschau 57 (1978), 297–314.

998. R. Brécy, Le mouvement syndical en France, 1871–1901: Essai bibliographique, 2. Aufl., Gif-sur-Yvette 1982.

999. J. Bron, Histoire du mouvement ouvrier français, 3 Bde., Paris 1968–1973.

1000. H. Browne, The Rise of British Trade Unions, 1825–1914, London 1979.

1001. I. Bulmer-Thomas, The Growth of the British Party System 1640–1964, 2 Bde. (1965), 2. Aufl., London 1967.

1002. P. F. Clarke, The Electoral Sociology of Modern Britain, in: History 57 (1972), 31–55.

1003. C. Cook, I. Taylor (Hrsg.), The Labour Party. An Introduction in its History, Structure and Politics, London-New York 1980.

1004. G. A. Craig, Geld und Geist. Zürich im Zeitalter des Liberalismus 1830–1869, München 1988.

1005. F. Diestelmeyer, Soziale Angst. Konservative Reaktionen auf liberale Reformpolitik in Rußland unter Alexander II. (1855–1866), Frankfurt/Main-Bern-New York 1985.

1006. M. Duverger (Hrsg.), Partis politiques et classes sociales en France, Paris 1955.

1007. P. H. Ehinger, Die Anfänge des liberalen Parteiwesens im Kanton St. Gallen. Ein Beitrag zur Geschichte und Soziologie des organisierten Liberalismus in seinem Frühstadium (bis 1870), Diss. Zürich 1970.

1008. E. J. Feuchtwanger, Disraeli, Democracy and the Tory Party. Conservative Leadership and Organization after the Second Reform Bill, Oxford 1968.

1009. M. C. Finn, After Chartism: Class and Nation in English Radical Politics, 1848–1884, Cambridge 1993.

1010. B. M. Garver, The Young Czech Party 1874–1901 and the Emergence of a Multi-Party System, New Haven-London 1978.

1011. E. Göldi, Die Arbeiterparteien in der Schweiz und die Bauern von 1870 bis zum 2. Weltkrieg, 2 Bde., Diss. Bern 1978.

1012. F. Goguel, Géographie des élections françaises sous la Troisième et la Quatrième République, 2. Aufl., Paris 1970.

1013. R. Q. Gray, The Aristocracy of Labour in 19th Century Britain, 1850–1900, London 1981.

1014. E. H. H. Green, The Crisis of Conservatism: Politics, Economies and Ideology of the British Conservative Party, London 1994.

1015. E. Gruner, Die Parteien in der Schweiz, 2. Aufl., Bern 1977.

1016. H. J. Hanham, Elections and Party Management: Politics in the Age of Disraeli and Gladstone, 2. Aufl., London 1978.

1017. B. Hardmeier, Aus der Geschichte der schweizerischen Arbeiterbewegung, Bern 1970.

1018. B. HAUSER, Wirtschaftsverbände im frühen schweizerischen Bundesstaat (1848–1874). Vom regionalen zum nationalen Einzugsgebiet, Basel-Frankfurt/Main 1985.

1019. H. HAUTMANN, R. KROPF, Die österreichische Arbeiterbewegung vom Vormärz bis 1945, Wien 1974.

1020. J. HILSHEIMER, Interessenverbände und Zollpolitik in den ersten Jahrzehnten der Dritten Republik, in: Francia 4 (1976), 597–624.

1021. B. HOLTON, British Syndicalism, London 1976.

1022. K. T. HOPPEN, Elections, Politics and Society in Ireland, 1832–1885, Oxford 1984.

1023. R. HUDEMANN, Fraktionsbildung im französischen Parlament: Zur Entwicklung des Parteiensystems in der frühen Dritten Republik (1871–1875), Zürich-München 1979.

1024. V. HUNECKE, Die neuere Literatur zur Geschichte der italienischen Arbeiterbewegung, in: AfS 14 (1974), 543–592, und 15 (1975), 409–451.

1025. P. JANSEN, Gewerkschaften in Frankreich. Geschichte, Organisation, Programmatik, Frankfurt/Main u. a. 1986.

1026. T. A. JENKINS, Gladstone, Whiggery and the Liberal Party, 1874–1886, Oxford 1988.

1027. T. A. JENKINS, The Liberal Ascendancy, 1830–1886, London 1994.

1028. I. JENNINGS, Party Politics, 3 Bde., Cambridge 1960–62.

1029. T. JUDT, Socialism in Provence 1871–1914. A Study in the Origins of the Modern French Left, Cambridge-London-New York 1979.

1030. E. KRUPPA, Das Vereinswesen der Prager Vorstadt Smichow, 1850–1875, München 1992.

1031. D. LANCIEN, La formation des partis politiques britanniques modernes vue à travers l'étude des structures partisanes: mérites et limites d'une approche de la réalité politique, in: RH 257 (1977), 27–80.

1032. G. LEFRANC, Le mouvement syndical sous la Troisième République, Paris 1967.

1033. G. LEFRANC, Les Gauches en France 1789–1972, Paris 1973.

1034. G. LEFRANC, Le mouvement socialiste sous la Troisième République, Bd. 1: De 1875 à 1919 (1963), 3. Aufl., Paris 1977.

1035. V. LEONTOVITSCH, Geschichte des Liberalismus in Rußland, 2. Aufl., Frankfurt/Main 1974.

1036. M. LIEBMAN, Les socialistes belges 1885–1914. La révolte et l'organisation, Brüssel 1979.

1037. R. LILL, Der Kulturkampf in Italien und in den deutschsprachigen Ländern, Berlin 1993.

1038. J. LOVELL, British Trade Unions, 1875–1933, London 1977.

1039. W. C. LUBENOW, The Liberals and the National Question: Irish Home Rule, Nationalism, and their Relationship to Nineteenth-Century Liberalism, in: Parliamentary History 13 (1994), 119–42.

1040. R. T. MACKENZIE, British Political Parties. The Distribution of Power within the Conservative and Labour Parties (1955), 2. Aufl., London 1963 (dt.: Politische Parteien in England. Die Machtverteilung in der konservativen und in der Labour-Partei, Köln-Opladen 1961).

1041. H. MAIER, Revolution und Kirche. Studien zur Frühgeschichte der christlichen Demokratie (1789–1901), 2., erw. Aufl., Freiburg 1965.

1042. J. MAITRON, Le mouvement anarchiste en France, 2 Bde., Paris 1975.

1043. F. MALGERI, I cattolici dall'unità al fascismo, Chiaravelle 1973.

1044. J. MALUQUER DE MOTES BERNET, El socialismo en España, 1833–1868, Barcelona 1977.

1045. B. H. MOSS, The Origins of the French Labour Movement: The Socialism of Skilled Workers, 1830–1914, Berkeley-Los Angeles 1976.

1046. A. E. MUSSON, British Trade Unions, 1800–1875, London 1972.

1047. J.-T. NORDMANN, Histoire des radicaux, 1820–1973, Paris 1974.

1048. J. PARRY, The Rise and Fall of Liberal Government in Victorian England, London 1993.

1049. H. M. PELLING, The Social Geography of British Elections, 1885–1910, London 1967.

1050. H. M. PELLING, A History of British Trade Unionism, 3. Aufl., Harmondsworth 1981.

1051. M. S. PIRETTI, La elizioni politiche in Italia dal 1848 a oggi, Rom u. a. 1995.

1052. P. POMBENI, Introduzione alla storia dei partiti policiti, Bologna 1990.

1053. R. RÉMOND, Les droites en France. De la première restauration à la Ve République (1954), 4. Aufl., Paris 1982.

1054. F. F. RIDLEY, Revolutionary Syndicalism in France, London 1970.

1055. G. F. ROBERTS, Political Parties and Pressure Groups in Britain, London 1970.

1056. G. DE ROSA, Il movimento cattolico in Italia, Bari 1970.

1057. M. M. ROSS, TUC. The Growth of a Pressure Group, 1868–1976, New York 1980.

1058. J. P. ROSSI, The Transformation of the British Liberal Party: A Study of the Tactics of the Liberal Opposition, 1874–1880, Philadelphia 1978.

1059. J. ROTHNEY, Bonapartism after Sedan, Ithaca-New York 1969.

1060. H. SMITH (Hrsg.), The British Labour Movement to 1970: A Bibliography, London 1981.

1061. G. SPADOLINI, L'opposizione cattolica, da Porta Pia al '98, 4. Aufl., Florenz 1961.

1062. P. N. Stearns, Revolutionary Syndicalism and French Labor, New Brunswick (NJ) 1971.

1063. W. Steinmetz, Das Sagbare und das Machbare. Zum Wandel politischer Handlungsspielräume. England 1780–1867, Stuttgart 1993.

1064. R. Stewart, The Foundation of the Conservative Party, 1830–1867, London-New York 1978.

1065. R. Stuart, Marxism at Work: Ideology, Class and French Socialism during the Third Republic, Cambridge 1992.

1066. T. R. Tholfsen, Working Class Radicalism in Mid-Victorian England, London 1976.

1067. A. Toth, Parteien und Reichstagswahlen in Ungarn 1848 bis 1892, München 1973.

1068. J. Tusell Gomez, Historia de la democracia cristiana en España, 2 Bde., Madrid 1974.

1069. H. Ullrich, Die italienischen Liberalen und die Probleme der Demokratisierung, in: GG 4 (1978), 49–76.

1070. G. Vecchio, Interpretations of the Italian Popular Party and the Italian Catholic Movement, in: JItalH 2 (1979), 52–74.

1071. J. Vincent, Pollbooks: How Victorians Voted, Cambridge 1967.

1072. J. Vincent, The Formation of the Liberal Party 1857–1868 (1966), 2. Aufl., London 1976.

1073. C. Willard, Geschichte der französischen Arbeiterbewegung. Eine Einführung, Frankfurt/Main-New York 1981.

1074. E. Winter, Revolution, Neoabsolutismus und Liberalismus in der Donaumonarchie, Wien 1969.

1075. G. Wootton, Pressure Groups in Britain 1720–1970. An Essay in Interpretation with Original Documents, London 1975.

6. Verfassungsgeschichte, Struktur- und Funktionswandel des Staates

a. Allgemeines, Europa insgesamt

1076. E. N. Anderson, P. R. Anderson, Political Institutions and Social Change in Continental Europe in the 19th Century, Berkeley 1967.

1077. E. Engelberg, Über die Revolution von oben. Wirklichkeit und Begriff, in: ZfG 22 (1974), 1183–1212.

1078. E. Fehrenbach, Verfassungsstaat und Nationsbildung 1815–1871, München 1992.

1079. P. Flora, A. J. Heidenheimer (Hrsg.), The Development of Welfare States in Europe and America, New Brunswick-London 1981.

1080. L. Gall, Zu Ausbildung und Charakter des Interventionsstaates, in: HZ 227 (1978), 552–570.

1081. K. HAMMER, P. C. HARTMANN (Hrsg.), Der Bonapartismus. Historisches Phänomen und politischer Mythos, Zürich-München 1977.

1082. E. R. HUBER, Nationalstaat und Verfassungsstaat. Studien zur Geschichte der modernen Staatsidee, Stuttgart 1965.

1083. K. KLUXEN (Hrsg.), Parlamentarismus, Köln 1967.

1084. P. KÖHLER, H. F. ZACHER (Hrsg.), Ein Jahrhundert Sozialversicherung in der Bundesrepublik Deutschland, Frankreich, Großbritannien, Österreich und der Schweiz, Berlin 1980.

1085. W. J. MOMMSEN, W. MOCK (Hrsg.), The Emergence of the Welfare State in Britain and Germany 1850–1950, London 1981 (dt.: Die Entstehung des Wohlfahrtstaates in Großbritannien und Deutschland 1850–1950, Stuttgart 1982).

1086. G. A. RITTER, Deutscher und britischer Parlamentarismus. Ein verfassungsgeschichtlicher Vergleich, Tübingen 1962.

1087. G. A. RITTER, Sozialversicherung in Deutschland und England. Entstehung und Grundzüge im Vergleich, München 1983.

1088. G. A. RITTER, Der Sozialstaat. Entstehung und Entwicklung im internationalen Vergleich, München 1989.

1089. W. WIPPERMANN, Die Bonapartismustheorie von Marx und Engels, Stuttgart 1983.

1090. H. F. ZACHER (Hrsg.), Bedingungen für die Entstehung und Entwicklung von Sozialversicherung, Berlin 1979.

b. Deutschland

1091. F. BLAICH, Kartell- und Monopolpolitik im kaiserlichen Deutschland. Vom Problem der Marktmacht im deutschen Reichstag zwischen 1879 und 1914, Düsseldorf 1973.

1092. E.-W. BÖCKENFÖRDE, Die deutsche verfassungsgeschichtliche Forschung im 19. Jahrhundert, Berlin 1961.

1093. E.-W. BÖCKENFÖRDE (Hrsg.), Moderne deutsche Verfassungsgeschichte, 1815–1918, Köln 1972.

1094. E.-W. BÖCKENFÖRDE (Hrsg.), Probleme des Konstitutionalismus im 19. Jahrhundert, Berlin 1975.

1095. H. BOLDT, Deutsche Verfassungsgeschichte, Bd. 2: Von 1806 bis zur Gegenwart, München 1990.

1096. K. E. BORN, Staat und Sozialpolitik im Deutschen Kaiserreich, in: Fs. f. K. Kluxen, Paderborn 1972, 179–197.

1097. M. BOTZENHART, Deutsche Verfassungsgeschichte 1806–1949, Stuttgart-Berlin-Köln 1993.

1098. H. BRANDT, Parlamentarismus in Württemberg 1819–1870. Anatomie eines deutschen Landtags, Düsseldorf 1987.

1099. M. Breges, Die Haltung der industriellen Unternehmer zur staatlichen Sozialpolitik in den Jahren 1878–1891, Frankfurt/Main 1982.

1100. G. J. Derose, The Prussian Government and Social Management, 1848–1858, Diss. Madison (WI) 1975.

1101. J. Eibach, Der Staat vor Ort. Amtmänner und Bürger im 19. Jahrhundert am Beispiel Badens, Frankfurt/Main 1994.

1102. E. Engelberg, Zur Entstehung und historischen Stellung des preußisch-deutschen Bonapartismus, in: Beiträge zum neuen Geschichtsbild. Fs. f. A. Meusel, Berlin 1956, 236–251.

1103. F. Facius, Wirtschaft und Staat. Die Entstehung der staatlichen Wirtschaftsverwaltung in Deutschland vom 17. Jahrhundert bis 1945, Boppard 1959.

1104. J. Frerich, M. Frey, Handbuch der Geschichte der Sozialpolitik in Deutschland, Bd. 1: Von der industriellen Zeit bis zum Ende des Dritten Reiches, München-Wien 1993.

1105. L. Gall, Bismarck und der Bonapartismus, in: HZ 223 (1976), 618–637.

1106. J. R. Gillis, The Prussian Bureaucracy in Crisis, 1840–1860, Stanford 1971.

1107. A. Gladen, Geschichte der Sozialpolitik in Deutschland, Wiesbaden 1974.

1108. H. Gollwitzer, Der Cäsarismus Napoleons III. im Widerhall der öffentlichen Meinung Deutschlands, in: HZ 173 (1952), 23–75.

1109. D. Grimm, Deutsche Verfassungsgeschichte 1776–1866. Vom Beginn des modernen Verfassungsstaats bis zur Auflösung des Deutschen Bundes, Frankfurt/Main 1988.

1110. G. Grünthal, Parlamentarismus in Preußen, 1848/49–1857/58. Preußischer Konstitutionalismus – Parlament und Regierung in der Reaktionsära, Düsseldorf 1982.

1111. L. Haupts, Die liberale Regierung in Preußen in der Zeit der „Neuen Ära". Zur Geschichte des preußischen Konstitutionalismus, in: HZ 227 (1978), 45–85.

1112. V. Hentschel, Das System der sozialen Sicherung in historischer Perspektive 1880–1975, in: AfS 18 (1978), 307–352.

1113. H. G. Hockerts, Hundert Jahre Sozialversicherung in Deutschland. Ein Bericht über die neuere Forschung, in: HZ 237 (1983), 361–384.

1114. E. R. Huber, Deutsche Verfassungsgeschichte seit 1789, Bd. 3: Bismarck und das Reich, 3. Aufl., Stuttgart 1988, Bd. 4: Struktur und Krisen des Kaiserreiches, 2. Aufl., Stuttgart 1982.

1115. K. A. Jeserich, H. Pohl, G.-Chr. v. Unruh (Hrsg.), Deutsche Verwaltungsgeschichte, Bd. 2: Vom Reichsdeputationshauptschluß bis zur Auflösung des Deutschen Bundes, Stuttgart 1983, Bd. 3: Das Deutsche Reich bis zum Ende der Monarchie, Stuttgart 1984.

1116. R. Koch, Grundlagen bürgerlicher Herrschaft. Verfassungs- und sozialgeschichtliche Studien zur bürgerlichen Gesellschaft in Frankfurt am Main 1612–1866, Wiesbaden 1983.

1117. R. Koch, Staat oder Gemeinde? Zu einem politischen Zielkonflikt in der bürgerlichen Bewegung des 19. Jahrhunderts, in: HZ 236 (1983), 73–96.

1118. W. Köllmann, Die Anfänge der staatlichen Sozialpolitik in Preußen bis 1869, in: VSWG 53 (1966), 28–52.

1119. T. Kühne, Dreiklassenwahlrecht und Wahlkultur in Preußen 1867–1914. Landtagswahlen zwischen korporativer Tradition und politischem Massenmarkt, Düsseldorf 1994.

1120. A. Kuhn, Elemente des Bonapartismus im Bismarck-Deutschland, in: JbIdtG 7 (1978), 277–297.

1121. D. Langewiesche, Das Deutsche Kaiserreich – Bemerkungen zur Diskussion über Parlamentarisierung und Demokratisierung Deutschlands, in: AfS 19 (1979), 628–642.

1122. D. Langewiesche, „Staat" und „Kommune". Zum Wandel der Staatsaufgaben in Deutschland im 19. Jahrhundert, in: HZ 248 (1989), 621–635.

1123. M. Messerschmidt, Militär und Politik in der Bismarckzeit und im Wilhelminischen Deutschland, Darmstadt 1975.

1124. M. Messerschmidt, Militärgeschichte im 19. Jahrhundert 1814–1890. Die politische Geschichte der preußisch-deutschen Armee, München 1975.

1125. W. J. Mommsen, Das deutsche Kaiserreich als System umgangener Entscheidungen, in: H. Berding u. a. (Hrsg.), Vom Staat des Ancien Régime zum modernen Parteienstaat. Fs. f. Th. Schieder, München-Wien 1978, 239–266.

1126. R. Morsey, Die oberste Reichsverwaltung unter Bismarck 1867–1890, Münster 1957.

1127. O. Pflanze, Bismarcks Herrschaftstechnik als Problem der gegenwärtigen Historiographie, in: HZ 234 (1982), 561–599.

1128. K. E. Pollmann, Parlamentarismus im Norddeutschen Bund 1867–1870, Düsseldorf 1985.

1129. M. Rauh, Die Parlamentarisierung des Deutschen Reiches, Düsseldorf 1977.

1130. G. A. Ritter (Hrsg.), Gesellschaft, Parlament und Regierung im 19. und 20. Jahrhundert, Düsseldorf 1974.

1131. G. A. Ritter (Hrsg.), Regierung, Bürokratie und Parlament in Preußen und Deutschland von 1848 bis zur Gegenwart, Düsseldorf 1983.

1132. D. Rogosch, Hamburg im Deutschen Bund 1859–1866. Zur Politik eines Kleinstaates in einer mitteleuropäischen Föderativordnung, Hamburg 1990.

1133. H. Rumpler (Hrsg.), Innere Staatsbildung und gesellschaftliche Modernisierung in Österreich und Deutschland 1867/71 bis 1914, München 1991.

1134. Chr. Sachsse, F. Tennstedt, Geschichte der Armenfürsorge in Deutschland. Vom Spätmittelalter bis zum Ersten Weltkrieg, Stuttgart 1980.

1135. M. Stolleis, Sozialversicherung und Interventionsstaat 1881–1981, in: 100 Jahre Deutsche Sozialversicherung. Regionaltagungen für das Saarland und für Hessen, Wiesbaden 1982, 60–84.

1136. M. Stürmer, Bismarckstaat und Cäsarismus, in: Der Staat 12 (1973), 467–498.

1137. M. Stürmer, Staatsstreichgedanken im Bismarckreich, in: HZ 209 (1969), 566–615.

1138. T. Süle, Preußische Bürokratietraditon. Zur Entwicklung von Verwaltung und Beamtenschaft in Deutschland 1871–1918, Göttingen 1988.

1139. F. Tennstedt, Sozialgeschichte der Sozialversicherung, in: M. Blohmke (Hrsg.), Handbuch der Sozialmedizin, Bd. 3, Stuttgart 1976, 385–492.

1140. F. Tennstedt, Sozialgeschichte der Sozialpolitik in Deutschland: Vom 18. Jahrhundert bis zum Ersten Weltkrieg, Göttingen 1981.

1141. E. Treichel, Der Primat der Bürokratie. Bürokratischer Staat und bürokratische Elite im Herzogtum Nassau 1806–1866, Stuttgart 1991.

1142. H.-P. Ullmann, Staatliche Exportförderung und private Exportinitiative. Probleme des Staatsinterventionismus im Deutschen Kaiserreich am Beispiel der staatlichen Außenhandelsförderung (1880–1919), in: VSWG 65 (1978), 157–216.

1143. H.-P. Ullmann, Industrielle Interessen und die Entstehung der deutschen Sozialversicherung 1880–1889, in: HZ 229 (1979), 574–610.

1144. J. Umlauf, Die deutsche Arbeiterschutzgesetzgebung 1880–1890. Ein Beitrag zur Entwicklung des sozialen Rechtsstaats, Berlin 1980.

1145. W. Wippermann, Die Bonapartismustheorie von Marx und Engels, Stuttgart 1983.

1146. H. Wunder, Geschichte der Bürokratie in Deutschland, Frankfurt/Main 1986.

c. Übriges Europa

1147. R. v. Albertini, Regierung und Parlament in der Dritten Republik, in: HZ 188 (1959), 17–48.

1148. E. Amburger, Geschichte der Behördenorganisation Rußlands von Peter dem Großen bis 1917, Leiden 1966.

1149. J. F. Aubert, Petite histoire constitutionelle de la Suisse, Bern 1974.

1150. P. Berger (Red.), Der österreichisch-ungarische Ausgleich. Vorgeschichte und Wirkungen, hrsg. vom Forschungsinstitut f. d. Donauraum, Wien 1967.

1151. H.-H. Brandt, Der österreichische Neoabsolutismus: Staatsfinanzen und Politik 1848–1860, 2 Bde., Gottingen 1978.

1152. A. BRUSATTI, Österreichische Wirtschaftspolitik vom Josephinismus zum Ständestaat, Wien 1965.

1153. R. CHABANNE, Les Institutions de la France. De la fin de l'Ancien Régime à l'avènement de la IIIème République (1789–1875), Lyon 1977.

1154. J. J. CHEVALLIER, Histoire des institutions politiques de la France moderne (1789–1945), 2. Aufl., Paris 1958.

1155. E. W. COHEN, Growth of the British Civil Service, 1780–1939, London 1941.

1156. J. DÜLFFER, Vom autoritären zum liberalen Bonapartismus. Der politische Systemwechsel in Frankreich 1858/60, in: HZ 230 (1980), 549–575.

1157. K. EBERT, Die Anfänge der modernen Sozialpolitik in Österreich. Die Taaffesche Sozialgesetzgebung für die Arbeiter im Rahmen der Gewerbeordnungsreform (1879–1885), Wien 1975.

1158. W. L. FEINGOLD, The Revolt of the Tenantry: The Transformation of Local Government in Ireland 1842–1886, Boston 1984.

1159. D. FRASER, The Evolution of the British Welfare State. A History of Social Policy since the Industrial Revolution, London 1973.

1160. G. GEISMANN, Politische Struktur und Regierungssystem in den Niederlanden, Frankfurt/Main-Bonn 1964.

1161. C. GHISALBERTI, Stato e costituzione nel risorgimento, Mailand 1972.

1162. C. GHISALBERTI, Storia costituzionale d'Italia, 1848–1948, 7. Aufl., Rom-Bari 1989.

1163. F. GLATZ, Gesellschaft, Politik und Verwaltung in der Habsburgermonarchie 1830–1917, Stuttgart 1987.

1164. F. M. HARDIE, The Political Influence of the British Monarchy, 1868–1952, London 1970.

1165. G. HARRIES-JENKINS, The Army in Victorian Society, London 1977.

1166. J. HARVEY, L. BATHER, The British Constitution, 2 Aufl., Glasgow 1968.

1167. H. HATZFELD, Du paupérisme à la sécurité sociale. Essai sur les origines de la sécurité sociale en France, 1850–1940, Paris 1971.

1168. P. HOFFMANN, Entwicklungstyp und Besonderheiten des Absolutismus in Rußland, in: Jahrbuch für Geschichte der sozialistischen Länder Europas 14/2 (1970), 107–133.

1169. S. D. KALE, Legitimism and the Reconstruction of French Society 1832–1883, Baton Rouge 1992.

1170. R. K. KELSALL, Higher Civil Servants in Britain, London 1955.

1171. P. LEGENDRE, Histoire de l'administration, Paris 1969.

1172. O. MacDONAGH, Early Victorian Government 1830–1870, London 1977.

1173. R. MacLEOD (Hrsg.), Government and Expertise. Specialists, Administrators and Professionals, 1860–1919, Cambridge-New York 1988.

1174. L. MAIER, Rumänien auf dem Weg zur Unabhängigkeitserklärung 1866–1877. Schein und Wirklichkeit liberaler Verfassung und staatlicher Souveränität, München 1989.

1175. K. H. METZ, Industrialisierung und Sozialpolitik. Das Problem der sozialen Sicherheit in Großbritannien 1795–1911, Göttingen-Zürich 1988.

1176. D. C. MOORE, The Politics of Deference. A Study of the Midnineteenth Century English Political System, Hassocks 1976.

1177. C. NICOLET, L'idée républicaine en France 1789–1924, Paris 1995.

1178. D. NOHLEN, Spanischer Parlamentarismus im 19. Jahrhundert, Meisenheim 1970.

1179. H. C. PAYNE, The Policestate of Louis Napoleon Bonaparte 1851–1860, Seattle 1966.

1180. J. ROACH, Social Reform in England 1780–1880, London 1978.

1181. M. E. ROSE, The Relief of Poverty 1834–1914, London 1972.

1182. G. SAUTEL, Histoire des institutions publiques depuis la révolution française. Administration, justice, finances, 3. Aufl., Paris 1974.

1183. V. SELLIN, Die Anfänge staatlicher Sozialreform im liberalen Italien, Stuttgart 1971.

1184. H. SETZER, Wahlsystem und Parteienentwicklung in England. Wege zur Demokratisierung der Institutionen 1832 bis 1948, Frankfurt/Main 1973.

1185. P. STANSKY (Hrsg.), The Victorian Revolution. Government and Society in Victoria's Britain, New York 1973.

1186. A. J. TAYLOR, Laissez-faire and State Intervention in Nineteenth-Century Britain, London 1972.

1187. G. THUILLIER, Bureaucratie et bureaucrates en France au XIXe siècle, Genf 1980.

1188. H. ULLRICH, Parlament, Parteien, Wahlen im liberalen Italien. Untersuchungen und Forschungsziele, in: QuFiAB 53 (1973), 276–317.

1189. D. V. VERNEY, Parliamentary Reform in Sweden 1866–1921, Oxford 1957.

1190. H.-U. WEHLER, Bonapartismus oder charismatische Herrschaft?, in: Der Aquädukt, München 1988, 455–469.

1191. E. WINTER, Revolution, Neoabsolutismus und Liberalismus in der Donaumonarchie, Wien-Frankfurt/Main-Zürich 1970.

1192. A. YARMOLINSKY; Road to Revolution. A Century of Russian Radicalism, Princeton (NJ) 1986.

1193. T. ZELDIN, The Political System of Napoléon III., London 1958.

7. NATIONALSTAAT UND NATIONALE BEWEGUNG

1194. R. ALINGS, Monument und Nation. Das Bild vom Nationalstaat im Medium Denkmal – zum Verhältnis von Nation und Staat im deutschen Kaiserreich 1871–1918, Berlin-New York 1996.

1195. S. ALMOG, Nationalism and Antisemitism in Modern Europe 1815–1945, Oxford 1990.

1196. P. ALTER, Die irische Nationalbewegung zwischen Parlament und Revolution: Der konstitutionelle Nationalismus in Irland, München 1971.

1197. P. ALTER, Nationalismus, Frankfurt/Main 1985.

1198. B. ANDERSON, Die Erfindung der Nation. Zur Karriere eines folgenreichen Konzepts, 2. Aufl., Frankfurt/Main 1993 (engl.: Imagined Communities. Reflections on the Origin and Spread of Nationalism, London 1983).

1199. C. APPLEGATE, A Nation of Provincials. The German Idea of Heimat, Berkeley 1990.

1200. G. BARANY, Hungary. From Aristocratic to Proletarian Nationalism, in: P. F. SUGAR, I. J. LEDERER (Hrsg.), Nationalism in Eastern Europe, Seattle 1969, 259–309.

1201. F. J. BAUER, Gehalt und Gestalt in der Monumentalsymbolik. Zur Ikonologie des Nationalstaats in Deutschland und Italien 1860–1914, München 1992.

1202. W. D. BEHSCHNITT, Nationalismus bei Serben und Kroaten 1830–1914: Analyse und Typologie der nationalen Ideologie, München 1980.

1203. H. BERDING (Hrsg.), Studien zur Entwicklung des kollektiven Bewußtseins in der Neuzeit, Bd. 2: Nationales Bewußtsein und kollektive Identität, Frankfurt/Main 1994, Bd. 3: Mythos und Nation, Frankfurt/Main 1996.

1204. P. BEW, Land and the National Question in Ireland, 1858–82, Dublin 1978.

1205. A. BIEFANG, Politisches Bürgertum in Deutschland. Nationale Organisationen und Eliten 1857–1868, Düsseldorf 1994.

1206. A. M. BIRKE, G. HEYDEMANN (Hrsg.), Die Herausforderung des europäischen Staatensystems. Nationale Ideologie und staatliches Interesse zwischen Restauration und Imperialismus, Göttingen 1989.

1207. J. BREUILLY, The State of Germany. The National Idea in the Making, Unmaking and Remaking of a Modern Nation-State, London 1992.

1208. J. BREUILLY, Nationalism and the State, 2. Aufl., Manchester 1993.

1209. D. K. BUSE, Urban and National Identity: Bremen, 1860–1920, in: JSocH (1993), 521–37.

1210. L. COLLEY, Britons, Forging the Nation 1707–1837, New Haven-London 1992.

1211. A. CONFINO, Die Nation als lokale Metapher: Heimat, nationale Zugehörigkeit und das Deutsche Reich 1871–1918, in: ZfG 44 (1996), 421–435.

1212. O. DANN (Hrsg.), Nationalismus und sozialer Wandel, Hamburg 1978.

1213. O. DANN, Nation und Nationalismus in Deutschland 1770–1990, 2. Aufl., München 1994.

1214. K. W. DEUTSCH, Nationalism and Social Communication. An Inquiry into the Foundations of Nationalism (1953), 2. Aufl., Cambridge (MA) 1966.

1215. K. W. DEUTSCH, Nationenbildung – Nationalstaat –Integration, hrsg. v. A. ASHKENASI u. P. SCHULZE, Düsseldorf 1972.

1216. K. W. DEUTSCH, W. J. FOLTZ (Hrsg.), Nation Building, 2. Aufl., New York 1966.

1217. A. DÖRNER, Politischer Mythos und symbolische Politik. Der Hermannmythos: Zur Entstehung des Nationalbewußtseins der Deutschen, Reinbek 1996.

1218. J. DROZ, Der Nationalismus der Linken und der Rechten in Frankreich (1871–1914), in: HZ 210 (1970), 1–13.

1219. S. N. EISENSTADT, ST. ROKKAN (Hrsg.), Building State and Nations, 2 Bde., Beverly Hills 1973.

1220. B. FAULENBACH, „Nation" und „Modernisierung" in der deutschen Geschichte, in: R. ZITELMANN u. a. (Hrsg.), Westbindung, Berlin 1993, 103–126.

1221. E. FEHRENBACH, Über die Bedeutung der politischen Symbole im Nationalstaat, in: HZ 213 (1971), 296–357.

1222. Y. FOUÉRÉ, Histoire résumée du mouvement breton du XIXᵉ siècle à nos jours (1800–1976), Quimper 1977.

1223. E. FRANÇOIS, H. SIEGRIST, J. VOGEL (Hrsg.), Nation und Emotion. Deutschland und Frankreich im Vergleich. 19. und 20. Jahrhundert, Göttingen 1995.

1224. L. GALL, Liberalismus und Nationalstaat. Der deutsche Liberalismus und die Reichsgründung, in: H. BERDING u. a. (Hrsg.), Vom Staat des Ancien Régime zum modernen Parteienstaat. Festschrift für Th. Schieder, München 1978, 287–300.

1225. L. GALL, Germania – eine deutsche Marianne? Bonn 1993.

1226. E. GELLNER, Nationalismus und Moderne, 2. Aufl., Hamburg 1995 (engl.: Nations and Nationalism, Oxford 1983).

1227. B. GIESEN (Hrsg.), Nationale und kulturelle Identität. Studien zur Entwicklung des kollektiven Bewußtseins in der Neuzeit, Bd. 1, Frankfurt/Main 1991.

1228. F. GIRARDET (Hrsg.), Le nationalisme français 1871–1914, Paris 1966.

1229. H. GREBING, Der „deutsche Sonderweg" in Europa 1806–1945. Eine Kritik, Stuttgart 1986.

1230. L. GREENFELD, Nationalism. Five Roads to Modernity, Cambridge (MA) 1992.

1231. R. GREW, A Sterner Plan for Italian Unity. The Italian National Society in the Risorgimento, Princeton 1963.

1232. H. GUILLEMIN, Nationalistes et „nationaux" (1870–1940), Paris 1974.

1233. M. HANISCH, Für Fürst und Vaterland. Legitimitätsstiftung in Bayern zwischen Revolution 1848 und deutscher Einheit, München 1991.

1234. W. HARDTWIG, Bürgertum, Staatssymbolik und Staatsbewußtsein im Deutschen Kaiserreich 1871–1914, in: GG 16 (1990), 269–295.

1235. W. HARDTWIG, Politische Topographie und Nationalismus. Städtegeist, Landespatriotismus und Reichsbewußtsein in München 1871–1914, in: DERS., Nationalismus und Bürgerkultur, 1500–1914, Göttingen 1994, 219–245.

1236. C. J. H. HAYES, The Historical Evolution of Modern Nationalism (1931), 8. Aufl., New York 1963.

1237. F. H. HINSLEY, Nationalism and the International System, London 1973.

1238. E. HOBSBAWM, Nationen und Nationalismus. Frankfurt am Main 1991 (engl.: Nations and Nationalism since 1789, Cambridge 1990).

1239. E. HOBSBAWM, T. RANGER (Hrsg.), The Invention of Tradition, Cambridge 1983.

1240. N. M. HOPE, The Alternative to German Unification. The Anti-Prussian Party. Frankfurt, Nassau, and the two Hessen 1855–1867, Wiesbaden 1973.

1241. M. HROCH, Die Vorkämpfer der nationalen Bewegung bei den kleineren Völkern Europas, Prag 1968.

1242. M. HROCH, Social Preconditions of National Revival in Europe. A Comparative Analysis of the Social Composition of Patriotic Groups among the Smaller European Nations, Cambridge 1985.

1243. R. JAWORSKI, Nationalismus und Ökonomie als Problem der Geschichte Ostmitteleuropas im 19. und zu Beginn des 20. Jahrhunderts, in: GG 8 (1982), 184–204.

1244. M. JEISMANN, Das Vaterland der Feinde. Studien zum nationalen Feindbegriff und Selbstverständnis in Deutschland und Frankreich 1792–1918, Stuttgart 1992.

1245. A. KAERNBACH, Bismarcks Konzepte zur Reform des Deutschen Bundes. Zur Kontinuität der Politik Bismarcks und Preußens in der deutschen Frage, Göttingen 1991.

1246. R. A. KANN, Das Nationalitätenproblem der Habsburgermonarchie, 2 Bde., Graz-Köln 1964.

1247. A. KAPPELER, Historische Voraussetzungen des Nationalitätenproblems im russischen Vielvölkerreich, in: GG 8 (1982), 159–183.

1248. G. A. KELLY, Belgium: New Nationalism in an Old World, in: Comparative Politics 1 (1969), 343–365.

1249. A. KEMILÄINEN, Nationalism. Problems Concerning the Word, the Concept and Classification, Jyväskylä 1964.

1250. D. KLENKE, Zwischen nationalkriegerischem Gemeinschaftsideal und bürgerlich-ziviler Modernität. Zum Vereinsnationalismus der Sänger, Schützen und Turner im Deutschen Kaiserreich, in: GWU 45 (1994), 207–233.

1251. H. KOHN, The Idea of Nationalism, New York 1944 (dt.: Die Idee des Nationalismus, Frankfurt/Main 1962).

1252. H. KOHN, The Age of Nationalism, New York 1962.

1253. J. KOŘALKA, Tschechen im Habsburgerreich und in Europa 1815–1914. Sozialgeschichtliche Zusammenhänge der neuzeitlichen Nationsbildung und der Nationalitätenfrage in den böhmischen Ländern, Wien-München 1991.

1254. R. KOSELLECK u. a., Volk, Nation, in: O. BRUNNER u. a. (Hrsg.), Geschichtliche Grundbegriffe, Bd. 7, Stuttgart 1992, 141–431.

1255. R. KOSELLECK, M. JEISMANN (Hrsg.), Der politische Totenkult. Kriegerdenkmäler in der Moderne, München 1994.

1256. K. KUPISCH, Die Wandlungen des Nationalismus im liberalen deutschen Bürgertum, in: H. ZILLESSEN (Hrsg.), Volk – Nation – Vaterland. Der deutsche Protestantismus und der Nationalismus, Gütersloh 1970, 111–134.

1257. D. LANGEWIESCHE, „Revolution von oben"? Krieg und Nationalstaatsgründung in Deutschland, in: DERS. (Hrsg.), Revolution und Krieg, Paderborn 1989, 117–133.

1258. D. LANGEWIESCHE, Deutschland und Österreich: Nationwerdung und Staatsbildung in Mitteleuropa im 19. Jahrhundert, in: GWU 42 (1991), 754–766.

1259. D. LANGEWIESCHE, Reich, Nation und Staat in der jüngeren deutschen Geschichte, in: HZ 254 (1992), 341–381.

1260. D. LANGEWIESCHE, Nationalismus im 19. und 20. Jahrhundert: Zwischen Partizipation und Aggression, Bonn 1994.

1261. D. LANGEWIESCHE, Nation, Nationalismus, Nationalstaat: Forschungsstand und Forschungsperspektiven, in: NPL 40 (1995), 190–236.

1262. E. LEMBRG, Nationalismus, 2 Bde., Hamburg 1964.

1263. F. LEONI, Origini del nazionalismo italiano, Neapel 1970.

1264. J. LINK, W. WÜLFING (Hrsg.), Nationale Mythen und Symbole in der zweiten Hälfte des 19. Jahrhunderts. Strukturen und Funktionen von Konzepten nationaler Identität, Stuttgart 1991.

1265. G. LOTTES (Hrsg.), Region, Nation, Europa. Historische Determinanten der Neugliederung eines Kontinents, Heidelberg 1992.

1266. D. MACK SMITH, Cavour, London 1985.

1267. A. S. MARKOVITS, F. E. SYSYN (Hrsg.), Nationbuilding and the Politics of Nationalism. Essays on Austrian Galicia, Cambridge (MA) 1982.

1268. S. MEINEKE, Friedrich Meinecke. Persönlichkeit und politisches Denken bis zum Ende des Ersten Weltkrieges, Berlin-New York 1995.

1269. M. MERIGGI, P. SCHIERA (Hrsg.), Dalla città alla nazione. Borghesie ottocentesche in Italia e in Germania, Bologna 1993.

1270. H.-T. MICHAELIS, Unter schwarz-rot-goldenem Banner und dem Signum des Doppeladlers. Gescheiterte Volksbewaffnung und Vereinigungsbestrebungen in der Deutschen Nationalbewegung und im Deutschen Schützenbund 1859–1969, Frankfurt/Main 1993.

1271. H. MOMMSEN, Zur Beurteilung der altösterreichischen Nationalitätenfrage, in: P. PHILIPPI (Hrsg.), Studien zur Geschichtsschreibung im 19. und 20. Jahrhundert, Köln 1967, 116–146.

1272. H. MOMMSEN, Sozialismus und Nation. Zur Beurteilung des Nationalismus in der marxistischen Theorie, in: U. ENGELHARDT u. a. (Hrsg.), Soziale Bewegung und politische Verfassung, Stuttgart 1976, 653–676.

1273. H. MOMMSEN, Nation und Nationalismus in sozialgeschichtlicher Perspektive, in: W. SCHIEDER, V. SELLIN (Hrsg.), Sozialgeschichte in Deutschland, Bd. 2: Handlungsräume des Menschen in der Geschichte, Göttingen 1986, 162–185.

1274. H. MOMMSEN, A. MARTINY, Nationalismus, Nationalitätenfrage, in: C. D. KERNIG (Hrsg.), Sowjetsystem und demokratische Gesellschaft, Bd. 4, Freiburg-Basel-Wien (1971), 623–695.

1275. K. O. MORGAN, Rebirth of a Nation: Wales 1880–1980, Oxford 1981.

1276. G. L. MOSSE, Die Nationalisierung der Massen. Politische Symbolik und Massenbewegungen in Deutschland von den Napoleonischen Kriegen bis zum Dritten Reich, Frankfurt/Main 1976.

1277. H. MÜLLER, Deutscher Bund und deutsche Nationalbewegung, in: HZ 248 (1989), 51–78.

1278. SH. NA'AMAN, Der Deutsche Nationalverein. Die politische Konstituierung des deutschen Bürgertums, 1859–1867, Düsseldorf 1987.

1279. TH. NIPPERDEY, Nationalidee und Nationaldenkmal in Deutschland im 19. Jahrhundert, in: HZ 206 (1968), 529–585.

1280. P. NORA (Hrsg.), Les lieux de mémoire. Bd. 1: La République, Paris 1984, Bd. 2: La Nation, Paris 1986, Bd. 3: Les France, Paris 1992.

1281. L. O'BOYLE, The German Nationalverein, in: Journal of Central European Affairs 16 (1957), 333–352.

1282. S. PAYNE, Catalan and Basque Nationalism, in: JContH 6 (1971), 15–51.

1283. R. PEARSONS, The Longman Companion to European Nationalism 1789–1920, London-New York 1994.

1284. F. PERFETTI, Il nazionalismo italiano dalle origini alla fusione col fascismo, Bologna 1977.

1285. A. PLAKANS, Peasants, Intellectuals, and Nationalism in the Russian Baltic Provinces, 1820–90, in: JModH 46 (1974), 445–475.

1286. W. REAL, Der Deutsche Reformverein. Großdeutsche Stimmen und Kräfte zwischen Villafranca und Königgrätz, Lübeck-Hamburg 1966.

1287. L. Révész, Nationalitätenfrage und Wahlrecht in Ungarn 1848–1918, in: Ungarn-Jahrbuch 3 (1971), 88–122.

1288. L. Riall, The Italian Risorgimento: State, Society, and National Unification, London 1994.

1289. H. Rothfels, Die Nationalidee in westlicher und östlicher Sicht, in: ders., Osteuropa und der deutsche Osten, Köln 1956, 7–18.

1290. H. Rumpler (Hrsg.), Deutscher Bund und deutsche Frage 1815–1866. Europäische Ordnung, deutsche Politik und gesellschaftlicher Wandel im Zeitalter der bürgerlich-nationalen Emanzipation, Wien-München 1990.

1291. P. M. Rutkoff, Revanche and Revision. The Ligue des Patriotes and the Origins of the Radical Right in France, 1882–1900, Athens (OH) 1981.

1292. R. Samuel (Hrsg.), Patriotism: The Making and Unmaking of British National Identity, Bd. 3: National Fictions, London-New York 1989.

1293. Th. Schieder, Typologie und Erscheinungsformen des Nationalstaats in Europa, in: HZ 202 (1966), 58–81.

1294. Th. Schieder (Hrsg.), Staatsgründungen und Nationalitätenprinzip, München-Wien 1974.

1295. Th. Schieder, Nationalismus und Nationalstaat. Studien zum nationalen Problem im modernen Europa, hrsg. v. O. Dann u. H.-U. Wehler, Göttingen 1991.

1296. Th. Schieder, Das Deutsche Kaiserreich von 1871 als Nationalstaat, 2. Aufl., Göttingen 1992.

1297. Th. Schieder, P. Burian (Hrsg.), Sozialstruktur und Organisation europäischer Nationalbewegungen, München 1971.

1298. E. Schmidt-Hartmann (Hrsg.), Formen des nationalen Bewußtseins im Lichte zeitgenössischer Nationalismustheorien, München 1994.

1299. G. Schöpflin, Rumanian Nationalism, in: Survey 20 (1974), 77–104.

1300. H. Schulze, Staat und Nation in der europäischen Geschichte, 2. Aufl., München 1995.

1301. H. Schwab, Von Düppel bis Königgrätz. Die politische Haltung der deutschen Bourgeoisie zur nationalen Frage 1864–1866, in: ZfG 14 (1966), 588–610.

1302. L. B. Shapiro, Rationalism and Nationalism in Russian Nineteenth Century Political Thought, New Haven 1967.

1303. W. G. Shreeves, Nationmaking in 19th Century Europe: Italy and Germany 1815–1914, 2. Aufl., Walton 1987.

1304. A. D. Smith, Theories of Nationalism, London 1971.

1305. A. D. Smith (Hrsg.), Nationalist Movements, London 1976.

1306. A. D. Smith, The Ethnic Origins of Nations, Oxford 1986.

1307. H. W. Smith, German Nationalism and Religious Conflict. Culture, Ideology, Politics 1870–1914, Princeton (NJ) 1995

1308. Z. STERNHELL, Maurice Barrès et le nationalisme français, Paris 1972.

1309. Z. STERNHELL, La droite révolutionnaire 1885–1914. Les origines françaises du fascisme, Paris 1978.

1310. P. F. SUGAR, J. LEDERER (Hrsg.), Nationalism in Eastern Europe, Seattle 1969.

1311. CH. TACKE, Denkmal im sozialen Raum. Nationale Symbole in Deutschland und Frankreich im 19. Jahrhundert, Göttingen 1995.

1312. CH. TILLY (Hrsg.), The Formation of Nation States in Western Europe, Princeton (NJ) 1975.

1313. F. VALSECCHI, Nation, Nationalität, Nationalismus im italienischen Denken, in: HZ 210 (1970), 14–35.

1314. P. S. WANDYCZ, The Lands of Partitioned Poland 1795–1918, Seattle 1974.

1315. R. WEBER, Kleinbürgerliche Demokraten in der deutschen Einheitsbewegung 1863–1866, Berlin 1962.

1316. H-U. WEHLER, Sozialdemokratie und Nationalstaat. Nationalitätenfragen in Deutschland 1840–1914 (1962), 2. Aufl., Göttingen 1971.

1317. B. J. WENDT (Hrsg.), Vom schwierigen Zusammenwachsen der Deutschen. Nationale Identität und Nationalismus im 19. und 20. Jahrhundert, Frankfurt/Main u. a. 1992.

1318. H. A. WINKLER (Hrsg.), Nationalismus, Königstein/Ts. 1978.

1319. H. A. WINKLER, Vom linken zum rechten Nationalismus. Der deutsche Liberalismus in der Krise von 1878/79, in: GG 4 (1978), 5–28.

8. INTERNATIONALES SYSTEM UND INTERNATIONALE BEZIEHUNGEN

a. Allgemeines, Europa insgesamt

1320. R. v. ALBERTINI (Hrsg.), Moderne Kolonialgeschichte, Köln-Berlin 1970.

1321. R. A. AUSTEN (Hrsg.), Modern Imperialism, 1776–1965, Lexington (MA) 1969.

1322. K. J. BADE, Europäischer Imperialismus im Vergleich, Frankfurt/Main 1988.

1323. W. BAUMGART, Probleme der Krimkriegsforschung. Eine Studie über die Literatur des letzten Jahrzehnts (1961–1970), in: JbbGOE 19 (1971), 49–109, 243–264, 371–400.

1324. W. BAUMGART, Der Friede von Paris 1856. Studien zum Verhältnis von Kriegsführung, Politik und Friedensbewahrung, München-Wien 1972.

1325. W. BAUMGART, Der Imperialismus. Idee und Wirklichkeit der englischen und französischen Kolonialexpansion 1880–1914, Wiesbaden 1975.

1326. W. BAUMGART, Die Aktenedition zur Geschichte des Krimkriegs. Eine Zwischenbilanz auf Grund der österreichischen Akten, in: U. HAUSTEIN,

G. W. Strobel, G. Wagner (Hrsg.), Ostmitteleuropa. Berichte und Forschungen, Stuttgart 1981, 217–236.

1327. F. R. Bridge, R. Bullen, The Great Powers and the European States System, 1815–1914, London-New York 1980.

1328. B. J. Cohen, The Question of Imperialism. The Political Economy of Dominance and Dependence, London 1974.

1329. E.-O. Czempiel, Die Entwicklung der Lehre von den internationalen Beziehungen, in: PVS 6 (1965), 270–290.

1330. E.-O. Czempiel (Hrsg.), Die Lehre von den internationalen Beziehungen, Darmstadt 1969.

1331. L. Dehio, Gleichgewicht oder Hegemonie. Betrachtungen über ein Grundproblem der neueren Staatengeschichte, Krefeld 1948.

1332. R. Dietrich (Hrsg.), Europa und der Norddeutsche Bund, Berlin 1968.

1333. W. Elz, Die europäischen Großmächte und der kretische Aufstand 1866–1867, Stuttgart 1988.

1334. L. Gall, Die europäischen Mächte und der Balkan im 19. Jahrhundert, in: HZ 228 (1979), 551–571.

1335. J. Gallagher, R. Robinson, Der Imperialismus des Freihandels, in: H.-U. Wehler (Hrsg.), Imperialismus, 3. Aufl., Köln 1976, 183–200.

1336. I. Geiss, Der lange Weg in die Katastrophe. Die Vorgeschichte des Ersten Weltkrieges 1815–1914, 2. Aufl., München-Zürich 1991.

1337. R. Girault, Diplomatie européenne et impérialisme. Histoire des relations internationales contemporaines, T. 1: 1871–1914, Paris 1979.

1338. H. Gollwitzer, Geschichte des weltpolitischen Denkens, 2 Bde., Göttingen 1972–82.

1339. K. Hildebrand, Geschichte oder „Gesellschaftsgeschichte?" Die Notwendigkeit einer politischen Geschichtsschreibung von den internationalen Beziehungen, in: HZ 223 (1976), 329–357.

1340. A. Hillgruber, Die „Krieg-in-Sicht"-Krise 1875 –Wegscheide der Politik der europäischen Großmächte in der späten Bismarck-Zeit, in: E. Schulin (Hrsg.), Studien zur europäischen Geschichte. Gedenkschrift f. M. Göhring, Wiesbaden 1968, 239–253.

1341. F. H. Hinsley, Power and the Pursuit of Peace. Theory and Practice in the History between States, Cambridge 1963.

1342. W. Hofer (Hrsg.), Europa und die Einheit Deutschlands, Köln 1970.

1343. C. Holbraad, The Concert of Europe: A Study in German and British International Theory, 1815–1914, London 1970.

1344. P. M. Kennedy, The War Plans of the Great Powers, 1880–1914, London 1979.

1345. P. M. Kennedy, The Rise and Fall of the Great Powers, New York 1987 (dt.: Aufstieg und Fall der großen Mächte. Ökonomischer Wandel und militärischer Konflikt von 1500 bis 2000, Frankfurt/Main 1989).

1346. H. A. KISSINGER, Das Gleichgewicht der Großmächte, Zürich o.J. (1986).

1347. H. A. KISSINGER, Diplomacy, New York 1994 (dt.: Die Vernunft der Nationen. Über das Wesen der Außenpolitik, Berlin 1994).

1348. E. KOLB (Hrsg.), Europa und die Reichsgründung. Preußen-Deutschland in der Sicht der großen europäischen Mächte 1866–1880, München 1980.

1349. E. KOLB, Der schwierige Weg zum Frieden. Das Problem der Kriegsbeendigung 1870/71, in: HZ 241 (1985), 51–79.

1350. E. KOLB (Hrsg.), Europa vor dem Krieg von 1870. Mächtekonstellation – Konfliktfelder – Kriegsausbruch, München 1987.

1351. H. LADEMACHER, Die belgische Neutralität als Problem der europäischen Politik 1830–1914, Bonn 1971.

1352. W. L. LANGER, European Alliances and Alignments 1871–1890, 2. Aufl., New York 1962.

1353. N. MANSERGH, The Coming of the First World War. A Study of the European Balance 1878–1914, New York 1948.

1354. W. N. MEDLICOTT, Bismarck, Gladstone and the Concert of Europe, 2. Aufl., London 1957.

1355. R. MELVILLE, H.-J. SCHRÖDER (Hrsg.), Der Berliner Kongreß von 1878. Die Politik der Großmächte und die Probleme der Modernisierung in Südosteuropa in der zweiten Hälfte des 19. Jahrhunderts, Wiesbaden 1982.

1356. R. MEYERS, Die Lehre von den internationalen Beziehungen. Ein entwicklungsgeschichtlicher Überblick, 2. Aufl., Königstein/Ts. 1981.

1357. R. MILLMAN, Britain and the Eastern Question 1875–1878, Oxford 1979.

1358. W. J. MOMMSEN (Hrsg.), Der moderne Imperialismus, Stuttgart-Berlin-Köln-Mainz 1971.

1359. W. J. MOMMSEN, Imperialismustheorien. Ein Überblick über die neueren Imperialismusinterpretationen, Göttingen 1977.

1360. W. J. MOMMSEN, Der europäische Imperialismus. Aufsätze und Abhandlungen, Göttingen 1979.

1361. W. E. MOSSE, The European Powers and the German Question 1848–71. With Special Reference to England and Russia, Cambridge 1958.

1362. W. E. MOSSE, The Rise and Fall of the Crimean System 1855 to 1871. The Story of a Peace Settlement, London-New York 1963.

1363. P. RENOUVIN (Hrsg.), Histoire des relations internationales, Bd. 5 u. 6: Le XIXe siècle, I: 1815–1871. L'Europe des nationalités et l'éveil des nouveaux mondes, II: 1871–1914. L'apogée de l'Europe, Paris 1954–55.

1364. F. ROTH, La guerre de 1870, Paris 1990.

1365. G. SCHMIDT, Der europäische Imperialismus, München 1989.

1366. G. SCHÖLLGEN, Imperialismus und Gleichgewicht. Deutschland, England und die orientalische Frage 1871–1914, München 1984.

1367. P. W. SCHROEDER, Austria, Great Britain, and the Crimean War. The Destruction of the European Concert, Ithaca-London 1972.

1368. P. W. SCHROEDER, The Lost Intermediaries. The Impact of 1870 on the European States System, in: The International History Review 6 (1984), 1–27.

1369. P. W. SCHROEDER, The 19th-Century International System, in: World Politics 39 (1986), 1–26.

1370. I. SCOTT, The Roman Question and the Powers 1848–1865, Den Haag 1969.

1371. A. J. P. TAYLOR, The Struggle for Mastery in Europe 1848–1919, Oxford 1954.

1372. B. M. TUPOLEV, Die Erforschung der russisch-deutschen Beziehungen zwischen 1871 und 1900 in der sowjetischen Historiographie, in: K. O. FRHR. VON ARETIN, W. CONZE (Hrsg.), Deutschland und Rußland im Zeitalter des Kapitalismus 1861–1914, Wiesbaden 1977, 221–233.

1373. G. VILLE, Opinion publique et politique extérieure, Bd. 1: 1870–1915, Rom 1982.

1374. A. WANDRUSZKA, Schicksalsjahr 1866, Graz 1966.

1375. H.-U. WEHLER (Hrsg.), Imperialismus, 5. Aufl., Köln 1983.

1376. M. WOLFE (Hrsg.), The Economic Causes of Imperialism, New York 1972.

b. Deutschland

1377. K. O. FRHR. VON ARETIN (Hrsg.), Bismarcks Außenpolitik und der Berliner Kongreß, Wiesbaden 1978.

1378. K. J. BADE, Friedrich Fabri und der Imperialismus in der Bismarck-Zeit. Revolution – Depression – Expansion, Freiburg 1975.

1379. K. J. BADE (Hrsg.), Imperialismus und Kolonialmission. Kaiserliches Deutschland und koloniales Imperium, Wiesbaden 1982.

1380. H. BARTEL, E. ENGELBERG (Hrsg.), Die großpreußisch-militaristische Reichsgründung 1871. Voraussetzungen und Folgen, 2 Bde., Berlin 1971.

1381. W. BAUMGART, Die europäischen Großmächte und die französische Intervention in Syrien 1860/61, in: HJb 106 (1986), 361–385.

1382. W. BAUMGART, Zur Außenpolitik Friedrich Wilhelms IV. 1840–1858, in: JbGMOD 36 (1987), 132–156.

1383. J. BECKER, Baden, Bismarck und die Annexion von Elsaß und Lothringen, in: ZGO 115 (1968), 1–38.

1384. J. BECKER, Zum Problem der Bismarckschen Politik in der spanischen Thronfrage 1870, in: HZ 212 (1971), 529–607.

1385. O. BECKER, Bismarcks Ringen um Deutschlands Gestaltung, hrsg. u. erg. v. A. SCHARF, Heidelberg 1958.

1386. E. BENDIKAT, Organisierte Kolonialbewegung in der Bismarck-Ära, Brazzaville-Heidelberg 1984.

1387. H. BÖHME, „Grenzen des Wachstums". Außenwirtschaftliche Beziehungen und gesellschaftliche Systemstabilisierung. Bemerkungen zum deutsch-russischen Verhältnis 1886–1894, in: D. STEGMANN, B.-J. WENDT, P.-C. WITT (Hrsg.), Industrielle Gesellschaft und politisches System. Beiträge zur politischen Sozialgeschichte. Fs. f. F. Fischer, Bonn 1978, 175–192.

1388. J. BOREJSZA, Über Bismarck und die polnische Frage in der polnischen Historiographie, in: HZ 241 (1985), 599–630.

1389. E. BUDDRUSS, Handlungsspielräume mittelstaatlicher Politik vor Königgrätz. Varnbüler, Dalwigk und der Handelsvertrag mit Italien 1865/66, in: ZWLG 48 (1989), 305–334.

1390. H. BURCKHARDT, Deutschland – England – Frankreich. Die politischen Beziehungen Deutschlands zu den beiden westeuropäischen Großmächten 1864–1866, München 1970.

1391. D. CALLEO, The German Problem Reconsidered. Germany and the World Order, 1870 to the Present, Cambridge u. a. 1978 (dt.: Legende und Wirklichkeit der deutschen Gefahr. Neue Aspekte zur Rolle Deutschlands in der Weltgeschichte von Bismarck bis heute, Bonn 1980).

1392. K. CANIS, Bismarck und Waldersee. Die außenpolitischen Krisenerscheinungen und das Verhalten des Generalstabes 1882 bis 1890, Berlin (Ost) 1980.

1393. E. M. CAROLL, Germany and the Great Powers 1866–1914. A Study in Public Opinion and Foreign Policy, 2. Aufl., Hamden (CONN) 1966.

1394. L. CECIL, The German Diplomatic Service, 1871–1914, Princeton 1976.

1395. Die deutsch-italienischen Beziehungen im Zeitalter des Risorgimento. Referate und Diskussion der 8. dt.-ital. Historikertagung, Braunschweig 24.–28. 5. 1968, Braunschweig 1970.

1396. A. DOERING-MANTEUFFEL, Die deutsche Frage und das europäische Staatensystem 1815–1871, München 1993.

1397. H. ELZER, Bismarcks Bündnispolitik von 1887. Erfolg und Grenzen einer europäischen Friedensordnung, Frankfurt/Main u. a. 1991.

1398. E. FLEISCHHAUER, Bismarcks Rußlandpolitik im Jahrzehnt vor der Reichsgründung und ihre Darstellung in der sowjetischen Historiographie, Köln-Wien 1976.

1399. S. FÖRSTER, W. J. MOMMSEN, R. ROBINSON (Hrsg.), Bismarck, Europe and Africa. The Berlin Conference 1884–1885 and the Onset of Partition, London 1988.

1400. L. GALL, Zur Frage der Annexion von Elsaß und Lothringen 1870, in: HZ 206 (1968), 265–326.

1401. L. GALL, Bismarck und England, in: P. KLUKE, P. ALTER (Hrsg.), Aspekte der deutsch-britischen Beziehungen im Laufe der Jahrhunderte, Stuttgart 1978, 46–59.

1402. H. GEUSS, Bismarck und Napoleon III. Ein Beitrag zur Geschichte der preußisch-französischen Beziehungen 1851–1871, Köln 1959.

1403. W. v. GROOTE, U. v. GERSDORFF (Hrsg.), Entscheidung 1866, Stuttgart 1966.

1404. W. v. GROOTE, U. v. GERSDORFF (Hrsg.), Entscheidung 1870, Stuttgart 1970.

1405. H. GRÜNDER, Geschichte der deutschen Kolonien, 2. Aufl., Paderborn 1991

1406. W. D. GRUNER, Die deutsche Frage. Ein Problem der europäischen Geschichte seit 1800, München 1985.

1407. H.-H. HAHN, Polen im Horizont preußischer und deutscher Politik im neunzehnten Jahrhundert, in: JbGMOD 35 (1986), 1–19.

1408. H. HALLMANN (Hrsg.), Zur Geschichte und Problematik des Rückversicherungsvertrages von 1887, Darmstadt 1968.

1409. S. HALPERIN, The Origins of the Franco-Prussian War Re-Visited: Bismarck and the Hohenzollern Candidature for the Spanish Crown, in: JModH 45 (1973), 83–91.

1410. K. HILDEBRAND, Staatskunst oder Systemzwang? Die „deutsche Frage" als Problem der Weltpolitik, in: HZ 228 (1979), 624–644.

1411. K. HILDEBRAND, Saturiertheit und Prestige. Das Deutsche Reich als Staat im Staatensystem 1871–1918, in: GWU 40 (1989), 193–202.

1412. K. HILDEBRAND, „System der Aushilfen"? Chancen und Grenzen deutscher Außenpolitik im Zeitalter Bismarcks (1871–1890), in: Jahrbuch Stiftung Preußischer Kulturbesitz 27 (1990), 455–475.

1413. K. HILDEBRAND, Deutsche Außenpolitik 1871–1918, 2. Aufl., München 1994.

1414. K. HILDEBRAND, Das vergangene Reich. Deutsche Außenpolitik von Bismarck bis Hitler 1871–1945, Stuttgart 1995.

1415. K. HILDEBRAND, Reich – Großmacht – Nation. Betrachtungen zur Geschichte der deutschen Außenpolitik 1871–1945, in: HZ 259 (1995), 369–389.

1416. A. HILLGRUBER, Bismarcks Außenpolitik, Freiburg 1972.

1417. A. HILLGRUBER, Deutsche Rußland-Politik 1871–1918: Grundlagen – Grundmuster – Grundprobleme, in: Saeculum 27 (1976), 94–108.

1418. A. HILLGRUBER, Deutsche Großmacht- und Weltpolitik im 19. und 20. Jahrhundert, Düsseldorf 1977.

1419. A. HILLGRUBER, Die gescheiterte Großmacht. Eine Skizze des deutschen Reiches 1871–1945, Düsseldorf 1980.

1420. A. S. JERUSSALIMSKI, Der deutsche Imperialismus. Geschichte und Gegenwart, Berlin 1968.

1421. E. KOLB, Bismarck und das Aufkommen der Annexionsforderung 1870, in: HZ 209 (1969), 318–356.

1422. E. KOLB, Der Kriegsausbruch 1870: Politische Entscheidungsprozesse und Verantwortlichkeiten in der Julikrise 1870, Göttingen 1970.

1423. E. KOLB, Ökonomische Interessen und politischer Entscheidungsprozeß. Zur Aktivität deutscher Wirtschaftskreise und zur Rolle wirtschaftlicher Erwägungen in der Frage von Annexion und Grenzziehung 1870/71, in: VSWG 60 (1973), 343–380.

1424. E. KOLB, Der Weg aus dem Krieg. Bismarcks Politik im Krieg und die Friedensanbahnung 1870/71, München 1989.

1425. M. KRÖBER, „Le bâton égyptien" – Der ägyptische Knüppel. Die Rolle der „ägyptischen Frage" in der deutschen Außenpolitik von 1875/76 bis zur „Entente Cordiale", Frankfurt/Main u. a. 1991.

1426. S. KUMPF-KORFES, Bismarcks „Draht nach Rußland". Zum Problem der sozial-ökonomischen Hintergründe der russisch-deutschen Entfremdung im Zeitraum von 1878 bis 1891, Berlin 1968.

1427. I. N. LAMBI, The Navy and German Power Politics, 1862–1914, Boston 1984.

1428. U. LAPPENKÜPER, Die Mission Radowitz. Untersuchungen zur Rußland-Politik Otto von Bismarcks (1871–1875), Göttingen 1990.

1429. U. LAPPENKÜPER, Auf dem Weg in die „Krieg-in-Sicht»-Krise: Bismarcks Eingreifen in den spanischen Bürgerkrieg 1874/1875, in: HJb 111 (1991), 53–101.

1430. W. LIPGENS, Bismarck, die öffentliche Meinung und die Annexion von Elsaß und Lothringen 1870, in: HZ 199 (1964), 31–112.

1431. W. LIPGENS, Bismarck und die Frage der Annexion 1870. Eine Erwiderung, in: HZ 206 (1968), 586–617.

1432. W. J. MOMMSEN, Domestic Factors in German Foreign Policy before 1914, in: CEH 6 (1973), 3–43.

1433. W. J. MOMMSEN, Triebkräfte und Zielsetzungen des deutschen Imperialismus vor 1914, in: K. BOHNEN, S.-A. JORGENSEN, F. SCHMÖE (Hrsg.), Kultur und Gesellschaft in Deutschland von der Reformation bis zur Gegenwart, München 1981, 98–129.

1434. W. J. MOMMSEN, Großmachtstellung und Weltpolitik. Die Außenpolitik des Deutschen Reiches 1870–1914, Berlin 1993.

1435. H. MÜLLER-LINK, Industrialisierung und Außenpolitik. Preußen-Deutschland und das Zarenreich von 1860–1890, Göttingen 1977.

1436. E. NAUJOKS, Bismarcks auswärtige Pressepolitik und die Reichsgründung (1865–1871), Wiesbaden 1968.

1437. L. A. PUNTILA, Bismarcks Frankreichpolitik, Göttingen 1971.

1438. N. RICH, Friedrich von Holstein: Politics and Diplomacy in the Era of Bismarck and William II, 2 Bde., Cambridge 1965.

1439. A. T. G. RIEHL, Der „Tanz um den Äquator". Bismarcks antienglische Kolonialpolitik und die Erwartung des Thronwechsels in Deutschland 1883 bis 1885, Berlin 1993.

1440. TH. SCHIEDER, E. DEUERLEIN (Hrsg.), Reichsgründung 1870/71, Stuttgart 1970.

1441. G. SCHMIDT, Das Einmaleins politischer Konflikte – Zum Verhältnis von Regime-Unterschieden und Großmachtambitionen in den deutsch-britischen Beziehungen 1870–1914, in: GG 11 (1985), 508–527.

1442. G. SCHÖLLGEN, Die Macht in der Mitte Europas. Stationen deutscher Außenpolitik von Friedrich dem Großen bis zur Gegenwart, München 1992.

1443. K. SCHWABE (Hrsg.), Das Diplomatische Korps 1871–1945, Boppard 1985.

1444. W. STEGLICH, Bismarcks englische Bündnissondierungen und Bündnisvorschläge 1887–1889, in: Historia Integra. Fs f. E. Hassinger zum 70. Geburtstag, Berlin 1977, 283–348.

1445. H. A. TURNER, Bismarck's Imperialist Venture, Anti-British in Origin?, in: P. GIFFORD u. a., Britain and Germany in Africa, New Haven 1967, 47–82.

1446. A. WAHL, Les courants annexionistes en Allemagne et „l'Alsace-Lorraine" (1813)... septembre (1870), état de la question, in: F. L'HUILLLER (Hrsg.), L'Alsace en 1870–1871, Paris 1971, 185–210.

1447. B. WALLER, Bismarck at the Crossroad. The Reorientation of German Foreign Policy after the Congress of Berlin 1878–1880, London 1974.

1448. O. WEISS, Deutschland, Dreibund und öffentliche Meinung in Italien (1876–1883), in: QuFiAB 71 (1991), 548–624.

1449. R. WILHELM, Das Verhältnis der süddeutschen Staaten zum Norddeutschen Bund (1867–1870), Husum 1978.

1450. H. WOLTER, Alternative zu Bismarck. Die deutsche Sozialdemokratie und die Außenpolitik Preußen-Deutschlands 1878–1890, Berlin 1970.

1451. H. WOLTER, Bismarcks Außenpolitik 1871–1881. Außenpolitische Grundlinien von der Reichsgründung bis zum Dreikaiserbündnis, Berlin 1983.

1452. G. ZIEBURA (Hrsg.), Grundfragen der deutschen Außenpolitik seit 1871, Darmstadt 1975.

c. Übriges Europa

1453. O. ANDERSON, A Liberal State at War. English Politics and Economics during the Crimean War, London-New York 1967.

1454. A. ARMENGAUD, L'opinion publique en France et la crise nationale allemande en 1866, Paris 1962.

1455. N. DER BAGDASARIAN, The Austro-German Rapprochement 1870–1879. From the Battle of Sedan to the Dual Alliance, London 1976.

1456. D. BEYRAU, Russische Orientpolitik und die Entstehung des deutschen Kaiserreichs 1866–1870/71, Wiesbaden 1974.

1457. A. M. BIRKE, M.-L. Recker (Hrsg.), Das gestörte Gleichgewicht. Deutschland als Problem britischer Sicherheit im 19. und 20. Jahrhundert, München-London-New York 1990.

1458. R. BLAAS, Die italienische Frage und das österreichische Parlament 1859–1866, in: Mitteilungen des Österreichischen Staatsarchivs 22 (1969), 152–245.

1459. K. BOURNE, The Foreign Policy of Victorian England, 1830–1902, Oxford 1970.

1460. F. R. BRIDGE, From Sadowa to Sarajevo. The Foreign Policy of Austria-Hungary, 1866–1914, London-Boston 1972.

1461. F. R. BRIDGE, The Habsburg Monarchy among the Great Powers, 1815–1918, Oxford-New York-München 1990.

1462. F. CHABOD, Storia della politica estera italiana dal 1870 al 1896, Rom 1990.

1463. M. E. CHAMBERLAIN, „Pax Britannica"? British Foreign Policy, 1789–1914, London-New York 1988.

1464. B. CIALDEA, L'Italia nel Concerto Europeo (1861–1867), Turin 1966.

1465. J. J. COOKE, The New French Imperialism, 1880–1914, London 1973.

1466. H. DEININGER, Frankreich – Rußland – Deutschland, 1871–1891: Die Interdependenz von Außenpolitik, Wirtschaftsinteressen und Kulturbeziehungen im Vorfeld des russisch-französischen Bündnisses, München-Wien 1983.

1467. I. DIÓSZEGI, Österreich-Ungarn und der französisch-preußische Krieg 1870–1871, Budapest 1974.

1468. I. DIÓSZEGI, Die Außenpolitik der Österreich-Ungarischen Monarchie 1871–1877, Wien-Köln-Graz 1985.

1469. C. C. ELDRIDGE, England's Mission. The Imperial Idea in the Age of Gladstone and Disraeli 1868–1880, London 1973.

1470. C. C. ELDRIDGE, Victorian Imperialism, London-Sydney-Auckland-Toronto 1978.

1471. C. C. ELRIDGE (Hrsg.), British Imperialism in the Nineteenth Century, London 1984.

1472. D. GEYER, Der russische Imperialismus. Studien über den Zusammenhang von innerer und auswärtiger Politik 1860–1914, Göttingen 1977.

1473. R. GIRADET, L'idée coloniale en France 1871 à 1962, Paris 1972.

1474. P. GUILLEN, L'Expansion 1881–1898, Paris 1985.

1475. K. HILDEBRAND, Die deutsche Reichsgründung im Urteil der britischen Politik, in: Francia 5 (1977), 399–424.

1476. K. HILDEBRAND, Lord Clarendon, Bismarck und das Problem der europäischen Abrüstung 1870. Möglichkeiten und Grenzen im britisch-preußischen Verhältnis am Vorabend des deutsch-französischen Krieges, in: L. KETTENACKER, M. SCHLENKE, H. SEIER (Hrsg.), Studien zur Geschichte Englands und der deutsch-britischen Beziehungen. Fs. f. P. Kluke. München 1981, 130–152.

1477. K. HILDEBRAND, Zwischen Allianz und Antagonismus. Das Problem bilateraler Normalität in den britisch-deutschen Beziehungen des 19. Jahrhunderts (1870–1914), in: H. DOLLINGER, H. GRÜNDER, A. HANSCHMIDT (Hrsg.), Weltpolitik – Europagedanke – Regionalismus. Fs. f. H. Gollwitzer, Münster 1982, 305–331.

1478. G. HOLLENBERG, Englisches Interesse am Kaiserreich. Die Attraktivität Preußen-Deutschlands für konservative und liberale Kreise in Großbritannien 1860–1914, Wiesbaden 1974.

1479. B. JELAVICH, A Century of Russian Foreign Policy, 1814–1914, Philadelphia-New York 1964.

1480. B. JELAVICH, The Habsburg Empire in European Affairs 1814–1918, Chicago 1969.

1481. W. A. JENKS, Francis Joseph and the Italians 1849–1859, Charlottesville (VA) 1978.

1482. G. F. KENNAN, The Decline of Bismarck's European Order. Franco-Russian Relations 1875–1890, Princeton 1979 (dt.: Bismarcks europäisches System in der Auflösung: Die französisch-russische Annäherung 1875–1890, Frankfurt/Main-Berlin-Wien 1981).

1483. P. M. KENNEDY, The Rise of the Anglo-German Antagonism 1860–1914, London-Boston-Sydney 1980.

1484. P. M. Kennedy, The Realities behind Diplomacy. Background Influences on British External Policy 1865–1980, London 1981.

1485. P. KLEMENSBERGER, Die Westmächte und Sardinien während des Krimkrieges. Der Beitritt des Königreiches Sardinien zur britisch-französischen Allianz im Rahmen der europäischen Politik, Diss. Zürich 1972.

1486. E. KOLB, Der Pariser Commune-Aufstand und die Beendigung des deutsch-französischen Krieges, in: HZ 215 (1972), 265–298.

1487. R. KONETZKE, Spanien, die Vorgeschichte des Krieges von 1870 und die deutsche Reichsgründung, in: HZ 214 (1972), 580–613.

1488. M. KUITENBROUWER, The Netherlands and the Rise of Modern Imperialism. Colonies and Foreign Policy, 1870–1902, New York-Oxford 1991.

1489. C. J. LOWE, F. MARZARI, Italian Foreign Policy 1870–1940, London 1975.

1490. H. LUTZ, Österreich-Ungarn und die Gründung des Deutschen Reiches: Europäische Entscheidungen 1867–1871, Frankfurt/Main-Berlin-Wien 1979.

1491. K. MALETTKE, Die Beurteilung der Außen- und Innenpolitik Bismarcks von 1862–1866 in den großen Pariser Zeitungen, Lübeck 1966.

1492. J. MANDER, Our German Cousins. Anglo-German Relations in the 19th and 20th Centuries, London 1974.

1493. P. Milza, Les relations internationales de 1871 à 1914, Paris 1983.

1494. W. J. Mommsen, Nationale und ökonomische Faktoren im britischen Imperialismus vor 1914, in: HZ 206 (1968), 618–664.

1495. E. Palotás, Machtpolitik und Wirtschaftsinteressen. Der Balkan und Rußland in der österreichisch-ungarischen Außenpolitik 1878–1895, Budapest 1995.

1496. D. C. M. Platt, Finance, Trade and Politics in British Foreign Policy, 1815–1914, Oxford 1968.

1497. R. Poidevin, J. Bariéty, Les relations franco-allemandes 1815–1975, Paris 1977 (dt.: Frankreich und Deutschland. Die Geschichte ihrer Beziehungen 1815–1975, München 1982).

1498. H. Potthoff, Die deutsche Politik Beusts von seiner Berufung zum österreichischen Außenminister Oktober 1866 bis zum Ausbruch des deutsch-französischen Krieges 1870, Bonn 1968.

1499. E. A. Pottinger, Napoleon III. and the German Crisis 1865–1866, Cambridge (MA) 1966.

1500. W. Radewahn, Die Pariser Presse und die deutsche Frage unter Berücksichtigung der französischen Pressepolitik im Zeitalter der Bismarckschen Reichsgründung (1866–1870/71), Frankfurt/Main 1977.

1501. W. Rauscher, Zwischen Berlin und St. Petersburg. Die österreichisch-ungarische Außenpolitik unter Gustav Graf Kálnoky 1881–1895, Köln-Wien-Weimar 1993.

1502. R. Robinson, J. Gallagher, Africa and the Victorians, London 1961.

1503. K. Sandiford, Great Britain and the Schleswig-Holstein Question, 1848–1864. A Study in Diplomacy, Politics and Public Opinion, Toronto 1975.

1504. Th. Schaarschmidt, Außenpolitik und öffentliche Meinung in Großbritannien während des deutsch-französischen Krieges von 1870/71, Frankfurt/Main-Bern-New York 1993.

1505. R. F. Schmidt, Die gescheiterte Allianz. Österreich-Ungarn, England und das Deutsche Reich in der Ära Andrassy (1867 bis 1878/79), Frankfurt/Main 1992.

1506. J. Scholtyseck, Alliierter oder Vasall? Italien und Deutschland in der Zeit des Kulturkampfes und der „Krieg-in-Sicht»-Krise 1875, Köln-Weimar-Wien 1994.

1507. E. Serra, L'Italia e le grandi alleanze nel tempo dell'imperialismo. Saggi di tecnica diplomatica 1870–1915, Mailand 1990.

1508. C. Steinbach, Die französische Diplomatie und das Deutsche Reich 1873 bis 1881, Bonn 1976.

1509. B. Unckel, Österreich und der Krimkrieg. Studien zur Politik der Donaumonarchie in den Jahren 1852–1856, Lübeck-Hamburg 1969.

1510. H. Wentker, Zerstörung der Großmacht Rußland? Die britischen Kriegsziele im Krimkrieg, Göttingen 1993.

9. Kirche und Religion

a. Allgemeines, Europa insgesamt

1511. R. Aubert, Le pontificat de Pie IX., 1846–1878 (1952), 2. Aufl., Paris 1964.

1512. R. Aubert, Vatican I, Paris 1964.

1513. Th. Baumann, Zwischen Weltveränderung und Weltflucht. Zum Wandel der pietistischen Utopie im 18. und 19. Jahrhundert, Lahr-Dinglingen 1991.

1514. W. Becker, Der Kulturkampf als europäisches und als deutsches Phänomen, in: HJb 101 (1981), 422–446.

1515. G. Besier, Der Kulturkampf als europäisches Phänomen? Zur Relativierung einer Kulturkampfhistoriographie aus katholischer Sicht, in: Monatshefte für Evangelische Kirchengeschichte 37/38 (1988/89), 515–527.

1516. R. van Dülmen (Hrsg.), Arbeit, Frömmigkeit und Eigensinn. Studien zur historischen Kulturforschung, Frankfurt/Main 1990.

1517. M. N. Elbertz, F. Schultheiss,(Hrsg.), Volksfrömmigkeit in Europa. Beiträge zur Soziologie popularer Religiösität aus 14 Ländern, München 1986.

1518. M. Greschat, Das Zeitalter der Industriellen Revolution: Das Christentum vor der Moderne, Stuttgart-Berlin-Köln-Mainz 1980.

1519. A. B. Hasler, Pius IX. (1846–1878). Päpstliche Unfehlbarkeit und 1. Vatikanisches Konzil. Dogmatisierung und Durchsetzung einer Ideologie, Stuttgart 1977.

1520. H. Jedin (Hrsg.), Handbuch der Kirchengeschichte, Bd. 6: Die Kirche in der Gegenwart, Freiburg-Basel-Wien 1971–73.

1521. H. MacLeod, Weibliche Frömmigkeit – Männlicher Unglaube? Religion und Kirchen im bürgerlichen 19. Jahrhundert; in: U. Frevert (Hrsg.), Bürgerinnen und Bürger, Göttingen 1988, 134–156.

1522. E. Saurer, Die Religion der Geschlechter. Historische Aspekte religiöser Mentalitäten, Wien-Köln-Weimar 1995.

1523. Chr. Weber, Quellen und Studien zur Kurie und zur vatikanischen Politik unter Leo XIII., Tübingen 1973.

b. Deutschland

1524. H.-G. Aschoff, Das Verhältnis von Staat und katholischer Kirche im Königreich Hannover 1813–1866, Hildesheim 1976.

1525. H.-G Aschoff, Der Kulturkampf in der Provinz Hannover, in: BlldtLG 115 (1979), 15–67.

1526. E. Bammel, Die evangelische Kirche in der Kulturkampfära, Diss. Bonn 1949.

1527. E. Bammel, Die Reichsgründung und der deutsche Protestantismus, Erlangen 1973.

1528. U. Baumann, Protestantismus und Frauenemanzipation in Deutschland 1850–1920, Frankfurt/Main-New York 1993.

1529. M. Baumeister, „Parität" und „katholische Inferiorität". Untersuchungen zur Stellung des Katholizismus im Deutschen Kaiserreich, Paderborn 1987.

1530. J. Becker, Liberaler Staat und Kirche in der Ära von Reichsgründung und Kulturkampf. Geschichte und Strukturen ihres Verhältnisses in Baden 1860–1876, Mainz 1973.

1531. G. Besier, Preußische Kirchenpolitik in der Bismarckära. Die Diskussion in Staat und Evangelischer Kirche um eine Neuordnung der kirchlichen Verhältnisse Preußens zwischen 1866 und 1872, Berlin-New York 1980.

1532. A. M. Birke, Bischof Ketteler und der deutsche Liberalismus. Eine Untersuchung über das Verhältnis des liberalen Katholizismus zum bürgerlichen Liberalismus in der Reichsgründungszeit, Mainz 1971.

1533. D. Blackbourn, Volksfrömmigkeit und Fortschrittsglaube im Kulturkampf, Stuttgart 1988.

1534. D. Blackbourn, Marpingen: Apparitions of the Virgin Mary in Nineteenth Century Germany, New York 1994.

1535. O. Blaschke, F. M. Kuhlemann (Hrsg.), Religion im Kaiserreich. Milieus – Mentalitäten – Krisen, Gütersloh 1995.

1536. W. K. Blessing, Staat und Kirche in der Gesellschaft. Institutionelle Autorität und mentaler Wandel in Bayern während des 19. Jahrhunderts, Göttingen 1982.

1537. H. Bornkamm, Die Staatsidee im Kulturkampf, in: HZ 170 (1950), 41–72 u. 273–306.

1538. G. Brakelmann, Der Krieg 1870/71 und die Reichsgründung im Urteil des Protestantismus, in: W. Huber, J. Schwerdtfeger (Hrsg.), Kirche zwischen Krieg und Frieden. Studien zur Geschichte des deutschen Protestantismus, Stuttgart 1976, 293–320.

1539. G. Brakelmann, Kirche, soziale Frage und Sozialismus, Bd. 1: Kirchenleitungen und Synoden über soziale Frage und Sozialismus 1871–1914, Gütersloh 1977.

1540. V. Conzemius, Katholizismus ohne Rom. Die altkatholische Kirchengemeinschaft, Zürich-Einsiedeln-Köln 1969.

1541. R. van Dülmen, Religionsgeschichte in der Historischen Sozialforschung, in: GG 6 (1980), 36–59.

1542. G. Franz, Kulturkampf. Staat und katholische Kirche in Mitteleuropa von der Säkularisation bis zum Abschluß des preußischen Kulturkampfes, München 1954.

1543. W. Friedberger, Die Geschichte der Sozialismuskritik im katholischen Deutschland zwischen 1830 und 1914, Frankfurt/Main-Bern-Las Vegas 1978.

1544. L. GALL, Die partei- und sozialgeschichtliche Problematik des badischen Kulturkampfes, in: ZGO 113 (1965), 151–196.

1545. E. GATZ, Bischöfliche Einheitsfront im Kulturkampf?, in: HJb 92 (1972), 391–403.

1546. M. DE GIORGIO, Das katholische Modell, in: G. FRAISSE, M. PERROT (Hrsg.), Geschichte der Frauen. Bd. 4: 19. Jahrhundert, Frankfurt/Main-New York 1994, 186–220.

1547. J. E. GROH, Nineteenth Century German Protestantism: The Church as Social Model, Washington 1982.

1548. E. HANISCH, Konservatives und revolutionäres Denken. Deutsche Sozialkatholiken und Sozialisten im 19. Jahrhundert, Wien-Salzburg 1975.

1549. E. HEINEN, Staatliche Macht und Katholizismus in Deutschland, 2 Bde., Paderborn 1969–79.

1550. E. HEINEN, Katholizismus und Gesellschaft. Das katholische Vereinswesen zwischen Revolution und Reaktion (1848/49–1853/54), Idstein 1993.

1551. J. HÖFFNER, Industrielle Revolution und religiöse Krise. Schwund und Wandel des religiösen Verhaltens in der modernen Gesellschaft, Köln-Opladen 1961.

1552. L. HÖLSCHER, Weltgericht oder Revolution. Protestantische und sozialistische Zukunftsvorstellungen im deutschen Kaiserreich, Stuttgart 1989.

1553. G. HOLTZ, Der mecklenburgische Landarbeiter und die Kirche. Die geschichtliche Entwicklung, in: Herbergen der Christenheit. Jahrbuch für deutsche Kirchengeschichte (1975/76), 49–76.

1554. G. HÜBINGER, Kulturprotestantismus und Politik. Zum Verhältnis von Liberalismus und Protestantismus im wilhelminischen Deutschland, Tübingen 1994.

1555. E. ISERLOH, Die soziale Aktivität der Katholiken im Übergang von caritativer Fürsorge zu Sozialreform und Sozialpolitik, dargestellt an den Schriften W. E. von Kettelers, Mainz-Wiesbaden 1975.

1556. E. ISERLOH, Die Kirche im industriellen Zeitalter: Der deutsche Sozialkatholizismus im 19. Jahrhundert, in: Religion und Kirchen im industriellen Zeitalter, Braunschweig 1977, 24–38.

1557. O. JANZ, Bürger besonderer Art. Evangelische Pfarrer in Preußen 1850–1914, Berlin 1994.

1558. A. KALL, Katholische Frauenbewegung in Deutschland. Eine Untersuchung zur Gründung katholischer Frauenvereine im 19. Jahrhundert, Paderborn 1983.

1559. J. KATZ, Vom Vorurteil zur Vernichtung. Der Antisemitismus 1700–1933, München 1989.

1560. G. KORFF, Heiligenverehrung und soziale Frage. Zur Ideologisierung der populären Frömmigkeit im späten 19. Jahrhundert, in: G. WIEGELMANN (Hrsg.), Kultureller Wandel im 19. Jahrhundert, Göttingen 1973, 102–111.

1561. G. KORFF, Bemerkungen zum politischen Heiligenkult im 19. und 20. Jahrhundert, in: G. STEPHENSON (Hrsg.), Der Religionswandel unserer Zeit im Spiegel der Religionswissenschaft, Darmstadt 1976, 216–230.

1562. G. KORFF, Formierung der Frömmigkeit. Zur sozialpolitischen Intention der Trierer Rockwallfahrten 1891, in: GG 3 (1977), 352–383.

1563. K. KUPISCH, Zwischen Idealismus und Massendemokratie. Eine Geschichte der evangelischen Kirche in Deutschland von 1815–1945, 3. Aufl., Berlin 1960.

1564. A. LANGNER, Grundlagen des sozialethischen Denkens bei Wilhelm Emmanuel von Ketteler, in: DERS. (Hrsg.), Theologie und Sozialethik im Spannungsfeld der Gesellschaft. Untersuchungen zur Ideengeschichte des deutschen Katholizismus im 19. Jahrhundert, München-Paderborn-Wien 1974, 61–112.

1565. R. LILL, Die Wende im Kulturkampf. Leo XIII., Bismarck und die Zentrumspartei 1878–1880, Tübingen 1973.

1566. W. LOTH, Katholiken im Kaiserreich. Der politische Katholizismus in der Krise des wilhelminischen Deutschlands, Düsseldorf 1984.

1567. TH. MERGEL, Zwischen Klasse und Konfession. Katholisches Bürgertum im Rheinland 1794–1914, Göttingen 1994.

1568. R. MORSEY, Probleme der Kulturkampfforschung, in: HJb 83 (1963), 217–245.

1569. R. MORSEY, Bischof Ketteler und der politische Katholizismus, in: W. PÖLS (Hrsg.), Staat und Gesellschaft im politischen Wandel. Beiträge zur Geschichte der modernen Welt. Fs. f. W. Bußmann, Stuttgart 1979, 203–223.

1570. TH. NIPPERDEY, Religion im Umbruch. Deutschland 1870–1918, München 1988.

1571. S. PALETSCHEK, Frauen und Dissens. Frauen im Deutschkatholizismus und in den freien Gemeinden 1841–1852, Göttingen 1990.

1572. F. M. PHAYER, Religion und das Gewöhnliche Volk in Bayern in der Zeit von 1750–1850, München 1970.

1573. L. POLIAKOV, Geschichte des Antisemitismus, 6 Bde., Worms 1977–1987.

1574. K. E. POLLMANN, Protestantismus und preußisch-deutscher Verfassungsstaat, in: W. PÖLS (Hrsg.), Staat und Gesellschaft im politischen Wandel, Beiträge zur Geschichte der modernen Welt. Fs. f. W. Bußmann, Stuttgart 1979, 280–300.

1575. A. RAUSCHER (Hrsg.), Der soziale und politische Katholizismus: Entwicklungslinien in Deutschland 1803–1963, 2 Bde., München-Wien 1981/82.

1576. A. RAUSCHER, Religiös-kulturelle Bewegungen im deutschen Katholizismus, Paderborn 1986.

1577. K. SCHATZ, Zwischen Säkularisation und zweiten Vatikanum. Der Weg des deutschen Katholizismus im 19. und 20. Jahrhundert, Frankfurt/Main 1987.

1578. W. Schieder, Religionsgeschichte als Sozialgeschichte. Einleitende Bemerkungen zur Forschungsproblematik, in: GG 3 (1977), 291–298.

1579. W. Schieder (Hrsg.), Volksreligiosität in der modernen Sozialgeschichte, Göttingen 1986.

1580. W. Schieder (Hrsg.), Religion und Gesellschaft im 19. Jahrhundert, Stuttgart 1993.

1581. K. D. Schmidt, E. Wolf (Hrsg.), Die Kirche in ihrer Geschichte. Ein Handbuch, Bd. 4., Göttingen 1963 ff.

1582. M. Schmidt, G. Schwaiger (Hrsg.), Kirchen und Liberalismus im 19. Jahrhundert, Göttingen 1976.

1583. E. Schmidt-Volkmar, Der Kulturkampf in Deutschland 1871–1890, Göttingen-Berlin-Frankfurt/Main 1962.

1584. M. Scholle, Die preußische Strafjustiz im Kulturkampf 1873–1880, Marburg 1974.

1585. W. O. Shanahan, Der deutsche Protestantismus vor der sozialen Frage 1815–1871, München 1962.

1586. Chr. Stache, Bürgerlicher Liberalismus und katholischer Konservativismus in Bayern 1867–1871: Kulturkämpferische Auseinandersetzungen vor dem Hintergrund von nationaler Einigung und wirtschaftlich-sozialem Wandel, Bern-Frankfurt/Main 1981.

1587. M. Stadelhofer, Der Abbau der Kulturkampfgesetzgebung im Großherzogtum Baden 1878–1918, Mainz 1969.

1588. U. Tal, Christians and Jews in Germany. Religion, Politics and Ideology in the Second Reich, 1870–1914, Ithaca-London 1975.

1589. S. Volkov, Die Juden in Deutschland 1780–1919, München 1994.

1590. Chr. Weber, Kirchliche Politik zwischen Rom, Berlin und Trier 1876–1888. Die Beilegung des preußischen Kulturkampfes, Mainz 1970.

1591. Chr. Weber, Ultramontanismus als katholischer Fundamentalismus, in: W. Loth (Hrsg.), Deutscher Katholizismus im Umbruch zur Moderne, Stuttgart 1991, 20–45.

1592. M. E. Welti, Abendmahl, Zollpolitik und Sozialistengesetz in der Pfalz. Eine statistisch-quantifizierende Untersuchung zur Verbreitung von liberal-aufklärerischem Gedankengut im 19. Jahrhundert, in: GG 3 (1977), 384–405.

1593. H. Wolf, Ketzer oder Kirchenlehrer? Der Tübinger Theologe Johannes von Kuhn (1806–1887) in den kirchenpolitischen Auseinandersetzungen seiner Zeit, Mainz 1992.

1594. Z. Zielinski, Der Kulturkampf in der Provinz Posen, in: HJb 101 (1981), 447–461.

c. Übriges Europa

1595. U. ALTERMATT, Katholizismus und Moderne. Zur Sozial- und Mentalitätsgeschichte der Schweizer Katholiken im 19. und 20. Jahrhundert, Zürich 1989.

1596. M. BEÉ u. a., Mentalités religieuses dans la France de l'ouest aux XIXe et XXe siècles, Caen 1976.

1597. C. G. BOLAM u. a., The English Presbyterians: From Elizabethan Puritanism to Modern Unitarianism, London-Boston 1968.

1598. F. BOULARD, Premiers itinéraires en sociologie religieuse, Paris 1956.

1599. F. BOULARD, Matériaux pour l'histoire religieuse du peuple français. Aspects de la pratique religieuse en France, 1802–1939: l'exemple des Pays de Loire, in: Annales 31 (1976), 761–811.

1600. D. BOWEN, The Idea of the Victorian Church: A Study of the Church of England, 1833–1889, Montreal 1968.

1601. J. H. Y. BRIGGS, The English Baptists of the 19th Century, Didcot 1994.

1602. G. CANDELORO, Il movimento cattolico in Italia, Rom 1953.

1603. L. CAPÉRAN, Histoire contemporaine de la laïcité française, 3 Bde., Paris 1959–61.

1604. Les catholiques libéraux au XIXe siècle. Actes du Colloque international d'histoire religieuse de Grenoble du 30 septembre – 3 octobre 1971, Grenoble 1974.

1605. O. CHADWICK, The Victorian Church, 2 Bde., London 1966–70.

1606. G. CHOLVY, Y.-M. HILAIRE, Histoire religieuse de la France contemporaine, Toulouse 1985.

1607. B. I. COLEMAN, The Church of England in the Mid-Nineteenth Century: A Social Geography, London 1980.

1608. J. COULSON, A. M. ALLEKIN (Hrsg.), The Rediscovery of Newman: An Oxford Symposium, London 1967.

1609. J.-M. CUENCA TORIBIO, Relaciones Iglesia-Estado en la España contemporánea (1833–1985), Madrid 1985.

1610. R. CURRIE, Methodism Divided: A Study in the Sociology of Ecumenicalism, London 1968.

1611. R. CURRIE, A. GILBERT, L. HORSLEY (Hrsg.), Churches and Churchgoers: Patterns of Church Growth in the British Isles, Oxford 1977.

1612. A. DANSETTE, Histoire religieuse de la France contemporaine, 2 Bde., 3. Aufl., Paris 1965.

1613. E. T. DAVIES, Religion in the Industrial Revolution in South Wales, Cardiff 1965.

1614. J.-B. DUROSELLE, Les débuts du catholicisme social en France (1822–1871), Paris 1951.

1615. A. Encrevé, M. Richard (Hrsg.), Actes du Colloque: Les Protestants dans les débuts de la Troisième Republique (1871–1885), Paris 1979.

1616. J. Fanoy, Cléricalisme et anticléricalisme dans le Tarn (1848–1900), Toulouse 1980.

1617. F. Fonzi, I cattolici e la società italiana dopo l'unità, (1954), 3. Aufl., Rom 1977.

1618. R. W. Franklin, Nineteenth Century Churches: The History of a New Catholicism in Württemberg, England and France, New York 1988.

1619. J. Gadille, La pensée et l'action politique des évêques français au début de la IIIᵉ République (1870–1873), 7 Bde., Paris 1967.

1620. J. D. Gay, The Geography of Religion in England, London 1971.

1621. R. Gibson, Social History of French Catholicism 1789–1914, London-New York 1989.

1622. A. D. Gilbert, Religion and Society in Industrial England: Church, Chapel and Social Change, 1740–1914, London 1976.

1623. D. Hempton, „For God and Ulster" Evangelical Protestantism and the Home Rule Crisis of 1886, in: K. Robbins (Hrsg.), Protestant Evangelicalism: Britain, Ireland, Germany and America c.1750–c.1950, Oxford 1990, 225–254.

1624. Y.-M. Hilaire, La vie religieuse des populations du diocèse d'Arras, 1840–1914, 3 Bde., Paris 1976.

1625. R. S. Inglis, Patterns of Religious Worship in 1851, in: JEcclH 11 (1960).

1626. K. S. Inglis, Churches and the Working Classes in Victorian England, London 1963.

1627. F.-A. Isambert, Christianisme et classe ouvrière, Paris 1961.

1628. E. Isichei, Victorian Quakers, Oxford 1970.

1629. A. C. Jemolo, Chiesa e stato in Italia negli ultimi cento anni (1948), 5. Aufl., Turin 1963.

1630. P. d'A. Jones, The Christian-Socialist Revival 1877–1914: Religion, Class, and Social Conscience in Late Victorian England, Princeton 1967.

1631. R. T. Jones, Congregationalism in England, 1662–1962, London 1962.

1632. J. Kent, Anglican Evangelicalism in the West of England, 1858–1900, in: K. Robbins (Hrsg.), Protestant Evangelicalism: Britain, Ireland, Germany and America c.1750–c.1950, Oxford 1990, 179–200.

1633. G. S. R. Kitson Clark, Churchmen and the Condition of England, 1832–1885: A Study in the Development of Social Ideas and Practice from the Old Regime to the Modern State, London 1973.

1634. C. Langlois, Le catholicisme au féminin, Paris 1984.

1635. F. Lannon, Privilege, Persecution, and Prophecy. The Catholic Church in Spain 1875–1975, Oxford 1985.

1636. A. LATREILLE, R. RÉMOND, Histoire du catholicisme en France, Bd. 3: La période contemporaine du XVIIIe siècle à nos jours, Paris 1962.

1637. G. LE BRAS, Introduction à l'histoire de la pratique religieuse en France, 2 Bde., Paris 1942–45.

1638. G. LE BRAS, Études de sociologie religieuse, 2 Bde., Paris 1955–56.

1639. P. G. LINDHARDT, Skandinavische Kirchengeschichte seit dem 16. Jahrhundert, Göttingen 1982.

1640. G. I. T. MACHIN, Politics and the Churches in Great Britain 1832 to 1868, Oxford 1977.

1641. W. H. MACINTOSH, Disestablishment and Liberation: The Movement for the Separation of the Anglican Church from State Control, London 1972.

1642. A. A. MACLAREN, Religion and Social Class: the Disruptive Years in Aberdeen, London 1974.

1643. H. MACLEOD, Class and Religion in the Late Victorian City, London 1974.

1644. J. MACMANNERS, Church and State in France, 1870–1914, London 1972.

1645. R. MANDROU u. a., Histoire des protestants en France, Toulouse 1977.

1646. J.-M. MAYEUR, La séperation de l'église et de l'état, Paris 1966.

1647. J.-M. MAYEUR (Hrsg.), L'histoire religieuse de la France, 19e–20e siècles. Problèmes et méthodes, Paris 1975.

1648. S. MAYOR, The Churches and the Labour Movement, London 1967.

1649. C. MODEHN, Religion in Frankreich. Darstellung und Daten zu Geschichte und Gegenwart, Gütersloh 1993.

1650. R. MOORE, Pit-men, Preachers and Politics: The Effects of Methodism in a Durham Mining Community, London 1974.

1651. J. R. H. MOORMAN, A History of the Church in England (1953), 2. Aufl., London 1967.

1652. S. MOURS, D. ROBERT, Le Protestantisme en France du XVIIIe siècle à nos jours (1685–1970), Paris 1972.

1653. E. R. NORMAN, Church and Society in England, 1770–1970: A Historical Study, Oxford 1976.

1654. J. OBELKEVICH, Religion and Rural Society: South Lindsay, 1825–1875, Oxford 1976.

1655. M. OZOUF, L'Ecole, l'Eglise et la République (1871–1914), Paris 1963.

1656. W. S. F. PICKERING, The 1851 Religious Census: A Useless Experiment?, in: BritJSoc 18 (1967), 382–407.

1657. P. PIERRARD, L'église de France face aux crises révolutionnaires (1789–1871), Paris 1974.

1658. D. A. QUINN, Patronage and Piety. The Politics of English Roman Catholicism, 1850–1900, London 1993.

1659. R. RÉMOND (Hrsg.), Église et monde ouvrier en France, in: IMS 57 (1966), 3–14.

1660. R. RÉMOND, L'anticlericalisme en France de 1815 à nos jours, Paris 1976.

1661. H. ROLLET, L'action sociale des catholiques en France, 2 Bde., Paris 1951–58.

1662. P. SCOPPOLA, Dal neoguelfismo alla Democrazia Cristiana, 2. Aufl., Rom 1963.

1663. P. SCOPPOLA, Chiesa e stato nella storia d'Italia. Storia documentaria dall'Unità alla Repubblica, Bari 1967.

1664. B. SEMMEL, The Methodist Revolution, New York 1974.

1665. I. SMOLITSCH, Geschichte der russischen Kirche 1700–1917, Leiden 1964.

1666. R. A. SOLOWAY, Prelates and People. Ecclesiastical Social Thought in England 1783–1852, London 1969.

1667. R. A. SOLOWAY, Church and Society: Recent Trends in Nineteenth Century Religious History, in: Journal of British Studies 11 (1972), 142–159.

1668. G. SPADOLINI, L'opposizione cattolica da Porta Pia al '98 (1954), 4. Aufl., Florenz 1961.

1669. P. STADLER, Zur Problematik des Kulturkampfes in der Schweiz, in: W. PÖLS (Hrsg.), Staat und Gesellschaft im politischen Wandel. Beiträge zur Geschichte der modernen Welt. Fs. f. W. Bußmann, Stuttgart 1979, 258–279.

1670. P. STADLER, Kulturkampf in der Schweiz – ein Sonderfall?, in: HZ 254 (1992), 33–49.

1671. D. M. THOMPSON, The 1851 Religious Census: Problems and Possibilities, in: VS 11 (1967/68), 87–97.

1672. K. A. THOMPSON, Bureaucracy and Church Reform. The Organisational Response of the Church of England to Social Change 1800–1965, Oxford 1970.

1673. M. VAUSSARD, Histoire de la Démocratie Chrétienne: France, Belgique, Italie, Paris 1956.

1674. K. VOCELKA, Verfassung oder Konkordat. Der publizistische und politische Kampf der österreichischen Liberalen um die Religionsgesetze des Jahres 1886, Wien 1978.

1675. E. R. WICKHAM, Church and People in an Industrial City, London 1957.

1676. J. T. WILKINSON, 1662 and After: Three Centuries of English Nonconformity, London 1962.

1677. J. WOLFE, God and Greater Britain: Religion and National Life in Britain and Ireland, 1843–1950, London 1994.

10. POLITISCHE GEISTES-, BILDUNGS-, KULTUR- UND
WISSENSCHAFTSGESCHICHTE

a. Allgemeines, Europa insgesamt

1678. E. S. ABERS, Matter in Motion. The Spirit and Evolution of Physics, Boston (MA) 1977.

1679. E. AMBURGER, M. CIESLA, L. SZIKLAY (Hrsg.), Wissenschaftspolitik in Mittel- und Osteuropa. Wissenschaftliche Gesellschaften, Akademien und Hochschulen im 18. und beginnenden 19. Jahrhundert, Berlin 1976.

1680. G. ANDERSSON, Kritik und Wissenschaftsgeschichte. Kuhns, Lakatos' und Feyerabends Kritik des Kritischen Rationalismus, Tübingen 1988.

1681. W. H. G. ARMYTAGE, A Social History of Engineering, London 1976.

1682. L. BARBER, The Heyday of Natural History 1820–1870, London 1980.

1683. H. B. BAUMEL, Biology: Its Historical Development, New York 1978.

1684. L. BENEVOLO, Geschichte der Architektur des 19. und 20. Jahrhunderts, 2 Bde., München 1964.

1685. H. BERNSMEIER, Der Wandel um 1880. Eine epochale Veränderung in der Literatur- und Wissenschaftsgeschichte, Frankfurt/Main u. a. 1994.

1686. U. BITTERLI, Die Wilden und die Zivilisierten. Die europäisch-überseeische Begegnung, München 1976.

1687. B. BOUTHOUL, Les Mentalités, 5. Aufl., Paris 1971.

1688. O. CHADWICK, The Secularization of the European Mind in the Nineteenth Century, Edinburgh 1973–74.

1689. J. P. CHAUBON, Découverts scientifiques et pensée politique au XIXᵉ siècle, Paris 1981.

1690. I. B. COHEN, Revolution in Science, Cambridge (MA)-London 1985 (dt.: Revolutionen in der Naturwissenschaft, Frankfurt/Main 1990).

1691. G. H. D. COLE, A History of Socialist Thought, 5 Bde., New York-London 1953–60.

1692. W. COLEMAN, Biology in the Nineteenth Century. Problems of Form, Function and Transformation, New York 1971.

1693. R. D. CUMMING, Human Nature and History: A Study of the Development of Liberal Thought, 2 Bde., Chicago 1969.

1694. A. DEMANDT, Natur- und Geschichtswissenschaft im 19. Jahrhundert, in: HZ 237 (1983), 37–66.

1695. W. DIEDERICH (Hrsg.), Theorie-Diskussion. Theorien der Wissenschaftsgeschichte. Beiträge zur diachronen Wissenschaftstheorie, Frankfurt/Main 1974.

1696. A. DIEMER (Hrsg.), Die Struktur wissenschaftlicher Revolutionen und die Geschichte der Wissenschaften, Meisenheim 1977.

1697. A. DIEMER (Hrsg.), Konzeption und Begriff der Forschung in den Wissenschaften des 19. Jahrhunderts, Meisenheim 1978.

1698. B. FANTINI, La macchina vivente. Meccanicismo e vitalismo nella biologia del novecento, Mailand 1976.

1699. T. W. FREEMAN, A Hundred Years of Geography (1861–1961), London 1965.

1700. O. H. VON der GABLENTZ, Die politischen Theorien seit der amerikanischen Unabhängigkeitserklärung, Opladen 1963.

1701. E. J. GARDNER, History of Biology, 3. Aufl., Minneapolis 1972.

1702. G. GERMANN, Gothic Revival in Europe and Britain. Sources, Influences and Ideas, Cambridge (MA) 1973.

1703. E. GOETZ, H. KNODEL, Erkenntnisgewinnung in der Biologie dargestellt an der Entwicklung ihrer Grundprobleme, Stuttgart 1980.

1704. G. P. GOOCH, History and Historians in the Nineteenth Century, London 1961 (dt.: Geschichte und Geschichtsschreiber im 19. Jahrhundert, Frankfurt/Main 1964).

1705. K. GOUGH, New Proposals for Anthropologists, in: Current Anthropology 9 (1968), 403–407 (Kommentare bis 435).

1706. P. GUAQYDIER, Histoire de la physique, Paris 1964.

1707. W. HARDTWIG, Geschichtsreligion – Wissenschaft als Arbeit – Objektivität. Der Historismus in neuer Sicht, in: HZ 252 (1991), 1–32.

1708. K. HAUSEN, R. RÜRUP (Hrsg.), Moderne Technikgeschichte, Köln 1975.

1709. C. HELFER, M. RASSUM (Hrsg.), Student und Hochschule im 19. Jahrhundert, Göttingen 1975.

1710. A. HERMANN, Weltreich der Physik. Von Galilei bis Heisenberg, 2. Aufl., Esslingen 1981.

1711. U. HERRMANN (Hrsg.), Schule und Gesellschaft im 19. Jahrhundert. Sozialgeschichte der Schule im Übergang zur Industriegesellschaft, Weinheim-Basel 1977.

1712. W. HOFMANN, Ideengeschichte der sozialen Bewegung des 19. und 20. Jahrhunderts, 6. Aufl., Berlin-New York 1979.

1713. I. INKSTER, Science and Technology in History. An Approach to Industrial Development, Houndmills u. a. 1991.

1714. I. JAHN, Grundzüge der Biologiegeschichte, Jena 1990.

1715. G. K. KALTENBRUNNER, Konservatismus international, Stuttgart 1973.

1716. A. KLEINERT (Hrsg.), Physik im 19. Jahrhundert, Darmstadt 1980.

1717. D. KNIGHT, The Age of Science. The Scientific World-View in the Nineteenth-Century, Oxford 1986.

1718. W. KÖNIG, W. WEBER, Netzwerke – Stahl und Strom, 1840–1914, Berlin 1990.

1719. R. E. KOHLER, From Medical Chemistry to Biochemistry. The Making of Biomedical Discipline, Cambridge 1982.

1720. W. KONRAD, Völkerkunde. Vom Werden und Wesen einer Wissenschaft, Berlin-Darmstadt 1969.

1721. J. KUCZYNSKI, Prolegomena zu einer Geschichte der Wissenschaft, Berlin 1974.

1722. TH. S. KUHN, The Structure of Scientific Revolutions, 2. Aufl., Chicago-London 1970 (dt.: Die Struktur wissenschaftlicher Revolutionen, 2. rev. Aufl., Frankfurt/Main 1976).

1723. TH. S. KUHN, Die Entstehung des Neuen. Studien zur Struktur der Wissenschaftsgeschichte, Frankfurt/Main 1978.

1724. I. LAKATOS, A. MUSGRAVE (Hrsg.), Criticism and the Growth of Knowledge, Cambridge 1970 (dt.: Braunschweig 1974).

1725. C. LANDAUER, European Socialism. A History of Ideas and Movements from the Industrial Revolution to Hitler's Seizure, 2 Bde., Berkeley 1959.

1726. D. G. LAVROFF, Histoire des idées politiques depuis le XIXᵉ siècle, 2. Aufl., Paris 1978.

1727. G. LECLERC, Anthropologie et Colonialisme, Paris 1972 (dt.: Anthropologie und Kolonialismus, Frankfurt/Main-Berlin-Wien 1976).

1728. W. LEFÈVRE, Naturtheorie und Produktionsweise: Probleme einer materialistischen Wissenschaftsgeschichtsschreibung. Eine Studie zur Genese der neuzeitlichen Naturwissenschaft, Darmstadt-Neuwied 1978.

1729. K. LENK, Volk und Staat. Strukturwandel politischer Ideologien im 19. und 20. Jahrhundert, Stuttgart 1971.

1730. W. LEPENIES, Das Ende der Naturgeschichte. Wandel kultureller Selbstverständlichkeiten in den Wissenschaften des 18. und 19. Jahrhunderts, München-Wien 1976.

1731. R. LERSCH, Wissenschaft und Mündigkeit. Die dialektische Aufgabe der Hochschulreform in demokratischer Gesellschaft seit 1848, Bochum 1975.

1732. P. C. LUDZ, Thomas S. Kuhns Paradigmathese. Eine ideologiekritische Untersuchung, in: K. SALAMUN (Hrsg.), Sozialphilosophie als Aufklärung. Fs. f. E. Topitsch, Tübingen 1979, 217–246.

1733. L. N. MAGNER, A History of Life Sciences, New York 1979.

1734. H. MAIER u. a. (Hrsg.), Klassiker des politischen Denkens, 2 Bde., 4. Aufl., München 1972.

1735. M. MANDELBAUM, History, Man and Reason. A Study in Nineteenth-Century Thought, Baltimore 1971.

1736. G. MANN (Hrsg.), Biologismus im 19. Jahrhundert, Stuttgart 1973.

1737. K. MANNHEIM, Ideologie und Utopie (1929), 4. Aufl., Frankfurt/Main 1965.

1738. K. MANNHEIM, Wissenssoziologie, eingel. u. hrsg. von K. H. WOLFF, 2. Aufl., Neuwied-Berlin 1970.

1739. S. MASTELLONE, A History of Democracy in Europe. From Montesquieu to 1989, Florenz 1995.

1740. R. MIDDLETON, D. WATKIN, Neoclassical and 19th Century Architecture, New York 1980.

1741. W. E. MÜHLMANN, Geschichte der Anthropologie, Frankfurt/Main-Bonn 1968.

1742. P. MÜLLER, Liberalismus in Nürnberg 1800–1871. Eine Fallstudie zur Ideen- und Sozialgeschichte des Liberalismus in Deutschland im 19. Jahrhundert, Nürnberg 1990.

1743. R. S. NEALE, Class and Ideology in the Nineteenth Century, London 1972.

1744. M. ONSELL, Ausdruck und Wirklichkeit. Versuch über den Historismus in der Baukunst, Braunschweig-Wiesbaden 1981.

1745. M. RAGON, Histoire mondiale de l'architecture et de l'urbanisme modernes, T. 1: Idéologie et pionniers, 1800–1910, Tournai 1971.

1746. F. K. RINGER, Education and Society in Modern Europe, Bloomington-London 1979.

1747. G. H. SABINE, A History of Political Theory, 4. Aufl., London 1973.

1748. M. SANDERSON, The Universities in the Nineteenth Century, London-Boston 1975.

1749. J. SCHRIEWER, E. KEINER, Ch. CHARLE (Hrsg.), Sozialer Raum und akademische Kulturen. A la recherche de l'espace universitaire européen. Studien zur europäischen Hochschul- und Wissenschaftsgeschichte im 19. und 20. Jahrhundert. Etudes sur l'enseignement supérieur aux XIXe et XXe siècles, Frankfurt/Main u. a. 1993.

1750. E. SCHULIN, Rückblick auf die Entwicklung der Geschichtswissenschaft, in: E. JÄCKEL, E. WEYMAR (Hrsg.), Die Funktion der Geschichte in unserer Zeit, Stuttgart 1975, 11–25.

1751. G. SCHWARZ, Die Entwicklung der geographischen Wissenschaft seit dem 18. Jahrhundert, Berlin 1948.

1752. M. SERRES (Hrsg.), Elemente einer Geschichte der Wissenschaften, Frankfurt/Main 1994.

1753. W. STEGMÜLLER, Rationale Rekonstruktion von Wissenschaft und ihrem Wandel, Stuttgart 1979.

1754. E. STRÖKER, Wissenschaftsgeschichte als Herausforderung. Marginalien zur jüngsten wissenschaftstheoretischen Kontroverse, 2. Aufl., Frankfurt/Main 1976.

1755. E. STRÖKER, TH. S. KUHNS Entwicklungsmodell der Wissenschaft, in: DIES. u. a. (Hrsg.), Wissenschaftsprobleme der Naturwissenschaften, Freiburg-München 1981, 86–95.

1756. W. STRUBBE, Der historische Weg der Biologie, Leipzig 1977.

1757. R. TABON (Hrsg.), Histoire générale des sciences, 4 Bde., Paris 1957–64, Bd. 3,1: Le XIXᵉ siècle, v. F. ABÉLES, Paris 1961.

1758. J. TEICHMANN, Wandel des Weltbildes. Astronomie, Physik und Meßtechnik in der Kulturgeschichte. Mit Beiträgen von F. GIALAS, F. SCHMEIDLER, München 1980.

1759. E. THOMALE, Sozialgeographie. Eine disziplingeschichtliche Untersuchung zur Entwicklung der Anthropogeographie, Marburg 1972.

1760. J. TOUCHARD, Histoire des idées politiques, 2 Bde., 6. Aufl., Paris 1971–73.

1761. W. TREUE, K. MANEL (Hrsg.), Naturwissenschaft, Technik und Wirtschaft im 19. Jahrhundert, Göttingen 1976.

1762. U. TROITZSCH, G. WOHLAUF, Technik-Geschichte. Historische Beiträge und neuere Ansätze, Frankfurt/Main 1980.

1763. R. S. TURNER, Paradigmas and Productivity. The Case of Physiological Optics, in: Social Studies of Science 17 (1987), 35–68.

b. Deutschland

1764. V. ANCARANI, L'emergere della scienza moderna in Germania: paradigmi a confronto e modelli di analisi sociologica, in: Sociologia e ricerca sociale 7 (1986), Nr. 21, 3–48.

1765. P. BAUMGART (Hrsg.), Bildungspolitik in Preußen zur Zeit des Kaiserreichs, Stuttgart 1980.

1766. H. BLANKERTZ, Bildung im Zeitalter der großen Industrie. Pädagogik, Schule und Berufsbildung im 19. Jahrhundert, Hannover 1969.

1767. B. VOM BROCKE, Preußische Bildungspolitik, 1700–1930, in: Deutsches Verwaltungsblatt 96 (1981), 727–746.

1768. B. VOM BROCKE, Der deutsch-amerikanische Professorenaustausch: Preußische Wissenschaftspolitik, internationale Wissenschaftsbeziehungen und die Anfänge einer deutschen auswärtigen Kulturpolitik vor dem Ersten Weltkrieg, in: Zeitschrift für Kulturaustausch 31 (1981), 128–182.

1769. B. VOM BROCKE (Hrsg.), Wissenschaftsgeschichte und Wissenschaftspolitik im Industriezeitalter. Das „System Althoff" in historischer Perspektive, Hildesheim 1991.

1770. R. VOM BRUCH, Wissenschaft, Politik und öffentliche Meinung. Gelehrtenpolitik im Wilhelminischen Deutschland (1890–1914), Husum 1980.

1771. R. VOM BRUCH, Weltpolitik als Kulturmission. Auswärtige Kulturpolitik und Bildungsbürgertum am Vorabend des Ersten Weltkrieges, Paderborn-München 1982.

1772. R. VOM BRUCH, R. A. MÜLLER (Hrsg.) Formen außerstaatlicher Wissenschaftsförderung im 19. und 20. Jahrhundert. Deutschland im europäischen Vergleich, Stuttgart 1990.

1773. L. BURCHARDT, Wissenschaftspolitik im Wilhelminischen Deutschland. Vorgeschichte, Gründung und Aufbau der Kaiser-Wilhelm-Gesellschaft zur Förderung der Wissenschaften, Göttingen 1975.

1774. D. CAHAN, The Institutional Revolution in German Physics 1865–1914, in: Historical Studies in the Physical Sciences 15 (1985), 1–65.

1775. D. CAHAN, An Institute for an Empire. The Physikalisch-Technische Reichsanstalt 1871–1918, Cambridge 1989 (dt.: Meister der Messung. Die Physikalisch-Technische Reichsanstalt im Deutschen Kaiserreich, Weinheim 1992).

1776. E. CITTADINO, Nature as the Laboratory. Darwinian Plant Ecology in the German Empire, 1880–1900, Cambridge 1990.

1777. C. C. DIEHL, Vision and Vocation: The Assimilation of Modern Scholarship in the Humanities in Germany and America, 1770–1870, Diss. Ann Arbor (MI) 1975.

1778. J. FOHRMANN, W. VOSSKAMP (Hrsg.), Wissenschaftsgeschichte der Germanistik im 19. Jahrhundert, Stuttgart-Weimar 1994.

1779. I. GORGES, Sozialforschung in Deutschland 1872–1914. Gesellschaftliche Einflüsse auf Themen- und Methodenwahl des Vereins für Sozialpolitik, Königstein/Ts. 1980.

1780. S. HENSEL u. a. (Hrsg.), Mathematik und Technik in Deutschland. Soziale Auseinandersetzung und philosophische Problematik, Göttingen 1989.

1781. H.-G. HERRLITZ, W. HOPF, H. TITZE, Deutsche Schulgeschichte von 1800 bis zur Gegenwart. Eine Einführung, Königstein/Ts. 1981.

1782. F. HERTZ, The German Public Mind in the 19th Century, London 1975.

1783. A. KELLY, The Descent of Darwin: The Popularization of Darwinism in Germany, 1860–1914, Chapel Hill 1981.

1784. L. KRIEGER, The German Idea of Freedom. History of a Political Tradition, Boston 1957.

1785. T. LENOIR, Strategy of Life. Technology and Mechanics in Nineteenth Century German Biology. Dodrecht-Boston 1982.

1786. T. LENOIR, Politik im Tempel der Wissenschaft. Forschung und Machtausübung im Deutschen Kaiserreich, Frankfurt/Main 1992.

1787. P. LUNDGREEN, Techniker in Preußen während der frühen Industrialisierung. Ausbildung und Berufsfeld einer entstehenden sozialen Gruppe, Berlin 1975.

1788. P. LUNDGREEN, Sozialgeschichte der deutschen Schule im Überblick. Bd. 1: 1770–1918, Göttingen 1980.

1789. P. LUNDGREEN u. a., Staatliche Forschung in Deutschland 1870–1980, Frankfurt/Main-New York 1986.

1790. CH. E. MACCLELLAND, State, Society, and University in Germany 1700–1914, Cambridge-London-New York 1980.

1791. G. MANN, R. WIENER (Hrsg.), Medizin, Naturwissenschaft, Technik und das Zweite Kaiserreich, Göttingen 1970.

1792. K. H. METZ, Grundformen historiographischen Denkens. Wissenschaftsgeschichte als Methodologie. Dargestellt an Ranke, Treitschke und Lamprecht. Mit einem Anhang über zeitgenössische Geschichtstheorie, München 1975.

1793. F. MEYER, Schule der Untertanen. Lehrer und Politik in Preußen 1848–1900, Hamburg 1976.

1794. D. K. MÜLLER, Sozialstruktur und Schulsystem. Aspekte zum Strukturwandel des Schulwesens im 19. Jahrhundert, Göttingen 1977.

1795. G. OESTREICH, Die Fachhistorie und die Anfänge der sozialgeschichtlichen Forschung in Deutschland, in: HZ 208 (1969), 320–363.

1796. F. R. PFETSCH, Zur Entwicklung der Wissenschaftspolitik in Deutschland 1750–1914, Berlin 1974.

1797. J. RADKAU, Technik in Deutschland. Vom 18. Jahrhundert bis zur Gegenwart, Frankfurt/Main 1989.

1798. L. RAPHAEL, Historikerkontroversen im Spannungsfeld zwischen Berufshabitus, Fächerkonkurrenz und sozialen Deutungsmustern. Lamprecht-Streit und französischer Methodenstreit der Jahrhundertwende in vergleichender Perspektive, in: HZ 251 (1990), 325–363.

1799. G. A. RITTER, Großforschung und Staat in Deutschland. Ein historischer Überblick, München 1992.

1800. U. G. SCHÄFER, Historische Nationalökonomie und Sozialstatistik als Gesellschaftswissenschaften. Forschungen zur Vorgeschichte der theoretischen und der empirischen Sozialforschung in Deutschland in der zweiten Hälfte des 19. Jahrhunderts, Köln-Wien 1971.

1801. TH. SCHIEDER, Kultur, Wissenschaft und Wissenschaftspolitik im deutschen Kaiserreich, in: DERS., Einsichten in die Geschichte, Berlin 1980, 322–348.

1802. P. SCHIERA, Il laboratorio borghese. Scienza e politica nella Germania dell'Ottocento, Bologna 1987 (dt.: Laboratorium der bürgerlichen Welt. Deutsche Wissenschaft im 19. Jahrhundert, Frankfurt/Main 1992).

1803. G. SCHUBRING (Hrsg.), „Einsamkeit und Freiheit" neu besichtigt. Universitätsreformen und Disziplinenbildung in Preußen als Modell für Wissenschaftspolitik im Europa des 19. Jahrhunderts, Stuttgart 1991.

1804. F. J. SCHULTE-ALTHOFF, Studien zur politischen Wissenschaftsgeschichte der deutschen Geographie im Zeitalter des Imperialismus, Paderborn 1971.

1805. H.-D. SCHULTZ, Die deutschsprachige Geographie von 1800 bis 1970. Ein Beitrag zur Geschichte ihrer Methodologie, Berlin 1980.

1806. K. SCHWABE (Hrsg.), Deutsche Hochschullehrer als Elite 1815–1945, Boppard 1988.

1807. M. Schwarzer, German Architectural Theory and the Search for Modern Identity, Cambridge-New York-Oakleigh 1995.

1808. Ch. Simon, Staat und Geschichtswissenschaft in Deutschland und Frankreich 1871–1914. Situation und Werk von Geschichtsprofessoren an den Universitäten Berlin, München, Paris, 2 Bde., Bern-Frankfurt/M.-New York 1988.

1809. R. Stichweh, Zur Entstehung des modernen Systems wissenschaftlicher Disziplinen. Physik in Deutschland 1740–1890, Frankfurt/Main 1984.

1810. W. Treue (Hrsg.), Deutsche Technikgeschichte, Göttingen 1977.

1811. R. Vierhaus, B. vom Brocke (Hrsg.), Forschung im Spannungsfeld von Politik und Gesellschaft. Geschichte und Struktur der Kaiser-Wilhelm-/Max-Planck-Gesellschaft, Stuttgart 1990.

1812. W. Wetzel, Naturwissenschaften und chemische Industrie in Deutschland. Voraussetzungen und Mechanismen ihres Aufstiegs im 19. Jahrhundert, Stuttgart 1991.

1813. I. Winkelmann, Die bürgerliche Ethnographie im Dienste der Kolonialpolitik des Deutschen Reiches 1870–1918, Berlin 1966.

1814. W. W. Wittwer, Die Schulpolitik der deutschen Sozialdemokratie 1869–1933. Ein Beitrag zur politischen Schulgeschichte, Berlin 1980.

1815. H. G. Zmarzlik, Der Sozialdarwinismus in Deutschland als geschichtliches Problem: in: VfZG 11 (1963), 246–273.

c. Übriges Europa

1816. P. Alter, Wissenschaft, Staat, Mäzene. Anfänge moderner Wissenschaftspolitik in Großbritannien 1850–1920, Stuttgart 1982.

1817. R. D. Anderson, Education in France 1848–1870, London 1975.

1818. M. D. Biddiss, Father of Racist Ideology. The Social and Political Thought of Count Gobineau, New York 1970.

1819. C. Brinton, English Political Thought in the Nineteenth Century, Cambridge (MA) 1949.

1820. R. Bud, G. K. Roberts, Science versus Practice. Chemistry in Victorian Britain, Manchester 1984.

1821. A. Bullock, M. Shock (Hrsg.), The Liberal Tradition. From Fox to Keynes, London 1956.

1822. J. W. Burrow, Evolution and Society. A Study in Victorian Social Theory, Cambridge 1966.

1823. R. Cannac, Aux sources de la Révolution russe. Netchaiev – du nihilisme au terrorisme, Paris 1961.

1824. Ch.-U. Carbonnel, Histoire et historiens. Une mutation idéologique des historiens français, 1865–1885, Toulouse 1965.

1825. P. A. David, Technical Choice, Innovation and Economic Growth. Essays on American and British Experience in the Nineteenth Century, London 1975.

1826. P. FAVRE, Naissance de la science politique en France, 1870–1914, Paris 1989.

1827. R. FOX, G. WEISZ (Hrsg.), The Organization of Science and Technology in France 1808–1914, Cambridge 1980.

1828. M. FRANCIS, J. MOROW, A History of English Political Thought in the Nineteenth Century, London 1994.

1829. F. FURET, J. OZOUF, Lire et écrire. L'alphabetisation des Français de Calvin à Jules Ferry, 2 Bde., Paris 1977.

1830. M. HENNINGSEN (Hrsg.), Vom Nationalstaat zum Empire. Englisches politisches Denken im 18. und 19. Jahrhundert, München 1970.

1831. W. R. KEYLOR, Academy and Community. The Foundation of the French Historical Profession, Cambridge (MA) 1975.

1832. PH. LEVINE, The Amateur and the Professional: Antiquarians, Historians and Archaeologists in Victorian England, 1838–1886. Cambridge-London-New York 1986.

1833. E. MEYNIE, Histoire de la pensée géographique en France (1872–1969), Paris 1969.

1834. L.-H. PARIAS (Hrsg.), Histoire générale de l'enseignement et de l'éducation en France, Bd. 3: De la Révolution à l'école républicaine, v. F. MAYEUR, Paris 1981.

1835. F. PONTEIL, Histoire de l'enseignement en France. Les grandes étapes 1789–1964, Paris 1966.

1836. T. SHINN, Savoir scientifique et pouvoir social. L'École polytechnique, 1794–1914, Paris 1980.

1837. R. N. SOFFER, Discipline and Power. The University, History, and the Making of an English Elite, 1870–1930, Stanford 1994.

1838. R. H. SOLTAU, French Political Thought in the Nineteenth Century, 2. Aufl., New York 1959.

1839. P. STADLER, Geschichtsschreibung und historisches Denken in Frankreich 1789–1871, Zürich 1958.

1840. A. VUCINICH, Social Thought in Tsarist Russia. The Quest for a General Science of Society, 1861–1917, Chicago-London 1974.

1841. G. D. WEISZ, The Emergence of Modern Universities in France, 1863–1914, Princeton 1983.

11. LEBENSFORMEN, LEBENSWELT, ALLTAG

a. Allgemeines, Europa insgesamt

1842. PH. ARIÈS, Geschichte der Kindheit, München 1981 (frz.: L'Enfant et la vie familiale sous l'ancien régime, Paris 1960).

1843. PH. ARIÈS, Geschichte des Todes, München 1982.

1844. PH. ARIÈS, G. DUBY (Hrsg.), Geschichte des privaten Lebens, Bd. 4: Von der Revolution bis zum Großen Krieg, hrsg. v. M. PERROT, Frankfurt/Main 1992 (frz.: Paris 1987).

1845. A. ARMENGAUD, Mouvement ouvrier et néo-malthusianisme au début du XXe siècle, in: Annales de démographie historique 1966, 7–21.

1846. J.-P. Aron, Le Mangeur du XIXe siècle, Paris 1973.

1847. J.-P. ARON (Hrsg.), Misérable et Glorieuse: la Femme du XIXe siècle, Paris 1981.

1848. W. ASHOLT, W. FÄHNDERS (Hrsg.), Arbeit und Müßiggang 1789–1914. Dokumente und Analysen, Frankfurt/Main 1991.

1849. U. BECHER, Geschichte des modernen Lebensstils, München 1990.

1850. G. BENKER, Bürgerliches Wohnen, München 1984.

1851. R. BENTMANN, M. MÜLLER, Die Villa als Herrschaftsarchitektur. Versuch einer kunst- und sozialgeschichtlichen Analyse, Frankfurt/Main 1970.

1852. J. BOBERG, Die Metropole, München 1986.

1853. G. BOCK, Geschichte, Frauengeschichte, Geschlechtergeschichte, in: GG 14 (1988), 364–391.

1854. P. BORSCHEID, H. J. TEUTEBERG (Hrsg.), Ehe, Liebe, Tod. Zum Wandel der Familie, der Geschlechts- und Generationsbeziehungen in der Neuzeit, Münster 1983.

1855. P. BOURDIEU, Entwurf einer Theorie der Praxis, Frankfurt/Main 1976 (frz.: Paris 1972).

1856. P. BOURDIEU, La distinction. Critique sociale du jugement, Paris 1979 (dt.: Die feinen Unterschiede. Kritik der gesellschaftlichen Urteilskraft, Frankfurt/Main 1988).

1857. P. BRANCA, Women in Europe since 1750, New York 1978.

1858. R. BRIDENTHAL, C. KOONZ (Hrsg.), Becoming Visible. Women in European History, Boston 1987.

1859. J. CAPDEVIELLE, Le Fétichisme du patrimoine. Essai sur un fondement de la classe moyenne, Paris 1986.

1860. A. CASTELL, Unterschichten im „Demographischen Übergang". Bedingungen des Wandels der ehelichen Fruchtbarkeit und der Säuglingssterblichkeit, in: H. MOMMSEN, W. SCHULZE (Hrsg.), Vom Elend der Handarbeit. Probleme historischer Unterschichtenforschung, Stuttgart 1981, 373–394.

1861. W. CONZE (Hrsg.), Sozialgeschichte der Familie in der Neuzeit Europas, Stuttgart 1976.

1862. G. CROSS, (Hrsg.), Worktime and Industrialization: An International History, Philadelphia 1988.

1863. P. DINZELBACHER, Europäische Mentalitätsgeschichte. Hauptthemen in Einzeldarstellungen, Stuttgart 1993.

1864. U. Döcker, Die Ordnung der bürgerlichen Welt. Verhaltensideale und soziale Praktiken im 19. Jahrhundert, Frankfurt/Main 1994.

1865. A. Drews u. a. (Hrsg.), Moderne Kollektivsymbolik, in: Int. Arch. f. Sozialgesch. d. dt. Literatur (Sonderheft 1), Tübingen 1985, 256–295.

1866. G. Duby, M. Perrot, Geschichte der Frauen, 5 Bde., Frankfurt/Main-New York 1993–95.

1867. J. Ehmer, Sozialgeschichte des Alters, Frankfurt/Main 1990.

1868. N. Elias, Über den Prozeß der Zivilisation. Soziogenetische und psychogenetische Untersuchungen, Basel (1939), Neuaufl., 2 Bde., Frankfurt/Main 1976.

1869. J. B. Elshtain, Public Man, Private Woman. Women in Social and Political Thought, Princeton 1981.

1870. A. Fenton, E. Kisbán (Hrsg.), Food in Change. Eating Habits from the Middle Ages to the Present Day, Edinburgh 1983.

1871. J. M. Fischer, Imitieren und Sammeln. Bürgerliche Möblierung und künstlerische Selbstinszenierung, in: H.-U. Gumbrecht, K. L. Pfeiffer (Hrsg.), Stil. Geschichten und Funktionen eines kulturwissenschaftlichen Diskurselements, Frankfurt/Main 1986.

1872. J.-L. Flandrin, L'église et le controle des naissances, Paris 1970.

1873. J.-L. Flandrin, Familles: Parenté, maison, sexualité dans l'ancienne société, Paris 1976.

1874. J.-L. Flandrin, La diversité des gouts et de pratiques alimentaires en Europe du XVIᵉ au XVIIIᵉ siècle, in: Revue d'histoire moderne et contemporaine 30 (1983), 56–83.

1875. M. Flecken, Arbeiterkinder im 19. Jahrhundert, Weinheim-Basel 1981.

1876. R. W. Fogel, Long-Term Change in Nutrition and Standard of Living, Chicago 1986.

1877. C. Fouquet, Y. Kniebiehler, L'Histoire des mères du moyen-age à nos jours, Paris 1977.

1878. U. Frevert, Frauen-Geschichte. Zwischen Bürgerlicher Verbesserung und Neuer Weiblichkeit, Frankfurt/Main 1986.

1879. U. Frevert, Bewegung und Disziplin in der Frauengeschichte. Ein Forschungsbericht, in: GG 14 (1988), 240–262.

1880. U. Frevert (Hrsg.), Bürgerinnen und Bürger. Geschlechterverhältnisse im 19. Jahrhundert, Göttingen 1988.

1881. U. Frevert, Literaturbericht: Bürgertumsgeschichte als Familiengeschichte, in: GG 16 (1990), 491–501.

1882. P. Gay, Erziehung der Sinne, München 1986 (engl.: 1984).

1883. P. Gay, Die zarte Leidenschaft. Liebe im bürgerlichen Zeitalter, München 1987 (engl.: 1986).

1884. U. GERHARD, Verhältnisse und Verhinderungen. Frauenarbeit, Familie und Rechte der Frauen im 19. Jahrhundert, Frankfurt/Main 1978.

1885. J. R. GILLIS, Youth and History. Tradition and Change in European Age Relations, 1770 – Present, New York u. a. 1981.

1886. W. GOODE, World Revolution and Family Patterns. New York 1963.

1887. J. GOODY, Die Entwicklung von Ehe und Familie in Europa, Berlin 1986.

1888. R. GRATHOFF, Milieu und Lebenswelt. Einführung in die phänomenologische Soziologie und die sozialphänomenologische Forschung, Frankfurt/Main 1989.

1889. R.-H. GUERRAND, Szenen und Orte. Private Räume, in: PH. ARIÈS, G. DUBY (Hrsg.), Geschichte des privaten Lebens, Bd. 4., Frankfurt/M. 1992, 331–419.

1890. I. HARDACH-PINKE, Kinderalltag. Aspekte von Kontinuität und Wandel der Kindheit in autobiographischen Zeugnissen 1700–1900, Frankfurt/Main-New York u. a. 1981.

1891. T. K. HAREVEN, The History of the Family and the Complexity of Social Change, in: AHR 96 (1991), 95–124.

1892. K. HAUSEN, Die Polarisierung der Geschlechtscharaktere – eine Spiegelung der Dissoziation von Erwerbs- und Familienleben, in: W. CONZE (Hrsg.), Sozialgeschichte der Familie in der Neuzeit Europas, Stuttgart 1976, 363–393.

1893. K. HAUSEN (Hrsg.), Frauen suchen ihre Geschichte, München 1983.

1894. K. HAUSEN, H. WUNDER (Hrsg.), Frauengeschichte – Geschlechtergeschichte, Frankfurt/Main 1992.

1895. U. HERRMANN, Bibliographie zur Geschichte der Kindheit, Jugend und Familie, München 1980.

1896. N. E. HIMES, Medical History of Contraception, Baltimore 1936 (ND New York 1970).

1897. K. HINTZE, Geographie und Geschichte der Ernährung, (Leipzig 1934), Neuaufl., Wiesbaden 1968.

1898. Histoire de la Famille. Sous la direction de A. BURGUIÈRE, CH. KLAPISCH-ZUBER, M. SEGALEN, F. ZONABEND, Paris 1986.

1899. E. J. HOBSBAWM, Die Blütezeit des Kapitals. Eine Kulturgeschichte der Jahre 1848–1875, Frankfurt/Main 1980.

1900. G. HUCK (Hrsg.), Sozialgeschichte der Freizeit, 2. Aufl., Wuppertal 1982.

1901. L. HUNT (Hrsg.), The New Cultural History, London 1989.

1902. M. A. KAPLAN, The Marriage Bargain. Women and Dowries in European History, New York 1985.

1903. J. E. KNODEL, Espacement des naissances et planification familiale: une critique de la méthode Dupâquier-Lachiver, in: Annales 36 (1981), 473–488.

1904. H. KÖNIG u. a. (Hrsg.), Sozialphilosophie der industriellen Arbeit, Opladen 1990.

1905. R. König, Kleider und Leute. Zur Soziologie der Mode, Frankfurt/Main-Hamburg 1967.

1906. R. König, Materialien zur Soziologie der Familie, 2. Aufl., Köln 1974.

1907. A. Kuhn u. a. (Hrsg.), Frauen in der Geschichte, 7 Bde., Düsseldorf 1979–1986.

1908. T. Kutsch, (Hrsg.), Ernährungsforschung interdisziplinär, Darmstadt 1993.

1909. D. Landes, Revolution in Time: Clocks and the Making of the Modern World, Cambridge (MA) 1983.

1910. P. Laslett, The World We Have Lost, London 1965.

1911. P. Laslett, R. Wall (Hrsg.), Household and Family in Past Time, Cambridge 1972.

1912. P. Laslett, J. Robin, R. Wall (Hrsg.), Family Forms in Historic Europe, Cambridge 1983.

1913. H. Lehmann (Hrsg.), Wege zu einer neuen Kulturgeschichte, Göttingen 1995.

1914. V. L. Lidtke, The Alternative Culture, New York-Oxford 1985.

1915. A. Lüdtke (Hrsg.), Alltagsgeschichte. Zur Rekonstruktion historischer Erfahrungen und Lebensweisen, Frankfurt/Main 1989.

1916. A. Lüdtke, Die Ordnung der Fabrik. „Sozialdisziplinierung". Eigen-Sinn bei Fabrikarbeitern im späten 19. Jahrhundert, in: R. Vierhaus u. a. (Hrsg.), Frühe Neuzeit – Frühe Moderne, Göttingen 1992, 206–231.

1917. H. Maass, Von Frauenarbeit zu Frauenfabrikarbeit. Untersuchung über Ursachen und Anfänge der industriellen Frauenarbeit, Diss. Heidelberg 1937.

1918. A. MacLaren, A History of Contraception. From Antiquity to the Present Day, Oxford 1990.

1919. B. Mazohl-Wallnig (Hrsg.), Bürgerliche Frauenkultur im 19. Jahrhundert, Wien u. a. 1995.

1920. H. Medick, Die proto-industrielle Familienwirtschaft, in: ders. u. a., Industrialisierung vor der Industrialisierung. Gewerbliche Warenproduktion auf dem Land in der Formationsperiode des Kapitalismus, Göttingen 1977, 90–138.

1921. H. Medick, D. Sabean (Hrsg.), Emotionen und materielle Interessen. Sozialanthropologische und historische Beiträge zur Familienforschung, Göttingen 1984.

1922. S. Meyer, B. Orland, Technik im Alltag des Haushalts und Wohnens, in: U. Troitzsch, W. Weber (Hrsg.), Die Technik. Von den Anfängen bis zur Gegenwart, Braunschweig 1982, 564–583.

1923. M. Mitterauer, Ledige Mütter. Zur Geschichte unehelicher Geburten in Europa, München 1983.

1924. M. MITTERAUER, Sozialgeschichte der Jugend, Frankfurt/Main 1986.

1925. M. MITTERAUER, J. EHMER (Hrsg.), Familienstruktur und Arbeitsorganisation in ländlichen Gesellschaften, Wien 1986.

1926. M. MITTERAUER, R. SIEDER, Vom Patriarchat zur Partnerschaft. Zum Strukturwandel der Familie, München 1977.

1927. B. MOORE, Privacy, Princeton 1981.

1928. G. L. MOSSE, Natonalismus und Sexualität, bürgerliche Moral und sexuelle Normen, München u. a. 1985.

1929. D. MÜHLBERG (Hrsg.), Proletariat: Kultur und Lebensweise im 19. Jahrhundert, Leipzig 1986.

1930. H. MUTHESIUS (Hrsg.), Landhaus und Garten. Beispiele neuzeitlicher Landhäuser nebst Grundrissen, Innenräumen und Gärten, 2. Aufl., München 1910.

1931. L. F. NEWMAN (Hrsg.), Hunger in History. Food Shortage, Poverty, and Deprivation, Cambridge 1990.

1932. I. OLÁBARRI, „New" New History. A Longue Durée Structure, in: H & T 34 (1995), 1–30.

1933. F. PAUL-LÉVY, L'Amour nomade. La mère et l'enfant hors mariage (XVIe– XXe siècle), Paris 1981.

1934. M. PERROT, Le Mode de vie des familles bourgeoises, 1873–1953, Paris 1961.

1935. M. PERROT, The Three Ages of Industrial Discipline in Nineteenth Century France, in: J. M. MERRIMAN (Hrsg.), Consciousness and Class Experience in Nineteenth-Century Europe, New York 1979.

1936. M. PERROT, Szenen und Orte. Formen des Wohnens, in: PH. ARIÈS, G. DUBY (Hrsg.), Geschichte des privaten Lebens, Bd. 4, Frankfurt/Main 1992, 311–331.

1937. T. PIERENKEMPER, Zur Ökonomik des privaten Haushalts. Haushaltsrechnungen als Quelle historischer Wirtschafts- und Sozialforschung, Frankfurt/Main-New York 1991.

1938. D. J. PIVAR, Purity Crusade. Sexual Morality and Social Control, 1868–1900, London 1973.

1939. A. PLAKANS, Kinship in the Past: An Anthropolgy of European Family Life 1500–1900, Oxford 1984.

1940. L. POLLOCK, Forgotten Children: Parent-Child Relations from 1500 to 1900, Cambridge 1983.

1941. H. REIF (Hrsg.), Die Familie in der Geschichte, Göttingen 1982.

1942. J. REULECKE, W. WEBER (Hrsg.), Fabrik, Familie, Feierabend. Beiträge zur Sozialgeschichte des Alltags im Industriezeitalter, Wuppertal 1978.

1943. W. RICHTER, J. ZÄNKER, Der Bürgertraum vom Adelsschloß. Aristokratische Bauformen im 19. und 20. Jahrhundert, Reinbek 1988.

1944. P. ROBERTSON, An Experience of Women. Pattern and Change in Nine-teenth-Century Europe, Philadelphia 1982.

1945. W. SCHIVELBUSCH, Geschichte der Eisenbahnreise, München-Zürich 1977.

1946. W. SCHIVELBUSCH, Lichtblicke, München-Wien 1983.

1947. A. SCHÜTZ, Theorie der Lebensformen, Frankfurt/Main 1981.

1948. A. SCHÜTZ, T. LUCKMANN, Strukturen der Lebenswelt, 2 Bde., Frankfurt/ Main 1979/1984.

1949. W. SCHULZE (Hrsg.), Sozialgeschichte, Alltagsgeschichte, Mikro-Historie, Göttingen 1994.

1950. J. W. SCOTT, Gender. A Useful Category of Historical Analysis, in: AHR 91 (1986), 153–175.

1951. M. SEGALEN, Die Familie: Geschichte, Soziologie, Anthropologie, Frankfurt/Main 1990.

1952. R. SENNETT, Verfall und Ende des öffentlichen Lebens. Die Tyrannei der Inti-mität, Frankfurt/Main 1983 (engl.: The Fall of Public Man, New York 1977).

1953. E. SHORTER, Die Geburt der modernen Familie, Hamburg 1977.

1954. R. SIEDER, Sozialgeschichte der Familie, Frankfurt/Main 1987.

1955. R. P. SIEFERLE, Die Krise der menschlichen Natur. Zur Geschichte eines Konzepts, Frankfurt/Main 1989.

1956. N. SMELSER, Social Change and the Industrial Revolution, Chicago 1975.

1957. G. L. SOLIDAY, History of the Family and Kinship: A Select International Bibliography, New York 1980.

1958. R. SPREE, Soziale Ungleichheit vor Krankheit und Tod, Göttingen 1981.

1959. V. STAMM, Ursprünge der Wirtschaftsgesellschaft. Geld, Arbeit und Zeit als Mittel von Herrschaft, Frankfurt/Main 1982.

1960. C. STEEDMAN, C. URWIN, V. WALKERDINE, (Hrsg.), Language, Gender and Childhood, London 1985.

1961. J. TANN, The Development of the Factory, London 1970.

1962. M. S. TEITELBAUM, J. M. WINTER, The Fear of Population Decline, London u. a. 1985.

1963. H. J. TEUTEBERG (Hrsg.), Homo habitans. Zur Sozialgeschichte des ländli-chen und städtischen Wohnens in der Neuzeit, Münster 1985.

1964. H. J. TEUTEBERG (Hrsg.), Durchbruch zum modernen Massenkonsum. Lebensmittelmärkte und Lebensmittelqualität im Städtewachstum des In-dustriezeitalters, Münster 1987.

1965. H. J. TEUTEBERG (Hrsg.), European Food History. A Research Review, Leicester-London-New York 1992.

1966. H. J. TEUTEBERG, Essen und Trinken als Gegenstand der Geschichtswis-senschaft, in: T. KUTSCH (Hrsg.), Ernährungsforschung interdisziplinär, Darmstadt 1993, 178–206.

1967. H. J. Teuteberg, G. Wiegelmann, Der Wandel der Nahrungsgewohnheiten unter dem Einfluß der Industrialisierung, Göttingen 1972.

1968. E. P. Thompson, Zeit, Arbeitsdisziplin und Industriekapitalismus, in: R. Braun u. a. (Hrsg.), Gesellschaft in der industriellen Revolution, Köln 1973, 81–112.

1969. P. Thornton, Innenarchitektur in drei Jahrhunderten. Die Wohnungseinrichtung nach zeitgenössischen Zeugnissen von 1620–1920, Herford 1985.

1970. G. Thuillier, L'Imaginaire quotidien au XIXe siècle, Paris 1985.

1971. L. A. Tilly, J. W. Scott, Women, Work, and Family, New York 1978.

1972. Y. Verdier, Drei Frauen. Das Leben auf dem Dorf, Stuttgart 1982.

1973. R. Vierhaus, Die Rekonstruktion historischer Lebenswelten, in: H. Lehmann (Hrsg.), Kulturgeschichte, Göttingen 1995, 7–23.

1975. G. Vigarello, Wasser und Seife, Puder und Parfüm: Geschichte der Körperhygiene seit dem Mittelalter, Frankfurt/Main 1988.

1976. I. Weber-Kellermann, Frauenleben im 19. Jahrhundert, München 1983.

1977. J. Weeks, Sex, Politics and Society: The Regulation of Sexuality since 1800, London-New York 1981.

1978. H. White, Metahistory. The Historical Imagination in Nineteenth-Century Europe, Baltimore-London 1973.

1979. H. White, The Content of the Form. Narrative Discourse and Historical Imagination, Baltimore-London 1987.

1980. G. Wiegelmann, Fest- und Alltagsspeisen, Marburg 1967.

1981. G. Wiegelmann (Hrsg.), Kultureller Wandel im 19. Jahrhundert, Göttingen 1973.

1982. H. Wiswe, Kulturgeschichte der Kochkunst, München 1970.

b. Deutschland

1983. C. E. Adams, Women Clerks in Wilhelminian Germany. Issues of Class and Gender, Boston 1988.

1984. A. T. Allen, Feminism and Motherhood in Germany, 1800–1914, New Brunswick 1991.

1985. G. Asmus (Hrsg.), Hinterhof, Keller und Mansarde, Reinbek 1982.

1986. D. L. Augustine, Patricians and Parvenues. Wealth and High Society in Wilhelmine Germany, Oxford 1994.

1987. F. J. Bauer, Bürgerwege und Bürgerwelten. Familienbiographische Untersuchungen zum deutschen Bürgertum im 19. Jahrhundert, Göttingen 1991.

1988. R. Beier, Frauenalltag und Frauenarbeit im Deutschen Kaiserreich, Frankfurt/Main-New York 1983.

1989. A. A. BERGMANN, Von der ‚unbefleckten Empfängnis' zur ‚Rationalisierung des Geschlechtslebens'. Gedanken zur Debatte zum Geburtenrückgang vor dem Ersten Weltkrieg, in: J. GEYER-KORDESCH, A. KUHN (Hrsg.), Frauenkörper – Medizin – Sexualität. Auf dem Weg zu einer neuen Sexualmoral, Düsseldorf 1986, 127–158.

1990. R. BIERNACKI, The Fabrication of Labor. Germany and Britain, 1640–1914, Berkeley-Los Angeles-Oxford 1995.

1991. D. BLASIUS, Ehescheidung in Deutschland 1794–1945, Göttingen 1987.

1992. W. BRÖNNER, Schichtenspezifische Wohnkultur, in: E. MAI u. a. (Hrsg.), Kunstpolitik und Kunstförderung im Kaiserreich, Berlin 1982, 361–378.

1993. W. BRÖNNER, Die bürgerliche Villa in Deutschland 1830–1890, Düsseldorf 1987.

1994. F.-J. BRÜGGEMEIER, Leben vor Ort. Ruhrbergleute und Ruhrbergbau 1889–1914, München 1983.

1995. G.-F. BUDDE, Auf dem Weg ins Bürgerleben. Kindheit und Erziehung in deutschen und englischen Bürgerfamilien 1840–1914, Göttingen 1994.

1996. N. BULLOCK, J. READ, The Movement for Housing Reform in Germany and France, 1840–1914, Cambridge 1985.

1997. N. BULST, J. GOY, J. HOOCK, (Hrsg.), Familie zwischen Tradition und Moderne. Studien zur Geschichte der Familie in Deutschland und Frankreich vom 16. bis zum 20. Jahrhundert, Göttingen 1981.

1998. J. CAMPBELL, Joy in Work, German Work: The National Debate, 1800–1945, Princeton 1989.

1999. W. CONZE, Art. „Arbeit" in: O. BRUNNER u. a. (Hrsg,), Geschichtliche Grundbegriffe, Bd. 1, Stuttgart 1972, 154–215.

2000. R. DAUBER, Aachener Villenarchitektur. Die Villa als Bauaufgabe des 19. und frühen 20. Jahrhunderts, Recklinghausen 1985.

2001. B. DENEKE, Die Mode im 19.Jahrhundert, in: Städte-, Wohnungs- und Kleidungshygiene des 19.Jahrhunderts in Deutschland, Stuttgart 1969, 84–118

2002. B. DENEKE, Fragen der Rezeption bürgerlicher Sachkultur bei der ländlichen Bevölkerung, in: G. WIEGELMANN (Hrsg.), Kultureller Wandel im 19. Jahrhundert, Göttingen 1973, 50–64.

2003. CHR. DEUTSCHMANN, Der Weg zum Normalarbeitstag, Frankfurt/Main-New York 1985.

2004. C. DIENEL, Kinderzahl und Staatsräson. Empfängnisverhütung und Bevölkerungspolitik in Deutschland und Frankreich bis 1918, Münster 1995.

2005. M. DOERRY, Übergangsmenschen. Die Mentalität der Wilhelminer und die Krise des Kaiserreichs, 2 Bde., Weinheim-München 1986.

2006. I. DREWITZ (Hrsg.), Die deutsche Frauenbewegung. Die soziale Rolle der Frau im 19. Jahrhundert und die Emanzipationsbewegung in Deutschland, Bonn 1981.

2007. D.-R. Eicke, „Teenager" zu Kaisers Zeiten. Die ‚höhere' Tochter in Gesellschaft, Anstands- und Mädchenbüchern zwischen 1860 und 1900, Marburg 1980.

2008. K. P. Ellerbrock, Geschichte der deutschen Nahrungs- und Genußmittelindustrie 1750–1914, Stuttgart 1993.

2009. R. J. Evans, W. R. Lee (Hrsg.), The German Family, London 1981.

2010. J. C. Fout (Hrsg.), German Women in the Nineteenth Century. A Social History, New York-London 1984.

2011. B. Edle von Germersheim, Unternehmervillen der Kaiserzeit (1871–1914), München 1988.

2012. A. Grotjahn, Über Wandlungen in der Volksernährung, Leipzig 1902.

2013. H.-G. Haupt, Männliche und weibliche Berufskarrieren im deutschen Bürgertum in der zweiten Hälfte des 19. Jahrhunderts. Zum Verhältnis von Klasse und Geschlecht, in: GG 18 (1992), 143–160

2014. E. Heischkel-Artelt (Hrsg.), Ernährung und Ernährungslehre im 19. Jahrhundert, Göttingen 1976.

2015. H. D. Hellige, Generationskonflikt, Selbsthaß und die Entstehung antikapitalistischer Positionen im Judentum, in: GG 5 (1979), 476–518.

2016. H. Hübler, Das Bürgerhaus in Lübeck, Tübingen 1968.

2017. A. E. Imhof (Hrsg.), Leben wir zu lange? Die Zunahme unserer Lebensspanne seit 300 Jahren und die Folgen, Köln-Wien-Berlin 1992.

2018. A. E. Imhof, Lebenserwartungen in Deutschland, Norwegen und Schweden im 19. und 20. Jahrhundert, Berlin 1994.

2019. S. Jacobeit, W. Jacobeit, Illustrierte Alltagsgeschichte des deutschen Volkes (1810–1900), Köln 1987.

2020. W. Jaide, Generationen eines Jahrhunderts. Wechsel der Jugendgenerationen im Jahrhunderttrend: Zur Sozialgeschichte der Jugend in Deutschland 1871–1985, Opladen 1988.

2021. M. A. Kaplan, For Love or Money. The Marriage Strategies of Jews in Imperial Germany, in: Leo Baeck Institute Yearbook 28 (1983), 263–300.

2022. W. Kaschuba, Lebenswelt und Kultur der unterbürgerlichen Schichten im 19. und 20. Jahrhundert, München 1990.

2023. W. Kaschuba, C. Lipp, Dörfliches Überleben. Zur Geschichte materieller und sozialer Reproduktion ländlicher Gesellschaften im 19. und frühen 20. Jahrhundert, Tübingen 1982.

2024. J. E. Knodel, The Decline of Fertility in Germany, 1871–1939, Princeton (NJ) 1974.

2025. J. Kocka, Familie, Unternehmer und Kapitalismus. An Beispielen aus der frühen deutschen Industrialisierung, in: ZUntG 24 (1979), 99–135

2026. J. Kocka u. a., Familie und soziale Plazierung. Studien zum Verhältnis von

Familie, sozialer Mobilität und Heiratsverhalten an westfälischen Beispielen im späten 18. und 19. Jahrhundert, Opladen 1980.

2027. J. KROLL, Zur Entstehung und Institutionalisierung einer naturwissenschaftlichen und sozialpolitischen Bewegung. Die Entwicklung der Rassenhygiene/Eugenik bis zum Jahr 1933, Diss. Tübingen 1983.

2028. B. LADD, Urban Planning and Civic Order in Germany 1860–1914, Cambridge 1990.

2029. A. LEY, Die Villa als Burg. Ein Beitrag zur Architektur des Historismus im südlichen Bayern (1842–1858), München 1981.

2030. U. LINSE, Arbeiterschaft und Geburtenentwicklung im Deutschen Kaiserreich von 1871, in: AfS 12 (1972), 205–271.

2031. A. LÜDTKE, Arbeitsbeginn, Arbeitspausen, Arbeitsende. Skizzen zur Bedürfnisbefriedigung und Industriearbeit im 19. und frühen 20. Jahrhundert, in: G. HUCK (Hrsg.), Sozialgeschichte der Freizeit, 2. Aufl., Wuppertal 1982, 95–122.

2032. A. LÜDTKE, Lebenswelten und Alltagswissen, in: C. BERG u. a. (Hrsg.), Handbuch der deutschen Bildungsgeschichte, Bd. 4: 1870–1918, München 1991, 57–90.

2033. P. MARSCHALCK, Bevölkerungsgeschichte Deutschlands im 19. und 20. Jahrhundert, Frankfurt/Main 1984.

2034. E. MARUHN, Der Kölner Stadtteil Marienburg. Strukturwandel eines Villenvorortes von der Gründerzeit bis zur Gegenwart, in: JbKölnGV 52 (1981), 131–190.

2035. K. MERTEN, Das Frankfurter Westend, München 1974.

2036. S. MEYER, Das Theater mit der Hausarbeit. Bürgerliche Repräsentation in der Familie der wilhelminischen Zeit, Frankfurt/Main 1982.

2037. E. MEYER-RENSCHHAUSEN, Weibliche Kultur und soziale Arbeit. Eine Geschichte der Frauenbewegung am Beispiel Bremens 1810–1927, Köln-Wien 1989.

2038. A. NELL, Die Entwicklung der generativen Strukturen bürgerlicher und bäuerlicher Familien von 1750 bis zur Gegenwart, Diss. Bochum 1973.

2039. L. NIETHAMMER, F. BRÜGGEMEIER, Wie wohnten die Arbeiter im Kaiserreich?, in: AfS 16 (1976), 61–134.

2040. H. OSTERTAG, Bildung, Ausbildung und Erziehung des Offizierskorps im deutschen Kaiserreich 1871 bis 1918. Eliteideal, Anspruch und Wirklichkeit, Frankfurt/Main-Bern-New York-Paris 1990.

2041. H. POHL, B. BRÜNINGHAUS, (Hrsg.), Die Frau in der deutschen Wirtschaft 1800–1945, Stuttgart 1985.

2042. J. POSENER, Berlin auf dem Wege zu einer neuen Architektur, München 1979.

2043. H. REIF, Soziale Lage und Erfahrungen der alternden Fabrikarbeiter in der Schwerindustrie des westlichen Ruhrgebiets während der Hochindustrialisierung, in: AfS 22 (1982), 1–94.

2044. H. ROSENBAUM, Formen der Familie. Untersuchungen zum Zusammenhang von Familienverhältnissen, Sozialstruktur und sozialem Wandel in der deutschen Gesellschaft des 19. Jahrhunderts, 4. Aufl., Frankfurt/Main 1987.

2045. H. ROSENBAUM, Proletarische Familien. Arbeiterfamilien und Arbeiterväter im frühen 20. Jahrhundert zwischen traditioneller, sozialdemokratischer und kleinbürgerlicher Orientierung, Frankfurt/Main 1992.

2046. W. RUPPERT, Die Fabrik, München 1983.

2047. W. RUPPERT (Hrsg.), Die Arbeiter. Lebensformen, Alltag und Kultur von der Frühindustrialisierung bis zum ‚Wirtschaftswunder‘, München 1986.

2048. M. SCHARFE, „Gemüthliches Knechtschaftsverhältnis"? Landarbeitserfahrungen 1750–1900, in: K. TENFELDE (Hrsg.), Arbeit und Arbeitserfahrung in der Geschichte, Göttingen 1986, 32–50.

2049. R. SCHMIEDE, E. SCHUDLICH, Die Entwicklung der Leistungsentlohnung in Deutschland, Frankfurt/Main 1976.

2050. H.-W. SCHMUHL, Rassenhygiene – Nationalsozialismus – Euthanasie. Von der Verhütung zur Vernichtung „lebensunwerten Lebens" 1890–1945, Göttingen 1987.

2051. U. SCHNEIDER, Politische Festkultur im 19. Jahrhundert. Die Rheinprovinz von der französischen Zeit bis zum Ende des Ersten Weltkrieges, Essen 1995.

2052. G. SCHULZ, Die Arbeiter und Angestellten bei Felten & Guillaume. Sozialgeschichtliche Untersuchung eines Kölner Industrieunternehmens im 19. und 20. Jahrhundert, Wiesbaden 1979.

2053. H. SEUFERT, Arbeits- und Lebensverhältnisse der Frauen in der Landwirtschaft in Württemberg, Baden, Elsass-Lothringen und Rheinpfalz, Jena 1914.

2054. G. D. STARK, Pornography, Society and the Law in Imperial Germany, in: CEH 14 (1981), 200–229.

2055. T. W. TAYLOR, The Transition to Adulthood in Comparative Perspective. Professional Males in Germany and the United States at the Turn of the Century, in: JSocH 21 (1987/88), 635–658.

2056. K. TENFELDE, (Hrsg.), Arbeit und Arbeitserfahrung in der Geschichte, Göttingen 1986.

2057. H. J. TEUTEBERG, G. WIEGELMANN, Unsere tägliche Kost. Geschichte und regionale Prägung, 2. Aufl., Münster 1986.

2058. H. J. TEUTEBERG, C. WISCHERMANN, (Hrsg.), Wohnalltag in Deutschland 1850–1914. Bilder, Daten, Dokumente, Münster 1985.

2059. P. WEINDLING, Health, Race, and German Politics between National Unification and Nazism, 1870–1945, Cambridge 1989.

2060. H. WINKEL, Die Frau in der deutschen Landwirtschaft, in: H. POHL, B. BRÜNINGHAUS (Hrsg.), Die Frau in der deutschen Wirtschaft, Stuttgart 1985, 89–102.

2061. R. WIRTZ, „Die Ordnung der Fabrik ist nicht die Fabrikordnung", in: H. HAUMANN (Hrsg.), Arbeiteralltag in Stadt und Land, Berlin 1982, 61–88.

2062. C. WISCHERMANN, Wohnen in Hamburg vor dem Ersten Weltkrieg, Münster 1983.

2063. C. WISCHERMANN, Zur innerstädtischen Differenzierung der Wohnbedingungen in deutschen Großstädten des späten 19. Jahrhunderts, in: H. HEINEBERG (Hrsg.), Innerstädtische Differenzierung und Prozesse im 19. und 20. Jahrhundert, Köln-Wien 1987, 57–84.

c. Übriges Europa

2064. J. A. BANKS, Prosperity and Parenthood: A Study of Family Planning among the Victorian Middle Classes, London 1954.

2065. J. A. BANKS, Victorian Values. Secularism and the Size of Families, London-Boston 1981.

2066. L. BERGERON, Familienstruktur und Industrieunternehmen in Frankreich (18. bis 20. Jahrhundert), in: N. BULST u. a. (Hrsg.), Familie zwischen Tradition und Moderne, Göttingen 1981, 225–238.

2067. J. N. BIRABEN, J. DUPÂQUIER, Les berceaux vides de Marianne. L'Avenir de la population française, Paris 1981.

2068. U. BLOSSER, F. GERSTER, Töchter der guten Gesellschaft. Frauenrolle und Mädchenerziehung im schweizerischen Großbürgertum um 1900, Zürich 1985.

2069. R. BRAUN, Industrialisierung und Volksleben. Veränderungen der Lebensformen unter Einwirkung der verlagsindustriellen Heimarbeit in einem ländlichen Industriegebiet (Zürcher Oberland) vor 1800, 2. Aufl., Göttingen 1979.

2070. A. BUCK, Die Villa als Lebensform der italienischen Renaissance, Stuttgart 1992.

2071. R. BURNAND, La Vie quotidienne en France, 1870–1900, Paris 1947.

2072. J.-P. CHALINE, Les Bourgeois de Rouen. Une élite urbaine du XIXᵉ siècle, Paris 1982.

2073. Y. CHARBIT, Du Malthusianisme au populationisme. Les Economistes français et la population 1840–1870, Paris 1981.

2074. R. CHARTIER, L'Histoire Culturelle entre ,Linguistic Turn' et Retour au Sujet, in: H. LEHMANN (Hrsg.), Wege zu einer neuen Kulturgeschichte, Göttingen 1995.

2075. P. CHAUNU, Le refus de la vie. Analyse historique du présent, Paris 1975.

2076. C. CORSINI, Materiali per lo studio della famiglia in Toscana nei secoli XVII-XIX: Gli espositi, in: Quarderni stori 33 (1976), 998–1052.

2077. M. CRUBELLIER, L'Enfance et la Jeunesse dans la société francaise (1800–1950), Paris 1970.

2078. A. DAUMARD, Maisons de Paris et Propriétaires parisiens au XIXe siècle, 1809–1880, Paris 1965.

2079. L. DAVIDOFF, The Best Circles. Society, Etiquettes and the Season, Ottawa 1973.

2080. L. DAVIDOFF, C. HALL, Family Fortunes. Men and Women of the English Middle Classes, 1780–1850, Chicago 1987.

2081. M. DUPÂQUIER, Histoire de la population francaise, Bd. 3: De 1789 à 1914, Paris 1988.

2082. J. DUPÂQUIER, M. LACHIVER, Sur le débat de la contraception en France ou les deux malthusianismes, in: Annales 24 (1969), 1391–1406.

2083. J. EHMER, Heiratsverhalten, Sozialstruktur, ökonomischer Wandel. England und Mitteleuropa in der Formationsphase des Kapitalismus, Göttingen 1991.

2084. A. FARGE, CH. KLAPISCH, Madame ou Mademoiselle? Itinéraires de la solitude féminine au XIXe siècle, Paris 1984.

2085. J.-P. FLAMAND (Hrsg.), La Question du logement et le Mouvement ouvrier français, Paris 1981.

2086. M. GIROUARD, Das feine Leben auf dem Lande. Architektur, Kultur und Geschichte der englischen Oberschicht, Frankfurt/Main 1989.

2087. N. GREEN, Les Travailleurs immigrés juifs à la Belle Époque. Le „Pletzl" de Paris, Paris 1985.

2088. R.-H. GUERRAND, Les Origines du logement social en France, Paris 1966.

2089. M. GRIBAUDI, Procès de mobilité et d'intégration. Le monde ouvrier turinois dans le premier demi-siècle, Paris 1985.

2090. P. HANÁK (Hrsg.), Bürgerliche Wohnkultur des Fin de Siècle in Ungarn, Wien 1994.

2091. T. K. HAREVEN, Family Time and Industrial Time: The Relationship between the Family and Work in a New England Industrial Community, New York 1982.

2092. E. O. HELLERSTEIN, L. PARKER HUME, K. M. OFFEN (Hrsg.), Victorian Women. A Documentary Account of Women's Lives in 19th-century England, France, and the United States, Stanford 1981.

2093. V. HUNECKE, Die Findelkinder von Mailand. Kindsaussetzung und aussetzende Eltern vom 17. bis zum 19. Jahrhundert, Stuttgart 1987.

2094. P. JALLAND, J. HOOPER (Hrsg.), Women from Birth to Death. The Female Life Cycle in Britain 1830–1914, Atlantic Highlands 1986.

2095. D. I. KETZER, D. HOGAN, Family, Political Economy and Demographic Change: The Transformation of Life in Casalecchio, Italy, 1861–1921, Madison 1989.

2096. H. LE BRAS, Marianne et les lapins. L'obsession démographique, Paris 1991.

2097. M.-F. LEVY, De mères en filles. L'éducation des Françaises, 1850–1880, Paris 1984.

2098. J. LEWIS, Women in England 1870–1950. Sexual Divisions and Social Change, Brighton-Bloomington 1984.

2099. T. MACBRIDE, The Domestic Revolution. The Modernization of Household in England and France (1820–1920), London 1976.

2100. A. MACLAREN, Birth Control in Nineteenth-Century England, London 1978.

2101. J. F. MACMILLAN, Housewife and Harlot. The Place of Women in French Society 1870–1940, London-New York 1981.

2102. F. MARNATA, Les loyers des bourgeois de Paris, 1860–1958, Paris 1961.

2103. A. MARTIN-FUGIER, La Place des bonnes. La domesticité féminine à Paris en 1900, Paris 1979.

2104. M. B. MILLER, The Bon Marché: Bourgeois Culture and the Department Store 1869–1920, Princeton 1982.

2105. G. NAGEL, Georges Vacher de Lapouge (1854–1936). Ein Beitrag zur Geschichte des Sozialdarwinismus in Frankreich, Freiburg 1975.

2106. J.-P. NAVAILLES, La Famille ouvrière dans l'Angleterre victorienne. Des regards aux mentalités, Camp Vallon 1983.

2107. G. NOIRIEL, Les Ouvriers dans la société françaises, XIXᵉ-XXᵉ siècle, Paris 1986.

2108. M. J. PETERSON, Family, Love and Work in the Lives of Victorian Gentlewomen, Bloomington-Indianapolis 1989.

2109. B. C. POPE, Angels in the Devils's Workshop: Leisured and Charitable Women in Nineteenth Century England and France, in: R. BRIDENTHAL, C. KOONZ (Hrsg.), Becoming Visible, Boston 1987, 296–324.

2110. D. L. RANSEL, Mothers of Misery: Child Abandonment in Russia, Princeton 1988.

2111. F. RONSIN, La grève des ventres. Propagande néomalthusienne et baisse de la natalité en France, 19ᵉ–20ᵉ siècles, Paris 1980.

2112. W. SECCOMBE, Starting to Stop: Working-Class Fertility Decline in Britain, in: P & P 134 (1992), 200–211.

2113. M. SEGALEN, Mari et Femme dans la société paysanne, Paris 1980.

2114. M. SEGALEN, Quinze generations de Bas-Bretons: Parenté et société dans la Pays Bigouden Sud 1720–1980, Paris 1985.

2115. E. SEIDLER, G. NAGEL, Georges Vacher de Lapogue (1854–1936) und der Sozialdarwinismus in Frankreich, in: G. MANN (Hrsg.), Biologismus im 19. Jahrhundert, Stuttgart 1973, 94–107.

2116. S. SEIDMAN, The Power of Desire and the Danger of Pleasure: Victorian Sexuality Reconsidered, in: JSocH 24 (1990), 47–68.

2117. W. SHELDON, English Hunger and Industrial Order, London 1973.

2118. N. Smelser, Sociological History. The Industrial Revolution and the British Working-Class Family, in: JSocH 1 (1967), 17–36.

2119. B. Smith, Ladies of the Leisure Class. The Bourgeoises of Northern France in the Nineteenth Century, Princeton 1981.

2120. R. A. Soloway, Birth Control and the Population Question in England 1877–1930, Chapel Hill-London 1982.

2121. R. A. Soloway, Demography and Degeneration: Eugenics and the Declining Birthrate in Twentieth-Century Britain, Chapel Hill 1990.

2122. L. Stone, The Family, Sex, and Marriage in England, 1500–1800, New York 1977.

2123. J. Taricat, M. Villars, Le Logement à bon marché. Chronique, Paris (1850–1930), Paris 1982.

Anhang

1850   31. 1. Inkrafttreten der oktroyierten preußischen Verfassung.
2. 9. Wiedereröffnung des Frankfurter Bundestages.
29. 11. Vertrag von Olmütz: Ende der preußischen Unionspolitik.
Der deutsche Arzt und Physiker Hermann Helmholtz erfindet den Augenspiegel und mißt die Geschwindigkeit des Nervenreizes.
Léon Foucault weist die Erdumdrehung an der Drehung der Schwingungsrichtung eines Pendels nach.
Charles Dickens: „David Copperfield".
Richard Wagner: „Lohengrin".
Gustave Courbet: „Das Begräbnis in Ornans".
Dante Gabriel Rossetti: „Ecce Ancilla Domini".

1851   2. 12. Staatsstreich Louis Napoléon Bonapartes.
Gründung der Diskonto-Gesellschaft durch David Hansemann in Berlin.
Erste Weltausstellung in London; der für sie errichtete Kristallpalast zeigt eine neuartige Eisen- und Glasarchitektur.
Erstes Unterseekabel Dover-Calais.
Guiseppe Verdi: „Rigoletto".

1852   4. 11. Cavour wird zum Ministerpräsidenten von Piemont-Sardinien berufen.
2. 12. Wiedererrichtung des Kaisertums durch Napoleon III.
Gründung des Crédit Mobilier und des Crédit Foncier in Paris.
Auguste Comte: „System der positiven Politik".
Eröffnung des ersten Kaufhauses in Paris: Le Bon Marché.
Stapellauf des ersten Kohleschiffs in England.
Adolph Menzel: „Flötenkonzert in Sanssouci".

1853   1. 11. Ausbruch des russisch-türkischen Krieges, der sich zum Krimkrieg ausweitet.
Guiseppe Verdi: „La Traviata".

1854   Papst Pius IX. verkündet das Dogma der unbefleckten Empfängnis Mariä.
28. 3. Britisch-französische Kriegserklärung an Rußland.
Theodor Mommsen: „Römische Geschichte", Bd. 1.
Der deutsche Mathematiker Bernhard Riemann entwickelt in seiner Göttinger Antrittsvorlesung „Über die Hypothesen, welche der

Geometrie zu Grunde liegen" die moderne nichteuklidische Geometrie.
Gottfried Keller: „Der grüne Heinrich".

1855   26. 1. Piemont-Sardinien tritt auf seiten Großbritanniens und
Frankreichs in den Krimkrieg ein.
2. 3. Tod Nikolaus' I.; Thronbesteigung Alexanders II. (–1881) in
Rußland.
8. 9. Fall der Krimfestung Sewastopol.
Weltausstellung in Paris.
David Livingstone entdeckt bei seiner Afrikadurchquerung die Viktoria-Fälle.
Arthur de Gobineau: „Versuch über die Ungleichheit der Rassen".
Mit der Erfindung der Bessemer-Birne durch Henry Bessemer wird
die Massenherstellung von Stahl möglich.
Gustav Freytag: „Soll und Haben".
Karl von Piloty: „Seni an der Leiche Wallsteins".

1856   30. 3. Friede von Paris: Beendigung des Krimkrieges, Neutralisierung des Schwarzen Meeres.
Entdeckung des Neandertalers durch Johann Carl Fuhlrott.
Gustave Flaubert: „Madame Bovary".

1857   15. 8. Gründung der Società nazionale in Italien.
August Kekulé entdeckt die Vierwertigkeit des Kohlenstoffs.
Charles Baudelaire: „Die Blumen des Bösen".

1858   20. 7. Geheimtreffen zwischen Napoleon III. und dem piemontesischen Ministerpräsidenten Graf Cavour in Plombières.
7. 10. Wilhelm (I.) von Preußen übernimmt die Regentschaft für seinen geisteskranken Bruder Friedrich Wilhelm IV.; Beginn der
„Neuen Ära".
Rudolf Virchow begründet die Zellularpathologie.
Erstes Atlantikkabel von Europa nach Amerika.
Iwan A. Gontscharow: „Oblomow".
Jacques Offenbach: „Orpheus in der Unterwelt".

1859   3. 5. Französisch-piemontesische Kriegserklärung an Österreich.
4. 6. Schlacht von Magenta.
24. 6. Schlacht von Solferino.
11. 7. Vorfriede von Villafranca.
16. 9. Gründung des Deutschen Nationalvereins als Organisation
der Anhänger eines kleindeutschen Nationalstaats unter preußischer
Führung.
10. 11. Friede von Zürich: Österreich tritt die Lombardei an Napoleon III. ab, der sie an Piemont weitergibt.
Gründung der „Historischen Zeitschrift" durch Heinrich Sybel,
nach deren Vorbild 1876 die „Revue Historique" und 1886 die
„English Historical Review" ins Leben gerufen werden.
John Stuart Mill: „On Liberty".

Karl Marx: „Zur Kritik der politischen Ökonomie".
Charles Darwin: „Über die Entstehung der Arten durch natürliche Auslese".
Beginn der Erdölförderung in den USA und Rußland.
Chemische Spektralanalyse von Robert Bunsen und Gustav Robert Kirchhoff.

1859–1869 Bau des Suezkanals (25. 4. 1859–16. 11. 1869).

1860 23. 1. Liberalisierung der britisch-französischen Handelsbeziehungen durch den Cobden-Vertrag.
24. 3. Piemont tritt Savoyen und Nizza an Frankreich ab.
11. 5. Garibaldi landet mit einem Freiwilligenheer („Zug der Tausend") in Sizilien und erobert die Insel und große Teile Unteritaliens.
In Karlsruhe findet der erste internationale Chemiker-Kongreß statt.

1861 2. 1. Tod Friedrich Wilhelms IV. von Preußen, Thronbesteigung Wilhelms I.
19. 2. Manifest über die Bauernbefreiung in Rußland: Aufhebung der Leibeigenschaft.
26. 2. Patent über die Verfassung der österreichischen Monarchie.
14. 3. Ausrufung Viktor Emanuels II. von Piemont zum „König von Italien".
6. 6. Gründung der Deutschen Fortschrittspartei.
Johann Jakob Bachofen: „Das Mutterrecht".
Entdeckung des Archäopteryx (Urvogel) im Solnhofer Schiefer.
Philipp Reis erfindet das Telefon, das 1876 von Alexander G. Bell zur Gebrauchsfähigkeit weiterentwickelt wird.

1862–1866 Verfassungskonflikt in Preußen um die Heeresreform.

1862 29. 3. Abschluß des preußisch-französischen Handelsvertrages.
24. 9. Berufung Bismarcks zum preußischen Ministerpräsidenten.
28. 10. Gründung des deutschen Reformvereins als Organisation der Befürworter einer großdeutschen Nationalstaatslösung.
Hermann Helmholtz veröffentlicht „Die Lehre von den Tonempfindungen als physiologische Grundlage für die Theorie der Musik".
Léon Foucault mißt im Laboratorium mit Drehspiegeln die Lichtgeschwindigkeit.
Victor Hugo: „Die Elenden".
Iwan S. Turgenjew: „Väter und Söhne".

1863 22. 1. Polnischer Aufstand gegen die russische Herrschaft (bis April 1864).
23. 5. Gründung des Allgemeinen Deutschen Arbeitervereins in Leipzig unter Führung Ferdinand Lassalles.
16. 8.–1. 9. Frankfurter Fürstentag.
16./18. 11. Die neue dänische Verfassung trennt Schleswig von Holstein und gliedert es in den dänischen Staat ein.

Gründung des Roten Kreuzes in Genf.
Edouard Manet: „Frühstück im Freien".

1864   16. 4. Preußischer Sieg über die dänischen Truppen an den Düppeler Schanzen.
24. 4.–25. 6. Londoner Konferenz über die Schleswig-Holstein-Frage.
28. 9. Gründung der 1. Internationale in London unter maßgeblichem Einfluß von Marx und Engels.
30. 10. Friede von Wien: Dänemark tritt Schleswig-Holstein und Lauenburg an Preußen und Österreich ab.
8. 12. Papst Pius IX. verurteilt in der Enzyklika „Quanta cura" und dem beigefügten „Syllabus errorum" politische und gesellschaftliche Prinzipien des Liberalismus.

1865   14. 8. Vertrag von Gastein zwischen Preußen und Österreich regelt die Verwaltung Schleswig-Holsteins.
Der französische Physiologe und Biochemiker Claude Bernard veröffentlicht sein Hauptwerk „Introduction à l'étude de la médecine expérimentale".
Der englische Physiker James Clerk Maxwell stellt die elektromagnetische Lichttheorie (Maxwellsche Wellenlehre) auf.
Gregor Mendel: „Versuche über Pflanzenhybriden", Vererbungslehre.
Gründung der Badischen Anilin- und Soda-Fabriken in Ludwigshafen.
Richard Wagner: „Tristan und Isolde".

1866   8. 4. Geheimbündnis Preußens mit Italien.
12. 6. Französisch-österreichischer Geheimvertrag.
21. 6. Beginn des „Deutschen Krieges".
24. 6. Italienische Niederlage gegen Österreich bei Custozza.
3. 7. Schlacht von Königgrätz/Sadowa.
3. 7. Wahlen zum preußischen Abgeordnetenhaus, Niederlage der Fortschrittspartei.
20. 7. Italien unterliegt Österreich auch in der Seeschlacht bei Lissa.
26. 7. Vorfrieden von Nikolsburg.
23. 8. Friede von Prag: Auflösung des Deutschen Bundes, Anerkennung der Führungsstellung Preußens in Deutschland.
3. 9. Das preußische Abgeordnetenhaus nimmt die Indemnitätsvorlage an, Ende des Verfassungskonflikts.
3.–8. 9. Erster Kongreß der Internationale in Genf.
20. 9. Preußen annektiert Hannover, Kurhessen, Nassau und Frankfurt am Main.
3. 10. Friede von Wien: Abtretung Venetiens an Italien.
17. 11. Konstituierung der Nationalliberalen Partei.
Gründung des Norddeutschen Bundes.
Fjodor M. Dostojewskij: „Schuld und Sühne".
Jacques Offenbach: „Pariser Leben".

Friedrich Smetana: „Die verkaufte Braut".
Karl Friedrich Lessing: „Luthers Leipziger Disputation".

1867   12. 2. Wahlen zum Konstituierenden Reichstag des Norddeutschen Bundes.
11. 5. Londoner Vertrag: Neutralisierung Luxemburgs, Abzug der preußischen Truppen.
12. 6. Österreich-ungarischer Ausgleich.
15. 8. Die zweite Wahlrechtsreform erweitert in Großbritannien die Zahl der Wahlberechtigten von 1,4 auf 2,5 Millionen.
21. 12. „Dezembergesetze" in Österreich, Beginn einer liberalen Ära.
Karl Marx: „Das Kapital", Bd. 1.
Joseph Lister begründet die antiseptische Wundbehandlung.
Erfindung des Eisenbetons durch José Monier.
Erfindung des Dynamit durch Alfred Nobel.
Henrik Ibsen: „Peer Gynt".

1868   Juni: Gründung des Trades Union Congress (TUC) als Dachorganisation der britischen Gewerkschaften.
17.–30. 9. Revolution in Spanien gegen Königin Isabella II.
3. 12. Erstes Kabinett des liberalen Premierministers William Gladstone in Großbritannien.
In Frankreich wird der prähistorische Crô-Magnon-Mensch entdeckt.
Charles De Coster: „Uilenspiegel".
Richard Wagner: „Die Meistersinger von Nürnberg".

1869   7.–9. 8. Gründung der Sozialdemokratischen Arbeiterpartei in Eisenach unter Führung von August Bebel und Wilhelm Liebknecht.
8. 9. Empire libéral: Napoleon III. kommt den Liberalisierungsforderungen der Opposition entgegen.
8. 12. Beginn des 1. Vatikanischen Konzils.
Dimitri Mendelejew und Lothar Meyer entdecken das periodische System der chemischen Elemente.
Leo Tolstoj: „Krieg und Frieden".

1870   13. 7. Emser Depesche.
18. 7. Verkündung des Dogmas von der päpstlichen Unfehlbarkeit.
19. 7. Kriegserklärung Frankreichs an Preußen.
2. 9. Kapitulation einer französischen Armee bei Sedan und Gefangennahme Kaiser Napoleons III.
4. 9. Ausrufung der Republik in Frankreich.
19. 9. Beginn der Belagerung von Paris.
20. 9. Besetzung Roms durch italienische Truppen.
16. 11. Das spanische Parlament wählt den Sohn des italienischen Königs Amadeus, Herzog von Aosta, zum Monarchen.
Heinrich Schliemann beginnt mit der Ausgrabung Trojas.

1871	18. 1. Proklamation des Deutschen Kaiserreiches in Versailles.
	26. 2. Vorfriede von Versailles.
	18. 3.–28. 5. Aufstand der Pariser Kommune.

1871   18. 1. Proklamation des Deutschen Kaiserreiches in Versailles.
26. 2. Vorfriede von Versailles.
18. 3.–28. 5. Aufstand der Pariser Kommune.
10. 5. Friede von Frankfurt am Main: Abtretung Elsaß-Lothringens an Deutschland und Zahlung einer Kriegsentschädigung von 5 Mrd. Francs.
8. 7. Aufhebung der katholischen Abteilung im preußischen Kultusministerium, Beginn des Kulturkampfes.
Charles Darwin: „Die Abstammung des Menschen".
Fjodor M. Dostojewskij: „Die Dämonen".
Giuseppe Verdi: „Aida".
Richard Wagner: „Siegfried".
Emile Zola: „Les Rougon-Macquart" (1893 abgeschlossen).

1872   18. 7. Secret Ballot Act: Einführung der geheimen Abstimmung bei Wahlen in Großbritannien.
Gustav Schmoller gründet den „Verein für Socialpolitik".
Jules Verne: „Die Reise um die Welt in 80 Tagen".
Max Liebermann: „Die Gänserupferinnen".
Claude Monet: „Impression, soleil levant".

1873   12. 2. Nach der Abdankung König Amadeus' II. entscheidet sich das spanische Parlament für die republikanische Staatsform.
9. 5. Börsenkrach in Wien. Beginn der Phase der „Großen Depression".
11.–14. 5. Mit den Maigesetzen verschärft sich der Kulturkampf in Preußen und im Deutschen Reich.
22. 10. Dreikaiserabkommen zwischen Österreich–Ungarn, Rußland und dem Deutschen Reich.
Herbert Spencer: „Das Studium der Soziologie".
James Clerk Maxwell vollendet seine Theorie des Elektromagnetismus.
Georges Bizet: „Carmen" (Premiere 1875).
Wilhelm Leibl: „Dachauerin mit Kind".

1874   20. 2. Nach einem Wahlsieg der Konservativen löst Benjamin Disraeli in Großbritannien Gladstone als Premierminister ab.
19. 4. Annahme einer revidierten Bundesverfassung in der Schweiz, Stärkung der plebiszitären Demokratie.
November: Mit dem „Non expedit" untersagt Papst Pius IX. den Katholiken die Beteiligung am politischen Leben Italiens.
29. 11. Nach einem Militärputsch wird die bourbonische Monarchie in Spanien wiederhergestellt.
Johann Strauß jr.: „Die Fledermaus".
Modest Mussorgsky: „Boris Godunow".
Erste gemeinsame Ausstellung der „Impressionisten" Monet, Degas, Renoir und Cézanne in Paris.

1875   30. 1. Entscheidung für einen Präsidenten der Republik in Frankreich.

8. 4.–13. 5. „Krieg-in-Sicht"-Krise.

22.–27. 5. Lassalleaner und Marxisten vereinigen sich in Gotha zur „Sozialistischen Arbeiterpartei".

Einführung der Zivilehe im Deutschen Reich.

Carl von Linde entwickelt die Ammoniak-Kältemaschine (Vorläufer des Kühlschrankes).

Johannes Brahms: Sinfonie Nr. 1 in c-Moll.

Peter Tschaikowskij: Klavierkonzert Nr. 1 in b-Moll.

Friedrich Smetana: „Mein Vaterland".

Adolph von Menzel: „Das Eisenwalzwerk".

1876	15. 2. Gründung des Centralverbandes deutscher Industrieller.

5. 3. Wahlen zur Deputiertenkammer ergeben eine republikanische Mehrheit in Frankreich.

18. 3. In Italien wird die Regierung der „Destra storica" gestürzt, die liberale Linke gelangt an die Macht.

Entwicklung des ersten Viertaktmotors durch Nikolaus Otto.

Conrad Ferdinand Meyer: „Jürg Jenatsch".

Leo Tolstoj: „Anna Karenina".

Auguste Renoir: „Le Moulin de la Galette".

1877	24. 4. Kriegserklärung Rußlands an das Osmanische Reich nach Aufständen in Bosnien, der Herzegowina und in Ostrumelien.

1878	7. 2. Tod Papst Pius IX.; Wahl von Kardinal Pecci zum neuen Papst (Leo XIII.).

3. 3. Friede von San Stefano bestätigt die militärischen Erfolge Rußlands, löst jedoch eine Intervention Großbritanniens und Österreich–Ungarns aus.

22. 5. Unabhängigkeit Rumäniens vom Osmanischen Reich.

2. 6. Kaiser Wilhelm I. wird bei einem Attentat schwer verwundet.

13. 6.–13. 7. Berliner Kongreß: teilweise Revision der Friedensbedingungen von San Stefano.

18. 10. Der Deutsche Reichstag verabschiedet das Sozialistengesetz, das bis 1890 mehrfach verlängert wird.

Louis Pasteur: „Die Mikroben".

Adolf von Baeyer gelingt die Indigo-Synthese.

Werner von Siemens erfindet den Elektromotor.

Theodor Fontane: „Vor dem Sturm".

1879	12. 7. Verabschiedung der Schutzzollgesetze durch den Deutschen Reichstag.

August: Ein konservatives Kabinett unter Ministerpräsident Graf Taaffe löst in Österreich die Liberalen ab.

7. 10. Zweibund zwischen dem Deutschen Reich und Österreich–Ungarn.

In Leipzig wird als höchste Gerichtsinstanz das Reichsgericht errichtet.

Erfindung der Glühlampe durch Thomas Edison.

Einführung des Thomas-Verfahrens zur Stahlherstellung.

1880	23. 4. Gladstone bildet sein zweites Kabinett.
	14. 7. Mit einem ersten Milderungsgesetz beginnt in Deutschland der Abbau des Kulturkampfes.
	Fjodor Dostojewskij: „Die Brüder Karamasow".
	Auguste Rodin: „Der Denker".
1881	13. 3. Zar Alexander II. ermordet.
	17. 5. Errichtung eines französischen Protektorats über Tunesien.
	22. 5. Karl von Hohenzollern-Sigmaringen besteigt als Carol I. den rumänischen Thron.
	18. 6. Dreikaiservertrag zwischen Rußland, Österreich-Ungarn und dem Deutschen Reich.
	Antijüdische Pogrome im Russischen Reich.
1882	20. 5. Beitritt Italiens zum Zweibund.
	11./12. 7. Besetzung Ägyptens durch Großbritannien.
	Entdeckung des Tuberkelbazillus durch Robert Koch.
	Richard Wagner: „Parsifal".
	Edouard Manet: „Die Bar in den Folies-Bergère".
1883	15. 6. Annahme des Krankenversicherungsgesetzes im Deutschen Reichstag.
	25. 8. Französisches Protektorat über Annam und Tonking.
	Wilhelm Dilthey: „Einleitung in die Geisteswissenschaften".
	Georg Cantor entwickelt die mathematische Mengenlehre.
	Entdeckung des Cholera-Erregers durch Robert Koch.
	Hiram Stevens Maxim baut das erste Maschinengewehr.
1884	27. 6. Einführung der Unfallpflichtversicherung in Deutschland.
	6. 12. Die dritte Wahlrechtsreform verdoppelt noch einmal die Zahl der Wahlberechtigten in Großbritannien.
	Erwerbung deutscher Kolonien in Südwestafrika, Togo und Kamerun.
	Friedrich Nietzsche: „Also sprach Zarathustra" (1. Teil).
1885	26. 2. Verabschiedung der Kongoakte durch die Berliner Kongokonferenz: Anerkennung eines unabhängigen Kongo-Staates unter König Leopold II. von Belgien.
	Erwerb Deutsch-Ostafrikas.
	Erster Kraftwagen von Gottlieb Daimler, Wilhelm Maybach und Carl Benz.
1886	7. 1. General Boulanger wird französischer Kriegsminister; Aufkommen einer antiparlamentarisch-nationalistischen Bewegung.
	8. 6. Der liberale Premierminister Gladstone stürzt über die Home-Rule-Vorlage für Irland; die Regierung geht wieder an die Konservativen unter Lord Salisbury über.
	20. 8. Absetzung von Fürst Alexander von Bulgarien durch von Rußland beeinflußte Offiziere.
	Georges Seurat: „Ein Sonntagnachmittag auf der Insel La Grande Jatte".
	Auguste Rodin: „Die Bürger von Calais" (1886–1888).

| 1887 | 29. 4. Mit der Verabschiedung des zweiten Friedensgesetzes wird der Kulturkampf in Deutschland endgültig beigelegt.
18. 6. Abschluß des Rückversicherungsvertrages zwischen Rußland und dem Deutschen Reich.
Claude Debussy: „Le Printemps". |
|---|---|
| 1888 | 9. 3. Tod Kaiser Wilhelms I., Thronbesteigung seines todkranken Sohnes Friedrich III.
15. 6. Tod Friedrichs III., Thronbesteigung seines ältesten Sohnes Wilhelm II.
Heinrich Hertz erzeugt und untersucht elektromagnetische Wellen im UKW-Bereich.
August Strindberg: „Fräulein Julie".
In Arles malt Vincent von Gogh seine berühmtesten Landschaften, Stilleben und Porträts. |
| 1889 | 22. 6. Einführung des Gesetzes zur Alters- und Invalidenversicherung.
29. 10. Cecil Rhodes erwirbt Rhodesien für Großbritannien.
Bau des Eiffelturms in Paris.
Gerhart Hauptmann: „Vor Sonnenaufgang".
Richard Strauss: „Don Juan". |
| 1890 | 25. 1. Der Deutsche Reichstag lehnt eine Verlängerung des Sozialistengesetzes ab; es läuft am 30. 9. 1890 aus.
20. 2. Bei den Reichstagswahlen verdoppeln die Sozialdemokraten ihre Stimmenzahl.
20. 3. Entlassung Bismarcks als Reichskanzler und preußischer Ministerpräsident.
27. 3. Nichtverlängerung des deutsch-russischen Rückversicherungsvertrages.
1. 7. Helgoland-Sansibar-Vertrag, Ausgleich der deutsch-britischen Kolonialinteressen.
Oskar Hertwig und andere erkennen den Zellkern und seine Chromosomen als Träger der Vererbung.
Otto Lilienthal fliegt erstmals mit seinem „Hängegleiter".
John Boyd Dunlop erfindet den Luftreifen.
Henrik Ibsen: „Hedda Gabler".
Puetro Mascagni: „Cavalleria rusticana". |

ABKÜRZUNGSVERZEICHNIS DER ZEITSCHRIFTEN

ArchFfmG	=	Archiv für Frankfurts Geschichte und Kunst
AHR	=	The American Historical Review
AKG	=	Archiv für Kulturgeschichte
AfS	=	Archiv für Sozialgeschichte
BlkdtLG	=	Blätter für deutsche Landesgeschichte
BritJSoc	=	The British Journal of Sociology
CEH	=	Central European History
EHQ	=	European History Quarterly
GG	=	Geschichte und Gesellschaft
GWU	=	Geschichte in Wissenschaft und Unterricht
HJ	=	Historical Journal
HJb	=	Historisches Jahrbuch der Görres-Gesellschaft
H & T	=	History and Theory
HZ	=	Historische Zeitschrift
JbGMOD	=	Jahrbuch für Geschichte Mittel- und Ostdeutschlands
JbIdtG	=	Jahrbuch des Instituts für Deutsche Geschichte
JbKölnG	=	Jahrbuch des Kölnischen Geschichtsvereins
JbLibF	=	Jahrbuch zur Liberalismus-Forschung
JbWG	=	Jahrbuch für Wirtschaftsgeschichte
JbbGOE	=	Jahrbücher für Geschichte Osteuropas
JContH	=	Journal of Contemporary History
JEcclH	=	Journal of Ecclesiastical History
JEEH	=	Journal European Economic History
JItalH	=	Journal of Italian History
JModH	=	Journal of Modern History
JSocH	=	Journal of Social History
MS	=	Le Mouvement Social
NPL	=	Neue Politische Literatur
P & P	=	Past and Present
PVS	=	Politische Vierteljahresschrift
QuFiAB	=	Quellen und Forschungen aus italienischen Archiven und Bibliotheken
RH	=	Revue historique
SH	=	Social History
VS	=	Victorian Studies
VSWG	=	Vierteljahrsschrift für Sozial- und Wirtschaftsgeschichte
VfZG	=	Vierteljahrshefte für Zeitgeschichte
ZFG	=	Zeitschrift für Geschichtswissenschaft
ZGO	=	Zeitschrift für die Geschichte des Oberrheins
ZUntG	=	Zeitschrift für Unternehmensgeschichte
ZWLG	=	Zeitschrift für württembergische Landesgeschichte

PERSONENREGISTER

SACHREGISTER

KARTEN

Die Karten wurden entnommen:

Atlas zur Universalgeschichte.
München (Oldenbourg) 1979

Europa
um 1850

Maßstab 1:25 Mill.

100 200 300 400 500 km

①

Grenze des Deut-
schen Bundes

ATLANTISCHER OZEAN

KGR. GROSSBRITANNIEN UND IRLAND

Schottland
Edinburgh
England
London
Irland Dublin
Kanal La Manche

Nordsee

KGR. DÄNEMARK
Kopenhagen

Kgr. Norwegen
Christiania
Stockholm
KGR.
Helsingfors Finnland

KAISERREICH RUSSLAND

St. Petersburg
Estland
Livland Riga
Kurland
Wilna
Grodno
Witebsk Mohilew
Smolensk
Moskau
Nischni Nowgorod
Wologda
Jaroslaw
Kasan
Saratow
Samara
Pensa
Kaluga
Orel
Charkow
Kiew
Kursk
Poltawa
Dnjepr
Don
Wolga
Astrachan
Kasp. Meer

Helsingfors

PREUSSEN
Berlin
Danzig
Königsberg
Breslau

POLEN
Warschau
Krakau

KAISERTUM ÖSTERREICH
Prag Böhmen
Wien
Pest
Lemberg
Galizien
Kgr. Ungarn
Siebenbürgen

FRANKREICH
KGR.
Paris
Rouen
Orleans
Nantes
Bordeaux
Toulouse
Lyon
Marseille

SCHWEIZ
Bern Basel

BAYERN
München

KGR. WÜRTTEMBERG
Stuttgart

Strassburg

KGR. SARDINIEN
Turin Milland
Genua

TOSKANA
KIRCHEN-STAAT
Rom

KGR. BEIDER SIZILIEN
Neapel
Palermo Messina
Sizilien Catania

Korsika
Sardinien

OSMANISCHES REICH
Moldau
Bessarabien
Walachei Bukarest
Serbien Belgrad
Bosnien
Saloniki
Adrianopel
Sofia
Konstantinopel
Kgr. Dalmatien

KGR. GRIECHENLAND
Athen

Kreta
Rhodos

Schwarzes Meer
Krim
Sewastopol
Odessa
Cherson
Asow
Tscherkessen
Tiflis Georgien
Trapezunt
Anatolien
Smyrna
Zypern

PERSIEN

Mesopotamien
Syrien
Aleppo
Euphrat
Damaskus
Mosul Tigris

Mittelländisches Meer

KGR. SPANIEN
Madrid
Barcelona
Zaragoza
Valencia
Sevilla
Gibraltar
ANDORRA

KGR. PORTUGAL
Lissabon
Porto
La Coruña

MAROKKO
Fes

ALGERIEN
Oran
Alger

TUNESIEN
osman. Vasall
Tunis

40° östl. L. v. Greenw.

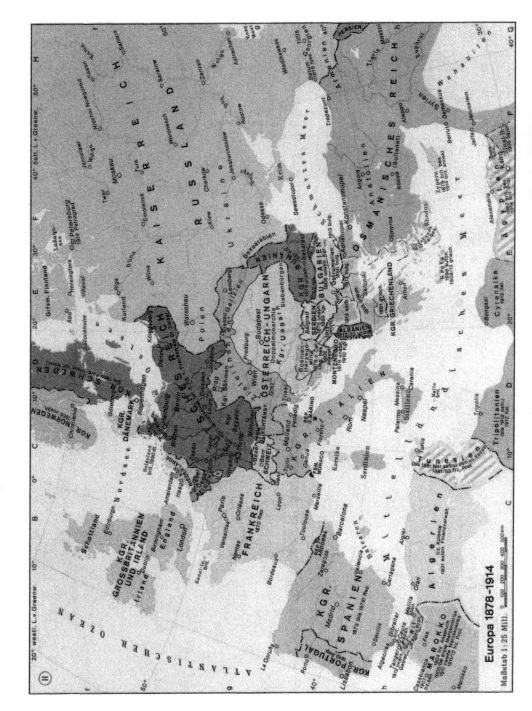

Europa 1878–1914

Maßstab 1 : 25 Mill. 0 100 200 300 400 500 km

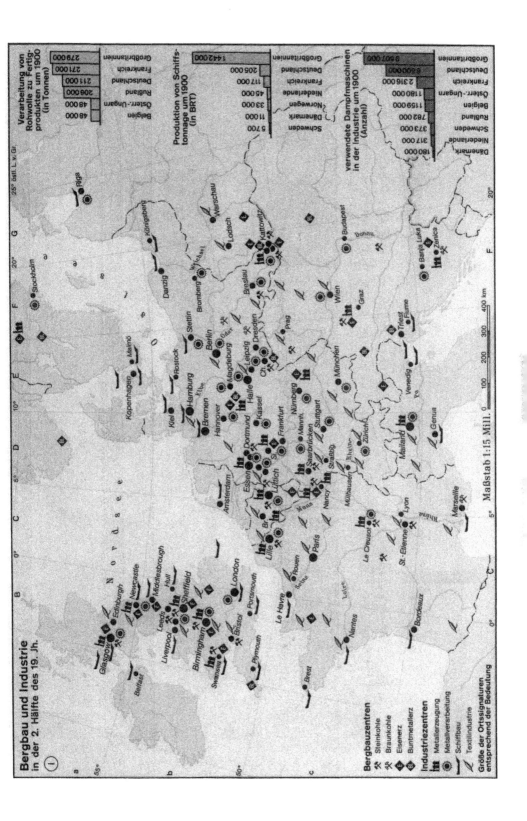

Bergbau und Industrie in der 2. Hälfte des 19. Jh.

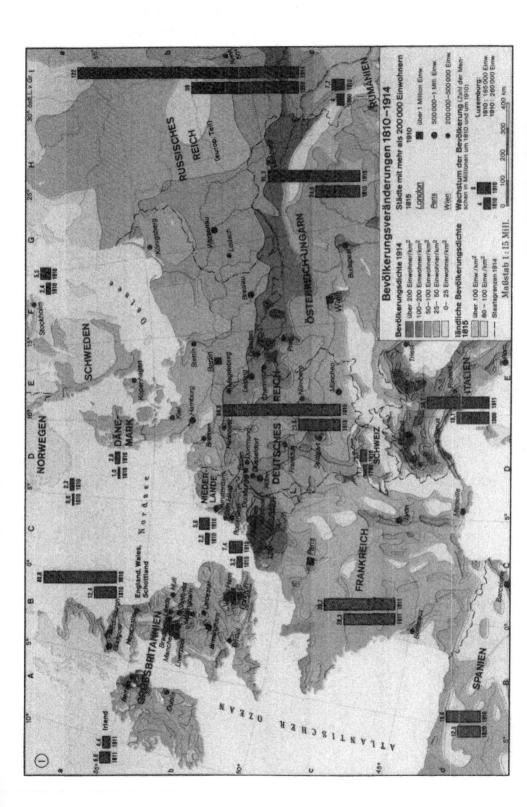

Bevölkerungsveränderungen 1810–1914

OLDENBOURG GRUNDRISS DER GESCHICHTE

Herausgegeben von Jochen Bleicken, Lothar Gall und Hermann Jakobs

Band 15: *Gregor Schöllgen*
Das Zeitalter des Imperialismus
4. Aufl. 2000. 277 S.
ISBN 3-486-49784-7

Band 16: *Eberhard Kolb*
Die Weimarer Republik
6., überarb. u. erw. Aufl. 2002. 355 S.,
1 Karte
ISBN 3-486-49796-0

Band 17: *Klaus Hildebrand*
Das Dritte Reich
6., neubearb. Aufl. 2003. 474 S., 1 Karte
ISBN 3-486-49096-6

Band 18: *Jost Dülffer*
Europa im Zeichen des Ost-West-
Konflikts 1945–1991
In Vorbereitung

Band 19: *Rudolf Morsey*
Die Bundesrepublik Deutschland
Entstehung und Entwicklung bis 1969
4., überarb. u. erw. Aufl. 2000. 343 S.
ISBN 3-486-52354-6

Band 19a: *Andreas Rödder*
Die Bundesrepublik Deutschland
1969–1990
2003. XV, 330 S., 2 Karten
ISBN 3-496-56697-0

Band 20: *Hermann Weber*
Die DDR 1945–1990
3., überarb. u. erw. Aufl. 2000. 355 S.
ISBN 3-486-52363-5

Band 21: *Horst Möller*
Europa zwischen den Weltkriegen
1998. 278 S.
ISBN 3-486-52321-X

Band 21: *Peter Schreiner*
Byzanz
2., überarb. u. erw. Aufl. 1994. 260 S.,
2 Karten
ISBN 3-486-53072-0

Band 23: *Hanns J. Prem*
Geschichte Altamerikas
1989. 289 S., 4 Karten
ISBN 3-486-53021-6

Band 24: *Tilman Nagel*
Die islamische Welt bis 1500
1998. 312 S.
ISBN 3-486-53011-9

Band 25: *Hans J. Nissen*
Geschichte Alt-Vorderasiens
1999. 276 S., 4 Karten
ISBN 3-486-56373-4

Band 26: *Helwig Schmidt-Glintzer*
Geschichte Chinas bis zur mongolischen
Eroberung 250 v. Chr.–1279 n. Chr.
1999. 235 S., 7 Karten
ISBN 3-486-56402-1

Band 27: *Leonhard Harding*
Geschichte Afrikas im 19. und
20. Jahrhundert
1999. 272 S., 4 Karten
ISBN 3-486-56273-8

Band 28: *Willi Paul Adams*
Die USA vor 1900
2000. 294 S.
ISBN 3-486-53081-X

Band 29: *Willi Paul Adams*
Die USA im 20. Jahrhundert
2000. 296 S.
ISBN 3-486-53439-0

Band 30: *Klaus Kreiser*
Der Osmanische Staat 1300–1922
2001. 252 S.
ISBN 3-486-53711-3

Band 31: *Manfred Hildermeier*
Die Sowjetunion 1917–1991
2001. 238 S., 2 Karten
ISBN 3-486-56179-0

Band 32: *Peter Wende*
Großbritannien 1500–2000
2001. 234 S., 1 Karte
ISBN 3-486-56180-4

Band 33: *Christoph Schmidt*
Russische Geschichte 1547–1917
2003. 261 S., 1 Karte
ISBN 3-486-56704-7